Niklas Luhmann

Einführung in die Systemtheorie

システム理論入門

ニクラス・ルーマン講義録【1】

ディルク・ベッカー［編］／土方 透［監訳］

新泉社

システム理論入門

目次

装幀　勝木雄二

編者まえがき

ここに刊行された書物は、一九九一／九二年冬学期にビーレフェルト大学でニクラス・ルーマンが行った「システム理論入門」という講義のトランスクリプションにもとづいている。

ルーマンは筋書きの要点をメモしただけの奔放な講義を行っていた。本書では、可能なかぎりテキストの口語的な特徴を残してある。ルーマンは、文を少しばかり修正するためだけに、印刷する準備のできた原稿を先送りすることがつねであった。

ルーマンが行ってきたあらゆる講義同様に、広範囲にわたるテキストの口語的特徴は、この講義の性格を際立たせている。この講義のテーマについては、一九八四年に刊行された著書『社会システム——一般理論要綱』と併せて、ルーマンが解説に徹したという、一つの印刷原本があった。しかしながら、最初の主著とルーマンが呼ぶ、この著書（『社会システム』）が刊行されて以来六年の間、ルーマンは研究の重点を移動した。つまり、それまでとは異なったかたちで本を執筆していたのである。また彼は講義を、入門的性格をより重視して行っていた。これは、この講義が、主たる対象である社会学専攻の学生が社会学の基礎をすでに学んでいることを前提とはしているものの、このテーマに初めて触れる受講者であることを考慮したということである。

ルーマンが入門的講義を行うということには、みずからの著書におけるよりもさらに根本的に、つぎのことが強調されている。それはすなわち、理論というものが一つの構成作用であるということである。この構成作用は、さまざまな場所で概念的決定に引き戻されるものであり、また事実からも理論からも導くことができず、また経験的にも演繹的にも存在しない。この講義では、著書の中である一定のやり方で決定が下されてきたさまざまな場所が、ルーマンにとって重要であった。それは、強く勧めるというわけではないとしても、少なくとも別の決定を可能にするための場所である。本書は、読者を理論構築物の変更や他の可能性による実験へ誘うかもしれないが、あくまでも社会システムの一般理論というルーマンのテキストである。この講義は、こうした誘いをさらに根本から明瞭に際立たせる。それぞれの定式化のなかで、人びとはすぐにでも気づくかもしれないが、いかにこの実験が、細部における変化だけではなく、理論構築物内部の一貫性を、すなわち完全性を目指すものであるか、ルーマンは実験している。

著書における表現に比べ、ルーマンがこの入門の講義において前面に出す重点の移動は、事実にもとづいたものであり方法論的なものであり、そして状況にもとづいたものでもあった。この講義で、観察者は本質的にきわめて重要な役割を負っている。このことは理論構築において、ジョージ・スペンサー゠ブラウンの区別の算法からウムベルト・マトゥラーナのオートポイエーシス概念へいたる緩やかな重点の移動を指し示す効果をもっている。それにより、ルーマン自身がとりわけ自身の理論の観察者として示され、また別の観察者、つまり読者も、同様にみずからの区分をもった観察者として関わることが可能となる。

同時にルーマンの社会学は、理論構築物における未解決な問題の扱いを、概念による空虚な戯れに終わらせるようなものではない。理論研究を行っている固有の状況、講義室、大学、専門分野としての社会学、西洋文明のコンテクスト、同様にもっとも広義な言葉の意味における世界社会のエコロジー上の自己危機が、他の観察者の視点の差異を差異として携える連続的な試みのように、ルーマンの考察を規定する。それぞれの概念によって、少なくとも経験的に納得させられる必要はない。社会学者は、概念が形成されたがゆえに、それが実在する事物を示しているというイメージに別れを告げるとき、このことにこだわる。アルフレット・ノース・ホワイトヘッドは、具体的な出来事を抽象的な概念から導き出すことに対する誤解に「置き違えられた現実の誤謬（the fallacy of misplaced concreteness）」との名称をつけたが、これは、ルーマンには当てはまらない。というのは、このとき概念は説明の記述や整理には役立つが、概念の側には説明が用意されていないというカントの確信もグレゴリー・ベイトソンの信念もルーマンが区分するからである。これは、なぜルーマンが観察者の導入の問題において慎重に議論を進めたかということに対する理由でもある。観察者は認識を得るための新たな事実などというものではなく、一つの説明原理である。数え切れないほどの他の説明原理は、まずもってこの新たな事態に適応されなければならず、それゆえに観察者という説明原理を学問に導入することは、予測不能な諸帰結に直面している。

さらに、観察者は社会学的におそらくもっとも容易に理解しやすい形象というだけではない。それは、ハインツ・フォン・フェルスター、ウムベルト・マトゥラーナ、フランシスコ・ヴァレラなどの一般システム理論のレベルで導入されたものである。それゆえ有機体、神経システム、意識、人工的システム、そしておそらく物理的システムの現象のレベルで——この現象のレベルの区別が、このテストに耐えられるかどうか知られることはなく——、テストされなければならない。したがって、一九六〇年代以来、何がセカンド・オーダーのサイバネティクス、自己組織性、オートポイエーシス、区別の形式に関する学際的議論を魅惑し、困難をもたらし、そして多くの場合、不可能にしたか、想像することができよう。

わたしはルーマンが、自身の講義のトランスクリプションを刊行することは考えていなかったと確信する。多くの叙述が彼にとって未完であり、そして不確かであった。しかしルーマンは、研究帳や資料集として編集されるこのトランスクリプションの刊行に反対はしなかったと思う。編者は、書物に対して著者とは別の責任を負う。

ルーマンは、著者として本書に対する責任を示している。なんといってもルーマンは、ここに文字に起こされた講義を日々行っていた。とはいっても編者はこの講義を、ルーマン自身が行わなかったであろう一冊の書物としての刊行に対し、責任を負わなくてはならない。また、この本がほかのどのような本よりも録音した講演の補完かつ手引きとして適していると指摘することにより、理論への生きた作業に導入し、また理論の教条的閉鎖性という印象に対抗する責任を引き受けている。原則的にわたしは、ある確定した箇所について正確に知ろうとする読者は、ニクラス・ルーマンの別の書物、特に『社会システム』が手元にあることを前提としている。

このテキストに対するわたしの仕事は、文字に書かれたものを一般的な文体に合わせることに限定されている。もし望むならば、テキストを用い、講義を記録したカセットテープと併せて読むこともできる。ただし、「もちろん」、「実際に」、「本当は」、「そもそも」、あるいは「とりわけ」のような置き換えの言葉、話し言葉における一般的な虚辞は省略してある。注はすべて、わたしによるものである。また、注はルーマンの講義を補うために限定して作成された。事項索引は主要事項に限定した。したがって、それは、補足的な目次として利用されることになる。

講義の録音テープを大切に保管してくれていたビーレフェルト大学の視聴覚センターに、そして、この講義を文字に起こし第一次原稿を作成してくれたクリステル・レック-サイモンに、多大なる謝意を表したい。

本書を、ニクラス・ルーマンが講義をする際に示した精密な集中力、人格的な謙虚さ、そして静かな快活さへの思い出に捧げる。

ディルク・ベッカー

二〇〇二年七月

I

社会学とシステム理論

〈第1講義〉

みなさん、今日から始める「システム理論入門」という講義は、社会学部で開講されるもので、第一には社会学の聴講者向けです。まずはじめに留意すべき問題は、社会学の研究の現段階において、システム理論と言えるようなものが、今日そもそも存在するのだろうかということです。社会学が深刻な理論の危機に陥っていることは、あまりためらうことなく言えるはずです。社会学の理論的問題に関するシンポジウムに参加したり、それと同様の本を読んだりすると、古典的な社会学者への遡及、つまりマックス・ヴェーバー、カール・マルクス、ゲオルグ・ジンメル、エミール・デュルケムなどについての議論が多く見られます。今日の社会学者は、自分たちの古典的な礎に対してまったく無批判なわけではありませんが、社会学の輪郭はこれらの古典的なはじまりによって規定されているという考え方が支配的です。経験的研究から生まれた、古典を超える中範囲理論はいくつか存在しますが、近代社会が今日直面している諸問題の理論的記述はまったく存在しません。たとえばエコロジー問題がそうです。個々の人間、つまり個人に関する問題がそうです。セラピーの必要性が増大する全領域、そしてさらに数多くの領域がそうです。

本当に魅力的な知的発展は、今日、社会学という専門領域の外で起こっています。少なくとも、それがわたしの出発点となる印象です。そこでまず短い第I章では、これまで社会学ではシステム理論的な志向をもってどのような研究が行われてきたのか、またそこでどのように、どんなかたちの限界、袋小路、原理的な理論批判に突き当たり、それ以上進めなくなったのかを示したいと思います。

それに続くかなり長い第II章では、学際的あるいは領域を超えた理論的努力を通覧して、社会学にとって興味のありそうなものを取り出して示してみせるつもりです。最後の考察では、それまでの理論的考察から――その典拠は、数学、心理学、生物学、認識論、サイバネティクス、その他の分野から引くことがありえます――社会学の理論構築の出発点となる結論を引き出してみせることになるでしょう。

講義はかなり抽象的な理論概念の話で終わります。これらの概念は、社会学の日常的な営みのなかで、さらに研究可能なかたちに手を加えなければなりません。時間、意味、行為、システム、二重の偶発性、構造といった概念がそうです。

1 システム維持の機能主義

はじめに、一九四〇年代、五〇年代に社会学で、特にもっぱらアメリカ合衆国で、社会学的システム理論として形成されてきた試みを概観してみましょう。その際、注目すべき領域はおもに二つです。第一の領域は構造機能主義ないし存続機能主義という名で広まったもの、第二の領域はタルコット・パーソンズの固有の業績です。どちらも六〇年代の終わり頃に、システム理論的なアプローチに対するかなりイデオロギー的な批判を受けました。この批判の基礎は、理論的実質があるというよりイデオロギー的なものでしたが、その後の社会学的システム理論についての研究を多かれ少なかれ止めてしまうには十分でした。

今日、アメリカ合衆国に行って社会学者と議論し、自分がシステム理論的なアプローチをしていると表明しようものなら、少なくとも二〇年は社会学の発展から遅れをとっていると言わんばかりの、驚くべき論評をしばしば耳にします。わたしから見ればまったく逆で、システム理論を用済みだと見なす社会学者の方が、この間に学際的な領域で発展してきたことに気づいていないのですが。

もちろん、そこには専門領域の壁が立ちはだかっているのですが、無条件に克服できないはずはありません。

今日から見ると、四〇年代、五〇年代に発展したアプローチに相当な欠点があることは、まず疑いがありません。当時、「存続志向」「存続機能主義」、さらには「構造機能主義」という名のもとに理解されていたことを、きわめて手短に概観しましょう。

出発点となったのは、民族学的、社会人類学的な研究です。その研究は、特定の部族的状態である氏族を対象にしていたのですが、氏族は何か孤立しているように、あるいは研究対象として限定できるように考えられ、それと同時に一つの歴史的な姿として、一定の構造をもつ一定の容量・規模のものとして、認識し調査することのできるものでした。ここから一般的な社会学理論へは、つまり、そもそも社会秩序はいかにして可能か、あるいは社会システムや社会秩序をたとえば心理現象や生物現象と区別する基準は何か、といった一般的な問題へは進まなかったようです。

このようにすでに存在する対象に研究が限定された理由について、タルコット・パーソンズは一九五一年の著作『社会体系論』でもっともな説明をしました。社会学者たるものは、およそ研究を始めたいと思うなら、輪郭のある限定された対象を想定しなければならない。現在の社会学の発展段階では、一種のニュートン的な変数モデルを思い描くことは不可能で、特定の変数をあげることはできても、変数同士の関係はさしあたり説明されないままである。なぜなら社会学の領域には、純粋に統計的な意味でさえ、自然法則に相当するものが存在しないから、とパーソンズは考えます。そこで次善の理論が用いられました。それは、特定のシステム構造を出発点として想定し、そこから構造範型を維持するためにどのような機能が貢献しているかを知ろうとする理論でした。四〇年代末から五〇年代にかけて、この理論はつぎのような問いに行き着きました。社会システムの存続前提は何か。特に全体社会の存続前提は何か。およそ社会が存続できるためには、維持と問題解決についてどのような最小要求が充足されなければならないか。人が社会を研究したいと思うなら、もちろん社会が存続しなければなりません。ただし、それはせいぜいのところ存続前提のリストやカタログに行き着いただけで、それ以上の理論的な基礎づけをすることができず、アドホックに導入されただけでした。もちろん第一義的には、社会理論というからには、経済の領域も、政治の領域も、家族の領域も、宗教や基本価値の領域も、いっしょに理論のなかに含めなければならない、という思いが背景にありましたが。

この弱点は今日にいたるまで本当に修正できているとは思えないのですが、それはさておくとしても、構造機能アプローチによる概念研究は限定的だという第二の問題がありました。構造の機能を問うたり、存続、存続前提、変数といった概念や方法論的装置の全体をさらに分析したりしても、ほとんど意味はありませんでした。理論に関する概念研究は、特定の構造化された対象がすでに存在するという前提によって限定されていたのです。

そして最後に、存続のための明確な基準を提示することができない、という第三の異論が出てきました。そのような理論が二つの事柄を考慮に入れなければならないのは、最初から明らかでした。一つは既存の規範ないし構造範型からの逸脱です。そのような理論には、逸脱、逸脱行動、犯罪、逆機能の全領域が含まれているはずであり、それらを社会システムの外部にあるものとして無視することはできません。もう一つ、もっと重要なのは歴史的な問いです。それは、そもそも存続はどれくらいの期間同一と見なされるのか、またどれくらいの構造変化が起これば、社会学者、観察者、あるいは社会システムの関与者は、社会システムが異なるものになったと考える気になるか、つまり同一性の変化を受け入れる気になるか、という問いです。

この問題は、革命の概念あるいは革命の現象に関して明らかにすることができます。ヨーロッパ社会は、フランス革命以前はそれ以後と異なる社会だったのでしょうか。あるいは、マルクス主義者がいつか起こるだろうと期待する革命の後は、それ以前と異なる社会になるのでしょうか。資本主義的な生産関係の秩序が解体すると、一般に言われるように異なる社会になるのでしょうか。古い社会はこれこれの形態で、新しい社会はこれこれの異なる構造をしている、と観察者が異口同音に言うことができるためには、どれほどの変化が起こらなくてはならないのでしょうか。

この存続の基準という問題は、生物学を参照するかたちでも議論されましたが、生物学では生命有機体の存続／非存続は死の可能性によって明確に定義されていることがわかりました。有機体が生きているかぎり、その存続は維持されています。生命あるものは自力で自己を再生産しますが、死がそのシステムを終わらせます。それによって、生命体がまだ生きているのかもう死んでいるのか、はっきりわからないような疑わしい範囲がきわめて小さい、明確な同一性の枠組みが示されるのです。

社会学には、そのような明確な基準が欠けています。システムの同一性についての問いは、外部観察者によってではなく、システムそのものの内部で立てられ、答えられるべきだ、ということが言えます。システムは、構造変化の歴史的経過のなかで、もはや同じものではないところまで自己を変化させたかどうか、みずから決定しなければならないのです。

このような修正を加えると、なぜ五〇年代から六〇年代初期にかけて、伝統社会と近代社会の差異がそうした役割を果たしていたか、理解することができます。近代社会はもはや伝統社会として記述される社会ではない、と考えられます。しかしそれと同時に、もう一度近代化についての考察が行われました。地球上にまだ残っている伝統社会を近代社会に移行させるためには、どのような計画が必要か、ということが考察されたのです。そのせいで、そもそもシステムの同一性の境界がどこにあるのか、また不明確になってしまいました。存続機能主義ないし構造機能主義の構想は、この問いに行き着きます。この問いに対して、自己記述、すなわちシステム内部におけるシステムの同一性の主題化によってしか答えられないとすれば、自己言及の問題が出てきます。自己言及は、機能主義の古典的な枠組みのなかでは扱われておらず、理論的に意識されることさえありませんでした。これらすべては、そう言ってよければ、初期型の社会学的システム理論の欠点の現れでした。この欠点の現れは徹底的に議論され、六〇年代には文献として読むことのできる見解として提示されました。しかしそれだけでは、システム理論を理論的アプローチとして原理的に拒絶するには、明らかに不十分でした。なぜなら最終的にはシステム理論のなかで、逸脱と逆機能の領域においても、構造的矛盾、価値コンフリクト、社会システム内部における価値コンフリクトの処理の問題においても、構造変動の処理、全体社会秩序の内部における構造変化と変化の限界の問題においても、実り豊かで得るところの大きい認識が数多く生まれたからです。

通常の科学的進歩のあり方ですと、適切な代替物を調達することなしに、つまり従来の枠組みのなかで研究してきたものを新しい理論枠組みに移行させることなしに、システム理論をその研究成果とともに簡単に用済みにすることはできないでしょう。しかし、そうはなっていません。ですからわたしの印象では、わたしたちはある一定のものを失ってしまった、つまり構造機能主義を放棄し、存続前提によって研究を限定することを放棄することによって、ある一定の認識をただ捨ててしまった、そしてその成果をほかの理論命題のなかにまだ組み込むことができずにいる、と思います。したがって社会学の歴史は、そう言ってよければ、社会学という学問の基礎を築いた古典的な社会学者だけでなく、四〇年代、五〇年代に特にアメリカで行われた、かなり実りの多い、学際的にも信望のある研究方法も扱わなければならないのです。

そうなると、この理論が放棄されてしまった理由は、理論技法的なものというよりはイデオロギー的なものだったと言うことができます。すでに述べたように、理論の欠点はよく知られていましたが、理論の拒絶には別のルーツがあったのです。理論の拒絶はとりわけ、この理論的基礎からは近代社会の徹底的な批判が出てこないだろうという考えにもとづいていました。第二次世界大戦後の社会状態の正常化によって、まずはプラスの側面が実現され、人びとは近代社会の全体構造の内部で状態を改善する可能性を信じました。しかし六〇年代、そして七〇年代になると、状態の改善は相当な代償をともなってしか得られないこと、あるいは改善がまったく不可能な周辺領域をともなってしか達成されないことがしだいに明らかになりました。発展途上国の開発政策と近代化の領域では、しだいにプロジェクトが失敗し、しだいに窮乏と貧困が目立ち、しだいに疑問が出てきました。近代社会の構造のなかでは、当時「資本主義」の名のもとに語られた諸要因が働いて、公平な分配秩序、世界中の人びとを巻き込んだ進歩が生まれるのを不可能にしているのではないのか、という疑問がそれです。もちろん産業社会の内部でも、そのようなプラスの側面の限界は容易に観察することができました。産業社会でも、階級現象が存続しており、豊かさの平等な分配は考えられませんでした。産業社会でも、民主主義は整備されていたものの、政党民主主義になってしまっており、政治的にシステムに寄せられる刺激をすべて政策に変換することはできませんでした。産業社会でも、政治システムやそのほかの応用システムがいかに研究に開かれていようと、社会学的知識とりわけ批判的知識を実践に持ち込むのはほとんど不可能であることが、ほかならぬ社会学の見地から明らかになっていました。

今からふり返ってみれば、今よりはるかに急進的な批判理論が求められ、しだいに注目と知識人の関心を集めるようになったのには、いろいろとよくわかる理由もありました。そのため、社会問題のシステム理論的な扱いの細目、功績と難点、メリットとデメリットを詳細に扱う必要はないように思われました。理由のないことではないのですが、システムというものは、技術的なもの、計画の装置、社会制度のモデル化の装置として、つまり支配的な状況を反復し、改善し、合理化することしか考えない計画者のための補助装置として理解されました。

以上を要約して締めくくると、存続機能主義ないし構造機能理論のさらなる発展に待ったがかかったのには、さまざまな理由があったということです。一方には内在的な欠点があり、他方には——こちらの方が支配的でしたが——イデオロギー的な批判、近代的状況に対応した批判的な社会理論の要求がありました。後者はその後、マルクスの思想財にかなり乱暴なかたちで立ち戻ることによってしか、実現されませんでしたが。

2 パーソンズ

さて、多くの人は、パーソンズ理論を構造機能主義に分類するのに何の問題もない、と考えることでしょう。わたし自身、六〇年代にはそう見ていました。しかし実際に、パーソンズはこの見方を受け入れませんでした。彼は、後年、特に六〇年代になると、公然と構造機能主義を捨て、自分自身の理論的営為をそれと区別しました。でも、こういう言い方も一部しか正しくありません。パーソンズは、四〇年代後半、著書『社会体系論』(一九五一年)を生み出すことになる研究段階では、彼自身がいかに「次善の理論」という性格づけをしていたにせよ、構造機能主義に理論的な正当性を与えるのに貢献しました。パーソンズはハーバードで、社会システムの存続前提の問題を追究する研究を主導し、一部はみずからの著作でもそれを引き受けました。彼は、構造機能的な思考の枠組みのなかで、逸脱、社会統制の限界、価値の矛盾といった問題を自分の理論に組み込もうと努力しました。つまり、この構造機能主義の推進に決定的な貢献をしたわけです。それでも、パーソンズをこの学説の動向にあっさり組み入れてしまうのは、話が逆だと思うのです。なぜなら、一九三七年の著書『社会的行為の構造』に代表される初期段階においても、五〇年代にしだいに支配的になってきた動向と比べても、パーソンズは独立した独自のシステム理論を展開してきたからです。

このことを、手短な概観のなかで示してみたいと思います。パーソンズの全著作は、一つの命題に対するいわば終わりのない注釈である、と見なすことができます。その命題とは、「行為はシステムである（Action is system）」というものです。わたしは、この命題がパーソンズの出版された著作のどこかに書かれているかどうか知りません。それが口頭で言われたのは知っているのですが、[1] わたしにはそれがパーソンズのメッセージの神髄だと思われるし、いつもそうでした。「行為はシステムである！」理論家に理論の神髄を一つの命題で表現してほしいと頼むのは、人気のあるゲームです。パーソンズがそう問われたとしたら、わたしの理解では「行為はシステムである」と答えたはずです。このことが注目に値するのは、パーソンズ亡き後、マックス・ヴェーバーに立ち返ったり、合理的選択（rational choice）のさまざまな論者が現れたりすることによって、行為理論が再び流行となったからです。また、そこからシステム理論とは対照的なプログラムが展開されたり、行為理論とシステム理論は異なる「アプローチ」であって、互いに一致させることができないかのような論争が展開されたからです。行為理論は、どちらかといえば主観志向、個人志向で、心理状態や身体状態を社会学に取り込むことができるのに対して、システム理論は、どちらかといえば抽象的で、マクロ構造を描写することができる、というのです。少なくとも、何人かの行為理論家が表明している考えでは、行為とシステムは一致させることのできないパラダイムです。誰であれ、そのような主張をする人には、パーソンズを読ませるべきでしょう。しかし、それは問題に対する最終的な答えではないかもしれません。なぜなら、当然のことながら、人はパーソンズ理論そのものを受け入れられないと考え、その拒絶の結果としてマックス・ヴェーバーやそれと同様の基礎に立ち戻ることがありうるからです。それでも、パーソンズは、行為とシステムが分離できないこと、言い換えれば、行為はシステムとしてのみ成り立つことをはっきりと見ており、それに見合った理論を展開しようとしました。

パーソンズにとって、このテーゼの出発点は、まず社会学理論の在庫調査でした。それは、マックス・ヴェーバー、エミール・デュルケム、アルフレッド・マーシャル、ヴィルフレート・パレートといったさまざまな古典のなかに、共通の要素を見出すことができるかどうかを見きわめる試みでした。果たしてその結果は、一方でシステム形成、支配的秩序、他方で基底的作動としての行為、この両者の間の連関という点に共通性を見出すことができるというものでした。たいへん粗っぽい言い方をしてよければ、パーソンズは自分の理論の行為に関する構成要素をマックス・ヴェーバーの著作から、システムに関する構成要素をデュルケムの著作からとっています。しかしそれと同時に、ヴェーバーはシステムに関する構成要素を自分の体系に取り込むべきだったし、他方デュルケムはどのような素材から社会が形成されているのか問うことを避けられなかったはずだ、と指摘しています。このような古典の解釈はきわめて勝手なものではないのか、原著者を本当に正当に評価しているのか、ということについては、終わりのない論争があります。これについて争うことはできますが、ここではあまり興味を引きませんし、社会学史にとってしか興味を引くものではありません。わたしたちの興味を引くのは、パーソンズはどのようにして、どのような概念装置を使って、どのような概念的、方法的営為によって、注意深く言うと、問題となるのはただ一つの理論であるという印象を呼び起こすのに成功したか、ということです。

パーソンズは、行為——単位行為（unit act）——は、およそリアリティの創発特性（emergent property）である、というところから出発します。言い換えれば、行為を成り立たせるためにいっしょに働かなければならない構成要素が存在する、ということです。そうだとすれば、社会学的分析者の課題は、行為の構成要素を同定して、そこから行為の分析的理論を構想する、ということになります。パーソンズは「分析的リアリズム」について語りましたが、それは、現実の行為の創発が問題となるかぎりにおいて「リアリズム」がある、という意味です。問題となるのは概念的構成ではなく、行為の成り立つ条件を考慮に入れ、そのかぎりにおいて行為が行為として起こるすべてのケースに対応することのできる理論です。この理論は、それ自体は行為ではないけれども行為を成り立たせる、そのような構成要素を同定するかぎりにおいて「分析的」です。この理論は、いわば行為という現象を個々の要素に分解するのです。個々の要素そのものを、行為の連鎖や行為から成り立つシステムのなかに、ミニ行為としてほかの要素とともにはめ込むことはできません。

この分析を遂行するための概念は、いささか変化しています。最初に問題となったのは、マックス・ヴェーバーの所見にしたがって、目的と手段の差異です。のちの構造的分析やそれ以後の分析のためではなく、初期の行為理解のためには、まず目的と手段を区別することが必要でした。行為者は（1）何のためにみずからの行為を行うのか、行為者は（2）何によってみずからの行為を達成しようとするのか、という二つの構成要素がそれです。しかしこの区別はさらに、どのような規範図式が目的の選択と手段の許可の基礎にあるのか、という問いに行き着きました。この問いをパーソンズに課したのはデュルケムあり、社会は第一に道徳的統一体であって、十分に道徳的合意が存在する場合にのみ成立する、という仮定にもとづくものでした。それはまた、目的の選択も手段の制限も行為者のみに委ねられているのではなく、有名な契約の非契約的基礎のような社会的先行条件が存在する、ということでもあります。社会は、そのなかで人が行為することができる以前に、すでに道徳的に、あるいは価値や規範的シンボルを通して統合されているというのです。社会はそうでなければシステムとして成立しません。少なくとも、それがパーソンズの出発点でした。言い換えれば、目的‐手段関係の最適化だけが問題となるのではなく、個人やそのほかの社会秩序の領域に最適な目的と手段の配置を認める可能性の条件や自由度も問題となりました。

このようなかたちで理論に入り込んでくる問いの立て方は、知識社会学的には、パーソンズがみずからの理論によって応答することになった世界的な経済危機を背景にして見なければならず、またそのように見ることができます。パーソンズは、純粋に功利主義的な社会学の基礎づけに、つねに非常に強い調子で反対してきました。彼の問いは、社会はどのような価値によって、目的と手段の組み合わせに関する個人の選択の自由を制限するのか、というものでした。

このことはもう一つの問題に通じています。そもそも行為者（actor）自身はどのようにしてこの行為理論の文脈のなかに入ってくるのか、という問いがそれです。行為概念から出発すると、行為者とは行為する者である、と仮定することになるでしょう。行為者なしに行為は起こりません。行為はある意味で行為者の意志の表明であり、そのかぎりにおいて副次的なものです。しかし、パーソンズの場合、事態は逆転しているように見えます。パーソンズの考えでは、行為が起こるのは、つぎの前提が満たされるとき、つまり目的と手段を区別できるとき、集合的な価値の先行条件が存在するとき、そして行為を遂行するために行為者（actor）を利用することができるときです。行為者は、行為が起こるときの一つの契機にすぎません。行為者は、いわば偶然そこにいます。ほかの誰かであってもその行為を遂行することはできますが、社会のなかで何らかのかたちで行為の準備が整えられ、何らかのかたちで行為の潜在的可能性が具体化されるので、行為は起こりえます。したがって行為が行為者に従属するのではなく、行為者が行為に従属するのです。ここまでが、一九三七年の著作『社会的行為の構造』における出発時の状況です。

パーソンズはその後、社会学者として、四〇年代、五〇年代初期にまず社会システムの理論に取り組み、そのために構造機能主義に近くなりましたが、彼の理論は徐々にではあってもまた構造機能主義から離れ、わたしが思うに、「行為はシステムである」という一般的な考えに立ち戻りました。その証拠は、有名で悪評高いクロス表にあります。パーソンズは、行為が起こるためにいっしょに働かなければならない四つの構成要素がある、と考えます。彼の理論技法としては、クロス分類つまり二つの異なる変数の組み合わせによって、この四つの構成要素を構成します。一つの変数軸は、図に表すと横軸になりますが、「道具的（instrumental）」と「完結的（consummatory）」を区別します。「道具的」とは行為の手段をさします。「完結的」とは達成されるべき充足状態、つまり目的達成をさします。完結的とは、たんなる目的の観念を意味するのではありません。目的が達成されたとき、充足状態つまりシステムの完成といってもいい状態になったときに生じる事態が、完結的ということです。

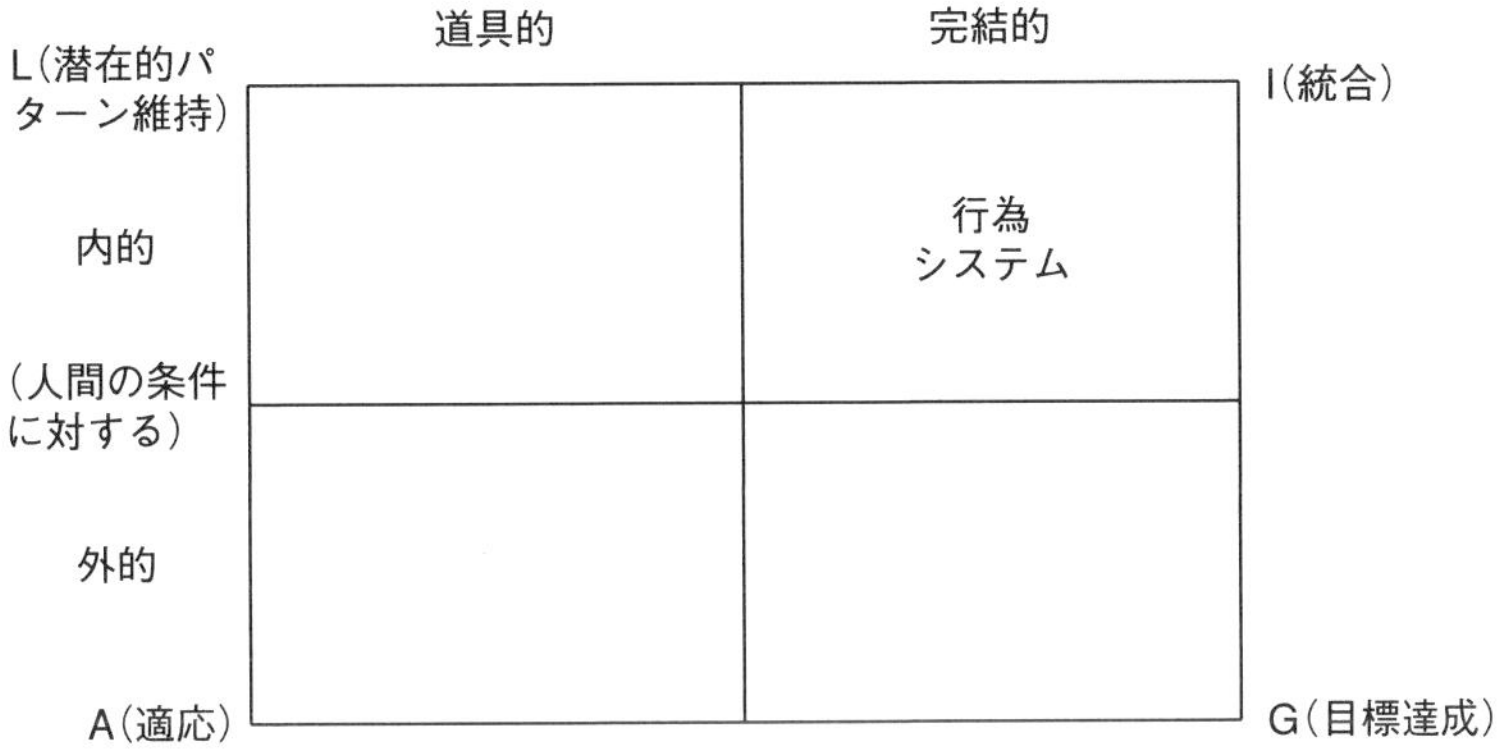

図１　「人間の条件の一般パラダイム」における行為システム[2)]

したがって「道具的」／「完結的」という軸は、「行為はシステムである」という命題における行為の構成要素を表しています。もう一つの縦の変数軸は、「外的（external）」と「内的（internal）」、つまりシステムの外部関係と内部の構造的所与を区別します。これは「行為はシステムである」というパラダイムのシステム理論的な側面です。

この二つの変数によってクロス表を作ると、四つのボックスができ、それにパーソンズは名前をつけています。名前をつけるために、演繹的な指針、明確な方法論的方針はありません。パーソンズ自身は、指針について迷いましたが、指針に関する質問に対して、問題となるのは論理的演繹、演繹的手続きではなく、むしろどのような変数が組み合わせられるかを見て最終的に理解されるべきものに、それらしい名前をつけることだ、ということをはっきりと認めています（**図1**）。

道具的志向と外的志向の組み合わせで問題となるのは、パーソンズが「適応（adaptation）」と呼ぶものです。システムは、そう言ってよければ、外部関係を道具化することによって、手段としてふさわしい状態を実現し、システムと環境の間の充足関係を作り出そうとします。社会システムの場合、パーソンズから見ればこれはおもに経済の機能です。

つぎのケースは、外部関係と完結的な価値実現の組み合わせです。ここで問題となるのは、パーソンズが「目標達成（goal attainment)」と呼ぶものです。ここでもまた、問題となるのは完結的状態つまり目的の達成であって、たんなる未来の状態の計画ではない、ということを理解するのが重要です。道具的志向が未来を表すのに対して、完結的志向はまさに現在に関係しています。言い換えれば、行為は充足状態を実現しなければならず、さもなければ中止されます。社会システムの領域では、そこに政治の機能が見られます。政治は、パーソンズが言うように「物事をなしとげる（to get things done）」能力によって、充足状態を実現しなければならず、さもなければ政治として役に立ちません。

つぎのボックスは、「完結的」と「内的」を組み合わせます。問題となるのは、充足的な内部状態の実現です。これをパーソンズは「統合（integration）」として特徴づけています。システムは、充足的な組み合わせの可能性を提供する場合には、行為を統合するとともに行為者も統合します。「統合」概念は、理論的分析においてはかなり不明確なままになっており、そこがまた批判の的でした。そこで、たとえばシステム統合と、行為者をシステムのなかに導き入れる社会統合の区別が提起されました。[3] でもそれは、このボックスの名づけ方に対する批判にすぎません。理論構造をはっきりと見れば、いかなるシステムにおいても、所与の諸前提のもとで、ある現在の状態が存在するのは明らかです。その状態はシステム内部で実現され、現在として受け入れられるものでなければなりません。

最後の組み合わせの可能性は「道具的」と「内的」になります。ここにパーソンズは、「潜在的パターン維持（latent pattern maintenance)」という注目すべき表現をもってきます。この背後には、つぎのような考察があります。構造は長期にわたって利用することができなければならないが、絶えず現実化されるわけではない、という考察がそれです。人はお金を引き出すために、ときどきしか銀行に行きません。人は絶え間なく恋をするわけではありません。人はいつでも教会に行くわけではありません。そうなると問題は、人がそうしない間には何が起こっているのか、あるいは人がそうしない間は潜在的なままだとしても構造が利用可能であって、活性化・現実化されうるということは、どのように保証されるのか、ということになります。だからこそ「潜在的パターン維持」の問題であり、利用されない場合を含めた構造の安定化の問題なのです。パーソンズにとって、これが「内的」と「道具的」の組み合わせを特徴づけます。「内的」なのは、問題となるのがシステム固有の構造だからであり、「道具的」なのは、未来においてもそのような構造が利用可能であるように配慮されなければならないからです。

このクロス表の考察の成果が、有名な「AGIL」図式、つまり「適応」(A)、「目標達成」(G)、「統合」(I)、「潜在的パターン維持」(L)からなる四機能図式です。パーソンズは、この四つの機能しか存在しえないこと、この図式は行為システムの行為の可能性を総体として表現できること、それ以上のすべての図式はこの四機能の分節化であることに、頑固にこだわります。著作の後期段階になると、彼は、クロス表は「人間の条件(human condition)」、つまり世界のなかにいる人間の状況一般を特徴づけることができる、とまで考えるようになります。

このAGIL図式は、「行為はシステムである」という標語に対するパーソンズの注解、あるいはその標語のもとで思い浮かべられる理論プログラムのパーソンズによる実践です。理論技法は、クロス表作成の技法であり、組み合わせの余地の閉鎖性を特徴づけるために意識的に用いられる技法です。この技法の図式は、何かを見逃すことはないから、むしろ第四のボックスで何が起こるのか、あるいは第二のボックスでどんな事態になっているのか、つねに問えばよいのだということを保証します。

この完全性の保証は、パーソンズにとってある意味で彼の理論の普遍性要求を証明しているように思われました。行為が起こるのに必要なことがすべて考慮に入れられているとすれば、まさにそれによって理論の完全性と普遍性が保証されることになるのです。だとすれば、行為について言われることはすべて、この理論のなかに組み込まなければならないし、また組み込むことができます。実際、外部から受けた刺激をどのように四つのボックス、四つの小箱に収めることができるのか、その刺激をどのようにあれこれの機能に振り分けることができるのかを見るところに、パーソンズの考え方の本質があります。

この特質に注目すれば、パーソンズが偉大な理論構築者の一人であることがわかります。彼は、独自の構成モデルを十分に吟味することによって、その理論モデルを用いて何を達成できるか、一定の理論のデザインがどのような結果を生むか、その理論モデルがたとえば弁証法理論のようなほかの理論モデルとどのように異なるか、明確にすることができました。そのかぎりにおいて、一定の理論構築の明確さはパーソンズによるものです。明確さはもちろん、その理論を批判する可能性や、その理論でどこまで行け、また何が達成できないかを評価する可能性に気づく、ということでもあります。問題となるのは可能性の論理的な範囲である、と言ってもいいでしょう。そうなると問うべきは、これらすべての可能性を実際に利用できること、図式が用意するこれらすべての場所が実際に埋められることを、何がわたしたちに保証するのか、ということになります。この問いは、図式が精緻になっていくさま、システムが分割されるのに応じて、四つのボックスから一六のボックスやそれ以上のボックスが作られるさまを見れば、もっと切実なものになります。しかしパーソンズにこの問いは起こりません。彼は、行為が起こるときにはつねに、これらすべてのボックスが埋められるはずだ、というところから出発するからです。これぞまさに分析的リアリズム、つまり行為はほかの様ではありえないということを理論が示す、という意味でのリアリズムなのです。

〈第2講義〉

パーソンズはどのように先に進むのでしょうか。このような準備をして何を始めるのでしょうか。まず、この図式はどれかの機能に重点をおく可能性を提供します。これはすでに述べたことです。ある行為や行為の複合体がこれらの機能の一つに集中するとき、パーソンズは「機能的優位（functional primacy）」、つまりある機能の優位について語ります。つぎに、ただ一つの機能に対応するシステムが成立ないし分化します。行為が社会的に実現される領域で、たとえば「適応」の機能に集中する場合には、経済に当たるシステムが形成されるのです。

しかしそのようなシステムは、どのように「システム」でありうるのでしょうか。そのように区分された複合体のなかで、どのように「行為」は起こりうるのでしょうか。パーソンズによれば、「適応」のためにとってある領域においても、再び四機能すべてが充足されることによってはじめて、それが可能になります。経済的行為も、自己の適応機能を充足しなければならず、自己の目標達成を成し遂げて、たとえば十分な経済的収益をあげなければならず、統合されていなければならず、パターンつまり自己の構造を潜在的状態に保ち、継承可能な構造範型を作り出すことができなければなりません。分出し機能特化した個々のシステムの内部で、ほかのすべての機能がもう一度現れるのです。

その結果、システムは自己自身のなかで反復することができる、あらゆるボックスから四つの下位ボックスが生じることができる、あらゆるサブシステムから再び四つの、そしてつねに四つだけのサブシステムが生じることができる、という全体定理が出てきます。この反復はどこまで進めることができるか、一六個のシステムもさらに四つのボックスに分解することができるのかという問いは、到達可能なシステムの複雑性、到達可能な行為の現実の複雑性に関する実際的な問いです。それはやってみる甲斐があるでしょうか。さらに先に進むことができるのでしょうか。そのような下位システムをさらに洗練されたかたちで形成することができるための、十分な材料はあるのでしょうか。この問いについて、最終的な判断を下す必要はありません。パーソンズの理論は、その判断をある程度未決のままにしており、社会的現実に委ねています。つまり、経済や政治のための特別なシステムが形成されるのか、またどのような社会においてそのようなシステムが形成されるのか、調べてみなければならないのです。

かくして、パーソンズの理論は歴史や進化に関してある程度未決であることがわかります。この理論は、特定の機能のために特別なシステムが分出しているかどうか、つまり貨幣経済や領域国家的な政治が存在するかどうか、そしてそれに対応して、経済のなかでどれほどそれに適したサブシステムが分出しているかという観点から、さまざまな歴史状態を記述することができます。この理論から見ると、まずこの記述がおそろしく複雑になる印象を受けます。4×4×4×……といった具合に、理論によって定められた限界なしに自由に展開していく印象を受けるのです。しかしこの件について、パーソンズはつねに、そのようなチャンスが利用できるかどうか、調べてみなければならない、と答えることができます。本当の限界は、つねに四つの機能しか存在しえない点、したがってすべての進化は完全に規定された分化のあらかじめ定められた軌道を進まなければならない点にあります。しかし進化の過程では、不均衡が見られることがあり、たとえば経済ははっきりと分出しているのに統合はなおざりにされているということがありえます。これは、高度に分業の進んだ社会における連帯というデュルケム問題と言えるでしょう。しかし、これもまたデュルケムの抱いた希望ですが、そのような不均衡は一時的なものであり、いつかほかの機能システムにおいて不均衡を修正する事後的発展を必要とします。したがって、この一見すると人を惑わせ悩ませるシステム内でのシステムの掛け算の規定は、歴史的、実際的、現実的な解釈の可能性ももっているのです。パーソンズも、その歴史的ないし発展理論的な考察のなかで、この可能性を徹底的に利用しようとしています。それが成功するのは、ボックスに名前や説得力を与えて、組み合わせの可能性の背後にどのようなリアリティがあるのか、そのつどあげることに成功するかぎりにおいてのことです。わたしには、これがパーソンズの理論体系の本当の難点に思われます。なぜなら、すでに述べたように、この問題は演繹的に解決することができず、目録作成の想像力によって解決されなければならず、相当な理論的創造力も必要だからです。パーソンズがどのように進んでいったのか、どのボックスがどのような名前をもらい、どのような洞察が得られ、どれほどのリアリズムがこの手続きの背後にあるのかを調べ、一つひとつチェックすることは、やってみる甲斐があります。この短い理論の紹介の枠のなかでは無理ですが。ここでは、二つのケースを詳細に見てみ

図2　行為システム

ることで満足しなければなりません。

第一のケースは、もっとも一般的なシステム理論、つまり行為システムそのものです。第二のケースは、すでにいくつか事例を使いましたが、社会システムのケースです。パーソンズはさらに、そのような精緻化のレベルないし理論の精緻化の度合のことを「システム言及(system references)」と言っています。彼の注目に値する洞察の一つは、つねにシステム言及を区別しなければならないということ、つまり全複合体を精緻化していくなかのどのシステムレベルで論証を行い、特定のメカニズム、特定の相互交換(interchange)の可能性などを配置しようとするのか、わかっていなければならないということです。

まずは一般行為システムのレベル、つまり「人間の条件」の一般理論という晩年の発展を別にすれば、この理論のなかで計画されていたもっとも一般的なレベルから始めましょう。それは行為そのものです。何が行為そのものの成立を保証するのでしょうか(**図2**)。

ここでは、「適応機能(adaptation)」は、パーソンズが「行動有機体(behavioral organism)」ないし「行動システム(behavioral system)」と呼ぶものによって占められています。ここで考えられているのは、生物学の全体ではなく、したがって細胞化学、ホルモンについて知られていること、人体の解剖学といったことではありません。そうではなくて、行動を可能にするために、つまり行為の行動的な構成要素を生み出すために、有機体が遂行しなければならない事柄にすぎません。ここで、いわゆる主体、行為者が分解されて、その一部がまさにこの「行動有機体」になっていることがわかるでしょう。なぜ、どれほどの想像力をもって、「行動有機体」がこのボックスにおかれるのか、つまり道具的機能と外部志向の行動を生み出さなければならないのか、という問いに対しては、これらすべての分類が一定の批判の余地を残しているように、さまざまな意見がありえます。パーソンズ自身は、まずこのように設定しました。パーソンズは有機体を、行為が外部条件に適応するための、あるいは外部のエコロジカルな条件との長期的均衡を図るための、行為の構成要素であると見ています。行為や社会とエコロジーの関係に対する関心は近年高まっていますが、まさにその点から見てこれは興味深い考え方です。パーソンズの考え方によれば、エコロジーや環境は、「行動有機体」に影響を与えるという意味においてのみ、つまり行為の文化的側面ではない部分に撹乱を与えたり、そのレベルで適応を要求したりするという意味においてのみ、行為に影響を及ぼすのです。有機体がエコロジカルな関係に継続的に適応する可能性を提供し、それに適合したものになっていないなら、社会は行為からなる社会として生き延びることができません。したがって有機体は、パーソンズが好んで出す例で言うと、脳に規則的に血液を供給することができるように、血液温度を一定に保たなければならず、それは環境の温度変化に適応するかたちで行われるのです。

このボックスはまったくほかのかたちでも埋めることができるのではないか、と問うやいなや、疑念が湧いてきます。しかしパーソンズの指示にしたがえば、社会学のなかではほかに見つからないような高度の説得力と独自の洞察が得られます。少なくとも、ほかの洞察が並存していない文脈、つまり理論的に統合されたただ一つの文脈のなかでは、そのような説得力や洞察は得られないでしょう。

つぎの「目標達成（goal attainment）」を表すボックスは、「パーソナリティ（personality）」によって占められています。ここには、心理的ないし意識的という意味での主観的機能が配置されています。なぜここに、なぜこれが配置されているのでしょうか。明らかに、パーソンズにとって重要なのは、行為が充足的（「完結的（consummatory）」）に推移するかどうかを管理するシステムとして、心的システムを導入することです。行為が充足的に推移するとは、行為の遂行においてアリストテレス的な意味での「実践（práxis）」として充足するか、あるいはそうしたければ目的観念や日的達成を喜ぶことができるということです。ここにも、心理学に対する注目すべき見方があります。主体は、主体自身の充足状態だけでなく、いわば行為システムの充足状態の管理者の機能に凝縮されているのです。しかもこれは外部志向です。なぜそうなのでしょうか。こう言うとパーソンズが呈示したことを超えてしまいますが、心的システムは、内部の選好つまり自意識、意識の意識を、外部に対する言及つまり知覚とつねに媒介することができる、と言っていいのかもしれません。このように考えれば、本来の心的作用は、長いヨーロッパの思想的伝統と異なり、むしろ知覚に移ること、またここで働いている、充足的価値に関して管理される環境への志向が、心的に可能になる知覚のなかに見られることがわかります。「行動有機体」には、自己の状態を管理する可能性しかありません。神経システムは、有機体を観察するためにしか、あるいはおそらく自己自身を観察するためにしか役に立ちません。神経システムは完全に閉じており、進化を経て、進化的選択を経て、はじめて環境状況と適合するようになっているのです。しかし心的システムは、パーソンズの五〇年代以降の研究テーマでもありますが、変化する環境に関して快／不快という観点のもとで自己自身を管理することができます。

したがってここでも、注目すべき二重の効果があります。一方では、なぜこのボックスにほかならぬこの選択肢が当てはまると見なされるのか、と問うことができ、他方では、この選択肢によって何を見ることができるか、明らかにしてみようという気になります。わたしが言いたいのは、心的システムを主として知覚について主題化する、あるいは心的システムの行為に対する貢献を、知覚の可能性、心の知覚世界について主題化すると決めれば、全体モデルのこのコーナーにパーソンズがこの選択肢をおいたことが高い説得力をもつ、ということです。

つぎのボックスは、完結的および内的な方針、関係、機能、変数といったものを組み合わせています。ここにパーソンズは「社会システム」をおきます。一見して、これもまた注目に値します。なぜ社会システムは、行為の統合に役立つのでしょうか。またなぜ統合は、完結的な観点つまり現在的な観点のもとでの、内的秩序の生成として理解されるのでしょうか。パーソンズの考えは、行為をさまざまな有機体やパーソナリティ・システムと調整することが重要であり、したがって複数の人格からなる行為の網の目に人格をその働きとともにはめ込むことが重要である、ということのようです。目につくのは、パーソナリティ・システムと社会システムがはっきりと分離されていることです。両者は、行為が起こるための貢献という観点のもとで、並存しています。両者は、行為システムの内部分化という文脈のなかでは、互いにとっての環境です。さらに「行動有機体」を考慮に入れると、人間という統一体、目に見える知覚可能な人間という統一体が、三つの構成要素に分解されているのがわかります。すべては、行為が起こるために、どのような構成要素がどんな貢献をするのか、という観点から見られるのです。問題となるのは人間学ではありません。「社会学理論において人間の占める位置はどこに残っているのか」という、繰り返し流行になり、繰り返し出てくる問いは、ここでは特殊なかたちで答えられています。

最後は、まだ残っている第四のケース、一般行為システムのレベルにおける「潜在的パターン維持」のケースです。言い換えれば、道具的志向（潜在的位相にある構造範型を放棄しない）と内部志向（環境ではなく行為システムそのものに対する志向）の組み合わせです。ここにパーソンズは「文化」をおきます。わたしには、これは理論的決定としてさしあたり大いに説得力があるように思われます。文化範型は、行動範型の再活性化の可能性をもたらし、たとえば時間的に間のあいた状況における役割や個々の行為類型の再活性化の可能性をもたらします。少なくとも、これは数ある文化の定義の可能性の一つです。パーソンズ自身は、この文化概念のために論争に巻き込まれています。ここでは逐一述べることができませんが、論争の関心は、この文化概念のなかに、たとえば道具や文字のような技術的人工物をどこまで含めることができるかを、明らかにすることにあります。民族学、

図3　社会システム

人類学の内部では、また考古学の内部でも、発掘で見つかるすべてのものを文化と見なし、文化の意味論的《ゼマンテイク》構成要素を過小評価するか、言語を通して道具としてのみ主題化する傾向がときどき見られます。パーソンズにとって、この違いはさほど重要ではありません。彼の文化概念は、道具の再利用可能性も、言語の組み合わせ可能性の再利用可能性、つまり単語や文法を覚えている状況も、何週間も使わなかった後のハンマーの再利用可能性もカバーしています。人は自分がどこにいて、何に貢献するのか知っているのです。これらすべては、じつにもっともなかたちで行為システム全体の統合可能性の前提を示しています。この場合、統合可能性とは統合という特定の機能ではなく、時間を超えたシステム統合という意味で理解されます。

　理論プログラムによれば、これら四つの異なるサブシステムないし機能システムは、個々の機能システム内部においてさらなる下位分化が起きる前に、進化の過程で最初に分化しなければなりません。この問題を図解して示すために、ここでは社会システムだけに立ち入って、パーソンズがそこでAGIL図式にもとづく下位分化をどのように考えたか示してみたいと思います。これは、もっとも強力に展開された理論の部分でもありますし、そう言いたければ、もっとも初期の理論の部分でもあります。なぜならパーソンズは、最終的にはシステム全体を社会学のために構想したからです（**図3**）。

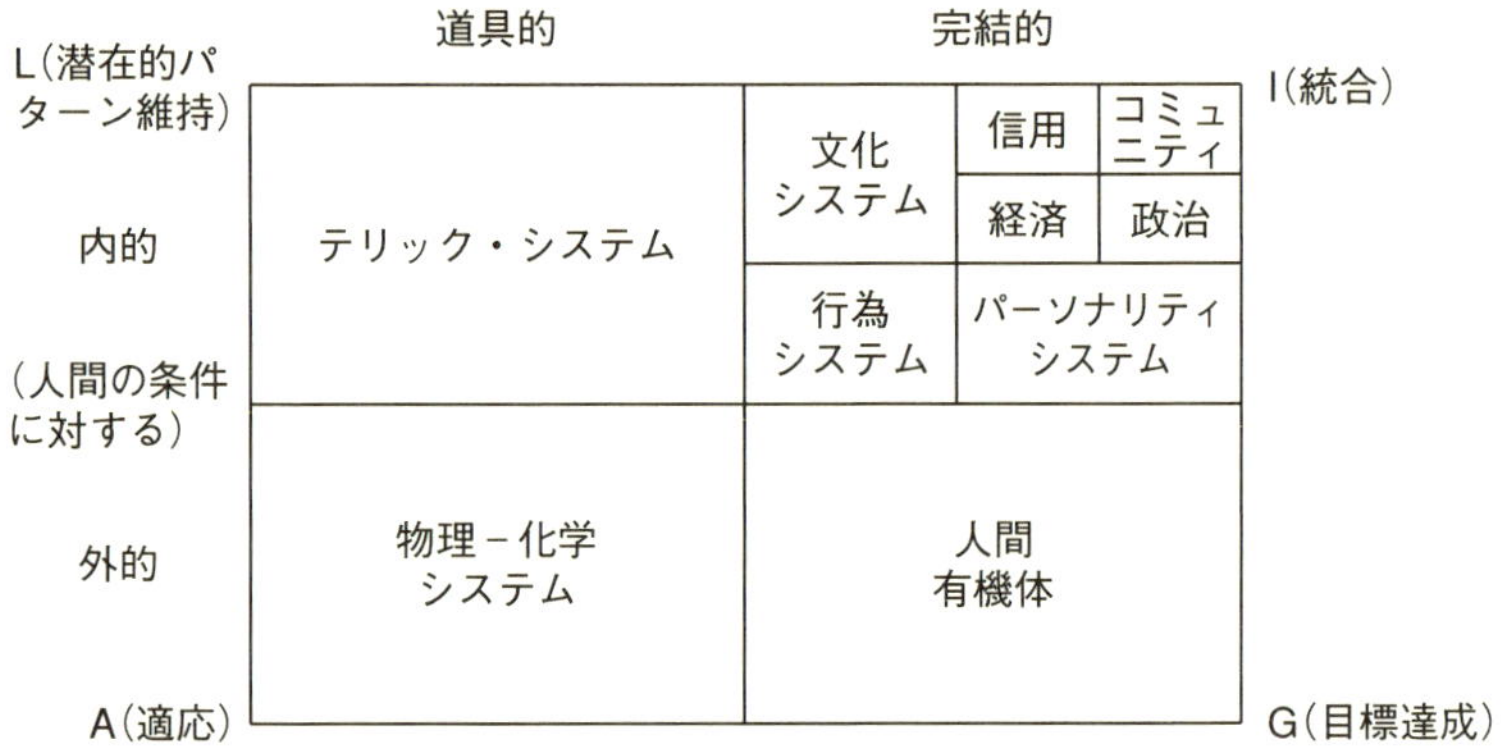

図４　「人間の条件の一般パラダイム」における行為システムのなかの社会システム

図４は、わたしたちが議論のなかでどのような領域を行き来しているかを明らかにしています(4)。

すでに述べたように、社会システムの適応サブシステム、言い換えれば行為システムの統合サブシステムの適応サブシステムは、経済であるとされています。そのような複合体が分出するのは、行為システムの環境に対する長期的適応が重要になる場合です。粗っぽい言い方をすれば、資本形成が起こる場合、つまり貨幣メカニズムが導入されて、生産のためであれ、購入のためであれ、環境から資源を取り出すためであれ、今日のようにゴミを処分するためであれ、資本を投入することによって、まだ予見されていない環境の状況につねに対応できるようになる場合です。この考え方のリアリズムは、貨幣メカニズムがシステムの分出に決定的な役割を演じる点、つまり進化の成果である貨幣（パーソンズはシンボリックに一般化されたコミュニケーション・メディアについて語っています）によってはじめて、経済がサブシステムとして分出し、それによって環境に対する適応条件が改善されるようになり、したがって行為システムが長期的に確実に継続することが保証されるようになる点にあるように、わたしには思われます。

「目標達成」機能は、パーソンズの場合、社会システムの領域において政治であると定義されています。これも論争になった話で、それ自体としてはたいへん興味深いのですが、ここでは十分に扱うことができません。それは、本来の人間らしさを実現する機能を政治に期待する古典的な政治観念、つまりアリストテレス的、旧ヨーロッパ的な政治観念であれ、政治を経済の付属品にすぎないと見なす批判理論であれ、そうしたものとの対照に関する論争でした。パーソンズにとって、政治システムは行為システムのなかの社会システムにおける独立したシステムです。政治の独自性は、完結的状態つまり現在においてそれ自体が充足された状態を確実にする点にあります。この点も、わたしたちが普通考える政治概念、つまり政治をよりよい成果やよりよい社会状態を実現しようとする道具的装置と見なす政治概念と、独特の対照をなしています。パーソンズには、それが本当に政治の意味なのかどうかは疑問でした。パーソンズは、政治の機能を「集合的な拘束力のある意思決定(collectively binding decision making)」という特殊な意味で記述する、と定式化しています。つまり政治は意思決定の際に、集合的な拘束力をもつ――とわたしは言いたいのですが――意思決定を行うことができなければなりません。そのような意思決定は、是認され、支持され、そのかぎりにおいて充足的で、政治家の能力、意思決定の正当性、そしておそらくは権威に対する信頼にもとづいており、第二の構成要素として対外的機能、つまりシステムと環境の関係がつねに問題となるにもかかわらず、こうした意味で完結的なのです。

これら二つの外部志向の機能複合体である「適応」と「目標達成」にはなじみのある名前がつけられ、そのためにパーソンズは経済理論や政治理論における通常の考え方と論争に陥ったのですが、あと二つの小さなボックスは革新的ですがあまり確かでない名前によって定式化されています。なぜここで用語の不足が生じるかを言うのは、難しいことです。おそらく、近代社会科学あるいは一般的に近代社会理論の視座が一面的だからでしょう。近代社会科学ないし近代社会理論は、一九世紀に言われたように、国家と経済ないし国家と社会の区別にはつねに大きな価値をおいていたのに対して、そのほかの領域はおろそかにして、科学、芸術、教育、法といった領域にまで同等の価値をおいていませんでした。パーソンズは少なくとも、こうした政治と経済、国家と社会という二分法を、あと二つの異なる機能によって補完する必要性に向き合っています。それ以上の機能はあってはなりません。

統合機能は、社会システムの領域ではパーソンズが「共同体」と呼ぶもの、あるいは「共同体システム（communal system）」という感情的‐情緒的に訴える表現を与えられたものによって充足されますが、この構成要素は理論的に本当に彫琢されて内容のあるものになっているわけではありません。ここで注目すべき理論構成が出てきて、統合機能の内部における統合機能が問題になっている点を、見なければなりません。社会システムはすでに行為システムの統合に貢献しているのですが、今度はこの機能がこの機能のなかで反復されるのです。この論法は、いかにして社会システムそのものは統合されるのか、つまりいかにして社会システムは純粋に社会的な機能のために行為を独自に動機づけることができるのか、という問いから出てきます。人格が関与して、みずからの名前で、あるいはみずからの責任で行為しようとするにもかかわらず、あるいは文化が関与して、固有の一貫性問題、つまり特定の意味論図式《ゼマンティク》に固有の帰結のもとで作動しようとして、社会的帰結については何も考慮しようとしないにもかかわらず、いかにして社会システムは独自に行為を動機づけることができるのか、というわけです。文化については、中世の神学論争を考えてみてください。神学論争は宗教改革にいきつき、印刷術が生まれると社会的にもはや阻止できなくなってしまいました。

社会システムのなかでは、一方で行為システムのための統合が達成されるのですが、他方で社会システムはみずからも統合機能を達成することができなければなりません。つまり、経済や政治といった構成要素を含む社会システム内部で、再び統合機能を充足することができなければなりません。この機能を充足するものは、「社会共同体（social community）」あるいはそれと同等の表現を与えられています。

最後は第四のケースで、社会システムの内部で再び「潜在的パターン維持」機能が充足されなければなりません。社会秩序のなかでも、潜在的位相にある構造範型を維持するという問題が起こります。パーソンズはこの領域を「信託システム（fiduciary system）」と名づけています。それは、彼が固有のダイナミズムをもつ文化を念頭においている、という意味です。この文化は、たとえば社会システムにコピーされるよりもはるかに長い波動で変化するため（流行が問題になる場合には、もっと短い波動になることもあるでしょうが）、社会システムにおいては、文化の変換、社会的範型への文化の内部化、社会的範型への文化の組み込みに適合するような、文化との関係が存在するというのです。

ここで、文化と社会システムを区別することにはそもそもどんな意味がありうるのか、という問いが出てきます。これは通常あまり行われない区別です。なぜなら、純粋に文化的な側面に厳密に適合した社会的作動を思い浮かべることはほとんどできませんし、他方でこの「潜在的パターン維持」機能がまったくないかたちで生じる社会的行為を思い浮かべることもほとんどできないからです。それでもパーソンズは、社会的機能と社会的行為領域が文化を志向する信託機能に特化する可能性を、視野に入れています。彼は、『アメリカの大学』という本全体を、第一にこの観点のもとで書きました。つまり、文化を社会的機能のために選別し（その文化の残りがどんなものであれ）、受容可能なものにするような社会システムが存在する、というのです。この考え方のなかで興味深いものの一つは、文化を社会的に代表する使命を引き受ける「知識人」が明らかに存在する、というものです。

わたしは、この行為システムの一般的分析と社会システムの個別的分析の二つに、話をとどめておきたいと思います。ここで重要なのは、みなさんにこのような理論の論証能力を見せることだけです。つまり、理論はみずから招いたどのような困難に陥っているのか、またみずから生み出した困難についての考察と取り組みは、少なくともパーソンズのように創造力のある理論家の場合に、どのように革新的な道につながっていくのか、ということを示すことだけです。しかしそれと同時に、ある理論構想の秘法も示されます。概念はつねに四分図式の内部でのみ定義されます。ボックスを説得力のあるように埋める必要性が、理論的決定の方向を決めるのです。そうだとすると、パーソンズの文化概念が文化人類学の文化概念やガダマー流の解釈学の問題などとどのような関係があるか、考察する意味はますます小さくなります。特殊な理論範型がより明確に出てくるほど、理論比較はますます困難になります。

これまでの議論をたどってくると、みなさんは、パーソンズの理論が本質的にこれらのボックスを定義し、中身を埋め、説得力があるようにすることに関わっている、と考えるかもしれません。しかしそれはまったく逆でしょう。少なくとも、そのような考えは彼の理論の一面にしか当てはまりません。付け加えるべき理論的考察の本質的な部分は、これらのボックスの間の関係、つまりサブシステムの間の関係に関わっています。それ以外の理論的手段はすべて、機能的分化の帰結に向けられたものです。そのことが理論に注目すべきスタイルを与えています。その理論は、行為システムの分化と進行する分化の帰結を扱うことによって、デュルケム的な分業の観念、あるいは近代社会を分化した社会として記述してきた社会学の伝統全般と関係するようになるのです。

ここで、サブシステムの間に関係を立てる個々の試みに、詳細に立ち入ることはできません。そのための原理的なアプローチをあげるだけにしましょう。最初のアプローチは、コントロール・ヒエラルヒーの考え方です。サブシステムは、下からと上からの二重のヒエラルヒーという意味で、AGILおよびLIGAという順にヒエラルヒー的に並べられます(5)。文化は、より少ないエネルギーで社会システムに影響を与えるかぎりにおいて、パーソンズの言うように「サイバネティックに」社会システムを制御し、つぎに社会システムはパーソナリティ・システムに、さらにパーソナリティ・システムはみずからの有機体に、それぞれ影響を与えます。下へ行くにしたがって、より大きなエネルギーの投入が必要となりますが、制御手段そのものは情報です。逆順に見ると、条件づけが問題となります。つまり、行為を起こすためのエネルギーの能力の用意が問題となるわけで、たとえば身体的運動能力や感覚運動能力、つぎにパーソナリティ・システムにおける動機づけエネルギー、そう言ってよければ社会システムの領域における了解能力、そして最後にそれによって与えられる文化の伝達と発展のための基礎という具合です。これがコントロール・ヒエラルヒーの理念です。

つぎに、こちらの方が重要でしょうが、シンボリックに一般化された交換メディアという考え方があります。より一般的なレベルでもより具体的なレベルでも、システム間には「相互交換（interchange）」関係があり（パーソンズは「二重の相互交換（double-interchange）」関係とさえ言っています）、各システムは、この交換関係を制御するために固有のメディアをもっています。たとえば経済システムは貨幣、政治システムは権力、共同体という社会システムは影響力（influence）と権威、そして社会システムのなかの文化を志向するシステムは価値コミットメント（value commitments）、つまり特定の価値との結びつきという具合です。比較可能な基準にもとづいて、このような交換メディアの構成に関する非常に精緻な理論が作られています。[6] わたしはこれが、比較の尺度を見出す、つまり一つの理論枠組みのなかに同一性と差異性を同時に収める、もっともすばらしい試みの一つだと思います。さらにこれは、マックス・ヴェーバーが行為そのものについて一括して立てた合理性の問題をこれらの分化したシステムに関係づけ、経済領域、政治領域、共同体領域、信託領域、およそメディアを発達させるすべてのシステムにおいて、まったく異なる合理性の基準が働いていることを知る試みでもあります。

最後に、関係を立てるさらにもう一つの試みがあります。これまたたいへん興味深い付加的な洞察が加えられており、「相互浸透（interpenetration）」というタイトルのもとでなされている試みです。[7] それによれば、システム間には、部分的な重複にもとづく関係、つまりほかのサブシステムの複雑な作用がそのつど作用を受け取るシステムに組み込まれることにもとづく関係があります。この相互浸透の概念によって、まったく別々に出てきた理論の断片を統合することが可能になります。L機能のI機能への相互浸透、つまり「潜在的パターン維持」と「統合」の相互浸透、あるいは文化の社会システムへの相互浸透は、たとえば「制度化」を通して起こります。文化は制度化されなければならない、つまり社会的に選別され、社会的に適用できるようにされなければなりません。文化のパーソナリティ・システムへの相互浸透は「社会化」を通して起こります。人格は、社会的接触のなかで社会化されなければならず、それによって行為システムへの貢献を行うことができるようになります。またわたしには興味深いのですが、パーソナリティ・システムと「行動有機体」の相互浸透は、学習の概念を通して起こります。身体は、パーソナリティ・システムにしたがうこと、つまりみずからをきちんと保ち、規律正しくふる舞い、心理的に命じられる運動を実行するといったことを学習しなければなりません。

サイバネティック・コントロール・ヒエラルヒー、コミュニケーション・メディアないし相互交換メディア、相互浸透——こうしたシステム間関係の三つの側面は、それ自体としてはうまく統合されておらず、そのつど四つのボックスに分かれるシステムの内部分割とも統合するのが困難です。パーソンズは、この問いのために多くの研究をして、ある程度説得力はあるけれども、しかし非常に複雑な解決の試みを示しました。けれどもすでにそこには、彼が理論を彫琢しようとして、みずから生み出した強制にますます陥っており、通常の用語法からますます逸脱しており、固有の問題にますます対応しなければならず、社会学で通例となっている専門用語との接触をますますなくしている、という事態が現れています。イデオロギー的な理論批判は、論証に関する接触を求めておらず、理論のなかに入り込んでいないので度外視するにしても、わたしには、この理論をめぐる研究のある意味でスケールの小さな自己規律化が、主たる難点の一つのように思われます。とりわけこの難点は、パーソンズの弟子たちのサークルの障害となり、あるいはそのサークルを非常に小さくしてしまいました。彼らは、個々のボックスや理論の個々の特殊問題に専念しないといっしょに研究することができない、という要求に直面したのです。

パーソンズの理論は失敗した、あるいは彼の理論には今日なら認識できる根本的な欠陥が組み込まれている、と言うだけではたしかに何の意味もありませんが、それでもその欠陥は、ある意味で社会学に固有のシステム理論の発展における袋小路でした。後にも先にも、これほど彫琢された枠組みのなかに、これほど多くの社会学的洞察が包括されたことはありません。他方でこの理論の秘法には、彼の理論から出発したのでは、システム理論一般の学際的発展をそれ以上たどることができない、という事態が現れています。

パーソンズは、同時代のどんな社会学者よりも、社会学以外の理論的成果を統合することができました。このことは、経済理論についても、フロイトについても当てはまります。また、システム理論の入力《インプット》-出力《アウトプット》図式についても、言語学の観点についても、サイバネティクスの観点についても当てはまります。しかし、システム理論が自己言及的なものに切り替わるにつれて、パーソンズの理論にはもはや受け入れ能力がないことが明らかになってきます。そのためわたしには、ここに一つの独立した社会学の理論発展の終わりが現れているように思われ、だからこそわたしたちは、まず学際的な領域をより詳細に見てまわるべきだと思うのです。

注

（1）ルーマンは、Wie ist soziale Ordnung möglich?, in : Niklas Luhmann, *Gesellschaftsstruktur und Semantik : Studien zur Wissenssoziologie der modernen Gesellschaft*. Bd 2, Frankfurt am Main : Suhrkamp 1981, S. 195-285, hier : S. 260（佐藤勉訳『社会システム理論の視座―その歴史的背景と現代的展開』木鐸社）という論文のなかで、"Action is system" という命題を引用符なしで、Talcott Parsons, The Position of Identity in the General Theory of Action, in : Chad Gordon und Kenneth J. Gergen (eds.), *The Self in Social Interaction*, Bd I., New York : Wiley 1968, S. 11-23, hier : S. 14 という論文から引用している。

（2）Talcott Parsons, A Paradigm of the Human Condition. In : ders., *Action Theory and the Human Condition*. New York : Free Press 1978, S. 352-433, hier : S. 361（富永健一ほか訳『人間の条件パラダイム―行為理論と人間の条件第四部』勁草書房）より。ほかの三つの領域は空白にしてある。パーソンズは、それぞれの機能を言っただけで、内容には立ち入らなかったからである。ルーマンは、それぞれを「テリック・システム」（L）、「物理-化学システム」（A）、「人間有機体システム」（G）と名づけている。

（3）この区別をしているのは、David Lockwood, Social Integration and System Integration. In : Georg K. Zollschan und Walter Hirsch (eds.), *Social Change : Explorations, Diagnoses, and Conjectures*. Boston : Houghton Mifflin

1964, S. 244-257 である。

（4）編者による補足。

（5）これについては Parsons, A Paradigm of the Human Condition（注2）、特に S. 362 ff. および 374 ff. を見よ。

（6）これについては Talcott Parsons, *Zur Theorie der sozialen Interaktionsmedien*, hrsg. von Stefan Jensen. Opladen : Westdeutscher Verlag 1980 を見よ。

（7）たとえば Talcott Parsons, Social Systems. In : ders., *Social Systems and the Evolution of Action Theory*. New York : Free Press 1977, S. 177-203（田野崎昭夫監訳『社会体系と行為理論の展開』誠信書房）を見よ。

II

一般システム理論

1 開放システムの理論

〈第3講義〉

この時間は、一般システム理論についての考察をいくつか集約してみることから始めます。「一般システム理論」という言葉、概念は、実態をかなり覆い隠しています。そもそも、そのような単一の一般システム理論は存在しません。たしかに社会学の文献では、あたかも単数の理論が存在するかのようにシステム理論を引き合いに出すのがつねですが、もっとくわしく見て、社会学の文献からさらに範囲を広げていけば、システム理論に相当する単一の対象、単一の理論を見つけるのは難しくなります。複数の一般システム理論が存在するのです。システム理論のアプローチを一般化しようとする試み、つまり特定の専門領域の枠を越えようとする試みはありますが、一般に、その抽象化の出発点がどの専門領域にあるかは、抽象化してもまだはっきりとわかります。また一般に、さまざまな専門領域の間、あるいは特定の出発点から一般化されたアプローチを定式化しようとするさまざまな理論モデルの間には、かなりの障壁があります。この状況には歴史的な前提があるのでしょう。五〇年代には、単一の一般システム理論を定式化しようという試みがありました。一般システム理論という用語法は、この時代に始まったのです。当時「一般システム研究（General Systems Research）」のために一つの学会が設立されました。[1] そのような関心の方向性をもつ研究論文を集約するものとして「一般システム」年報が発刊されました。そこには、さまざまな出発点から考察を寄せ集めて組み合わせることができ、その結果として単一の一般システム理論のようなものが生まれるはずだ、という理念がありました。成果がなかったわけではありません。しかし、まずそのような考察の源泉に立ち返り、さまざまな出発点を集約することによって、そのような一般化の重大な焦点、諸問題はそのつどどこにあったのか、なぜシステム理論の展開における一定の限界を超えることができずにいるのかを見ることは、やってみる価値があります。

この時間では、まずシステム理論の発展を示し、その限界を明らかにすることによって、新しいアプローチで、いわば第二世代に当たる「セカンド・オーダー・サイバネティクス（second order cybernetics）」、「観察するシステムの理論」といった理論のそれぞれの観点を定式化してみたいと思います。

まず出発点について。均衡（平衡）概念を用いて作られたメタファーないしモデルにおける発展がありました。まずこのメタファーないしモデルには、数学の関数を用いて考えようとするかぎりにおいて数学的基礎がありましたが、隠喩法は数学的基礎がなくてもおもしろく、さらにまたシステム思考のもっとも古い源泉の一つでもあります。この隠喩法は、「システム」という言葉に一定の重要性が与えられるずっと前から、そしてもちろん本来の意味での「システム理論」について語ることができるずっと前から用いられてきました。いつ始まったのか正確には知りませんが、均衡の隠喩法は、一七世紀には「貿易の均衡（balance of trade）」という考え方のなかですでに自明のものとして用いられ、一七世紀末頃には特にヨーロッパにおける諸国家（ないし政治的要因）の国際的均衡という考え方の発達も促し、それを越えて一般的でかなり無限定な用法につながっていきます。

ふり返ってみると、この発展は安定状態と攪乱という区別によって特徴づけられている、と言うことができます。普通は安定に力点がおかれます。均衡は安定的であり、攪乱に対しては、元の均衡を回復させるか新しい均衡状態に到達するようなかたちで反応するだけだ、と考えられています。このメタファーは、均衡が維持されるようにする一定の力学、一定の装置、一定の基本構造を前提にしています。ここから均衡理論は安定理論だという考え方が主流になったのです。すでに一七世紀に指摘されていたことですが、もっとよく見てみると、この考え方はあやしくなってきます。天秤のイメージ、つまり二つの皿が釣り合った状態のイメージにもとづいて考えてみると、その均衡はきわめて簡単に乱されることがすぐにわかります。一方の皿に小さなおもりを足すだけで、もう天秤はバランスを失います。

つまり、均衡という考え方はシステムの攪乱に対する敏感さを示すとともに、それを局限する理論として使うことができます。――人は均衡を攪乱したいときに何をすべきか知っている、というのです。講義で繰り返し出てくることになる観点から見ると、この理論は特定の区別をもつ理論であって、特に望ましい状態や特定の対象についての理論というわけではありません。均衡概念は、攪乱と安定の関係をどのように整理するかを知ることに関心をもっている理論を含んでいます。これに関連する文献の内容を越えた話になってしまいますが、その理論は、システムが攪乱を受けやすいにもかかわらず安定的であるようにするために、いかにして攪乱と安定の関係を強化することができるかを知ることに関心をもっている、とさえ言えるかもしれません。これを数学に投影すると、どのような数式からその関係を読み取ることができるか、という問いに関心が向きます。それにもかかわらず、均衡理論の伝統のなかでも近年の応用のなかでも、この攪乱の契機が繰り返し見られるものの、力点は明らかに安定におかれていました。それはまるでシステムを安定に保つことに価値があるかのようであり、均衡を保証する仕組みはシステムを安定に保つよう努めなければならないかのようです。このことがとりわけよく当てはまるのは経済理論であり、経済的均衡、さまざまな経済的要因の釣り合いという考え方です。ここで現実を考慮に入れるなら、つまり数学の関数だけを念頭におくのではなく、たとえば経済システムや生産システムのような現実のシステムがいかにして安定的でいられるかを考えるなら、そもそも均衡を安定状態として語ることができるのか、という疑問も差しはさむことができます。

ここからまったく反対に不均衡が安定条件になりうることはないのか、という考察が出てきます。それによれば、経済システムが安定的でありうるのは、商品を過剰に生産することによって、市場で需要が生まれれば必ず何かを提供できるようにする場合、あるいは反対に、購買者を過剰に作り出し、商品を過少に生産することによって、十分な商品があればその商品を買うような購買者がつねにいるようにする場合だけです。ハンガリーの経済学者ヤーノシュ・コルナイは、そのような反均衡の構想を展開しています。(2) その構想を用いて、資本主義‐社会主義論争の渦中にある西側と東側の経済がそれぞれ描かれているのがわかります。商品が少なく保たれ、購買者や需要が過剰になければならないなら、そこは社会主義のシステムであり、反対に購買者が少なく保たれ、商品が過剰に提供されなければならないなら、そこは資本主義のシステムだというわけです。いずれにしてもわたしたちはここで、安定を均衡から不均衡に移し替える点で古典派や新古典派の経済学と区別される、不均衡理論の一つを扱います。

いずれにしても均衡モデルは、一般システム理論に向かう発展の一つの途の基礎になっています。しかし均衡モデルは、五〇年代においては新しい発見ではなく、必要とあれば依拠することのできる変種の一つに過ぎませんでした。新しかったのは別の二つの問題圏で、そちらの方が均衡理論よりも、その後のシステム理論の発展に強い影響を与えるようになりました。特に新しかったのは、熱力学から出てきた問いでした。その問いとはこうです。物理現象――少なくとも閉鎖システムの物理現象――にはエントロピーを発生させる傾向がある、つまりすべての区別を解消し区別のない状態をもたらす傾向がある、物理学的に言えば、利用できるエネルギーすなわち何らかの相違を発生させることのできるエネルギーがもはや存在しない状態をもたらす傾向がある、というところから出発しなければならないのであれば、そもそもシステムはいかにして維持することができるのか。それが普遍的な物理法則であるならば、そもそも物理的、化学的、生物的、社会的な世界の事実を、どのように説明することができるのか。秩序が存在すること、視野を数十億年に限定すると、実際にそのようなエントロピーに向かう発展が際立って見えないことを、どのように説明することができるのか。言い換えれば、物理法則がそもそもエントロピーに向かうものだとしたら、エントロピー状態からの逸脱としてのネゲントロピーをどのように説明することができるのか。このような問いが立てられたときには、エントロピー法則が閉鎖システムを前提にしていることが留意されていましたし、たとえば世界は、外部から内部には何も入り込まず、内部からは外部には何も持ち出すことができない閉鎖システムとしてイメージされていました。

このモデルは世界モデルとしては妥当性があるかもしれませんが、世界のなかのすべての事態に当てはまるわけではありません。問題となるのは閉鎖システムのモデルであり、そのようなシステムは世界のなかにはありません。少なくとも生命システム、心的システム、社会システムが問題になる場合には、つまりこの講義でわたしたちの関心を引く領域について考える場合には、そうです。だから、生物学や社会学の領域については、閉鎖システムの考え方が否定され、その代わりに開放システムの理論が発展しました。開放システムを扱ったのは、なぜエントロピーが入り込まないか、なぜ秩序が形成されるかを説明したかったからです。開放性はいずれの場合にも環境との交換を意味しますが、生物システムないし有機体システムを考えるか、意味志向システムつまり社会システム（コミュニケーション・システム）や心的システム（意識やそれと同等のもの）を考えるかによって、交換の考え方は異なる形態をとります。生物システムについてはまずもってエネルギー補給と利用できないエネルギーの放出が考えられ、意味システムについてはまずもって情報の交換が考えられます。意味システムは環境から情報を取り込み、そう言ってよければ驚きを解釈し、そのような情報処理システムに反応する他のシステムとのネットワークに組み込まれます。エントロピーを説明する基本条件はどちらの場合も同じで、システムと環境の交換関係です。それを示しているのが開放システムの概念なのです。

ここでこの概念を強調するのは、あとでこれと対照的な作動上の閉鎖システムの理論について語ることになるからですが、そこではこの開放性の考え方が撤回されるのではなく改訂されることになります。いずれにしても開放システムはエントロピー法則から出てきた挑発に対する答えです。

この文脈では進化理論との接触もあり、この接触は一考する必要があります。進化理論は、ダーウィン以来、構造の多様性――生物学の領域では種の多様性――を説明するという課題を引き受けてきました。生化学的に一回だけ創造された生命が、虫、鳥、鼠、人間といったきわめて多様な形態になったことはどのように説明できるのか、というのがその問いです。同じ問いは、もちろん社会システムについても繰り返すことができるでしょう。言語的コミュニケーションがいったん発達すると、きわめて多くの多様な言語が、また歴史的に見るときわめて多くの多様な文化が――発達した文化とあまり発達していない文化が――同時に存在できることはどのように説明できるのか。一方で生命の生化学、他方でコミュニケーションという比較的単純な一回かぎりの進化的創造にもとづいて、個体や類型の多様性はどのように生じたのでしょうか。この問いについても、説明をしたいのであれば、開放システムの理論が必要です。この理論は、システムに対する環境の刺激がどのようにシステムに作用して構造を変化させることができるかを記述します。つまり、さしあたりは純粋な偶然であって、システム自体のなかでは予定されていなかった何か、たとえば細胞レベルでの突然変異、あるいは刺激や攪乱を与える情報が、どのようにシステムのなかでそれと認められ、構造変化つまり新しい構造の選択とその構造が安定的でありうるかどうかの検証にいたるかを記述します。つまり、変異、構造変化という意味での選択、安定化ないし再安定化というダーウィンの区別は、まさしく開放システムの理論にもとづいており、さらに開放システムの一般理論に対して、歴史的次元、すなわちエントロピー法則から出発したときに予期される事態に逆行する、構造的複雑性の発展の次元を説明してくれるのです。

こうした開放システムの一般理論を前提にすると、二次的な理論、補助的な理論、とりわけ入力《インプット》－出力《アウトプット》モデルの考え方がそれに付け加わります。開放システムの理論は、一般的なシステム概念のレベルでは、システムと環境の間にどのような関係があるか、未規定のままにしています。開放システムの理論は、環境という一般的な考え方をするのであって、環境のなかに特定の条件が存在する、つまり特定の他のシステムが存在するという考え方を精密にするわけではありません。このレベルでは、一方でシステム‐環境パラダイム、つまりシステムは環境のなかにあって、環境と接触する場合にのみエントロピーを妨げることができるという一般テーゼと、他方でシステム‐システム関係、つまりエコロジー的条件への特定の依存関係、あるいは社会秩序の内部での特定の他のシステムへの特定の依存関係（たとえば租税収入という点で、また国民が特定の政府を選ぶ用意があるという点で、政治システムがうまく機能している経済に依存する関係）を区別しなければなりません。より一般的に言えば、わたしたちは、一方でシステム‐環境の区別と、他方でシステム‐システム関係の違いについて語っているのです。入力《インプット》‐出力《アウトプット》モデルはこの最後の違いに関係しています。このモデルはシステムが環境について高度に無関心でいられること、環境は全体としてはシステムにとって意味をもたないこと、しかし環境のなかの特定の要因はその分だけより大きな意味をもっていることを前提にしています。どの要因が意味をもつかを決めるのは、明らかに環境ではなくてシステム自体です。システムはその意味で、一方でみずからが何に依存しているか、他方でみずからが何を出力として――廃棄物あるいは成果として、他のシステムを補助する用意として――環境に放出するかを、みずから決定することができ、内部条件、自己のシステム類型に従属させることができるかぎりにおいて、ある程度自律的です。

　このような入力《インプット》‐出力《アウトプット》モデルには、大ざっぱに言って二つの異なる変種があります。一つは、かなり理想的な数学的モデルで、特定の入力があり、システムは特定の結果に導く変換関数を実現していると考えられます。この変換関数は構造的にきちんと記述されます。この場合には、現実のものであれ数学的な関数であれ、特定の入力を特定の出力に変換する機械《マシン》について語ることができます。問題となるのは、高度に技術的なモデル、機械《マシン》モデルないし工場モデルであり、このモデルは、同じ入力に対して同じ関数によって再び同じ出力を産出できることを前提としています。システム理論は技術的な理論であり、社会生活の現実に即していないと批判されたときに、根底にあったのはこのイメージでした。たしかにこの変換関数理論を複雑にすることはできます。複数の変換関数をもったシステムを考案することができるし、さらに内部が複数のシステムに分化しているために、入力《インプット》‐出力《アウトプット》関係がシステム内部で互いに連結されているシステムさえ考案することができます。しかし基本イメージは、システム分析者が認識できる透明な変換関数のままです。その結果、同じ入力に対して同じ出力が産出されるという前提ないし予想が出てきます。つまり、扱っているのは確実なシステムなのです。

　このようなモデルを社会的現実のなかに移し換えようとする場合や、心理的に実現しようとする場合、つまり心的システムが入力と出力によって働くと考えようとする場合には、困難に陥りました。たとえば心理学では、すでに刺激‐反応モデルという行動主義的な構想があり、入力《インプット》‐出力《アウトプット》という用語を使わずに、この考え方をすでに実現していました。心理学ではすでに三〇年代に、心的システムが単純な変換関数ではありえず、当時はたいてい一般化［心理学では「般化」という］の概念を用いて定式化されていた、媒介変数を用いなければならないことがわかっていました。心的システムは環境との関係を一般化することによって、さまざまな入力が一つの類型におさまって同じ出力を産出することができるように、あるいは逆にシステムが自己の心理状態に応じて同じ入力に対して違う反応をすることができるようにするのです。――このような複雑化をすると、単純な数学的関数を解消して、システムをより詳細に見ることが必要になります。

　同じことは、入力《インプット》‐出力《アウトプット》モデルを社会学的に実現しようとする場合――今度はすでにこの用語法で語られるのですが――にも見られます。わたしが念頭においているのは、たとえばデヴィッド・イーストンの試みで、これは入力《インプット》‐出力《アウトプット》分析を社会システムとりわけ政治システムに移し換えて、一つのモデルを定式化しようとしたものです。このモデルには、一方で政府に対する普通選挙による公式の支持、支援、他方で利害関係者の組織、ロビーなどによる特定利害の入力という、複数の入力が備わっています。(3) 政治そのものは変換メカニズムと考えられ、出力はイーストンの場合「価値の配分（allocation of values）」、すなわち政治的に決定された利益ないし価値の国民への配分として記述されます。その結果、循環関係のなかで再び、国民が選挙や利害申告についてあらためて勘案するかたちで政府に反応することになります。このモデルの場合も、数量化を徹底して行ったり、政治がどのようにして同じ条件のもとでつねに同じことを行うのかを示す、数学的な定式化を与えたりすることには成功していません。

このような説明の不備、システムの内部過程を明確に記述する能力の不備に対応したのが、ブラックボックスの理論です。この理論は部分的にはサイバネティクスに由来しますが、この領域にはっきり適用されました。「ブラックボックス」の意味は、システムの内部はあまりに複雑なので認識も分析もできないということであり、システムの外部関係の規則性から、システムの信頼性、計算可能性、特定の入力に対する出力の予見可能性を説明できる何らかのメカニズムがあるはずだと推論することしかできない、ということです。システムの内部が秩序だった動きをしていることは、外から見えるシステムの規則性にもとづいてしか認識できません。そのため、内部過程について一定の構造的探究を行う可能性がつねに開かれています。このブラックボックスの構想がどちらかと言えば構造主義的なシステム理論と連関しているのは偶然ではありません。たとえば、一九世紀末頃に政党が生まれたために、議会がもともと考えられていたように議員の自由な意思形成にもとづいて構成されることはもはやなくなり、選挙での支持獲得を競う政党による政治的イシューの事前の取りまとめが生まれました。これは政治における入力《インプット》－変換－出力《アウトプット》の過程において何を意味するか、という考察を行うことができます。攪乱、不均衡、社会問題に対応するかなり古典的な法治国家から、今日、福祉国家と呼ばれるもの、つまり社会的条件を能動的に変化させ、そのような変化の提案をもって政治を行うような国家に移行する発展が、政党の誕生とともに始まると考えてみることができます。

ブラックボックス・モデルは、さしあたり枠組みを提供するモデルに過ぎず、さらに構造的な分析を進めることを原理的に排除しませんが、まずは固定した機械《マシン》的ないし数学的な入力と出力のカップリングを解消します。

この文脈で法システムにも目を向けることはたいへん有益でしょう。なぜなら、法システムでは入力《インプット》－出力《アウトプット》分析がさしあたり実際にうまく働いているように思われるからです。驚いたことに、この理論を法システムに適用する試みはほとんどありません。わたしの知るかぎり、六〇年代末になってようやく、ここで言う意味で重要な研究がいくつか出てきました。(4) 入力《インプット》－出力《アウトプット》の考え方は、さしあたり自然なものです。なぜなら法は原理的に入力志向のプログラムだと考えることができ、特定の情報が入ってくると、つねに特定の決定がなされるはずだからです。わたしはかつてこれを「条件プログラム」と名づけ、(5) この用語はこの間よく使われるようになりました。条件プログラムというのは、システムがつねに入力範囲にもとづいて自己の方針を定め、結果のいかんにかかわらず、特定の入力から特定の決定を作り出すという意味です。申し立ては法律に照らして正当ならば肯定的に記述され、法律に照らして正当でないならば否定的な決定がなされます。訴えは法的状況に照らして正当ならば正しいと認められ、そうでなければ正しいと認められません。法システムは、それが実際にそれほどうまく働いているのであれば、まさに入力《インプット》－出力《アウトプット》分析の理想的なケースであり、機械《マシン》の理想的なケースだということになるでしょう。その機械《マシン》は外部から見て計算可能なように働きますが、とてつもなく込み入っています。なぜなら非常に多くの法規定があり、それとともに非常に多くの多様な入り口、提起することのできる非常に多くの多様で可能な入力、判決を求めることのできる非常に多くの多様で可能な訴えのタイプ、機械《マシン》のように貫徹する見通しが立つならいつも実現することのできる非常に多くの多様で可能な権利があるからです。

しかし、よりくわしく分析すると、法のなかにしだいに目的志向も入り込んできています。つまり法は――優秀な法律家と言うことも可能でしょうが――特定の法的見解が主張され、特定の法律解釈が正当であるかないかの判断がなされるときに、どんな結果が生じるかということもつねに考えています。今日的な意味での法的業務において優秀な法律家は、つねに出力範囲も視野に入れているので、モデルにもとづけば――現実にもそうだと思いますが――法システムはある意味で計算不能になっています。法的決定の結果は事例ごとに異なり、より広範な経験的状況によって条件づけられており、したがって法システムを機械《マシン》と見なしたい人にとっては予見不能です。さらに、二〇世紀の法制史や法教義学の歴史をたどってみると、法が利益を考慮する方向に転換する傾向がしだいに強まっていることがわかります。つまり、法があれこれの場合に要求することを、単純に概念的に、あるいは法律から演繹するだけではなく、それによってどのような利益が助長されるべきか、その利益にはどのような実現のチャンスが実際にあるのかを考察する傾向、あるいは法規範そのもののなかでは考慮されてこなかった利益の対立を個々の事例のなかで引き合いに出すことによって、いかにして具体的な事例を適法に決定できるか、つまり裁判官やおそらくは広く国民の正義の感覚を考慮しながら決定できるのかを見ていく傾向が、しだいに強まりました。この傾向は、わたしたちが福祉国家の目標を考えながら公法を実行するにつれて強まっています。憲法裁判所でさえ、今日では価値の検討、利益の検討をみずからの使命と見なし、そのような検討を行うことによって相当に政治に干渉しています。

わたしは、このことをもっとくわしく書いて、入力《インプット》－出力《アウトプット》モデルを社会システムの理論に移植する際に何に注意すべきか、また社会学理論が入力、変換、出力という用語法について一般システム理論から得ることのできる情報がいかに少ないかを示したことがあります。そのような事情もあって、入力、変換、出力という概念にもとづく研究の方向づけは七〇年代に意義を失ったのでしょう。一方では、機械《マシン》の理論、純粋に技術的な理論が問題なのだ、という疑念やイデオロギー的主張がありました。もちろん数学的レベル、モデル構想のレベルでは、そのような理論がありました。しかし他方では、システム境界を入力と出力によって規定することによって、具体的に何が得られるのか、という問いも立てられました。言い換えれば、つぎのような問いが立てられたのです。入力を出力に変換することができるシステムとは何か。この有用で重要で関連性のある入力と有用で関連性のある出力の変換ないし選択は何にもとづいているのか。それはどのような機械《マシン》なのか。それはどのような構造と作動の配置なのか。これは本来的な問いで、入力《インプット》－出力《アウトプット》モデルのなかで答えられるものだと考えられていましたが、実際には答えられていません。

ここで、一般システム理論の発展の第三の途、第三の希望の担い手、サイバネティクスに戻りましょう。[6]

この理論は比較的新しいものです。この理論は、変化する環境条件のもとで、システム、システム状態、システムの出力をいかにして安定に保つことができるか、という技術的考察にもとづいて、四〇年代に成立しました。この問いに対する答えは、有名なフィードバック・モデルにありました。つまり、実現すべきシステム状態との一定の隔たりを表す環境からの情報を測定し、隔たりの測定値が満足のいくものか否かによって、システムが働くスイッチを入れたり切ったりすることのできるメカニズムが存在する、と考えるのです。みなさんはサーモスタットの例をご存知でしょう。学術文献では、この例はいつも、本来的な意味での「パラダイム」つまり範例、原型とされています。しかし、四〇年代には多くの異なる課題があり、それぞれに対応するモデルを用いて解決が試みられました。特に戦争技術の場合がそうです。かつて飛行機を高射砲で撃つときには、リングという機械《マシン》的な装置を使わなければならず、そのリングを通して見て、どのように標的を狙うべきかに応じて、リングによって砲の方向を決めなければなりませんでした。それが自動化された結果、距離が測られ、そのつど再計算が行われ、命中精度を砲手の目に依存せずに向上させることができたのです。これは当時の課題の一つでした。しかし、その根底には一般原理があり、たとえば血液温度や血糖値を一定に保つことが問題になる場合には、生物学でも応用が利くことがすぐにわかりました。つまり、たえず働いているのではなくて、一定の欠如、一定の距離、一定の差異があまりに大きな値をとる場合にのみ働くような仕組みが存在する、というわけです。

では、なぜこのモデルがそんなに有意義なのでしょうか。まず、このモデルは一般化可能です。これが第一の論点です。モデルをつねに新しい領域で検証するところに魅力があったのです。第二に、そうすることによって、古いテレオロジーつまり古い目的論を再定式化することができる、と信じることができました。[7] テレオロジーというと、旧ヨーロッパの枠組みでは、因果過程を引き動かすような一定の目的が存在する、つまり未来の状態に関係するにもかかわらず、原因として因果過程のなかに入り込むような一定の目的が存在する、と考えられてきました。この考えは、近代初期にはすでに放棄され、精神的原因にとって代わられました。つまり、目的とは過去の経験によって条件づけられた、未来の状態に関する現実の現在の観念であり、この観念はすでに今そこにあるのだから、機械《マシン》的に決定された運動を引き起こすことができる、と考えられるようになったのです。このようなテレオロジー的因果性を機械《マシン》化する記述法のなかで、サイバネティクスは、一定のシステム状態を安定的に保ちたい場合に、それがいかにして可能か、あるいはいかなる装置が前提となるかを、かつてよりも正確に説明できるようになったと言うこともできます。ただ一般化することだけでなく、古典的な思想の潮流を近代的でいわば技術化可能な手段によって再構成することにも期待が向けられていました。キュベルネーテス（*κυβερν-τη-*）とは船の操舵手のことで、船をまっすぐな進路に保ちたい場合には、風や波の条件を修正しなければならない、つまり進路を保つために風や波と反対方向に舵を切ったり、同じ方向に舵を切ったりしなければならないことは、容易にイメージすることができました。キュベルネーテスは船の操舵手であり、サイバネティクスは技術的システムの、またおそらくは心的システムの、またいずれにせよ社会システムの操舵技術の科学なのです。

それは理想でした。この理想から制御（Steuerung）、社会的誘導（social guidance）、舵取り（steering）といった概念が残され、サイバネティクスの技術、あるいは今日ではむしろ行為理論的に考えられた他の手段によってシステムを制御することができる、という幻想に繰り返し導かれてきたのは注目すべきことです。しかし、そのようなサイバネティクスの文脈で、「制御」とは正確には何のことでしょうか。それは、未来のシステム状態を、すべての具体的な詳細について、あるいは全体的にのみ、旧ヨーロッパの表現を使いたければ本質特性について決定することができ、したがってシステムが未来においてどのように見えるかを今すでに言うことができるということではありません。そもそも問題となるのは、一定の差異を大きくなりすぎないようにする、あるいは小さくすることだけです。つまり問題となるのは、目標コースからの逸脱、追求される状態からの逸脱、保とうとする一定の室温からの逸脱などを小さくすることです。そして、室温を一定に保つことができるからといって、押し込み強盗が入ってこないということ、家具が家のなかにとどまっているということ、絨毯がだいなしにされないということ、台所で電気がきちんと流れるということではありません。つまりサイバネティクスは、さしあたりつねに特定の恒常性、特定の差異にのみ関係するのです。システムが未来においてどのような状態にあるのかを予見できる方向に多少とも進みたいのであれば、多変数の制御メカニズムをもち、さらには制御メカニズムを制御する、つまりサイバネティック回路のネットワークをもつ、非常に複雑なシステムを発明しなければなりません。

制御理論がサイバネティクスから行為理論に移植される際に（たとえば政治学者のサークルでは今日普通のことになっています）、わたしの感じでは、この問題が誤って評価され、政治的制御が必要だということから、政治的制御が何らかのかたちでできるはずだと推論されてしまいました。差異の縮小は依然としてうまく行うことができる、ということにわたしはまったく異存がありません。たとえば特定の病気があって、ワクチンを用意することができるなら、国が定める、あるいは医者が勧める予防接種を行うことによって、病気の範囲が縮小することは明らかです。これと同じかたちで、現代の通貨量政策を通した、通貨による経済の制御を考えてみることができます。しかしそうなると、相も変わらず、制御の概念についてもともとのサイバネティクスの意味に頼る方がよい、という話になります。つまり、縮小されるべきは一定の差異である、それもシステムによって完全にはコントロールできず、外部からの影響を受けて変化を被り、それをシステムのなかで修正しなければならない、そのような差異であると考える方がよいということです。

この議論は、ネガティブ・サイバネティクス、ネガティブ・フィードバックといった概念のもとで展開します。これに対して、五〇年代末から六〇年代にかけて、ポジティブ・フィードバックという反対概念が発明されました。ポジティブ・フィードバックとは逸脱強化のことです。(8)サイバネティック循環を利用して、システム自体が産出した一定の状態を、もともとの状態から逸脱する方向、特定の傾向を示す方向に変化させるのです。したがって、問題となるのは差異の縮小ではなく、差異の拡大です。そのような逸脱強化ないしポジティブ・フィードバックは、ネガティブ・フィードバックとはまったく異なる問題を投げかけます。そこで問題となるのは、システムの安定、特定の値の安定維持ではなく、システムの変化、それも特定の方向への変化です。その場合、ただちに突き当たるのが、システムがみずからを危うくすることなしに、どこまで逸脱を増大させることができるのか、という問いです。別の定式化をすると、ポジティブな逸脱強化のメカニズムが存在する場合、深刻な状態に陥ることなしに、どこまでそのメカニズムを働かせることができるのか、ということです。この問いについては、現代社会の一定のエコロジー問題を見れば、これ以上の説明はほとんどいらないと思います。しかし、この問いは社会内部についても提示することができます。いつまで福祉国家の政治プログラムにおける一定の課題を増大させることができるか、いつまでより多くの国民所得をその目的のために使うことができるか、と問うことができます。ポジティブ・フィードバックの議論は、特定の変数がつねに他の変数とならぶ変数としてのみ問題となる場合、その特定の変数の増大はどこまで進められるのか、という問いに目を向けさせます。どこまでより多くの人びとが学習できるのか、どこまでより多くの人びとが公務員になることができるのか、どこまで人口は増えることができるのか、といった具合です。問題となるのは、システムがブレーキ・メカニズムを使うことができるのか、あるいはいったん導入されたポジティブ・フィードバック、いったん導入された逸脱強化の傾向を妨げる、カタストロフィー的発展しかありえないのか、ということです。

このポジティブ・フィードバックというアイデアの、もう一つの同じくらい重要な応用は、進化理論に関連しています。その場合、逸脱強化のメカニズムを用いて、なぜある小さな、ほとんど偶然のはじまりから大きな効果が生まれて、しだいにあるシステムの構造が確定され、歴史的にほとんど修正できないものになっているのか説明することができます。たとえば、メキシコシティはどんな理由でメキシコシティというかなり便の悪いところにあるのでしょうか。なぜ約二〇〇〇万人の住民のいる都市が、気候、交通、そのほか多くの理由から見て、また土壌から見ても、便が悪く、都市を造るのにあまり適していないところにあるのでしょうか。その理由は、アステカ人がこの地域に移住してきたときに、人の住んでいない孤立した土地を見つけて、そこに定住したということなのでしょうか。それとも、スペイン人がそこで確立した文化と支配の中心を見つけ、それを占領して転用することができたということなのでしょうか。それとも、スペイン帝国がその種の中心に依存していたということなのでしょうか。等々。

ポジティブ・フィードバックの理論に、予言能力はありません。この理論が説明するのは、なぜメキシコシティがメキシコシティの場所にあるのかということではなく、いかにしてある発展が自己強化メカニズムをともなって進行し、結果を考慮することなく、また合目的性も考慮することなく、制御されうるのかということだけです。古典的な進化理論との関係で言えば、そこに懐疑的な契機があります。たしかに最近になって再びアトラクターについて語られるようになりました。それは、あるシステム状態がさらなる変化のための引力をもっていること、またあるシステム状態から出発してその引力が強化され、ほとんど不可欠のものになることを示すときです。しかしアトラクターは、もうそのような肯定的な意味をもたず、かなり危険な要因になっており、少なくともおよそ進化を制御する可能性がある場合には考慮に入れなければならない要因になっています。

これで、五〇年代に一般システム理論へと集約された、あるいは集約されたはずの一般化の趨勢の叙述は終わりにきました。このような理論装置がどれほど有望で見込みがあり、しかしまたどれほど限界もあるのか、うまく示すことができていればいいのですが。わたしが述べてきたことは、おおむね五〇年代から六〇年代に関係しており、そこで何が得られて何が得られなかったかがわかった後は、システム理論に対するかなりの批判が出てくることになりました。この批判にはイデオロギー的なルーツもあります。この批判は憶測によって、第一にはシステムと技術、システムと機械《マシン》装置の関係、第二にシステムと安定優先の関係に向けられています。この批判が無条件に正しいわけではないことは明らかにしたはずだと思います。おそらく、この批判は理解できるけれども、現実に基礎をおいていないと言うべきでしょう。しかし、批判を評価したいのであれば、批判対象の側を観察するのではだめで、批判者を観察することによって、どんなシステムがそのような批判を行っているのかを見る方が、はるかに望ましいです。しかし、このように考えて、観察者の観察の話を持ち込むのは、講義のずっと先の話題を先取りすることになってしまいます。

さしあたりこの発展の内部で一定の限界ないし一定の答えられない問いが示された、と要約的に示したいと思います。一つの論点は、何を「システム」として指し示したいのか未決のままだということです。開放システムについて語る場合、つまり変換メカニズム、入力を出力に変換する可能性、サイバネティック・メカニズムによって特定の変数を一定に保つ可能性、あるいは一様に変化できるように保つ可能性について語る場合、そもそも何がそのようなことのできるシステムなのかについて、まだあまり多くが語られていません。数学的関数、方程式、あるいはサイバネティックな基本構造の領域における技術的トリック、技術的メカニズムに頼ったところで、この空白を本当に埋めることはできませんでした。とりわけ、社会学として期待されるものをもたらすことはありませんでした。社会の理論はいうにおよばず、社会システムの理論に社会学的に利用できるという意味で、一般システム理論が彫琢されることはなかったのです。システムの働き方について、重要で長持ちする洞察はありましたが、そのように働くことのできるシステムとは何か、その基礎には何があるのか、といった問いに対する答えはありませんでした。このような問いから、実質的にその後のシステム理論の発展のすべてが始まったのです。

今後の講義で概説しようと思っているのは、この問いから出発して、システム概念が何を意味するのか、より正確に記述しようとする試みです。この試みには少なくとも二つの観点があり、今後の講義で立ち返ってよりくわしくお話しします。一つの観点は、客体としてのシステムについての問いから、システムが一方の側、環境がもう一方の側に位置づけられるような、システムと環境の差異はいかにして生じるのかという問いへの移行です。そのような差異を再生産し、保持し、その差異の一方の側であるシステムのなかで、しだいに増大する固有の複雑性を利用できるようにする可能性をもちながら、差異を進化的に発展させることはいかにして可能か、というのがその問いです。もう一つの観点は、システムはいかにしてそのような差異を再生産するのか、あるいはその基礎にはいかなる作動様式があるのか、という問いです。この問いに答えたのが、閉鎖システムの理論です。これは一見すると、あたかも開放システムの理論の発展方向を逆向きにして、またふり出しに戻ってしまったように見えます。でもそうではありません。これからよりくわしく示すように、問題となるのは、閉鎖性つまり作動上の回帰性、自己言及、循環性を、開放性の条件と見なすことです。つまり問題となるのは、システムはいかにして自己自身と関係するのか、したがってシステムはいかにして自己と環境を区別し、その区別によって自己の作動を自己の作動と結びつけることができるのか、より正確に問うことです。

二つの問題設定は、この開放システムとは何かという一つの問いから展開し、一つがシステムと環境の差異はいかにして生み出され、再生産されるのかという問題設定に、もう一つがいかなる作動のタイプがそれを行い、いかにしてシステム内部でネットワーク化されるのかという問題設定になっていくのです。ある作動はシステムに属し、別の作動は属さないということを、ある作動のタイプはシステム内部でどうやって認識することができるのでしょうか。この問いは、たとえば免疫学、免疫システムの理論にとって六〇年代末から重要になってきました。

ある作動がシステムに属し、環境に属さないことを、システムはどうやって認識するのかという問いによって、すでにもう一つの重要な論点が示されています。この論点からも同じように、さらなる発展が始まりました。それは観察ないし区別能力についての問いです。観察を区別能力というきわめて一般的な意味で理解するとして、まったく一般的に、あるいは少なくとも特定のシステムについて、観察のできる作動を利用することができると仮定すべきでしょうか。システムについて観察能力を仮定すべきでしょうか、またどんな作動がシステムのなかで観察を行うのでしょうか。これと密接に関連して浮かび上がってきたのが、どんな分化過程を経たものであれ、システムの内部でシステムを観察する観察者が発達することができるのか、という問いでした。つまり、システム内部であらためて境界を設けて、観察対象となるシステムから自己を区別することのできる観察者が発達することができるのか、という問いでした。たとえば神経システムは、みずからが観察する有機体から自己を区別することができなければなりません。環境に比べた能力を増大させるために、内部で観察作業を分出させる、より大きなシステムは存在するのでしょうか。そのようなシステムは生物学的、心理学的、社会学的に実現されているのでしょうか。たとえば、あらゆる個々の作動、個々の行為、個々のコミュニケーションは、みずからがしていることを知っていなければならず、したがって認知能力を実現していなければならないと考えるだけでなく、反省の審級が存在する、すなわちシステムの部分としてシステム全体よりも大きな反省能力を用いることのできる反省単位が存在する、と考えてみようとする場合、たとえば社会システムの観察者は何になるのでしょうか。これは新しい問題設定です。以下の考察は、また社会学の目的にとってのシステム理論の評価は、このような理論構想にもとづいて行います。

しかしまずは、五〇年代、六〇年代の発展に立ち戻り、観察者の理論が問題を当時どのように解いていたのか見てみるのが目的に適っているでしょう。当時、科学者や科学は認知能力をもつ外部観察者として、たとえばシステムの外部にある主体ないし科学的な研究連合体として考えられていたように思われます。科学はどこかシステムの向こう側で起こる現象、いわば全体としての主体であって、どんな実在の側面がシステムと見なされ、どんな側面がシステムと見なされないか、決めなければなりませんでした。このことは、かつてたいへん重要だった「分析的」システム概念と「具体的」システム概念の区別に見られます。「分析的」なシステム理論は何をシステムと見なし、何を環境と見なすか、あるいはどんな実在の側面をシステムに含め、どんな側面を除きたいか、さらに別の言い方をすると、どのようにシステムの境界を設けたいかという問題を外部観察者に委ねます。これに対して、実在そのもののなかでシステムが形成され、システム理論家はそのシステムをあるがままに記述すべきだ、というところから出発するとしたら、そのシステム理論は「具体的」です。

この区別の背後には、認識論的、エピステモロジー的な選択肢が潜んでいます。超越論的な出発点から派生する認識論、つまりあらゆる認識は認識者の概念によって濾過され刻印されていると想定する認識論はすべて、ほとんど自動的に分析的なシステム理論という選択肢に向けて出発します。そのように考える人は、認識論的、方法論的、科学方法論的に訓練されていて、見えるものすべての規定に観察者の見方が一役買っていることを知っているので、システムのようなものが観察されるより前に実在するとは信じない傾向があり、システム概念をシステム理論家の構成物として扱うでしょう。他方、通常の科学の営みでは、このような認識論的反省を行うのは普通のことではありません。通常、科学者は、自分の研究対象は自分が研究していないときでも存在している、というところから出発します。たとえば政治システム、有機体、神経システムは、研究が始まる以前から存在し、システムとして指し示されるような特質ももっており、研究が終わっても存続するというわけです。

どちらも同じように観察者がシステムの外部にいることを前提にしている、この二つの観察者の理論の変種のどちらをとるか決めるのは難しいことです。分析的な理論に対しては、分析者がシステム概念のもとでいかなる諸単位をまとめるかは、分析者からまったく自由ではありえない、と反論することができます。すべての赤ワインのグラスは一つのシステムであり、すべての白ワインのグラスは別のもう一つのシステムであると言ったところで、たいして意味はないでしょう。それなら集合論の考え方で十分です。すべての女性は一つのシステムであり、すべての男性は別のもう一つのシステムであるとか、すべての子どもは一つのシステムであると言ったところで、やはりたいして意味はないでしょう。システム理論は、いかなる前提のもとである実在がシステムとして指示されるべきかという限定、基準を提供しなければなりません。そのような基準について問えば、その基準をある認識の意図から正当化しているという困難にただちに関わることになります。少なくとも観察者を外部存在と見なせば、そのように見えます。同じように、具体的システムの理論についても、具体的なもの、そこにあるもの、実在するものとして記述される現象が、どれほど理論自体の見方によって刻印されているかということについての弁明を十分に行っていない、という観点から批判することができるでしょう。このレベルでは、分析的なシステム理論と具体的なシステム理論の争いに決着はつかないように思われます。その基礎には共通の欠陥があるのではないか、つまりどちらの側にも何か修正すべき点があるのではないか、と問わなければなりません。

この修正の必要性ないし欠点を、二つの異なる観点から説明したいと思います。一つの問いは、物理的、化学的、生物的、心的、認知的システム、社会システムといったものについて語ろうとする場合、外部観察者が存在するということから出発することができるのか、というものです。観察者はすでに物理的、化学的、生物的、その他のかたちで条件づけられた存在ではないのでしょうか。そもそも世界外的主体としての観察者は存在するのでしょうか。あるいはむしろ、観察者はみずからが観察する世界のすべての本質的な側面に関与している、と仮定すべきではないのでしょうか。観察者は物理的な働きをし、生き、認知装置、記憶などをもち、科学、社会に関与し、コミュニケーションを行い、マスメディア、新聞、出版などの特質にしたがうか、それらに何らかのかたちで適応しなければなりません。特に社会学者が関心をもつ第一の問いは、それ自体がすでに共通の作動にもとづいて存在しているのではない、客体と主体、対象と観察者の差異は存在するのかということになります。別の言い方をすれば、そもそも観察者がはじめて観察者と観察対象の差異を設定するのではないのか、ということです。さらに別の言い方をすれば、世界はいかにして、自己自身が観察者と観察対象の差異へと分解するのをみずから観察することができるようにするのかと問う必要はないのか、ということです。

このように問いを立てると、わたしたちは再びシステム理論の新しい発展に行き当たります。それは物理学で発展してきたもので、それによれば物理現象に関するあらゆる観察は物理的な理由でその現象を変化させること、また人間であれ装置であれ、観察者はそもそも観察を行おうとするのであれば物理的に働かなければならないことがわかっています。生物学的エピステモロジーでも同じようなことが言われており、それによれば認知装置は何よりまず生命有機体にもとづいて用意されなければならず、すでに生命は一種の環境の認知を生み出さなければならず、人間が生物として認知的に認識するすべての現象は、人間が生きているという事実によって条件づけられています。

これは分析的と具体的という古典的区別に対する一種の批判です。この批判は観察者と観察対象といういわば人為的な区切りによってはじめて世界のなかで破壊される、一種の作動上の連続性について新たに考察することによって、分析的と具体的の区別をくぐり抜けます。その区切りは物理的、化学的、コミュニケーション的など、何らかのかたちで実在に条件づけられて働かなければならないのです。

これとただちにつながる第二の問いは、システム理論に直接関係しており、観察者自身をすでにシステムと見なさないとしたら、どのように観察を考えることができるのかというものです。観察者自身がシステムであると考えられないとしたら、いかにして一種の認知的連関、一種の記憶、一種の視座の限定、一種の限定された関心、さらなる認知的作動の一種の限定された接続能力が生じるのでしょうか。たとえば心理学的な根拠にもとづくと、なぜ主体はシステムである必要がないのか、別の言い方をすれば、主体のシステムらしさが見えないとしたら、どのように主体を考えるべきかという問いが出てきます。古典的な超越論的答えは、すべての主体について同じであるアプリオリに与えられた経験の条件と、主体によって異なる経験的現実化を区別しなければならないというものです。しかしこの答えでは、経験的に現実化された個々の客体が、いかにして自己自身を自己の観察から区切るのか、という問題設定から逃れられません。また、何が具体的に観察されるのかを、そもそも超越論的アプリオリから演繹的に導き出すことができるのか、という疑念からも逃れられません。

科学を観察者と考える場合、同じことがますます当てはまります。どのように考えたら、科学はシステムであることなく観察を行うことができると言えるでしょうか。どのように考えたら、科学はネットワーク化されたコミュニケーションをもつシステム、一定の制度的手続きをもつシステム、一定の価値選好をもつシステム、個別の履歴をもつシステム、全体社会に依存したシステムであることなく観察を行うことができると言えるでしょうか。社会学的な文脈のなかで、これ以上説明する必要はありません。しかし観察者がつねにシステムだとすると、観察者はシステムに帰属させるすべてのもの、すなわち概念からも研究の経験的結果からも、自己自身を逆推論せざるを得なくなります。観察者は純粋に分析的に観察を行うことができるために、自己自身がすでに具体的システムでなければならないとしたら、純粋に分析的に観察を行うことはできません。このように自己論理的《オートロジカル》な推論をせざるを得ないことについてよく考えてみると――「自己論理的《オートロジカル》」とはわたしの客体について成り立つことはわたし自身についても成り立つという意味です――、分析的なシステム概念と具体的なシステム概念の差異は縮まり、相殺されることさえあるでしょう。

［ここでテープが途切れる。ルーマンは、観察者についての問いを浮かび上がらせ、観察するシステムの理論を発展させてきた一連の研究について、スケッチを始めるようである。ルーマンはハインツ・フォン・フェルスターの話に進む。フェルスターは、ウィーン出身の工学者・物理学者で、第二次世界大戦後すぐにアメリカへ移住し、一九五六年から一九七二年までイリノイ大学の生物コンピュータ研究所（Biological Computer Laboratory）を主宰した。研究所は、その時期に、この理論の重要な代表者のほとんどすべてを滞在研究に招くとともに、生物学、神経生理学、数学、哲学、音楽、ダンス、その他の芸術といった断片的領域における、いわゆる認知科学の試行と発展の最初の中心の一つだった。[9]：編者による補足］

もう一人の名前は、ゴットハルト・ギュンターでしょう。ゴットハルト・ギュンターは哲学者です。彼はドイツから移住して、アメリカで地歩を固めるのに苦労しました。彼の背景にあるのは、ヘーゲル、弁証法、反省問題、主観性の問題であり、アメリカの文脈では、弁証法とより操作志向の強いサイバネティクスの結合です。[10] ゴットハルト・ギュンターは、複数の主体すなわち複数の互いに独立した認知の中心が協働する状況を記述するためにどのような論理学が必要か、という問いに貢献しています。いかにしてそこから観察者の観察という問いが導き出されるかは、比較的簡単に推測できるでしょう。

もう一人、あるとき研究を共にしたウンベルト・マトゥラーナでした。[11] 彼にとって問題となっているのは、生命の再生産の循環をエピステモロジー理論すなわち認知理論の中心に据えようとする生物学理論です。キーワードは「オートポイエーシス」であり、生命システムそのもののなかで再生産された要素による生命の自己再生産という意味です。この思想についてはあとでくわしく触れます。ここで問題となるのは、たいへん実り多い発展に導いた接触分野を記述することです。

最後にジョージ・スペンサー＝ブラウンに触れるべきでしょう。[12] わたしの知るかぎり、彼はこの一連の研究の共同研究者ではありませんでしたが、彼の重要な書物である『形式の法則』（一九六九年）はハインツ・フォン・フェルスターによってただちにその意義が認められ、書評で評価されました。[13] 彼はまたシステム理論が観察するシステムの理論に焦点を当てるようになった過程に決定的な刻印を残しています。それは特に区別の概念にもとづいた数学理論、形式算術を提案することによってでした。

おもに何人かの人物と一つの研究所によって特徴づけられるこの議論状況のなかには、さしあたりまだ一般システム理論と呼べるようなものは認められませんが、システム理論がみずからの歴史的状況と現状にある程度反応しはじめたことは見てとれます。システム理論は、自己自身を観察するオートポイエティックで回帰的な一種のメカニズム――一つのシステムと言ってもいいでしょう――になって、知的な固有の運動を展開しています。この運動は、わたしの印象では、いわゆるポストモダンの問題の多い状況のなかで、今日、目にするもっとも魅力的なものの一つです。その基礎の上に、一般理論の構想のさらなる諸発展を位置づけたいと思います。

2 差異としてのシステム（形式分析）

〈第4講義〉

今回は、わたしの考えでは今期の講義のなかでもっとも難しく、もっとも抽象的な部分から話を始めることにしましょう。つまり、差異理論的アプローチ、示差主義的アプローチです。開放システムの理論をお話ししたところですでにわたしたちは、環境が以前よりずっと視野に入ってくるのを見ました。このことはたんに環境が存在するという知識についてだけ言っているのではありません。開放システムはシステムと環境の関係に自分から関わっていくということ、こうした関係は静態的《スタティック》なものではなく同時に動態的《ダイナミック》なものであって、いわば因果性を導入する通路になっている、ということでもあります。ここからすでに、環境なしにはシステムは存在しえない、ということが明らかになります。もし環境がなければ、システムはエントロピー増大の方に進行するでしょう。というよりむしろ端的に成り立たないでしょう。というのは、システムはすぐにまた差異のない均衡状態へと落ち込んでしまいますから。

パーソンズがすでに、「境界維持（boundary maintenace）」ということを言っていました。そしてそうすることで問題の移動が生じました。何かしら本質的なものによって、つまりエッセンシャルなもの（essencials）によって、不可欠の何かしらの構造によってシステムを定義するという問題が、システムと環境の差異は双方の構造が同時に変わってしまうという状況の下でいかにして維持されうるのか、という問題に移動しました。そうなるとあるシステムが同一性を保つために必要なのは、もう連続性でしかないのですが、しかしその連続するものとは最小限の諸要素、構造レベルにある本質的な諸要素ではありません。このことが重要だったのは、特につぎの理由からでした。生物学的モデルから社会の理論の問題に移りますと、もはや死というものを見込むことができず、極度に異なる社会へとつぎつぎに発展していくなかに連続性を前提できないといけないからです。つまり、さまざまな社会を歴史的に、あるいは類型化して特徴づけることを可能にするものを超える、構造の発展を前提にできないといけないからです。ここですでに、構造の次元に狙いを定めていたシステム理論は保守主義であるという異議は意味を失っていました。

では今、何かこれ以上のことができるでしょうか。五〇年代の終わりと六〇年代のはじめに達成されたこうした状況と比べて、何か違いがあるでしょうか。あれ以上できることというのは、わたしの考えでは、ラディカルな形式化の可能性です。今やこう言うことができます。何であれシステムは、当のシステムと環境との差異で「ある」、と。パラドキシカルに聞こえ、おそらくは実際にパラドキシカルなこの定式化については、いくらか説明が必要なのはおわかりでしょう。それでわたしは、システムは差異で「ある」、当のシステムと環境との差異で「ある」ということから出発します。システムという同じ言葉がこの定式化には二回登場していますね。これはやはり注目すべきことなので、この点には少しまわり道をした後でもう一度帰ってくることにしましょう。

まず、今述べたことの基礎には、原理的に示差主義的な、あるいは差異理論的なアプローチがあります。その理論は差異から始めます。システム理論であろうとするかぎりにおいては、システムと環境の差異から始めます。その別のものになりたいのであれば別の差異から始めなくてはなりません。言い換えると、何かの単位から、何かのコスモロジーから、何らかの世界概念から、何かそのようなものから始めるのではなく、何らかの差異から始めるのです。このことについては、少なくとも一〇〇年前から先行者がいます。わたしはそういう人たちのなかから何人かの名をあげたいと思います。なぜかというと、こうした考察というものは一九七〇年頃とか一九八〇年頃に初めて生まれたのではなく、従来よりもっとラディカルに差異概念を使って思考を進めようというさまざまな試みによって、一定の仕方で温められてきたのだ、ということをおわかりいただきたいからです。もちろん以前からずっと、差異の観念、区別の観念、そしてたとえばギリシャ語ではdiaphereinという観念はありました。しかしそれは、ほかのもろもろのもののなかにそれもあるといった、限られた範囲のものでした。神学も存在論も存在の概念で思考を進めていたのです。それが一九〇〇年頃、問題とされるようになりました。

そうした先行者の一人がフェルディナン・ド・ソシュールという言語学者です。彼は何度か講義を行いましたが、それらは後になってようやく公刊されました。そのなかで彼が主張したテーゼは、つぎのようなものです。言語はさまざまな言葉の差異として、あるいは文と関係づけて定式化するなら、さまざまな発言の差異として与えられているのであって、古典的な記号学（英単語とフランス語単語のどちらを採用するかに応じて、Semiologieあるいは Semiotik）が考えたように、直接にあれこれの言葉とあれこれのモノとの間の差異として与えられているのではない、というテーゼです。(14) 言語というものは、言語としてたとえば「教授」という単語と「学生」という単語を区別できるから、機能するのです。その際、これらの単語を使って指示される、この二つの見本の間に本当に違いがあるかは、とくに何の役割も果たしません。わたしたちは言語を使うとき、教授と学生を区別せざるを得ないのです。区別した上でなお、年齢の違いがあるか、服装に違いがあるか、異例なふる舞いをする勇気に違いがあるか、などはまた別の問題です。言語というものはまずこのように区別することができます。そしてあれこれの言葉の差異が、言語を作動させる当のものであり、その差異を使ってわたしたちはわたしたちがつぎに何を言えるのかをコントロールしています。そのとき、現実の側にそのような差異があるのかは、未決定のままでありえます。もちろん、何かしらそのようにして指示できるはずのモノが存在すると想定することなしには、わたしたちは話を始めないでしょう。しかし言語的行為の進行、言語過程の進行にとっては、あるいはこう言ってもよいでしょうが、コミュニケーションの進行にとっては、言語内の差異自体が決定的なのです。この差異は、指示対象の問題、つまりわたしたちが何について話をしようとしているかという問題から切り離されています。

この指示対象の問題は、その後の長い、特にフランスでの発展のなかでますますはっきりと理解されるようになりました。言語が念頭においているモノとしての指示対象は、言語なしには認識することができず、使うことができず、言語理論のなかで軽んじることができないということが、ますますはっきり理解されるようになりました。そのことから、記号使用と言語についての、言うなれば、構造主義的な諸理論が生まれました。

同じ頃、社会学のなかでも、同じような考え方がありました。またもフランス、ガブリエル・タルドです。みなさんがガブリエル・タルドに、社会学史や社会学の古典理論家についての必修学習項目として出会っているのかどうか、わたしは知りません。わたしたちの大学では、古典理論家の紹介はとても選択的に行われています。ある人びとはとても重要なものと見なされますが、それに応じて、ほかの人びとは軽く扱われ、過小評価されています。ガブリエル・タルドはフランスでもドイツでももはやあまり有名ではありません。しかし少なくとも一つの観点のもとでは、彼は重要です。彼は、模倣の理論、つまり模倣による〈社会的なもの〉の拡散と圧縮の理論、というものを考えました。そしてその際に、統一体からではなく差異から始めたのです。[15] というのは、わたしたちが誰かを模倣するとき、最初に、誰かほかの人がそこにいなければなりませんから。わたしたちは自分をずっと模倣し続けることはできません。もっとも特に芸術の分野では、かなりの人がそうすることに成功しますが。しかしその場合は、自分自身を一つの絵を描いて、何か似たものをもう一度作りたいという気にさせるほどその絵が美しいと発見した他者としてもっているのです。いずれにせよ、一つの差異が前提にされています。そして、一八九〇年『模倣の法則』というこの本で、それは一つの原理的な社会理論に仕上げられました。

今日ではルネ・ジラールに似たようなものがあります。[16] ジラールがはっきりとタルドを引き合いに出しているかどうかはわかりませんが。ここでも問題は、模倣の軋轢となる、あるはじまりです。わたしたちはわたしたちが模倣しようとする人と衝突してしまいます。コピーすることはある意味で友好的なふる舞いです。ですから最初は、わたしたちは自分が感心している人を模倣するのだ、と考えますね。しかし、世界の財が希少なとき、特に好ましい女性が少ししかいないとき、そしてさらに特定のものにそれを望む、欲する（désir）というかたちで向かう人をわたしたちが模倣するとき、わたしたちは競争者になり、対立が生じます。ルネ・ジラールの理論は、この対立が一つの社会秩序に転換されうるには何が必要かという問題を扱っています。たとえば、スケープゴートを扱っています。この話題にこれ以上くわしく立ち入るのはやめておきましょう。わたしはただこれを見本としてあげることによって、つぎのことを示したいのです。つまり、差異から始めて、差異から生じる問題を社会秩序の説明の問題にする、そういう伝統があるのです。

情報理論も今日ではしばしば差異理論として作られています。そういう傾向はグレゴリー・ベイトソンにさかのぼりますが、それは情報とは「一つの差異を作る一つの差異」であるという命題で示される、近頃では古典的になった定式にまとめられます。[17] 情報は、ただたんにそこにある違いであるばかりでなく、あるシステムがそれにもとづいてそれ自身の状態を変化させもするとき、一つの情報になるのです。したがって、一つの違いの知覚がそのシステムのなかに一つの違いを生み出すときに一つの情報になるわけで、このことは知覚に限らずインプットをどのように考えても同じことです。誰でもいいですが、ある人が何かを知らなかった、その後、何かがしかじかであってかくかくではないという情報を得る、知らせを受け取る、それを知る、するともうその人は、この知識を基準にその人自身のつぎの作動の向きを決めるほかなくなります。一つの差異を生む一つの差異！　これもまた、理論がその最初の差異にどのようにして達するかという問題が未決定のままにとどまる事例の一つです。一つの差異から出発して、興味深いことに一つの差異にたどり着く。はじまりの差異からそれによって生じる差異までの間で、情報処理という一つの完結した出来事となります。生じた差異は再び、もろもろの情報をさらに作動させる一つの差異となりえます。この過程は、ヘーゲルの言い方を少し変えて言うことが許されるならば、不確定的な統一体から確定的な統一体へと進んでいくのではなく、一つの差異から一つの差異へと進んでいくのです。

以上のレベルでは、示差主義的アプローチはすでに教科書的なものになっています。このアプローチが既知のものとして前提され繰り返されているフランスやそのほかの国々における哲学の状況については、いくつも紹介があります。(18) それは隠された知識ではありませんし、文献のなかでは「差異理論」という見出しでも見出されます。そしてそのほかにもいろいろと指摘できることはあります。

しかしわたしは、そのような示差主義的思考の、わたしの評価ではもっともラディカルな形態を検討していきたいと思います。それは、ジョージ・スペンサー＝ブラウンのある作品で誰にでも使えるようになったものです。おそらくこれははじめに言っておいた方がよいと思いますが、みなさんは図書館で『形式の法則』というこの本を探そうとするときっと苦労するはずです。というのは、図書館の司書の方たちが、スペンサーというのがすでに名字の一部なので、スペンサー＝ブラウンはスペンサーを名字の一部とする多くのブラウンさんのなかにファイルされる、ということをご存知ないことも多いからです。その場合にはもちろん、みなさんが「スペ」を探しても骨折り損ということになります。彼がそのことに気づいて自分の名前を「＝」つきで書くようになってはじめて、その問題は彼の一部の著作については解決しました。けれども彼の名前は、二つの単語で書かれるジョージ・スペンサー＝ブラウンなのでして、みなさんが文献リストを作成することになった場合には、文献リストの「スペンサー」のところに書き入れなくてはなりません。

そのテキストはある計算の描写です。スペンサー＝ブラウンは、論理が問題なのではないとはっきり言っていました。彼は「論理」という場合には真理値をもちうる命題のことを考えていましたから。それはある種の作動的

図5　ジョージ・スペンサー＝ブラウンの『形式の法則』のカギ記号

図6　「呼出しの法則」

な計算です。つまり、使用される記号列の——むしろ記号のと言った方がよいのですが、この点についてはまた後で触れます——変形に時間を前提にするような計算です。内容として問題にされているのは、わたしたちにはここではそれほど興味深いものではないだろうはずのものですが、つぎのような試みです。つまり、ブール代数の二値的な図式を算術に結びつけるが、そのときにたった一つの記号（「マーク」）しか使わない、という試みです（**図5**）。

この本にはたくさんの注、前注、後注があり、それらはほぼ普通の英語で書かれており、読むことができます。ですが内容の神髄は、記号に記号が付け加えられていってしだいに複雑になっていく一歩一歩の歩みの系列です。ほかの人にとってはどうかわかりませんが、わたしにとってはつぎのようにイメージしてみることが役に立ちます。最初に白い紙があり、その紙の上に記号がつぎつぎとおかれていき順次固有の自立性を獲得する、とイメージします。つまり、一つの記号がもう一つの記号からコピーされてそこにおかれる、そしてその操作が繰り返される、とイメージします。さて、この記号、このカギを繰り返すことができます。そして最初の形式を得ます（**図6**）。

しかしまた、一つの記号をそのなかにマークされた境界において横切ることもでき、いわば破棄することもできます。こうして二つ目のマークづけを得ます（**図7**）。

さて、今述べたことと並行的な一つの考察にここで立ち寄っておきましょう。それは同じようなことを考えているのですが、別の記号、つまり矢印で思考を進めるのです。これは、数学者のルイス・カウフマンに由来します。そして、その矢印をいわば曲げて円にしてそれが自分自身を指すようにすることによって、自己言及という事態をよりよく描くことができるという利点があります[19]（**図8**）。

図7　横断の法則

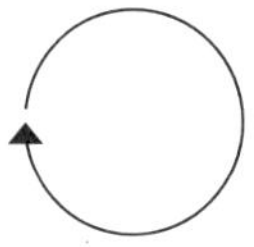

図8　ルイス・カウフマンの曲がり矢印

始めるとき、矢印以外の何ももっていません。そしてスペンサー゠ブラウンは言うでしょう。一つの矢印を書きましょう！　矢印から矢印をコピーしてきましょう！　ルイス・カウフマンは言うでしょう。矢印はまず第一に自分自身を指示しなくてはなりません。この両者は、ある奇妙なものをここに組み込みました。それにわたしたちはさらに取り組まなくてはなりません。つまり、一つの記号の二部分性です。記号はスペンサー゠ブラウンの場合には、一つの垂直の線をもち、したがって二つの側をもっています。そして一つの水平の線、つまり、一つの指示者（Indikator, Weiser）をもっていて、これは二つの側の一方を指し他方を指しません。それは意識的に一つの記号として考えられていますが、しかし二つの構成要素からなるのです。いずれにせよこのように始めたならば、誰がいったい、この二つの構成要素の一方を指し他方を指さないということを、そうするための記号をすでにまた使用することなしにできるのか、という問題が提起されます。しかし、まず、それ、つまり統一体としてのカギを受け入れなくてはならないのです。

計算をさらに継続してみてはじめて、端緒なるものが想像したほど単純ではないことがはっきりします。――端緒なるものが疑わしくもあるものをすでに考えることができたならば。カウフマンの記号には、考察の全体が自己言及からはじまっていることをはっきりさせるという利点があります。かなり謎めいた定式化で言うことになりますが、自己言及と差異に違いはありません。あるいは、わたしが後になってはじめて導入できる言い方で言えば、自己言及と観察に違いはないのです。というのは、何ものかを観察する者は、彼が観察している当のものから自分自身を区別しなくてはならないからです。観察者が区別されうるためにはすでに自分自身と関係をもっていなくてはなりません。このことが、この円の定式化のなかに書き込まれています。そして、数学的な無限性、過程の方向などのほかのすべてのことは、自己言及の展開として表されるのです。そしてここでも、記号（単数形の記号）は二つの部分をもっています。カウフマンは言います。記号は本体（body）、つまり長い線をもっていて、ここでまた再び何ものかが空間のなかにおかれます。そして記号は指示体（pointer）をもっていて、これで方向が示されます（図9）。

図9　矢印、すなわち本体と指示体

およそ人は区別から始めるのですが、しかし、区別の結果は統一体として機能しなくてはならないのですから、区別をそれとして指示し取り上げることはできず、それはただそこにあるのみです。

スペンサー＝ブラウンの論理、数学、どのように呼んでみようともかまいませんが、計算において、以上のことは一つの指図（Injunktion）の形式にまとめられています。「区別をなせ（draw a distinction）」。一つの区別をなせ、さもなくば何も起こらない。あなたが区別をする気がなければ、まったく何も起こりません。これには興味深い神学的な側面があります。わたしはここでそれについてくわしく論じるつもりはありませんが、すこし手がかりを与えておきましょう。[20] 進歩的な神学、たとえばニコラウス・クザーヌスのそれにおいては、神は区別立てする必要がないと言われています。明らかに天地創造は、区別をなせ、という指図にほかなりません。天と地との区別、それから人間と結局はやはりイブとの区別。したがって創造は、神自身はあらゆる区別のかなたにおわすとしても、何らかの区別の承認（Oktroi）なのです。ここにはいろいろと結びつきを見ることはできますが、スペンサー＝ブラウンの分析にとっては意義がありません。というのは、彼は地の上に、大地の上に、少なくとも白い紙の上にいて、そこから出発し、記号の作動的計算というある種の入れ子化によって、より大きな複雑性が生まれる方向へ進むのですから。

もう少し厳密に定式化して一つの記号の二つのアスペクトに立ち戻りますと、スペンサー＝ブラウンは、一つの区別はいつも、一方の側を指示し他方の側を指示しないためにのみ用いられるということを確認しています。その術語は、区別（distinction）と指示（indication）です。もちろん原語は英語ですが、わたしは、distinctionをUnterscheidungと、indicationをBezeichnungと、ドイツ語に訳しています。さて、他方の側ではなく一方の側を指示したいのでなければ、誰が区別をなすというのでしょうか。区別とは一つの境界であり、一つの差異のマークをつけることです。そうすることでわたしたちは二つの側を手に入れますが、それは両方の側を同時に使うことはできないという条件の下でです。というのは、そんなことをしたら区別が無意味になるからです。男と女を区別したいのであれば、そこにいるのは男なのか女なのか、と言わなくてはならないでしょう。そして、それは一つのマイクロフォンであると言うとしたならば、先ほどの区別は必要なかったことになるでしょう。そして交差させたいのであれば、そうすることはできますが、新しい言葉、たとえば「両性具有者（Hermaphrodit）」を必要としますし、その言葉はやはりまたほかのものから区別されなくてはなりません。

原理的に区別は二つの構成要素を含んでいます。区別それ自体、つまり縦の線と、指示、つまり横の線です。奇妙なのは、当の区別が一つの区別と一つの指示を含んでおり、したがって区別と指示を区別していることです。区別は、それが統一体として作動させられるべきものであるならば、いつもすでに、当の区別のなかに一つの区別を前提にします。このことをどのように解釈すべきか、スペンサー＝ブラウンについてのわたしが知っている範囲の議論のなかでは、まったく明らかではありません。わたし自身はその計算をこのように理解していますが、区別がいわば当の区別からもってこられるということ、そして最後に、当の区別がいつもすでにその区別のなかにあったことが明示されるということ、この点についてはわたしは自信がありません。それは統一体として作動させられますが、その作動ははじまりの瞬間にはまだ分析されえません。後になって初めて、観察の可能性が計算に導入されて、つまり、自己言及的図形が使用されうるようになって、はじまりの段階ですでに隠されたパラドクスがそこにあったということが、つまり区別のなかに当の区別があったということが明らかになります。

わたしにはこれ以上スペンサー＝ブラウンの説明は必要ありません。計算それ自体に明示的に立ち入るのはやめておきます。わたしはその計算を技術的には決して現実に検証できません。専門家たちに聞くと、その計算はもともとの数学よりもずっとエレガントだが、そのさい何かが失われている、[21]とのことです。わたしたちにとって重要なアイデアは、ただひとつのオペレーターが使用されるということで、この点については後でまた触れることにしましょう。わたしにとって興味深くこの講義にとって興味深いのは、システム理論への応用です。みなさんはすでに気づかれたことと思いますが、システムと環境の区別は区別として、差異として見ることができます。システム理論家は、区別をなせという指図に応答して、最初にほかの何ものでもなく、システムと環境の区別をなします。そのとき指示体ないし指示を、システムが指示され環境は指示されないように使用します。環境は外にとどまり、システムは一方の側にあり環境は他方の側にあります。

さらなる使用が可能になるように、以上のことをはっきりさせるために、もう一度スペンサー＝ブラウンに立ち戻ることができます。彼はこの境界線をそれがマークされたときには「形式」としても特徴づけています。ですから彼は、「形式の法則」と言うのです。一つの「形式」は二つの側面をもちます。形式は文脈から自由に思い浮かべることができる素晴らしい形態ないし対象であるばかりではなく、二つの側面をもつ一つのものです。文脈から自由な対象を思い浮かべようとすると、「マークされていない空間」のなかのある対象と関わりをもつことになります。つまり、白い紙片の上の一つの記号、円その他のもの、あるいは世界のなかの特定の何ものかに関わることになります。その世界のなかにほかのものも現れますが、それはその瞬間には規定されていません。「形式」は一つの原理的に二側面的なものなのであり、わたしたちの事例では二側面とはシステムと環境です。

以上のものはきわめて一般的な思考であり、形式分析をシステム理論を越えて推し進めていくこともできるでしょう。また、「形式」の一つの側に記号があり、したがって何かを指示するために使われるものがあり、他方の側には指示されるものがあると言い表すことによって、この分析手法を使って記号論を「透写する（nachzeichen ――後を追いかけつつ nach 記号をつけていくこと zeichen)」こともできるでしょう。――おそらくこのように言っていいと思います。こうして、パースその他の人の場合には大きな役割を果たしている三層形姿に到達します[22]。記号はより厳密に定式化すると、指示するものと指示されるものの差異です。これはドイツ語ではすこし定式化しにくいですね。シニフィアン（signifiant）とシニフィエ（signifié）は、ソシュールが使用しているフランス語でしょう。何ものかがほかの何ものかを指示するわけです。ドイツ語では、わたしたちは記号として使用される、指示するものをすでに記号として特徴づけてしまう傾向があります。形式分析を用いることによって、記号は二つの側面をもつ形式であり、記号を使用するときはいつでも形式の内側を、つまり指示するものの、シニフィアンの方に行かねばならず、そこで作動するのだということが理解できます。そのようにしてわたしたちは、もろもろの言葉がわたしたちのそれほど精確には知らない何かを指示していると想定しつつ言語を使用しています。

このきわめて一般的な形式概念をわたしたちはスペンサー＝ブラウンの数学的な使用からも切り離すことができるのですが、わたしの推定では、この形式概念によって一つのきわめて一般的な理論が展開でき、その理論はシステム理論をも越えていってしまうでしょう。わたしたちは、一側面のみが使用可能な二側面的形式の理論と関わることになるでしょう。今ここで、このことについておおまかなことだけですが触れておきます。というのは、システム理論的アプローチを、その普遍的装いにもかかわらず、そして一見したところでは特によく発達した科学性――つまり、システム理論について多くの文献があるという意味ですが――にもかかわらず、再び相対化する可能性がここにあるからです。そして、それを越える諸形式の一般理論を発展させることはできないか、そしてこの一般理論を数の概念に、数学、記号論、システム理論に、ルースなカップリングとタイトなカップリングの間のメディア‐形式‐差異、そのほかに関係づけることができないかを熟考する可能性がここにあるからです。しかし、この話はここまでにしておきます。

この講義にとっての帰結は、つまりシステム理論にとっての帰結は、「システム」は形式概念でもってつねにシステムと環境の差異を指示するという条件のもとで、一つの形式として指示されうるということにあります。わたしは今これを何度も繰り返しましょう。なぜならば、このことは直観に反していますし、とにかく記憶されなくてはならないからです。これを評価することは、これによって始めることができることを見て、初めてなすことができます。開放システムの伝統とこのうえなく多様な示差主義的アプローチという背景に照らすと、このうえなく多様な領域の知識を一つの理論に統一することをおそらくは可能にする一つの総合が、ここで成し遂げられうるということがわかります。

第一の点は、「システム理論への応用」という見出しのもとで確認できます。つまり、システムは二つの側面をもつ一つの形式です。

同様にスペンサー゠ブラウンから得ることのできる第二の刺激は、彼の場合と同様に、システムをただひとつのオペレーターないしはただひとつの作動方式によって定義することが有意味か、という問題と関係します。みなさんが、よくある類のシステムの記述とシステムの定義を見てみるならば、こうしたことにはなっていないことに気づかれるでしょう。通常はシステムは複数の術語によって記述されています。たとえば、システムは諸要素間の諸関係である、と。あるいは、システムは構造と過程の関係であって、固有の諸過程のなかで制御されている統一体である、と。ここには統一体、境界、過程、構造、要素、関係など一揃いの術語があって、それらの統一とは何であるかと問われたならば、結局は列挙を示す「と」であると答えることになります。システムは一つの「と」なのです。統一とは「と」であり、要素や、構造、関係などではありません。

問題は、システムという対象記述の「と」状態を超えられるかどうかです。わたしの考えでは、原理的に作動的、ないし作動主義的なアプローチにしたがうならばこのことは可能です。つまり、システムを生み出すのは本来一つのタイプの作動なのだというアイデアを整えるならば可能です。システムが生み出されるにはそのための時間があるという前提が満たされる必要がありますが。それは一回かぎりの出来事にとどまるものではないのです。一定のタイプの作動が始動し、わたし好みの言い方で言うと、それが接続していくことのできるようなものであるならば、つまり後続する作動があって、同じタイプの作動が生じるというかたちで帰結をもつならば、一つのシステムが発生します。というのは作動を作動に接続させるとき、このことは選択的に生じるからです。これ以外の何か別のことは生じません。マークされていない空間あるいは環境はその外にとどまります。システムはいくつもの作動の連鎖として形成されます。システムと環境の差異は、一つの作動が同じタイプに属する後続の作動を生み出すというただそれだけの事実から生じます。

これをどのように考えることができるでしょうか。まずわたしの考えでは、生命とは生物化学的な一度かぎりの発明品であるということを最近の生物化学的理論で知らされるとき、もろもろの生き物の生物学はこうした仕方でよく記述できます。生命とは、一定の循環的構造、あるいはマトゥラーナにならって言えば、オートポイエーシス、つまり循環的自己産出です。何らかの根拠からであれ、かつてそのような一定の様式の循環的作動が開始したとき、進化によって多様化が生じてきて、原理的に化学的に同様の作動のタイプの基礎の上に、虫たち、蛇たち、人間たち、そのほかの可能性のあったあらゆる形式が生まれました。なぜそのような作動が開始したのかという根拠については、もはやそれほど精確にはわかりませんし、わたしたちがすでに生きているときにのみ生物として確認できるだけなのですが。作動から見ると、強い意味での生命の統一性が保証されます。その前提は、作動がシステム形成的に働くということにあります。生命は生き続けなくてはならず、生命に生命が接続しなくてはならず、誕生と同時に死んで元の木阿弥になってしまってはいけません。二性-性、中枢神経システムそのほかは、この作動様式を前提にしています。ちなみにこのことは、オートポイエーシスという概念ではほとんど何も説明されないということを意味します。ただし、自己言及すなわち接続能力をもった作動から話を始めるというまさにそのことを除いてですが。この点については後ほどまたお話しすることにしましょう。

こうした思考は、以下のような前提を満たす作動を同定することに成功するならば、社会システムに移し変えることができます。つまり、ただ一つの作動だけが問題であること、それがいつも同一であること、それが接続能力をもつこと、という条件です。したがって作動は、止まってしまうか、さもなくば同一の作動によって進行していくようなものです。わたしの考えでは、わたしたちはこの段階でそれほど多くの選択の余地をもっているわけではありません。本来、コミュニケーションのみがこの前提を満たす作動のタイプとして提供されています。つまり、コミュニケーションがコミュニケーションから展開するときに、一つの社会システムが発生するのです。最初のコミュニケーションの問題についてわたしたちは説明する必要がありません。というのは、「最初のコミュニケーションは何であったか」という問いがもうすでに一つのコミュニケーション・システムのなかの問いなのですから。システムというものは、自己のはじまりのことをいつも自己が作動している只中から考えるものなのです。それが十分に複雑であるならば、どのようにしてすべては始まったのかという問いを提起できます。そのときさまざまな解答がありうるでしょうが、しかしその解答はコミュニケーションの進行を攪乱しませんし、ひょっとするとそれどころかそれを駆り立てるかもしれません。こういうわけで、はじまりの問題にわたしたちは興味を引かれません。より正確に言うと、多くの問題の一つとしてのみ関心を引きます。

このモデルで興味深いのは、唯一の作動タイプから出発することです。その際、「コミュニケーション」という言葉で何を理解するか、つまり「コミュニケーション」のどの概念をここで使用するかについて、ここで多くのことが言われるべきかもしれません。しかし、この点については当面は脇におくことにします。「コミュニケーション」は、タンパク質そのほかについての生物化学的な言葉と対応するものです。重要なのは、第一に、全体社会や相互作用、組織が進化の過程でどれほど複雑になろうとも、あらゆるコミュニケーション・システムを可能にする一つのオペレーターを同定できるという見込みがあることです。存在するものはすべて、作動的な理論アプローチから見れば、同一の基礎的過程、同一の出来事のタイプ、つまりコミュニケーションにもとづくのです。

もちろん、コミュニケーション概念のこのような使用にはある目論見が含まれています。この講義が長くなりすぎているのならば、後の時間で行為理論について何ほどか述べることにします。パーソンズとの関係で、わたしたちはこの問題についてすでに議論しておきました。わたしの信じるところでは、行為概念はここでの関連でコミュニケーション概念の代わりになるには不適切だと思います。というのは、行為概念はたいてい行為が帰属されうる行為者を前提にしていますし、特殊〈社会的なもの〉になかなかぴったりとは合わせられないからです。誰も見ていないときでも、誰もそこにいないときでも、たとえば一人で歯を磨いているときのように誰かが反応することを期待していないときでも、行為はあります。そうすべきだということを知っているだけで、人はそうするものです。誰かが何かをある人に言い、歯ブラシが誰かから手渡された、ということもあるでしょう。しかし原理的には、行為は単独の個人的な、社会的な反響なしの作動として考えることができますが、コミュニケーションの場合はそうはいきません。そもそもコミュニケーションは、誰かが何かをおおまかに理解し、あるいはまたひょっとすると誤解して、しかしいずれにせよ、コミュニケーションが継続しうる程度に理解するときに初めて成立します。それは、たんなる言語の使用によってすでに保障されうるだろうことの外にあります。誰かのところにコミュニケーションが到達可能でなければなりませんし、その人は聞いたり読んだりできなければなりません。

この二つの点をもう一度まとめておきましょう。第一の話は、形式分析に関わります。つまり、システムとは差異です。第二の話は、こうです。システムはそれが存続するとき、システムと環境の差異を再生産しコミュニケーションを通じてコミュニケーションを再生産するために唯一の作動を、唯一の作動タイプを必要とするということです。もちろん、「存続するとき」という条件は重要です。

第三点は、やはりスペンサー＝ブラウンに由来するのですが、「再参入（reentry）」という概念を使用します。

これは形式が形式のなかに再登場すること、あるいは区別が区別されたもののなかに再登場することです。これについて、最初にスペンサー＝ブラウンを紹介したときには明示的には何も言いませんでした。それで今、少し補足しておかねばなりません。みなさんは覚えておいでだと思いますが、区別をなせ（draw a distinction）という最初の指図がすでに二つの構成要素、つまり区別自身と一方の側の指示からなる一つの作動にかかわる指図です。そしてその指示をするものはその指示のなかにいて、そのなかでそれ以降のことをなすことになっています。区別は当の区別のなかにすでに予定されているのです。カウフマンの術語で、区別はすでに区別のなかに写し込まれています。計算の展開の過程でスペンサー＝ブラウンは結局にある地点に到達し、その地点で彼はこの前提条件を明示化し、そして形式のなかへの形式の再登場あるいは区別のなかへの区別の再登場を理論的形姿として見せてくれます。この理論的形姿は計算から引き出されたものであり、したがってもはや算術や代数の形式では扱うことができません。しかし、その理論的形姿は、一定の数学的諸問題がこの形式によってのみ解決できるという意味で、システムの全体を支えるいくつかの柱の一つです。以上の話は虚数の理論につながっていきます。

こうしたことが要求する抽象的な場面では、この再参入、形式のなかへの形式の再登場を思い浮かべるのはおそらく困難です。スペンサー＝ブラウンは彼の本のなかでいくつも円を描いていますが、そのときいつも白い紙を前提にしています。しかしながら社会システムの理論に向かうやいなや、そう、コミュニケーションについてのコミュニケーションでもありうるというコミュニケーションの通常の装置を前提できるようになるやいなや、問題から困難は消えてしまい、むしろ納得しやすいものになるでしょう。とすると、わたしたちはわたしたちがすでにずっと前から知っていたことをいろいろ研究して手に入れるのです。だとすると理論的努力の全体はいったい何の役に立つのか、と問われることになります。この「何のために」問題はまた後で検討することにします。というのはそれはパラドクスの概念と関係しているからです。いましばらくは念頭におかれていることを明示化するだけにしておきましょう。

念頭におかれているのは、システムはその環境から自分自身を区別できるということです。作動そのものが差異を生み出します。だからわたしはここで差異と言うのです。一つの作動はもう一つの作動に接続し、それから第三、第四、第五の作動が続き、そして、これに加えてこれまで何が言われてきたかが主題化されて、と以下、同様に続きます。こうしたことのすべてはシステムのなかで生じます。その外では同時にほかのことが生じていたりいなかったりします。世界とはコミュニケーションの帰結にとって限定的にのみ意味をもつものなのです。システムが決定を下さなくてはならないとしたら、あるいはもっと慎重な言い方をするならば、コミュニケーションと後続のコミュニケーションの間に接続を確立しなくてはならないとしたら、そのシステムに何が適合し何が適合しないかが明確にされ、観察され、確定されなくてはなりません。したがって、自己の接続能力をコントロールしようとするシステムであるならば、わたしたちがまず自己観察と呼ぶことのできる何ものかを意のままに使えることができなくてはなりません。観察者についてはまた後でお話しします。問題構成は、それらの概念が循環的であり、この種の構想ではいつもそうなのですが、わたしが後になって初めて説明するものをいつも前提にしなくてはならないことにあります。そういうわけで、観察者ないし観察というものを、先になってまた説明される何かとしてとりあえずは受け入れてください。要するに、システムは自己の接続能力をコントロールできなくてはなりません。少なくとも、コミュニケーションによって再生産されるシステムのことを考えている場合は、それは事実です。とくに言語的コミュニケーションの場合には、しかしまた標準化された記号インプットリストの場合には、わたしたちはコミュニケーションであるものとないものを区別できます。「わたしたち」というのは、ここでは心理的構造をそなえた個人のことではありません。そうだという場合もあるでしょうが、しかし、ひょっとすると、その個人は上の空で、コミュニケーションがなされていることにまったく気づいていないかもしれません。

決定的なのは、コミュニケーションがコミュニケーションと非コミュニケーションの区別を自分でつけることができるということです。それができるから、たとえば何かが言われたということに、そしてそもそも何かが言われたということが争われることは通常は計算に入れなくてもよいということに、言語的手段でもって反応することができるのです。たしかに解釈の難しさのなかに迷い込んだり、もともと考えていたことの説明について言い訳をあれこれ探したりということもあり得ます。しかし、コミュニケーションはつぎのような回帰的な確実さをもっています。つまり、コミュニケーションはコミュニケーションにもとづいてその内容に制約されうるし、その後に言われうることとの関係でもそうならざるを得ません（文書についても同じことが言えます）。また、そのことによってシステムと環境と差異を観察し、したがって自己言及と他者言及を分けることもできるのです。こういう回帰的確実性は、コミュニケーションの構造にも見てとることができます。というのは、コミュニケーションは何かが伝達されるときにのみ、もっとくわしく言うと、何かの情報が伝達されるときにのみ成立するからです。ここですでにコミュニケーションには情報と伝達という二つの部分があるということになります。さらに理解もされねばなりません。まず、何かについて発言される、と言えます。テーマが扱われます。それは発言者自身でもあります。発言者が、自分自身をテーマにして、「わたしはそもそもまったく別のことを言うつもりだったのだ」と言うことができます。あるいは、自分の精神状態を情報にして、「もうやる気がなくなったのでやめる」と言うこともできます。原則的に、この伝達と情報の二部分性があります。そして、コミュニケーションはこの二つの部分の一方の側面でより多くのことをなしたり他方の側面でより多くのことをなしたりできます。つまり、「どうして君はしかじかのことを伝達したのか、言ったのか」と質問したり、「もしかして君はうそをついているのでは」という問いをテーマにしたりして、伝達から出発するか、あるいは情報から出発して、言われたことについてコミュニケーションするかなのです。

こうしたことが、作動自身のなかにいつもすでに情報による他者言及と伝達による自己言及が組み込まれていることの印です。このことがまた、「再参入」の一般的テーマの説明になっています。つまりシステムは自分自身のなかに再登場する、あるいは別の言い方では自分自身のなかに自分を写し込むということです。コミュニケーションは内的作動であり続けます。それはシステムのなかにとどまり続けます。というのは、接続は再びまたシステムのなかで予定されることになっていますし、システムのなかに存在しなくてはならないからです。作動的な、あるいは作動上の閉鎖性についてのつぎの節で、このことについてもう一度お話しすることにします。したがって、システムのなかで現に生じていることに対しての自己言及と、思念されているところの、過去ないし現在の、内的ないし外的なシステム状態に対しての他者言及を区別しなくてはなりません。つまり伝達と情報を区別しなくてはなりません。

わたしが思うに、こうした仕方で、コミュニケーションというオペレーターでことをなす社会システムというものはいつもすでに「再参入」を組み込んでおり、さもなくばおよそ機能しえないであろう、ということに説得力をもたせることができます。こうしたことのすべてがもっとくわしくもっと手間をかけて取り扱われうるとしてもです。内的言及つまり自己言及と外的言及は、多かれ少なかれ同時に行われます。別の言い方をすると、システムはどの瞬間にも一方の側から他方の側に移動していますが、しかしつねに内的な作動によってです。システムは、ここから特定の観察者が環境としてみるものとシステムが環境として扱うものの区別が説明できます。もっと言うと、自己言及と他者言及の間を行ったり来たりすることによって、何かを環境として扱っています。システムは環境を取り扱っています。このことはまた、つぎのことを意味します。何かがそれにとっての環境であるところの一定の期間は見直しと変更を留保してどちらの言及方向に重点をおくかを選択することによって、システムはシステムのことを考えるか、つまり特定のシステムの他者言及を視野におくか、それともそれにとってはシステムもその環境もともに環境であるところの外部観察者から出発するかに応じて、別の環境に関わることになるのです。外部観察者は、当該のシステム自身が接近できるものよりはるかに多くのこと、あるいはそれとはまったく別のことを観察できるかもしれません。ちなみに、ヤーコプ・フォン・ユクスキュルは、もうずっと早い段階から生物学の領域で、ある生物の環境（Umwelt）はわたしたちが環境（Milieu）として、まわりを取り囲むもの（Umgebung）として記述するだろうものではない、ということを気づかせてくれました。[23] ある動物が知覚し扱いうる事柄と比べて、より多くのことや別のこと、ひょっとするとまたわずかのことを、わたしたちは見ることができるのです。したがってこの二つの環境概念は区別されねばなりません。

わたしはこのことをさしあたり社会システムについてのみ説明してきましたが、これはまた講義の後の部分の先取りにもなりますので、少し補足しておきたいと思います。というのはつぎのようなテーゼを立てたいからです。心的システムも自己言及と他者言及のカップリングでことをなしている、このことは追加的知識をたくさん必要とするのではなく、内的側面、外的側面、再参入などをともなう二側面的形式のターミノロジーでの明確な表現でもってはっきりさせられる、というテーゼです。明らかにこれらの理論的形姿、これらの概念は心的システムにも社会システムにもあてはまります。

心理学と、特に意識哲学では、このことは長い間、反省の観点で論じられてきました。自己意識の心理学があり、ここには同一性と同一性意識の産出への問いがあります。このことはみなさん、ジョージ・ハーバート・ミードその他の社会心理学の文献を通じてご存知でしょう。[24] けれども反省哲学の哲学的伝統ははるかに古く、おそらくまた多くの事柄においてより明瞭でした。

ここではおそらくもっとも際立った例として、エドムント・フッサールの超越論的現象学だけを少し検討しておきたいと思います。フッサールの洞察は、意識の作動は諸現象と関わっているときのみ、したがって何らかの現象を志向しているときのみ存在するというものです。このとき外界が何であるかは関係なく、別の問題です。[25] 意識の内部で意識は諸現象と関わり、同時に自分自身と関わります。ターミノロジーが少し変わります。つまり、「ノエマ」が、人びとがそれについて考えるところのもの、人びとが表象する現象です。「ノエシス」は反省的に接近可能な思考過程ないし意識過程であり、あるいはまさに意識の反省性と、意識が関わっているところの世界の現象性です。「志向（Intention）」と「志向性（Intentionalität）」は、カップリング過程としてさらなるメルクマールです。どの志向からも、諸現象のさらなる探索に入っていけます。もっと言うと、「なぜわたしは今考えているのか。そもそも何がわたしの意識をなしているのかに今なぜわたしはかかずらわっているのか。しかし結局差し迫ったことがある、たとえばわたしはちょうどお腹がすいているし、タバコが吸いたい。ところで今、わたしは現象と関わっていたのだろうか」と思考をめぐらせることができます。そして、こうした反省によってわたしは別の現象、つまりバターパンやタバコに到達します。このカップリングは厳格です。意識が環境のなかの物事に没頭し、再びわれわれに帰ることはない、ということは決してありえません。逆に「わたしがどのように考えているかを、わたしがどのように考えているかを、わたしがどのように考えているかを、わたしが考える」ということにだけずっとかかずらわっているということもありえません。いずれかの時点で現象に関わる必要が明らかになります。

それゆえ、この哲学は「超越論的現象学」と呼ばれるのです。「超越論的」というのはつぎのような理由からです。こうしたことがあらゆる意識システムにおいて事実であると主張されているからです。別の言い方をすると、どの主観のなかでもそのようであらざるを得ず、したがって主観性そのものは諸現象の分出の経験的多様性とは独立に特徴づけられざるを得ないと主張されるからです。というのは、多くの人間がいてそのすべてがそのつどいつも別のことを考えているからです。構造は必ずしも一定数のアプリオリによって保証されているのではなく、意識の反省性と現象保持のこのカップリングによって保証されているのです。わたしはこれを厳密な理論と見なしています。つまり、たとえばシステム理論の諸手段、たとえばまたスペンサー＝ブラウンのターミノロジーで意識を表現しようとしたならば到達するはずのものに厳密に対応するような理論である、と見なしています。そのときもシステムと環境の差異はどのようにシステムのなかに再登場するか、これはそもそも現れるのか、システムは作動の上で再参入にどのように依拠しているのか、再参入なしにシステムは作動できるのが――明らかに、できないわけですが——本来的に作動的な形式はどこにあるのか、という諸問題に突き当たることになるでしょう。フッサールの場合には、作動的な形式は問題が瞬間から瞬間へ解決されていくときの志向性にあります。加えてフッサールは、この出発点から時間の明白な意義を発見しました。どの作動も、過去把持(Retention)、つまりまさに流れ去ったものへの一瞥と、予持(Protention)、つまり、つぎの第二、第三の意識過程に現れるものへのあらかじめの一瞥でもってことを進め、経験によって理論によって活性化された期待(Antizipation)と長期の記憶を発展させます。とはいえ原理的にいわば作動は時間の只中で行われます。そしてこれが自己言及と他者言及の区別に斜めから関わります。かなり複雑な理論配置です。

そのような理論配置を目にしていると、それとの関係では、今日、社会現象学というタイトルのもとで推し進められている諸理論がどれほど単純であったかがわかります。それらは本来「そこにしかじかのものがある」ということを表現するだけなのです。経験としては、ある意味で、「そこにあった」ということだけが提供されます。人びとはそれを見て今記述したのです。現象学は今や突然に、諸対象に対する記述的態度を正当化します。「これらが現象です。わたしたちがそれらを意識したので、それらはきっとどこかにあったはずです。現象の記述の厳密さが、現象についてのありうる疑いから方法論的にわたしたちを守ってくれます。そう、ほかの人たちも何とかやれるでしょう」というわけです。こういうことがきっとアメリカ合衆国へのフッサール現象学の移転と関わっています。しかしその前から、そういう面はマックス・ヴェーバーの動機構造とフッサールの現象学から統一的な理論を形成しようという、アルフレッド・シュッツの試みのなかありました。(26) それがどのようにしてこの単純化にいたったのかは、厳密に示すことができるでしょう。

システム理論的な意識理論に戻ると、現象学の理論的根本諸決定の基礎にどのようなものがあるのかをよりよく理解できます。フッサールはまだこれらの根本的決定を記憶していましたが、そうこうするうちにそれらはたんにそこにあったり与えられたりしているものとして、あるいはそれ以上興味を引かないものとして、簡単にやり過ごされてしまいました。

自己言及と他者言及のこの作動的なカップリングが機能している二つの事例があることを理解すると、もちろんなぜこの二つの事例だけがあるのか、それともっとあるのかが問題になります。たとえば生物学の領域や少なくとも神経学と神経生理学の領域では、自己言及と他者言及のような何ものかを発見できるでしょうか。素材についての厳密な知識が必要になるので、断定的なことは言いたくありません。しかし今のところ、脳と意識の差異や中枢神経システムと現象的に現在的な意識の差異は、意識によって他者言及と自己言及の差異が導入されるところにある、と考えています。意識のなかでわたしたちはわたしたちが知覚しているものが外のどこかにあると思い込みますが、純粋に神経生理学的な過程にはそのための手がかりになるものがありません。というのは、この過程は実際のところ閉じていますし純粋に内閉だからです。意識も、自己言及とのカップリングによって内閉的であり、自己が内閉的であることを知っています。そして幸福なことに内閉的なのです。というのは、誰もが他者の意識に入り込むことができ、そこで何らかの思考を自分のものとして考えたり知覚を自分のものとして知覚したりできるとしたならば恐るべきことでしょう。意識もまた、一つの閉じられたシステムなのです。しかし、きわめて形式的な記述方法を選んで言えば、こう言えるでしょう。すなわち、意識の固有性は、神経生理学的な装置の電子物理的言語の作動上の純粋閉鎖性から自己言及／他者言及‐差異への移行にあると思えます。その移行の結果として、この中心区別が、そもそもはじめて意識を構成するのです。もちろん神経生理学的な対応物を基礎にしてですが。わたしが主張したいのは、意識はもはや脳を必要としないような何かだということではありません。しかし興味深いことに、ここにはしばしば言われるような、学習の学習とかカップリングのカップリングといった新たな反省段階が関わっているのではなく、決定的な差異の導入が関わっているということです。

自己言及と他者言及の作動的な取り扱いが実際に特定のリアリティー領域を特徴づけているとすると、これを意味概念に結びつけるというプログラムを定式化することができるでしょう。これについてはここではたんに示ただつぎのことだけです。世界の現象的な表現やコミュニケーションの情報的意味関連に、いろいろなパターンや構造があるということについては、いくつもの手がかりがあります。これらのパターンや構造をわたしたちは意味として知覚するのです。また、それらは意識にもコミュニケーションにもともに利用できるものです。もっとも、ともにと言っても、非常に異なる作動の基礎の上でのことですし、いろいろと亀裂もともなっているのですが。ちなみにこの亀裂というのは、言語的な性質の世界記述から出発する場合には、わたしたちにとってそれほど直接的に透明にできないようなものです。わたしたちは意識システムともろもろの社会システムとの差異をくっきりとさせようと試みていますが、同時にそれにもかかわらず、一致も存在することを主張しようと試みています。すなわち、他者／自己という決定的な主導差異と、その差異から意味の諸構造について生じる物事において一致があると主張したいわけです。この点については今はあまり先走りし過ぎないようにしましょう。

せめて短い時間なりとも検討しておくべき、第四点の話がまだ残っています。この点についてはすでに示唆しておきました。スペンサー＝ブラウンの理論構想は、巧妙に隠されたパラドクスを含んでいます。つまり、再参入そのものです。あるいは、計算のはじまり、「区別をなせ」という最初の指図に即して言うならば、区別は一方の側を区別するためにただたんになされなくてはならないし現になされるので、その結果、どの区別のなかにも二つの構成要素、指示（indication）と区別（distinction）がある、という事実です。区別はそれ自身を含んでいますが、しかし明らかにある特別な形式において、つまり区別と指示の区別として含んでいるのであって、何となく含んでいるというのではありません。――区別として大きなものを考えようと小さなものを考えようと、あるいは区別として何を考えようと、それは同じことです。

以上のことに対応して、形式のなかへの当の形式の再参入、区別のなかへの当の区別のそれ、システムのなかへの当のシステムと環境の差異のそれについても、やはり同一のものについて二回、言及されているというふうに理解しなくてはなりません。区別がそれによって区別されたもののなかに再び現れます。再登場です。さてそれはそれ以前のものと同一なのでしょうか。それ以前にあったものは、まだそこにあるのでしょうか。それとも最初の区別は消え失せてしまい、第二のものになってしまったのでしょうか。その答えはこうです。ここにあるパラドクスが存在します。つまり、それ自身のなかに再登場する区別は同一のものであると同時に同一のものではない。これが理論の全体を成り立たせるトリックです。つまり、ともにパラドキシカルであるところの二つのフックの間で、作動的な純粋論理空間が張り渡される。こういうことです。いろいろなパラドクスの場合に典型的なように、これを解消することができます。パラドキシカルな定式化は同時に移行の定式、つまりパラドクスの解消の定式をもっていないならば、もともとあまり意味がありません。この場合には比較的簡単につぎのような区別でできると思います。ある観察者がいて、その観察者が自分以外のシステムについてであれ、それ以前の状態における自分自身のシステムについてであれ、システムと環境について彼のなした区別のことを反省的に考えているのか、それともシステム自身のなかでなされている区別のことを語っているのか、この間の区別をなしうるならば、その区別によって上記のパラドクスは解消できると思います。観察者は二度、登場します。つまり、ほかのシステムがそれ自身を観察しているのを見ている他者観察者として。そして自己観察者として。つまり、自分自身を観察し自分自身を引き合いに出し自分自身について何事かを言う誰かとして。

外的観察者と内的観察者のこの区別によって、パラドクスを解消することができます。パラドクスを解消することを、論理学者はよく「展開する」と言います[27]。つまり、さまざまな同一性とさまざまなパースペクティヴを引き合いに出すわけです。これは論理的にあやしげで評判のよくない手順です。しかし論理学者もそれをいつも使っているので、そのかぎりで非難を受けるいわれはありません。論理学者は典型的にはレベルを区別します。つまり、パラドクスが生じたら、パラドクスを再び解消するために別のレベルに移動するわけです。そのときはいずれにせよ、二つのレベルの差異の統一性はどこにあるのかと問いを立ててはなりません。二つの同一性、二つのレベル、メタレベルと下位レベル、外的観察者と内的観察者などを要請し、これらを多かれ少なかれ説得力をもって売り込むことによってパラドクスを解体するわけです。あるいはこの解消戦略によってどのような現象が可視的になるのか、内的観察者と外的観察者を区別するとき理論構成は何を遂行するのかを示すことにより実りあるものにすることによってパラドクスを解消します。

とくに全体社会レベルでの社会学的分析にとっては、この系譜学の全体、つまり形式概念、再参入、再参入のパラドクス、観察者の区別によるパラドクスの解消を見渡すことが重要です。というのは、今、わたしたちはいわば自分自身のところに到達するからです。わたしたちは外的な観察者です。もちろんわたしたちは、わたしたちが社会のなかに現実に存在しているものであること、特定の時代のなかに生きていること、給与を受け取っていること、年金に対する期待をもっていることなどを知っていますし、また、わたしたちが自分で書きたいと思っていることのほとんどをほかの人がすでに書いていた本を読んだことがあるということも知っています。もちろん社会のなかでの実存を生きているわけですが、しかし、わたしたちは社会学者として、あたかも外部からするがごとくに社会を見つめることができます。わたしたち自身がそのことをほかの人びとに伝えるためにコミュニケーションするという事実を度外視して言えば、つぎのように言うことができます。わたしたちは社会を観察し、社会は自分自身を記述するシステムであることを知る、と。システムは二つの側面をもっています。一方で社会は他者言及をもっていて、自分自身について語るばかりでなく、通常はコミュニケーションではなくコミュニケーションの主題であるところのものについて語ります。わたしは、この論理的系譜学に触れることはしませんでしたが、この問題をエコロジーのコミュニケーションについての小さな本のなかで扱いました[28]。この本でわたしは、エコロジーのコミュニケーションはまさにエコロジーの問題についてのコミュニケーションに過ぎないのであり、コミュニケーションするシステムの社会学的記述はエコロジーの問題についてのパニックをコミュニケーション的現象に還元する、ということから出発しました。「死んだ魚たちがライン川を泳いでいる」。これは一つのフォークソングでもありえたでしょうが、今日では一つの非常事態の報告です。この非常事態の報告によって生み出されたものはさらに明白です。人びとはあれこれの接続の期待をもっていて、この期待は将来見越し的‐操作的に使用可能です。しかしながら、まず重要なのはコミュニケーションのみです。社会のなかでいつも生じているのはコミュニケーションです。それゆえに特定のテーマの諸重点が別様にも選択されえたはずだということを理解するために、わたしたちは社会学者として、一方の側で語られ、書かれ、印刷され、放送されている物事と、他方で事実である物事とを区別できなくてはなりません。

わたしはまさか、テーマ選択が偶然的なものである、何でも同じくらいにうまくやることができる、などと言おうとしているのではありません。また、社会の第一の課題とされているものが純然たる偶然であるとか、ジャーナリストたちが思いついた流行であるとか言おうとしているのではありません。そう、わたしがそのようなことを言おうとしているとは、とんでもないことです！　しかしもちろんわたしたちは、わたしたちの社会がどのような根拠から一つのコミュニケーション・システムの内部でそのような諸事態を引き合いに出し、このようなテーマをいわば好んで取り扱うのかを理解しなくてはなりません。そうすることで、つぎのような問題への通路が切り開かれるのです。するともともと報道機関のみがそれについて語るのか、これは学校の授業や若者集団のテーマであるだけなのか、経済はそれにどのように対応するのか、つまり、これらのテーマに関してこれら三つのシステムのどれがコミュニケーションするのか、そしてそのコミュニケーションによってどのような内的帰結がもたらされるのか、などの問いへの通路が切り開かれるのです。これはテーマに対する社会学的な関心なのであって、魚たちの死ではありません。

こうした二重のパースペクティヴによって、社会における自己記述のイデオロギー帯性を取り扱うこともできるでしょう。なぜ一つの社会が一九世紀と二〇世紀において自己を資本主義的であると記述したのでしょうか。あるいは、一八世紀の後半において、愛国主義的だとなぜ記述したのでしょうか。なぜ、ゲゼルシャフト／ゲマインシャフトあるいは個人／集合体のような特定の図式は、一定の時点においては好んで用いられその後には軽視されるようになったのでしょうか。なぜ、「モダン」や「ポストモダン」という観念が成立したのでしょうか。なぜ、伝統／近代という図式が社会の表現に用いられるのでしょうか。社会学者としてわたしたちは、実際には決してそうではないにせよ、他者観察者としての態度で、諸システムはどのようにして特定の自己記述を選ぶようになるのかと問うことができます。こうしてわたしたちは、イデオロギー批判や知識社会学やラインハルト・コゼレックのタイプの歴史的‐社会的意味論[29]の伝統に立ち戻ります。しかし以前と比べて、今やわたしたちはこの立脚点のためにいっそう強い理論的安定性をもっています。たとえば以前は、カール・マンハイムの意味で自由に浮遊する知識人が前提されていました[30]。また、たとえば、アダム・スミスやデイヴィッド・リカードとともに、資本主義社会というものが市場法則や利益率、そのほかのもので自分自身を記述する仕方を観察していたりします。しかしその際、そのようにすることで資本主義者の立場から議論していてほかのすべてのことを等閑視している、ということには気づかないままです。さらにたとえば、以前はフロイト的なコンプレックスという観念でもってことを進めていましたし、何であれ存在していたものによってことを進めていました。

わたしたちは、自分自身を記述するシステムから出発するでしょう。つまり出発点におかれるのは、そこにすでにある諸構造と関係づけ、この瞬間にこの顕在性を得たその社会の特定の歴史的所与に関係づけて、自己言及と他者言及をカップリングし、これを選択的になすシステムです。つまり、わたしたちは何ほどか距離をとったスタンスをとりうるのですが、これは再参入というこの図案にもとづいているのです。さてつぎの時間では、作動上の閉鎖性についてお話しすることにします。これは、わたしが今日お話ししたことからほとんど自動的に出てきます。一つのオペレーターがあるとき、これはシステムの内部でのみ機能します。それでわたしたちは、システムの作動上の閉鎖性というテーゼに行き着くことになります。

3 作動上の閉鎖性

〈第5講義〉

前の時間には、わたしたちはシステム理論の差異原理ないし示差主義的アプローチについてお話ししました。そのテーゼは、システムとは一つの統一体ではなく差異である、その結果としてわたしたちは一つの差異の統一体を思い浮かべるという困難を引き受けることになる、というものです。何ものかが区別されると同時に区別されない、つまり同一であるべきであるならば、わたしたちはパラドクスにぶつかります。もう一度わたしは、およそ人はパラドクスに気づいたときそれとどのように関わりうるか、という問題から出発したいと思います。人びとが気づいていないパラドクスはたくさんあります。たとえば、数カ月前のこと、ブリズベーン川に面したアパート形式の小さなホテルに逗留しておりました。そこには電話機が一つ壁に掛かっておりまして、その電話機をとったら、その壁には「故障の際には……にお電話ください」と書かれたメモ用紙と電話番号が貼り付けられていた、というしだいです。つまり、「君が行動できないときに行動しなさい」というわけですね。そういうパラドクスに対して人びとはどうしますか。人びとは壊れた電話と壊れていない電話を区別することでパラドクスを解消して、電話番号をメモし、ほかの電話機のところに行き、示された電話番号のところに電話をかけます。あれこれのパラドクスにふさわしい区別を探し出し、同一性――この電話機とほかのたくさんの電話機――を固定して、少なくとも行為することができる状態を維持することによって、人びとはパラドクスと折り合いをつけているわけです。

システム理論においては、話はそれほど単純ではありません。まず、そう、システムと環境の区別がある、ということになるでしょう。この区別は特定のシステムが構成する差異です。ただしその際、直ちに誰がこの区別をなすのかという問いが提起されます。この問いに対する解答によってわたしたちは、この時間のテーマ、つまり作動上の閉鎖性というテーマに導かれます。システムと環境の区別は当のシステム自身によって作られます。このことはほかの誰かがこの区別を観察することを排除しませんし、したがって、あるシステムが環境のなかにあるということをほかの誰かが観察するということを排除しません。作動上の閉鎖性というテーゼに関連して、わたしたちにとって重要なのはつぎの点です。システムはシステム自身の作動ごとにそれによって境界をシステム自身に対して引き、環境からシステム自身を区別し、そしてそのようなときそのようにしてのみシステムとして観察されうる、ということです。こうしたことはいつも特定のあり方で生じます。つまり、作動や作動的なものという概念でもっと厳密に特徴づけられる仕方で、すなわちシステムがそのシステムに特殊な仕方で自分で自分自身を生み出すという仕方で生じるのであって、何でもよい何かしらの仕方で生じるというわけではありません。

たとえば生物は、生きて、さらに生き続けることによって、それがうまくいくかぎりにおいて、この差異を生み出します。社会システムは、システムと環境のこの差異を、コミュニケーションがなされることによって、独立の生物の間で関係が取り結ばれることによって、そしてこうしたコミュニケーションが接続能力という固有論理にしたがい、いつも続けてコミュニケーションするという固有論理にしたがい、また固有の記憶などにしたがうことによって生み出します。ジョージ・スペンサー＝ブラウンの用語法では、システムはいつも形式の内側の側面で、つまりそれ自身のなかで作動するのであり、形式の外側の側面で作動するのではない、ということになるでしょう。しかし、内側の側面で、つまり環境のなかではなくシステムのなかで作動することは、環境があるということを、外部の側面があるということを前提にしています。これほど手間のかかる定式化をしたくないというのであれば、これは瑣末なことです。というのは、おそらくシステムは環境のなかでは作動しえないということ、したがって作動はいつもシステムの内部で進行するということは、直接に納得のいくことだからです。もしシステムの作動が環境のなかで行われるならば、このことはシステムと環境の区別を破棄してしまうでしょう。

もう少し思考を推し進めてみると、システムは環境との接続のためにそれ自身の作動を用いることはできないという帰結が生じます。この帰結はよく考えてみると、それほど瑣末なことではないし、むしろ驚くべきことでしょう。まさにこのことが、作動上の、ないし作動的な閉鎖性のテーゼなのです。作動は最初から最後まで、あるいは出来事としてみるならば、いつもシステムのなかでのみ可能です。そして作動は環境のなかに手を差し入れるためには用いられません。というのは、その場合には、作動は境界が横切られるとき、システムの作動とは別の何ものかになってしまわざるを得ないからです。このことはまず認識論に強い印象を与えました。ラディカルに定式化するならば、認識は環境との関係がないからこそ、作動的な関係がないからこそ、それによって初めて可能であると言うことができます。このことについてはみなさん、時間をかけて考えてください。認識は、システムが作動上、閉じているにもかかわらずではなく、閉じているからこそそれによって初めて可能なのです。システムは、その認識作用としての作動によって環境に手を差し入れることはできず、つねにシステムの内部で接続、推論、つぎの認識、記憶への遡及を試みなくてはならないのです。

テーゼは、システムは作動的に閉じている、です。システムは完全に内的な作動に依拠しています。ところで、これは閉じられたシステムという古いテーゼへ舞い戻っている、それゆえにエントロピー問題へ舞い戻っていると推測することもできましょうが、それは正しくありません。というのは今や、作動上の閉鎖性の内部で作動と因果関係を区別できるからです。わたしたちがある特定のシステムを記述する場合、作動はきわめて特定的なものとして記述されねばなりません。問題になるのは、一つの細胞にとって生きることを可能にする生物化学的構造や、言語を使用する諸作動のコミュニケーション的な一系列や、顕在的な注目を働かせコミュニケーションから、また同様に生命の生化学からも区別される意識の諸作動なのです。作動はある仕方で特定的に特徴づけられなくてはなりませんが、同時にその仕方が、システムのタイプを規定するのです。それに応じて、今の例では生命システムや意識システムや社会システムが語られることになります。以上のことは、因果関係とは関係ありません。因果関係はシステム理論のこのヴァージョンでは観察者の事柄です。

因果関係は一つの判断であり、ある観察者のある観察であります。それは、その観察者が自己の関心をどのように形成し、もろもろの結果ともろもろの原因をどのように重要であると、あるいは重要でないと見なしているかということに応じた、もろもろの原因ともろもろの結果の特定のカップリングです。因果関係とは一つの選択的な表現なのです。特定の原因は、その結果との関係に自信がないので関心を引きます。あるいは特定の結果に到達し、そこからさかのぼって、どのような原因がそれを可能にしたかを問います。あらゆる原因に関してつねにさらなる原因を探すことができますし、あらゆる結果について再三再四、さらなる結果や副次的結果、意図せざる結果等々に移っていくことができます。しかし以上のことにはもちろん限界があります。世界の全体を因果的に分節しつくすことなどできるものではありません。そんなことをすれば、どんな観察を行うシステムの情報処理能力をも破裂させてしまうでしょう。したがって、因果関係はいつも選択的であり、したがってまたいつも特定の関心と特定の構造と特定の情報処理能力をもつ特定の観察者に帰属されます。このことは、同時に作用するさらなるもろもろの因果関係の無限性という理由だけですでに言えることです。

しかしまた、どちらかというと普通のものでない因果帰属があるという理由からも、このことは言えます。たとえば、否定的事態の因果性です。「昨日の晩、わたしの車の運転席のドアが開きませんでした。こういうことが繰り返されるというのなら、わたしは工場まで車を走らさなくてはなりません。そして、ドアを修理してもらうか、ハンドルを逆の側につけてもらわなくてはなりません」。否定的な事実が行為の原因になっていますね。ドアが開かなかったのです。構造帰属は、非通常的な因果帰属の同様の事例です。たとえば資本主義社会が、労働の貨幣化その他の特定の構造のゆえに特定の諸結果の原因になっているときです。したがって、原因と結果の無限性のみがあるわけではありません。不作為因果性と構造因果性もあるのです。どちらの場合でも、そのようなことに注目する可能性をもっているシステムにとって、ですが。

どのような因果関係が帰属されるのか、どのような結果とどのような原因が帰属の特定の連関にもたらされるのかを知りたければ、わたしたちは再び観察者を観察しなくてはなりません。それについてはおびただしい研究があります。[31] このような帰属研究の成果によると、わたしたちはどうしても、因果関係の概念を観察者や帰属習慣に関して相対化せざるを得ません。このことはいわば、一方の側におけるシステムが構成し再生産する作動と、他方の側における因果表現を区別することの必然性の裏側です。そして自明なことに、因果図式を使用する観察者は、再びシステムとして機能しなくてはなりません。たとえば、観察者は環境に対する関係においてシステムを因果的に解読する要求に応じて、あるいは生命体として生き、あるいは意識をもち、あるいはコミュニケーションをしなくてはならないのです。因果性と作動のこの区別によって、わたしたちは閉鎖システムの古い理論にもう一度落ち込むことはできなくなります。というのは、こうしたシステムは因果的に閉じられたシステムと考えられていたからです。

つぎの一歩は、ここから意味システムと技術的システムを区別することができるということです。システム理論は長い間、ある種の技術的理論であるという嫌疑にさらされてきました。つまり、特定の因果関係を確実にしようと欲している技師や技術者、あるいは技術的志向をもつプランナーの理論であるという嫌疑です。作動的な閉鎖性の理論から、一方における技術的ないし因果的閉鎖と他方における意味的開放性を区別できます。意味的開放性の問題はわたしが後にくわしく検討しようと考えている諸テーマと関係しています。まず、システムと環境の差異は当のシステムにとって利用可能であるということだけが言われています。再参入については、すでにお話ししました。システムというものは、諸作動の意味の面から環境と関係することができますが、それは作動的にではなく意味的にです。そのとき環境のなかにシステム固有の作動でもって因果的諸効果を生み出したりはしません。そのようなことは環境の方が自分からシステムの意に沿う構えでいて対応するもろもろの因果性を予見しているときのみ可能です。わたしたちは技術的と意味的の区別と関わっています。技術的システムは本質的に因果的に閉じられていて、特定の観点からのみ環境の刺激に反応します。つまり、電流が流されたときや必要なエネルギー供給が何らかの仕方で規制されているときのみ動く機械《マシン》、また特定のレバーと機械《マシン》の運行への特定の介入によってのみ操縦可能な機械《マシン》です。そのような技術的ないし因果的な閉鎖の利点は、特に失敗を認識できる可能性にあります。このようなことは作動的な閉鎖性の領域では直接には可能ではありません。システムが作動を継続しているときは、当のシステムは動き続けているのです。つまり、何か失敗しているかいないかは、再び観察者の問題であり、また、よいパフォーマンスや生存チャンスなどについてのその観察者の基準の問題です。技術的システムの場合には問題ははるかに明確に提示されます。機械《マシン》はもはや動かなくなり、何かが失敗しているということがそこから読み取られます。機械《マシン》をその技術的構造においてコントロールするとき、失敗を見つけることができるでしょう。

そのほかにも、これらのような技術的に閉じられたシステムにおいては、諸資源が計画可能になります。したがって、どのくらいエネルギーが必要か、どのくらい速度を速めたり遅らせたりするか、どのくらい潤滑油が注がれなくてはならないか、特定の産物が生み出したり特定の運動を成立させるのにどのくらいの時間が必要かなどを、おおむね知ることができるのです。ここのところ活発になってきた技術的閉鎖性の問題についての議論は、わたしたちは近頃、技術的に閉じられたシステムの限界に技術的に突き当たっている、ということを示してきました。「高度技術」とか「リスキーな技術」ということが語られています。[32] その際の問題にされているのは、大きな化学的な生産過程とか、放射能と結びついた過程、たとえば原子力産業における過程などです。ここには機械《マシン》が故障した場合にはパフォーマンスがもたらされないという問題だけがあるのではなく、機械《マシン》が故障している場合には、ほかのいろいろなことが起こるのです。英語で言うと「封じ込め（containment）」となりますが、起こりうる問題のすべてに覆いをつけて内部にとどめおくということは、いつもうまくいくとはかぎりません。機械《マシン》は爆発しえますし、膨大な被害を生み出しえます。その結果、二次的な技術が必要になるのですが、しかし今度もまた技術的閉鎖性を獲得できるかは定かではありません。技術的閉鎖がうまくいかないときはいつも、つまり安全技術が純粋には技術的に安定化させられず、たとえば心理的ないし社会的なパフォーマンスが必要とされるときにはいつも、作動上閉じられたシステムの非信頼性を引き受けることになります。第一、作動上閉じられたシステムというものは、ああいう仕方やこういう仕方で再生産されるのであり、観察者にはしばしば予測のつかないかたちでのみ機能するのです。しかし、原子力産業の領域でのあれこれの事故についての研究から、またチャレンジャー号の大惨事においても、心理的な固有論理やインフォーマルな組織がある役割を果たしていることが見てとれます。人びとは失敗の一つに気づいても、これまでうまくいっていたからというので、それには対応しません。初回はそれに気づかなかったり、気づいてもあまりに遅かったりします。二回目は失敗が被害をもたらすようなものではないことを知っています。というのは、被害と言えるようなことが何も起こらなかったからです。そして組織は、スケジュールを維持することに慣れます。というのは、そのことの方が失敗をすべて取り除くことより重要だからです。そのような社会的組織の論理から、いつかは失敗が起こります。こうしたことが今日では現実的な問題となっていて、ここでは一方における意味的に作動する、意味によって継続的に生み出されるシステムと他方における技術的に因果的な閉鎖性の差異が破砕されます。ますますわたしたちはこうしたことに関わっているのです。

以上のことは、ハインツ・フォン・フェルスターが提案した用語法でも定式化できます。この用語法は社会的分析にも重要でしょう。フォン・フェルスターは、トリビアルな機械《マシン》と非トリビアルな機械《マシン》とを区別しています[33]。その際、機械《マシン》はサイバネティクスの意味で理解されており、したがって数学的定式、計算、変形規則などを含んでいます。言語使用は機械《マシン》的ないし電子的な現実化に限定されません。きわめて一般的な意味での機械《マシン》が問題とされています。さて、トリビアルな機械《マシン》というのは、インプットの刺激が特定の規則にしたがってアウトプットに転換され、その結果、情報やエネルギー量子を入力すれば機械《マシン》は作動し特定の帰結を生み出す、というようなものです。他のインプットを入力したら、機械《マシン》は再び作動し、複数の関数が使えるならば、他の帰結を生み出します。たとえば、1を入力すると、機械《マシン》はカチカチカチと動いてAが出てきます。2を入力すれば、機械《マシン》はカチカチカチと動いてBが出てきます。そして再び1を入力すると再びAが出てくるのでありまして、Bが出てくるようなことでもあれば、これはすでに非トリビアルな機械《マシン》である、あるいはどこか壊れているのだと感じることになります。おそらく、まずは修理しなくてはと思うのでしょうね。その機械《マシン》はこれまではトリビアルな機械《マシン》として機能してきたのですから。

それに対して、非トリビアルな機械《マシン》は、いつもそれ自身の状態にスイッチを入れ、その間に「わたしは誰」、「わたしは今何をしていたのか」、「わたしの気分は今どのような状態か」、「わたしの関心は今はどの程度の強さになっているか」などの問いを挿み、しかる後にはじめてアウトプットを生み出すのです。それは自己言及のループを組み込んでいます。このことは、古い用語法で定式化されていましたので、機械《マシン》がそれ自身のアウトプットをインプットとして利用すると言っておりました。その機械《マシン》は、それが今まさにしたばかりのことに即して制御され、生じるべきことを恒常的に保つコントロール装置をもっています。非トリビアルな機械《マシン》というこの概念によって以上のことは一般化されて、つぎのような結果をともないます。すなわち、その機械《マシン》は予測不可能になります。より正確に言うと、その機械《マシン》がみずからに問いかけるそのつどにどのような状態にあるかを厳密に知っている者にとってのみ予測可能になるということです。

この区別によって、まず意識的システムは非トリビアルな機械《マシン》であるということがはっきりします。他方、社会学の領域では、わたしたちはしばしば社会システムがトリビアルな機械《マシン》として作られることを望んでいることがわかります。裁判官が法律を適用する裁判所を思い浮かべてみると、それはトリビアルな機械《マシン》として機能しています。特定のインプットが入力されるときはいつでも、特定の判決が出てきます。たとえば離婚の前提条件が満たされたならば、婚姻は解消されます。裁判を担当する部局が、「今、わたしたちはすでにとても多くの婚姻を解消させた。今、わたしたちは、一度訴えを斥けてみたい」と言ったとすると、つまりその部局の人びとが退屈やそれ自身の活動から生じた気分によって、突然に外部から期待するのとは違う仕方で反応したとすると、わたしたちはそんなことには我慢できないでしょう。このことは教育システムについてもテーマ化できます。学生たちへ特定の問いに対して正しい解答を与えなくてはならないのだとすると、教育学者たちは生徒たちをトリビアルな機械《マシン》のように教育したがっているのだと、このようにわたしが教育学者たちに説明したときに、わたしはたいそうな抵抗を受けました。解答が間違っているときはそれは間違っているのであり、解答が正しいときそれは正しいのです。解答が間違っているときは機械《マシン》が失敗しているのでして、解答が正しいときは機械《マシン》がうまく動いているのです。そのシステムにおいて、たとえば生徒が問題自体を問題にしたり創造的な回避方法を探したりすることは予定されていません。つまり、数学の公式のいくつかをその美しさの観点で考察して具象的な詩であるかのように一葉の紙片の上に配置するなど、その生徒がちょうどそのときにどのような状態にあったのかを知るときにのみ説明されるようなことをするとは予定されていないのです。

トリビアルな機械《マシン》は信頼に足る仕方で機能すること、わたしたちは日常生活において他のものが機能することの信頼性に大幅に依拠していることは、誰でも知っています。このことが、社会についての人間主義的な観念や他の人間たちに対する尊敬の条件には対応していないとしてもです。この区別は分析のために重要です。というのは、わたしたちは非トリビアル性を放棄できるか、つまりどの程度までトリビアル化できてどの程度まで非トリビアル化できるかを再三にわたって新たに熟考しなくてはならないからです。また、たとえば芸術体験の領域において、わたしたちの理解能力はどの程度まで反復に依拠しているかを問うことができます。わたしたちは芸術的刺激の一〇パーセントに衝撃を受けるために、その九〇パーセントをすでに知っておかなければなりません。多くのことがいつも機能していたのと同じように機能しなくてはならないのでして、そうであってこそ、わたしたちはそれとの対比でいくらかの革新的なものを、そして作品をより精密に見つめたときにのみ解明されうるものを理解するのです。

以上のようないくつかのことが、わたしが作動上の閉鎖性というテーマについてお話ししたい本質的なポイントです。今期の講義の組み立てのなかでのこのテーマの位置が、すでにこれが本来的に基本的な区別であるということを、そしてこれが示差主義的アプローチとならんで路線の切り替えポイントであるということを示しています。この切り替えポイントで、システム理論が新たな軌道を走っていること、さまざまな点であまり普通でない帰結に達するということがわかります。特にシステムは自己の作動によって環境と接触することはできないという帰結に達します。これを一般的に考察するならば、さまざまな地点で部分的には理解しがたく、いずれにせよ社会や個人についての普通の観念を満足させない帰結に達することになります。わたしはこうした観点に立って、エコロジーのコミュニケーションについての小さな本を書きました。そしてこの本はやさしく書こうとしたにもかかわらず、難しいテキストになってしまいました。というのは、わたしたちは環境問題について語ることができるだけであり、語りそのものは何も変えないのだと。このように言うと、[34]それはあまり人を説得できないのですが、しかしまた人を驚かせるものでもあるのです。かといってわたしたちが語ることを始めないならば何も起こりません。その結果、あるコミュニケーション・システムの作動上の閉鎖性は数多くの環境問題に直面して、そもそも何も起こりえないかのように、つまり作動上の閉鎖性はあるシステムの完全な孤立化を意味するかのように見えます。それは事実ではありません。このことについては構造的カップリングについての節で立ち返ることにしましょう。こう言ってよければ、作動上の閉鎖性に抵触することなく、因果性を束ね積み上げ一定の水路に流し込み、そのことによってシステムと環境を調整したり統合したりする構造的カップリングがあるのです。つまり、システムは作動上まさに閉じられているがゆえに、構造的カップリングを通じて影響を受けますし、少なくとも長期的にはそうなのです。

しかし、このことについては後の話としてしばらく残しておきましょう。というのは、その話の前に現在の議論状況で特に目立っている、つまり自己組織性とオートポイエーシスの問題についての一節がまだ残っているからです。こういう順番にしているのには、この問題をも作動上の閉鎖性のテーゼから見てみようという意図が隠されています。自己組織性とオートポイエーシスについての多くの議論の経験から、わたしはつぎのように思っています。それは作動上の閉鎖性のテーゼが出発点となって、そこからこの二つの概念が説明されるべきなのであって、その逆ではないということです。そしてこのことは、これらの議論の学問的生成における理論史は逆向きに進行したのにもかかわらず、そうなのです。つまり、作動上の閉鎖性はオートポイエーシスという回り道を通じて発見されたのであって、逆ではありません。

4 自己組織性、オートポイエーシス

まず、この二つの概念についてです。二つの異なった概念が問題でして、わたしは意識的にこれらを分けています。両者は、作動上の閉鎖性の定理の上に組み立てられています。つまり、両者は示差主義的であるばかりでなく、原理的に作動的でもあるシステム概念を基礎にしています。このことはまたもや、システムにはそれ自身の諸作動のみが使用可能であるということを意味します。システムのなかにはそれ自身の作動のほかは何もありません。もっとくわしく言うと、これは二つのことに関連しています。一方で、それは固有の諸構造の形成に関連しています。つまり、作動において閉じられたシステムの固有の構造は、それ自身の諸作動によって作り上げられなくてはなりません。別の表現で言うと、構造の輸入などないのです。これが「自己組織性」です。

そして他方ではこうです。システムは歴史的状態を決定するため、お望みなら別の言い方で、後続のことのすべてが出発点とせざるを得ないところの現在を決定するためには、システム自身の諸作動しか使えません。システムに関しては、現在はそれ自身の諸作動によって規定されるのです。わたしが今まさに言ったことは、わたしがさらに何を言いうるかを考えるときに出発点とせざるを得ない地点です。わたしが今まさに考えていること、今意識のなかで生じていること、わたしが知覚していることが、後続の知覚の明瞭さにとって出発点になる当のものなのです。わたしは、わたしがこの部屋のここのこの場所にいることを知っています。そして、もし知覚が飛んでしまったとすると、わたしは何らかの麻薬をやってそれゆえに知覚の通常の連続性を予想外の出来事の解釈の支えのために実現することはもはやできないのではないか、と考えてみなくてはならないでしょう。わたしたちは二つのことに関わっています。第一に、それ自身の諸作動を通じた一定の構造の生成という意味での「自己組織性」、そして第二に、後続の諸作動を可能にするところの特定時点での状態が同一のシステムの諸作動によって決定されるという意味での「オートポイエーシス」です。

わたしはまず、自己組織性についていくらかお話ししたいと思います。おそらく作動主義的な理論、作動的な理論においては、構造というものはシステムが作動している瞬間にのみ効力をもつということを、最初にはっきりさせておくのが最善でしょう。ここでも、みなさんに古典的観念との距離をご理解いただけると思います。というのは、このことは構造が安定したものであり、過程や作動は過ぎ去るものだ、という観念と矛盾するからです。構造というものは、この理論においては現在においてのみ意味をもちます。それらは、こう言ってよければ、システムが作動するときのみ利用可能です。そして、かつて何らかのときに生じたことやいつか何らかのときに生じるであろうことは、すべて過去か未来にはあるのですが、しかしアクチュアルではありません。一定の時間の幅に広がる構造の記述というものはあります。たとえば、わたしたちがこの講義をいつも同一の時間に同一の教室でおそらくはいつもは同一でない出席者たちとともに、しかしどのみち同一の講義担当者とともに行っているということを誰かしらが見ているときに、見ていることのすべて、これが一定の時間の幅に広がる構造の記述に当たります。これはある種、構造ですが、これまた何らかの観察者を要請しています。この観察者に対して同一のモノが妥当するわけですが、観察者はやはり、それを観察するときのみ、つまり活動中であり作動中であるときのみ観察するわけです。作動中のシステムをじっと考えているのか、それとも作動を他の諸作動と関係づけているのかにかかわらず、すべては同時性、現在、アクチュアリティというテーマと相関関係におかれます。システムは、構造を利用しうるためには作動中でなければならないのです。

このことからつぎのこともご理解いただけるでしょう。ある心理的構造が何であるかを知りたいならば、人びとは諸人格を特徴づけ記述し描写するわけですが、また社会システムですと、たとえば大学の構造を記述するわけですが、こうした構造の記述もある観察者の記述だということです。人びとは構造を同定しますが、しかし、これをなすシステムがこれをなすときのみ、これを行います。以上のことが含意するのは、諸構造の記述的特徴づけが特定の作動しているシステムに完全に相対化されるということです。さらにこのことが意味するのは、以上のことに対応して、過去投射、つまり過去への遡及と未来への先取りがこの理論に取り込まれなくてはならないということです。構造というものは、未来投射において何がアクチュアルにのみ効力をもちます。そのつどアクチュアルなものとされているのかに依存します。そして過去のデータで何がその瞬間に用いられるかは、においてのみ、普通は記憶と呼ばれるものと通常は期待や予定と呼ばれるもの、行為のことを考えているなら目的とも呼ばれるものとのカップリングがあるのです。

記憶は保存された過去ではありません。過去は過ぎ去ったのであり、二度とアクチュアルになることはできません。記憶とはむしろ、ある種の整合性試験なのであり、ここでは典型的には、特定のことをいつ学んだか学ばなかったかを思い出す必要はありません。わたしが今ドイツ語を話せる場合、わたしがいつこの言語を学んだか、そもそもどのようにしてそれができるようになったのかを知る必要はないのです。あるいは、「オートポイエーシス」などの特定の言葉をいつ初めて使ったのかとか、いつ初めて読んだのかとか、知る必要はありません。期待、予想、目的設定その他の文脈で未来において獲得しようとするモノにとって決定的なのは、お望みとあらばこういう言い方をしますが、構造のアクチュアルな呼出し可能性、使用の幅のアクチュアルな検証です。そのかぎりで、これはまったくプラグマティックなアプローチなのです。一方における記憶理論と他方におけるプラグマティックな未来志向との結合があり、この結合がいつも非常にうまく行われるので、その結果、おそらく記憶とは特定の予期との関係でさまざまな情報を継続的に検証することにほかならないものであると言いうるでしょう。それが何かを獲得しようとしている場合であれ、何かを恐れている場合であれ、何かの到来を見越してそれに対応しようとしている場合であれ、そう言えるのではないでしょうか。わたしたちは何らかの種類の記憶装置を予定するような記憶理論と関わっているのではありません。神経生理学がこのことを確証しているように思われます。[35] 神経システムにはやはり、特定の神経細胞に保存された過去は見出されません。見出されるのはクロス・チェッキング（cross-checking）、つまり特定の時点でのきっかけから慣れ親しまれたさまざまの習慣をチェックすることです。

ここから、予期概念を構造の定義の基礎とすることが推奨されることになります。構造とは、たんなる経験であれ、行為であれ、それらもろもろの作動の接続能力との関係でのもろもろの予期であり、主観的に思念される必要のない意味におけるもろもろの予期なのです。この構造概念には批判があります。それは、この概念に対して、構造観念の主観化であると非難しています。しかしながら、予期概念の伝統は、はるかに古いものですし、必ずしも心的構造にだけ結びつけられるわけではありません。一九三〇年代に、心理学の予期の概念は、たとえば刺激と反応が互いに固定的な関係に立つのではなくシステムの予期によってコントロールされるのだと考えることができるように、硬直した入力《インプット》‐出力《アウトプット》‐関係ないし刺激‐反応‐モデルを複雑化するために導入されました。一つの刺激を同定することは、特定の予期をもつときのみ可能なのです。いわば人びとは特定の状況で形成したり習慣的に想定したりするもろもろの予期との関係で、何かを知覚する、刺激を受け取る地所を探索しているのです。ここから、「一般化された」予期（ミードの言葉）という観念も登場しました。これは第一に、それ以前の行動主義的心理学との断絶を意味しますが、社会理論においては、役割というものは期待の束である、コミュニケーションは期待を伝達するのであり、しかももろもろの人格が自分自身の下で考えているものとは独立にそうされるのであるという意味において、受け入れられました。こうして、予期は意味の未来アスペクトとして心理的にも社会的コミュニケーションにおいても与えられうる一つのアスペクトを定式化しています。

構造概念を予期によって定義するこの理論にとって、主観‐客観‐区別は重要ではありません。わたしたちはビーレフェルトで一度、ヨハネス・ベルガーと議論をしました。彼は、予期概念が主観的概念であり、社会学にはもともと有用でない、なぜならば社会学者はむしろ客観的で社会的な諸構造に関心をもっているのだから、と批判しました。[36] みなさんが構造分析の講座に登録したかぎりでは、おそらく構造という場合には統計的に、あるいはマルクス主義的に、あるいはその他どのような方法でであるにせよ、個々人がそのつど考えていることを相対化する必要がなく裏づけることができる客観的な事態と関わっているのだという印象をもつでしょう。しかし、みなさんはこのシステム理論の構想からつぎのようなことを見てとられることでしょう。すなわち、わたしはこの主観‐客観‐区別から降りて、別の区別でおきかえようと試みているのです。すなわち、一方における、システムが作動を遂行するときにシステムを事実上実現するところの当の作動と、他方における、このシステムによるものであれ他のシステムによるものであれ、この作動の観察との区別です。

さて、予期概念にはもはや主観的構成要素は含まれておりません。そのかわり予期概念は、どのようにして構造というものがシステムの全体をたった一つの能力に固定することなく複雑性の縮減を遂行するのか、という問題を提起します。システムが豊富な構造選択レパートリーを、この構造多様性をすぐにまた失うことなく、使いこなすということがどのようにして考えられるでしょうか。たとえばあれやこれやの文の選択によって制約されることなく言語を使いこなすということがどのようにして考えられるでしょうか。しばしば構造は反対に構築されていて、そこで人びとは構造を使用する状況を構造でもって決定しようともしませんし、できもしません。システムがつねに決定を下さねばならず、つねにあれやこれやの接続作動を遂行するとき、なぜ収縮しないのか――システムはつねに複雑性を縮減せざるを得ないのに、収縮するのではなく事情によっては成長し複雑性を獲得するのか――こうしたことが構造概念においては説明されなければなりません。あるシステムが多くの可能性をもてばもつほど、そうですね、ここでもこの点をはっきりさせる途方もない例として言語のことを考えてみてください――ますますどの個別の文も選択的になり、ますます発言は紋切り型ではなくなります。このことは、たとえば階層比較で見ることができます。とくにイングランドの下流階層の何ほどか紋切り型の言語の形式と上流階級の洗練された言語の形式を互いにくらべてみるならば。洗練された言語は、どの状況においても適切な言葉を見出し、構造がきわめて洗練され高度に複雑化されているまさにそのとき、限定された語彙しか自由にならないときよりも、しばしば適切に表現されえます。ここに高度の構造的複雑性を作動可能性と結びつける本来的なパフォーマンスがあるのです。そのとき、なぜトリビアルな機械《マシン》から非トリビアルな機械《マシン》への移行が重要かもご理解いただけると思います。というのは、トリビアルな機械《マシン》はプログラムとインプットによって確定される作動しかもちませんが、他方、構造的に複雑なシステムは、状況への適合という課題をみずから生み出し、その際、それ固有の思考や、こういう言い方の方がよければ、それ固有のコミュニケーションの習慣を考慮に入れることができます。その結果、こうしたシステムは、ずっと豊かな行為のレパートリーをもつことになります。問題は、このことを厳密に説明することにあり、そのために構造概念が重要になるのであり、主観性と客観性の間で決定を下すという問題にとってはそれほど重要というわけではありません。

最後の問題は、なぜ自己言及性ということが語られるのかということに関係しています。システムというものは、おのずから構築された構造があってはじめて作動できます。構造を輸入することはできません。このことも説明を要します。言語習得についての研究をよく見ると、なぜ子どもというものがあんなに早く言語を習得できるのか、ほとんどなぞです。みなさんのうちには、ノーム・チョムスキーがこの問題を生得的な自然的な深層構造を要請することで解決しようとしたことをご存知の方もおられるでしょう[37]。もっともそれは経験的には決して発見できないでしょうが。現代のコミュニケーション研究はおそらくむしろつぎのように考えるでしょう。人びとはコミュニケーションそのもののなかで言語を話し手によって使用されたものとして学ぶと。言うなれば、聞き手がまだ理解していないことを知っていても聞き手は理解すると単純に想定する話し手によって使用されたものとしてです。特定のザワメキを言語として分離し、特定の意義をそのときも反復するという習慣が、いわば訓練によって現れます。以上のことは、構造はシステムのなかにおいてのみ構築されうるというテーゼに、少なくとも矛盾はしないでしょう。

そうでないと考えるならば、話すことを習得する人は誰でも、一定の系列で授業を受けるというイメージをもたなくてはならないでしょう。その人がどのように話すべきかはその人にあらかじめ与えられているのですが、その人は自分からは話しはじめません。そのとき、いずれにせよ、さまざまに多様な言語展開を登録するという苦労をすることになるでしょう。先天性の単語・文の読み取り障害（Legasthenie）に対する研究、そしてまた書き間違い、読み間違いに対する研究も、誤りを犯す傾向は一つの学級のなかでもきわめて区々であるということを示しました。すると、誤りを犯す傾向は子どもごとに異なるので統一的な読み書き習得教育法はまったく存在しえないことになります。一人は音韻性により多く反応し、他の一人は言葉を短く綴る傾向があり、一つの綴り字を抜かしてしまいます。その結果、言語習得過程とそのときの読み書き習得過程における個性は、一般に考えられているよりずっと強いことになります。この要因を考慮に入れるためには、学習過程における自己組織性への転換が不可欠であると、わたしは考えています。このように言うことは、ある子どもが習得した言葉がドイツ語大辞典に載っていたり他の人びとが使っているのと同じ言葉であったりすることを観察者が繰り返し確認できない、ということを意味してはいません。ただし、このことは構造の輸入ということによっては説明できません。つぎの節でお話しすることになっている概念を使って言うと、構造的カップリングによってのみ説明できるのです。

一般理論という抽象のレベルでは、構造発展がどのようにして起こるのかについてはなおごくわずかのことしかわたしたちは知りません。わたしはいずれにしても、必要な構成要素を知りそれを組み立てるという格好で何かを作るという具合にはいかないと考えています。構造形成の特殊性は、まず反復しなくてはならない、つまり何らかの状況を他の何かの反復として認識しなくてはならないということにあるようです。すべてがいつも完全に新しければ、何かを学ぶことなど決してできないでしょう。そして、もちろんすべてのことはいつも完全に新しいのです。みなさんの誰もが、今日は前の時間とは違って見え、他の椅子に座り、違った様子で眠ったりノートをとったりしています。具体的に見るならば、どの状況も比較不可能です。にもかかわらず、たとえば顔が再認されるというほとんど精確には記述できないこの現象があるのです。みなさんが誰かを再認するのは何にもとづいているのかを知ろうと欲したり、あるいは再認している誰かを記述しなくてはならないとしたら、再認そのものの場合よりももっと困難でしょう。みなさんは、よく新聞に出ている犯人のモンタージュ写真をご存知でしょう。それらはさまざまな苦労をしてコンピュータの助けを借りてそうした記述からできているのですが、再認はその他の点では通常は速やかに機能します。また循環的な論証になってしまうのですが、そもそも再認ができるためには、わたしたちは再度の認識ができなければなりません、つまり、わたしたちは二通りのことをできなくてはならないのです。第一に、同定できなくてはなりません。古典的な言い方では、本質メルクマールやまたは同一性の手がかりを再度認識できなくてはなりません。そして第二に、状況の異種性にもかかわらず、そしてたびたびのかなりの程度の偏差にもかかわらず同一性を再び利用できるという意味で、一般化ができなくてはなりません。わたしたちはまず、何ものかへの制約ないし圧縮と関わっています。そして同時にそのことに条件づけられて再びまたある一般化と関わっています。ここで一般化というのは、まったく異なった文脈でまったく異なった状況で、そしてしばしば何年もたった後でも同一の人間を再度認識できたり、言語において同じ単語を別の文で別の日に別の音声状態で夜ではなく朝になどなどの状態で使用するにもかかわらず再度使用できる、などの意味でです。

もっと逆説的な表現を使うと、この理論はつぎのことを裏づけているように見えます。同定と一般化、特定と一般化の継続的テストは、心的システムかコミュニケーション・システムのなかだけで行われる、システムに固有のパフォーマンスでしかありえない、ということです。このコミュニケーション・システムがもし機能しないならば、わたしたちは決して言語を習得できないでしょう。一つの単語は、どの文のなかで話されるかに応じてきわめて多様な意味指示をもちます。ですから、単語や標準化された身ぶりは多様な効果をともなうのですが、それにもかかわらず反復可能であり別の文脈でも使用可能なわけで、コミュニケーション・システムは、こうした単語や身ぶりを用いているのです。そしてわたしには、特定と一般化のこの両義性ないしこのパラドクスが、こうしたことがシステムのなかでのみ展開しうることの根拠であるように思えます。もちろん普通は、レシピにしたがった何かしらのモノの製作が指図にしたがって学習されうるだろうと考えられているのでしょうが。

これでこの話は切り上げることにしますが、マトゥラーナは、「構造によって決定されたシステム」ということを語っていました。その表現はある仕方で文献のなかにも取り入れられました。[38] しかし、それはその表現を字義通りに受け取るならば、事態の半面であるに過ぎません。システムの作動はいろいろな構造を前提にしています。そうでなければ、固定した構造にともなう限定されたレパートリーしかもたないことになるでしょう。構造のボリュームが豊かになればなるほど、ますます多様性は大きくなり、ますますシステムは自分自身に対して自己の状態と自己の作動の決定者としても認識可能になります。他方で、まさに反対のことも真なのです。構造の方が今度は自己の作動を通じてのみ組み上げられえます。それは循環的過程です。つまり、構造は構造の方でお自己作動を決定するからこそ、自己の作動を通じてのみ組み上げられるのです。このことは、細胞の生化学的構造については明白です。というのは、諸作動が同時に、プログラムの、ここでは酵素の、構築に役立つからです。その構築にもとづいて細胞は諸構造も諸作動も再生成します。社会システムにおいても、言語のことを考えてみるならば、同じことが言えます。言語は、話すという作動にもとづいてのみ可能です。まったく話すことができずコミュニケーションする機会をまったくもたないとしたら、言語は速やかに忘れ去られるか、あるいはそもそもまったく学習されないでしょう。逆に、言語は言語で話がなされることの条件になっているのです。この循環的関係は、フレーミング（framing）、枠づけ、条件として、この循環を作動させたり順序構造に転換したりする、特定のシステムの同一性を前提にしています。その結果、時間が循環のいわば解消者ということになります。時間を捨象して記述するときのみそれは循環的なのですが、しかし、現実のなかでは、最小限の構造使用をともなう諸作動があり、これらがより複雑な諸構造を組み上げ、これらがまたいっそう分化された諸作動を可能にするのです。

ちなみに、この講義では進化理論的考察は脇においておいたのですが、以上のことはそれとの接点でもあります。というのは、なぜ生命の生化学や意味付帯的なコミュニケーションを、つまり記号の意味付帯的な交換のような一回的発見から高度に複雑なシステムや大きな多様性が生じるのかを説明するのが、進化理論の課題であるからです。つまり、そのつど一つのタイプの諸作動が問題であるにもかかわらず、そして、すべての事柄が循環的に設えられているにもかかわらず、構造の豊かさがどのようにして形成されうるのかを説明するのが、それの課題であろうからです。構造は、作動が構造に依存しているからこそ、作動に依存します。しかしその全体にパラドクスの匂いがするのは、ただ、パラドクスが時間を捨象された定式化であるからであり、現実というものは時間を使用し、このやり方で展開されうるのです。

この節の第二部は、いわゆる「オートポイエーシス」に関係します。考察の出発点は、構造について言われたことは作動そのものにも当てはまる、というものです。わたしはここまでもすでに再々にわたってこうした考えを議論のなかで使ってきました。というのは、循環的に作動と結びつけられた構造という概念を他の仕方では表現することができなかったからです。逆に、オートポイエーシスの理論も、わたしが今、試みたような仕方で構造を描くことの条件になっています。オートポイエーシスという表現の意味については後ですぐに説明します。

オートポイエーシスとは、マトゥラーナの定義では、あるシステムがそれ自身の諸作動をそれ自身の諸作動のネットワークを通じてのみ生み出しうる、ということを意味します。[39] そして、それ自身の諸作動のネットワークはそれはそれでまた、これらのネットワークを通じて生み出されるのです。この定式化は、ある意味でコンパクトな表現のなかに多すぎる内容を積み込んでいます。それゆえにわたしは、それらを分離することを試みます。一方で問題になっているのは、作動上の閉鎖性の理論です。システムがシステム自身を生み出します。ある種のコンピュータが諸プログラムを自分の力だけで発展させることができるのと同様の仕方でシステムがそれ自身の構造を生み出すのですが、それだけではありません。そのシステムは、作動の次元でも自律的なのです。そのシステムは環境から作動を輸入したりはしません。他人の思考は、それを思考としてまじめに受け取るかぎり、わたしの頭のなかに入ってきはしません。また、化学的過程はコミュニケーション的にはなりえません。わたしがインクをわたしの紙の上に流したら、その紙は判読不能になりますが、しかしそのことによって新しいテキストが成立するわけではありません。この作動上の閉鎖性というのは、オートポイエティック・システムは作動を生み出すのに必要な作動をそれ自身の諸作動のネットワークを通じて生み出すという命題の、もう一つの定式化であるに過ぎません。マトゥラーナはチリ系アメリカ人の英語で、「構成素（component）」という言い方をします。この概念はそのかぎりで不明確なのですが、他方でしかし、多くのことを明らかにもしています。というのは彼は、「構成素」ということで作動が理解されるべきか構造が理解されるべきかという問題を開いたままにしているからです。生物学者の彼にはこの区別はあまり重要ではないのかもしれません。というのは、彼は出来事的でのみありうる作動へのこだわりと関わっているのではなく、細胞内の化学的状態およびその変化と関わっているからです。その結果、彼は要素の概念を、たとえわずかの継続時間ではあるにしても個々の状態として把握しようとすることができるのです。それに対して、意識理論やコミュニケーション理論の領域では、それ以上は分解不可能な要素とは個々の出来事であるという観念から逃れることはできません。一つの文は一つの文であります。それは言われたときに言われたのであって、それ以後にはもうありませんしそれ以前はまだなかったのです。ある思考内容や感覚は、わたしが何かを見たときに、この瞬間においてアクチュアルなのであり、その後はもうなくそれ以前はまだなかったのであり、そのことで作動とは一つの出来事であるということがはっきりするわけです。わたしの感覚では、このことによって構造と作動のより鋭い分離に導かれますし、また、「構成素」という包括的な概念の放棄に導かれます。しかし以上の注意は、マトゥラーナのテキストに対するある種の読み方の示唆というつもりで言ったまでです。原理的にはわたしは決定的な違いはないと見ています。

しかしそれにしても、なぜ「オートポイエーシス（Autopoiesis）」なのでしょうか。マトゥラーナがわたしに、どのようにしてこの表現にたどり着いたかを語ってくれたことがあります。彼はもともと循環的構造という、細胞の循環的再生産という概念で研究を進めていました。「循環的」という言葉はありふれた言葉で、それ以上の問題を提起するものではありません。しかしマトゥラーナにとってはまったく十分ではありませんでした。そうした折、一人の哲学者が夕食かその他の気のおけない機会に、アリストテレスについて彼に講義をしてくれました。哲学者は彼に、「プラクシス（práxis）」と「ポイエーシス（poiésis）」の区別について説明しました。「プラクシス」は、活動としてその意味をそれ自身のなかにもっている活動です。アリストテレスにおいては、都市における生のエートス、徳、卓越、つまり「アレテー（aretḗ）」が念頭におかれていました。それは、よき都市の成立というその成果のゆえにではなくそれ自体として意義深いものなのです。その他の例としては、水泳をあげることもできます。これはどこかに行きたいからする、というものではありませんね。また夕バコを吸うとかおしゃべりとかをあげることもできます。さらに、大学であれこれと思いをめぐらせることをあげることもできます。これはそこから何かが生まれることがなくてもそれ自身として満足を与える活動です。「プラクシス」の場合は、自己言及がその概念のなかに予定されています。そして「ポイエーシス」をマトゥラーナは、何かそれ自身の外部に何かを、つまり作品を作るものとして説明しています。「ポイエーシス」においては、人びとは何かをなし、行為しますが、その行為が喜びを生み出したり有徳なものであったりするからではなく、何かを生み出したいから、そうするのです。ここにマトゥラーナは裂け目を見つけ、それ自身の作品であるところのポイエーシスを、もっと言うと意識的な「作品」を、つまり「オートポイエーシス」を語りました。これに対して、「オートプラクシス」は意味のない表現です。というのは、それはすでに「プラクシス」ということですでに考えられていることで、反復に過ぎないからです。まったくのところ、それ自身の作品であるところのシステムが重要です。作動が諸作動の条件なのです。

また興味深いのは、「ポイエーシス」、作ること、作出することの概念には、「産出（Produktion）」という概念においてはもっと明白なことですが、それと同様に、すべての原因に対する総体的なコントロールはまったく含まれていない、ということです。いつも因果性の部分領域のみをコントロールできるに過ぎません。たとえばみなさんが卵をゆでたいならば、電気プレートを使うか、何らかの方法で火をおこさなくてはならないと考えるでしょう。気圧を変えたり卵がおのずから煮えるようにその組成を変えたりすることができるとは考えないでしょう。そんなことが技術的に可能かどうかは知りませんが、しかし、新しい産出手続きに達するために変化させることのできた、通常は産出過程のなかで前提にされている可能的な諸原因の総量というものがあります。産出という概念には、つぎのような事情が込められています。古典的言語では、「creatio」、つまり必要なもののすべての創出と関わっているのではなく、産出、つまりしかじかのかたちでそこにあり想定されうるところの一定の条件文脈から何かをもたらすことにだけ関わっているのです。これはどうでもいいことではありません。というのは、オートポイエーシスをめぐる議論においては、たとえば人間がコミュニケーションの不可欠の原因なのではないかなどと再三にわたって主張されているからです。そういうことを言うのであれば、骨折が直るための、血液循環、適切な温度、地球の正常な電磁界や、その他コミュニケーションのためのさらなる環境条件をもっといろいろあげることができます。作動上の閉鎖性の概念は、オートポイエーシスの概念と同様に、こういうものを否定しません。そういうものを否定するなどということは、いつもシステムと環境の差異から出発しているシステム理論には似つかわしくないことでもありましょう。

したがって、問題になっているのは、「オート（auto）」、つまりシステムがそれ自身の作品であるということと結びついた、産出、つまりある作品の作出であるところの、ギリシャ的ないし厳密な意味での「ポイエーシス」なのです。それはまさに、一つの自明なプラクシスであるばかりではありません。ある意味で表現のこの異様さ、あるいは人びとがまだ知らないこの言葉のこの目新しさの効果として、オートポイエーシスの理論は過大評価され、過小評価されていますし、事柄に的中していないたくさんの批判があります。一方では、問題とされているのは生物学の理論なのであって他の領域に持ち込んではならないという批判があります。これは理解できます。というのは生物学の領域では、こういう言い方をお望みならば、インフラストラクチャー、別の言い方では、オートポイエーシスの化学が説明されています。だから普通の生物学者たちは、彼らがすでに知っていることを今また新たに「オートポイエーシス」と名づけると、すでに知っていることに何が付け加わるのか、と問うのです。細胞の生化学は既知のものです。では今、「オートポイエーシス」という表現は何のためにあるのでしょう？　その概念は、作動上の閉鎖性が何であり、産出と因果性の区別がどこにあるのかという問題に解答を与える試みを容易にします。それにもかかわらず、まさにある意味で準備の整った地所で研究をしている生物学者と神経生物学者がこの概念を発見したということは、一つの偶然なのです。マトゥラーナがこの概念を発見し、ヴァレラがそれを受け入れました。しかしこのことは、他の領域での使用が厳密に技術的な意味での類比であることを意味しません。そう、類比はつぎの二つのもののいずれかに基礎をおいています。一つは創造があらかじめそのように計画したからこそ世界は一定の本質構造を示し偏在的な類似性を生み出すのだ、という主張です。しかしまた、もう一つには、生命においてそれがそうであるから心理学の領域や社会の領域でもそれはそうなのだ、という議論もあります。しかし、こういう議論は必要ありません。概念を十分に抽象的に定義すれば、その概念が他の諸事例にも適用を見出しうることが明らかになります。あくまで、それを示すことがうまくできればの話ですが。

わたしはマトゥラーナと比較的長くこのことについて議論しました。彼は、オートポイエーシスから出発してコミュニケーションを語るならば、それを示さなければならない、といつも言っていました。ですから、この概念がコミュニケーションの領域でうまく働き、その結果、個々のコミュニケーション的作用がそもそもコミュニケーションのネットワークのなかでだけ可能だと言える、ということを示さなければなりません。その作用は一度きりの出来事としては考えることはできません。またその作用は外側で、たとえば化学的な人工物としていわばコミュニケーションから自由な連関において産出され、しかる後にコミュニケーション的に作用するということもできません。それはつねにコミュニケーションを通じてのみ生み出されるはずなのです。わたしの考えでは、こう考えても大きな困難は生まれません。コミュニケーションはそれ自身の差異を通じて進行するのであって化学的ないし心理的現象と関わっているのではない、ということはそれほど時間をかけずとも理解できます。特に言語学の伝統、たとえばソシュールとそこから生まれたものを考慮に入れるならば、そういうことになります。

対立はただ、マトゥラーナがコミュニケーション・システムを社会システムとして特徴づけることを拒否している点にあります。彼の側に強い情緒的な契機があるのです。彼は人間を視野の外におくのが嫌なのです。そしてまた彼は、社会学や言語学の問題の軽快さをもっていません。それがあれば、どのようにして人間がもう一度受け止められるかを理解できたはずなのですが。彼は、「社会システム」という表現で、集団を形成したりその他のことをしたりする具体的な人間を思い浮かべることを諦めたくないのです。ここにのみ違いがあります。

この概念を社会システムの理論に受け入れることを拒否する社会学の文献には、有機体のメタファーと同様な生物学的なメタファーが問題になっているという観念があります。有機体のメタファーは不正な使用がなされていないかを理論的にチェックできるようなものではないし、もしかすると社会システムに保守的な意図でもち込まれるのかもしれないというのです。この点では社会学者たちは敏感です。しかし、これはそのうちなくなってしまう議論です。そうわたしは思います。そう、何かがメタファーであるなどと誰かが主張しようものなら、それはもう注意深さが少し足りないことを証拠立てています。アリストテレスの『政治学』や伝統に属するもろもろのテキストに立ち戻ってみるならば、すべての概念はメタファーであると言えます。すべてのものは何らかの仕方でメタファー的に理解されるものです。そのとき、すべての物事は、言語使用のなかで使用可能性の圧縮、同一視、豊富化の手続きによって、いわば技術的に自立化されます。「メタファー的」という言葉をこの広い意味で理解するなら、メタファーに対して非難を向けられる筋合いはありません。しかしまたその場合は、一般化して、たとえば「過程」という概念もメタファー的であると言うべきでしょう。この概念は、社会学には哲学から、哲学には法学から、法学には化学から取り入れられたのでしょうか。この方向は逆かもしれませんし、わたしはそれほど厳密に跡づけることはできません。いずれにせよ結局は、すべてはメタファー的なのです。

　より重要なのは議論のもう一つの側面です。わたしの考えでは、オートポイエーシスという概念とこの概念を使うオートポイエティック・システムの理論は、過小評価されていると同時に過大評価されています。アプローチのラディカルさにおいては過小評価されています。そのラディカルさは作動上の閉鎖性というテーゼにさかのぼります。作動上の閉鎖性というテーゼは、認識論における、またそこにおいて前提されている存在論における、ラディカルな変更を意味しています。仮に、そのテーゼが受け入れられて、オートポイエーシスの概念がそれに関係づけられたとしましょう。つまり、この概念が作動上の閉鎖性のテーゼを具体的な形にしたものと扱われるとしましょう。その場合には、つぎのことが明らかです。かつては、環境から認識者に何ものかが入ってきてその何ものかが認識するシステムの内部で環境を代表したり、反映したり、模写したり、シミュレーションしたりすると想定する存在論的伝統がありましたが、オートポイエーシスの概念は、そうした存在論的伝統に属する認識論との断絶ということに結びついています。こうした関連では、この更新のラディカルさを過小評価することはできません。

他方で、その説明価値はおそろしく低いのです。このことはまさに社会学の文脈では強調されねばなりません。もともとオートポイエーシスの概念では何も説明することができません。この概念によって獲得されるのは、具体的な分析のための出発点であり、さらなるもろもろの仮説を形成するための出発点であり、もろもろの概念を付加的に積み重ねていっていっそう複雑にこれらを使っていくための出発点であるのです。しかし、そう、すでに生物学において、生化学の一度きりの発見の成果としての、虫、人間、鳥、魚の差異は、オートポイエーシスによって説明することはできない、と言えます。同じことがコミュニケーションについても言えます。コミュニケーションは、連続的に進行する事態、つまり連続的に進行する自分自身を再生産する作動です。コミュニケーションは、一匹の動物が記号を与え他の動物たちがこれらの記号に反応し、それら動物たちが自然のままに無秩序に動きまわって、いつか新しい志向や模倣に達するといった具合の、一回的出来事、一つの記号であるばかりではありません。こうした状態が克服されると、不連続なシグナルや記号によるコミュニケーションは、それ以前の記号使用への遡及と以後の接続への先取りを前提にするようになります。このことがいったん確保されると、社会が構成されます。しかしそのときなお、いつも構成されるのは、ホッテントット族やサポテク族、アメリカ人、その他の文化に属する人たちでありえます。それは事態によって変化しえます。そしてそれは構造発展においてもオートポイエーシスの概念から導出することはできません。つまり、現実的に大きな説明価値というのはないのです。そして、このことが方法論的に慎重な社会学者たちにとっては困難の原因になります。重要な説明価値がなく、仮説形成がなく、経験的装置の使用がないテーゼを、それにもかかわらずなお基礎的なものと認めるということは、通常の科学論には反します。理論というものは経験的研究に対する一群の指図であり、したがって構造診断を提供すべきものである、と考えるならば、です。この観念にしたがえば、オートポイエーシス理論は一つのメタ理論であり、本来的な仕方で再びつぎのような「何々とは何か」問題に答えるアプローチなのです。つまり、「生命とは何か」、「意識とは何か」、「社会的なるものとは何か」など、「どのような特性をもちつつそこにあるかとは独立な、社会システムとは何か」という問題です。こうした「何か問題」に答えるのがオートポイエーシスの概念であり、これもまたマトゥラーナの思想です。

生命の進化についての長い講義が終わった後に、ある学生がマトゥラーナのところにやってきて、彼にこう言いました。わたしはすべてを理解しましたが、そもそもそこで理解されたものとはいったい何なのですか、と。その場ではマトゥラーナはまず答えを与えることを諦めなくてはなりませんでした。生命とは何かなどという問題は、生物学者は普通立てないものです。そして社会学においては、社会的なるものとは何かという問題は、やはりこの分野が精力的に取り組んでいる問題ではありません。魂とは何か、意識とは何かということに対する問いかけは、この形式ではやはり心理学で通常のものではありません。「何か問題」はむしろタブーなのですが、しかしオートポイエーシス概念はこうした問題に照準しています。

誰でももし望むのならば、ある理論による基礎の転換と関わることはできますが、しかしこのことが同時に意味しているのは、作業の続行のためにはオートポイエーシスというたんなる言葉以上の、はるかにより多くの概念が必要になるということです。オートポイエーシスという概念は作業のための情報をわずかしか与えてくれません。この概念で作業を続け、そのために必要な理論的決定を下し、もろもろの現象を腑分けすることができるためには、システム理論はほどほどの一般化のレベルでの仕事を充実させなくてはなりません。この点で、つぎの時間では、構造的カップリングというテーマが重要になります。というのは、さまざまな構造的カップリングを通じて、マトゥラーナは、彼が「構造的ドリフト（struktural drift）」と呼ぶものを説明しようと試みているからです。つまり、ある一定のシステムやシステムタイプの構造展開は、それが環境とのどのような構造的カップリングにさらされているかに依存するのです。

あと二点、オートポイエーシス概念について、現在の議論に関係することを付け加えさせてください。わたしかのいずれである、と述べることが大事であると考えています。システムは少しだけオートポイエティックということはありえないのです。というのは、「オート」との関係では、システムの作動がシステムのなかで生み出されるのか、それとも重要な点で環境によって、たとえばコンピュータ仕事が依拠しているプログラムによって、予定されているかのいずれかであることは、明白です。ここにはあれかこれかが妥当しています。生命に関しては、それは明白で、人は生きているか死んでいるかのいずれかです。まだ生きているのかもう死んでいるのか医者が迷うのはほんの数秒に過ぎません。女性は妊娠しているかいないかのいずれかです。少しだけ妊娠しているということはありえません。この例は、言い回しまでマトゥラーナ自身に由来しています。このことは、オートポイエーシス概念が濃淡をつけうる概念ではないということを意味します。そしてまた、複雑なシステムの進化をオートポイエーシスの概念で説明することはできないということを意味します。それにもかかわらずそうすることを試みるならば、ある種のシステムはゆっくりとオートポイエティックになっていくと述べる理論に達することになります。もともとはシステムはまだ完全に環境依存的でしだいに自律性を獲得し、つぎにまず構造が少しだけ、あるいは多かれ少なかれいっそう環境非依存的になり、つぎにしだいにシステムはますますその作動においてもオートポイエティックになっていく、というのです。このような傾向があります。グンター・トイプナーはフィレンツェで、進化理論的考察をオートポイエティック・システムの理論に組み入れることができるように、決定的な提案をしました。[40] そうこうするうちにわたしは、企業のオートポイエーシスないし自律性にある意味で濃淡をつけ「相対的な自律性」のような概念に到達する経営学の文献があることを知りました。[41] システムはある点では環境から独立し、ある点では環境に依存しているというのです。しかしながら、オートポイエーシスという言葉の厳密な理解では、環境への依存と環境からの独立については何も言われていません。というのは、どの点であるシステムが環境に依存しているか、環境はどのようにシステムに影響を与えるかは、ある種、因果性の問題だからです。そしてこれはまたもや、システムの観察者に差し向けなくてはならない問題です。

そのほかにもまた、あるシステムは環境から独立すればするほど環境に依存しなくなるという総量不変の原理を想定することもできません。数多くの経験が示しているのは、自律性の、まあこの言葉を相対化することが許されるとしてですが、程度が高い複雑なシステムは独立性と同時に特定の依存性も増大させるということです。近代社会では、経済システムや法システム、政治システムはきわめて独立性がありますが、しかし同時に高度に環境に依存しています。経済が繁栄しないならばそれは政治的にも厄介なことですし、政治がたとえば法を通じて一定の安全性を提供できなかったり政治があまりに介入しすぎたりするとこのことは経済においても問題になります。わたしたちは一方における因果的な独立性／依存性と、他方におけるそれ自身によって産出される作動とを区別しなくてはなりません。このことはやはり作動上の閉鎖性の理論に帰着するのですが。

この最終結果を納得していただけたかどうか、自分でも確信があるわけではありません。わたしたちは特に西欧の伝統のなかで、すべてを因果性に換算するという強い観念を、たとえば「ある作動がある作動を生み出す」、あるいはまた「産出」といった術語をも、いつも因果的に理解するような強い観念も持っています。このことは、作動上の閉鎖性を因果理論から完全に分離して考えることを困難にしています。わたしたちは、作動上の閉鎖性のテーゼがシステムの内部因果性についてのテーゼである、というような観念に、何度も滑り落ちてしまいます。ある意味では、それは因果性のテーゼでもあるのです。閉鎖性を因果性に換算することはできます。しかし原則的には、事柄は、接続可能性という条件がつぎの状態を引き起こすのに十分なものではない、という具合に理解されるべきです。まさにこのことを構造的カップリングなどの概念が取り扱います。そこで、つぎの時間はこの概念から取りかかることにしましょう。

5 構造的カップリング

〈第6講義〉

みなさん、今日は構造的カップリングの話から始め、それとの関連で作動と因果関係の区別、および作動において閉じられたシステムに関する考察にもう一度戻りたいと思います。というのも、オートポイエーシスをめぐる議論においては、作動における閉鎖性が強力に主張されますが、それだけでは環境との関係がどのように規制されるのかという問題、つまり、システムと環境との関係を記述するためにどのような形式とどのような概念を用いることができるのかという問題に、何も答えていないからです。システムと環境との関係を何か自然に生じる事態であるかのように単純に考えるのではなく、システム概念そのものと密接不可分であるということから出発するならば、設問はいっそう先鋭化することになります。というのも、すでに述べたように、システム概念は差異の概念であり、二つの側面をもつ一つの形式、つまり一方の側にシステム、他方の側に環境を見出す、そうした二側面をもつ一形式だからです。こうした両方の概念戦略を合わせて考えるならば、システムは環境とどのように関係するのか、またシステム理論はどの程度の概念的厳密さでもってこの依存関係を記述できるのか、という問いが提起されることになります。

わたしが思うに、表現の厳密さや概念道具をより詳細なものにすることに対する要求は増大していますが、古典的な概念ではもはやそれに十分応えることはできません。そのことはまず進化理論の考え方について言えます。進化理論はよく、一方で変異を促すきっかけを想定する場合、システムと環境との関係は偶然的なものであると説明します。つまり、偶然という概念を用いているということですが、それによってつぎのように言うわけです。環境は偶然システムに変異を促すことがあり、そうした環境のなかでシステムは発展しうるのだと。たとえば、化学的な原因によって突然変異が生じたりするのですが、それが生存能力を備えた変異である保証はさしあたりなく、その能力が実証された場合のみ、その変異は存続していくことが可能だというわけです。他方で進化理論は、「自然淘汰」の理論を用います。存続能力を備えた形態が自然に選択されるというものですが、その形態はやはりシステムそのものの内部であらかじめ決まっているわけではなく、その生物を取り巻くエコロジカルな状況から生じるとされます。こうした考え方は概念的には比較的中身の薄いものであり、進化は予測不能という洞察、つまりシステムを進化へと導くような因果的法則は存在せず、わたしたちは統計学的問題を扱いうるに過ぎないという洞察に対応したものです。

これとそれほど大きく違わないのが、「ノイズから秩序」、つまり環境のざわめきがシステムの内部で何らかの秩序へと変換されるという考え方です[42]。この場合も、どのようにしてそうしたことが起こるのかは語られず、システムはたんなるざわめき、たんなるノイズからシステム自体の内部に秩序を生み出す能力を有しているということが語られているだけです。ただし進化理論と違うのは、自己との関係で説明が行われている点です。想定されているのは、情報とはシステム自身が生み出すものであるということです。この点についてはまた後で取り上げます。いずれにしろ、どのようにしてノイズが情報へと変換されるのかということについては――システムにはそれを行う能力があるという主張を度外視すれば――それほど明らかにはなっていません。

この点で、わたしは少なくとも一歩前進したいと思っています。もちろんマトゥラーナが提案した構造的カップリングという概念を用いることによってです[43]。ただし、少々変更を加えますし、マトゥラーナが思い浮かべているると思われる通りの形式でこの概念を用いることはしません。ここでもまた、システムと環境との関係における因果関係の欠如をこの概念は十分埋めることができるのかということが問題になります。というのも、マトゥラーナは、システムについては二つの言明をなしうるということから出発するからです。一方で、システムはオートポイエティックなオーガニゼーションをもっていると言います。「オーガニゼーション」については、わたしたち社会学者は生物学者とは異なったイメージをもっているので、オーガニゼーションはわたしたちには使えない概念です。たぶんつぎのように言えば十分でしょう。システムではオートポイエティックな再生産が行われており、それは生じるか生じないかのいずれかである。また、オートポイエティックな再生産は構造の発展の可能性に関しては相当大きな許容範囲を有しており、オートポイエーシスという概念によってその範囲を予断することはできないと。システムに関するもう一つの言明は、システムはそれぞれの生物種ごとに特殊な構造を有しているというものです。哺乳類の構造は鳥類のそれと異なり、魚類は虫と異なり、バクテリアはネズミと異なるというわけです。構造にはさまざまなものがあり、オートポイエーシスが機能しうるかぎりで構造の発展は可能であるというのが、その独自のテーゼです。オートポイエーシスが機能しなくなれば生命は途絶えるのであり、それにともなって構造を発展させたり利用したりするチャンスもまったくなくなります。

このような区別を行ったうえで、マトゥラーナは構造的カップリングという概念を導入します。つまり、以上の区別によってつぎのように言うことが可能になるのです。すなわちオートポイエーシスはそれが機能しなければシステムは存続できないのだからいかなる場合にも機能しなければならないが、システムと環境とのカップリングは構造のみに関わり、さらに構造にとって何らかの影響を及ぼしうる環境内の一切の事柄に関わると。たとえば、地球の重力は、生き続けようとするかぎり動きまわらなければならない生物の筋肉組織と適度なバランスを保っているといった具合です。一定の運動の必要には一定の複雑さをもった生体が対応し、それらによって生存の可能性が制限されるといった事態や、地上で生きるための諸条件に適した運動能力がちゃんと備わっているといった事態が観察されますが、これらは構造的カップリングの一例です。この概念は、システムのオートポイエーシスに適合するようにできています。つまり、構造的カップリングは、システムのオートポイエーシスには関わりません。マトゥラーナは、構造的カップリングはオートポイエーシスと「直交」していると言うときがありますが、それは構造的カップリングの領域からオートポイエーシスへ何かが因果的に伝達されることはなく、したがって一種の因果法則と見なしうるような関係は存在しないということです。環境がシステムを破壊することはありますが、環境がシステムの存続に貢献することはありません。まさにそのことをオートポイエーシスという概念は言っています。システムと環境との間に成立する因果関係は、構造的カップリングの領域にのみあるということです。

したがって、マトゥラーナの文章から読み取れるのは、あらゆる構造的カップリングがシステムの自律およびオートポイエーシスと両立可能だということです。しかし、そのことが同時に意味しているのは、構造的カップリングという概念は、それだけで何かが多かれ少なかれ自律的である、あるいはオートポイエティックであると言明することを可能とするような概念ではないということです。構造的カップリングは、システムのオートポイエーシスと両立可能であるかぎりで、あらゆる形態を取りうるということであり、あくまでも両立可能ということがポイントです。

構造的カップリングという概念に関しては、さらにもう少し論じておかなければならないことがあります。特に、カップリングは、形式という概念が示唆するように、二側面を有する形式であるという点との関連で論じる必要があります。カップリングは環境全体と関わるわけではありません。およそ存在するもののすべてと構造的にカップリングされるわけではないからです。むしろ、カップリングはきわめて選択的に行われます。あるもののが取り込まれ、それ以外のものは排除されます。排除されたものがシステムに対して因果的に作用するということがないわけではありませんが、その場合は破壊的な作用でしかありえません。これに対して構造的カップリングの領域では、システムが利用できるさまざまな可能性、つまりシステムが情報へと変換できるさまざまな可能性が蓄えられます。こうした観点からすると、つぎのように言うことも可能かもしれません。すなわち、構造的カップリングは一方で排除効果をもち――排除されたものの領域ではシステムは何の意味ももちません――、他方でシステムが利用可能な因果関係の回路づけをもたらすと。このように言う場合も、構造的カップリングはつねにオートポイエーシスと両立可能であるというこの概念の指標は維持されています。両立可能だからこそ、オートポイエーシスが破壊されないかぎりで、システムに影響を与える可能性が存在するのです。以上のことは別の言い方をすることも可能でしょう。構造的カップリングは、環境を排除されたものと取り込まれたものとに分割しますが、この分割は、システムと環境との重要な関係を縮減し、影響関係を狭い範囲に限定する傾向があり、その場合にのみ、システムは刺激や因果関係によって何かを始めることが可能であると。すべてのものがいっせいにシステムに作用することなく、高度に選択的な「パターン」が用意されている場合にのみ、システムは刺激や「摂動」(マトゥラーナ)に反応することできます。つまり、それらを情報として理解し、それに適合するように構造を調整したり、適切に作動を発動して構造を変換したりすることができるのです。

複雑性の縮減、つまり環境内の出来事の大半をシステムに影響を与える可能性のないものとして排除することこそ、システムが、みずから許容するわずかなものとの関わりで何かを開始することができるための条件です。あるいは非常に抽象的な言い方をすれば、複雑性の縮減こそが複雑性の増大の条件なのです。

この点に関しては二つの例をあげることができます。一つは、脳が目と耳を介して外界と構造的にカップリングされているその様式です。脳は、感受能力に関してはきわめて狭い帯域幅しかもっていません。その狭い帯域幅が見えるものを縮減し、色のスペクトルを限定し、同様に聞こえるものを縮減します。まさにそうであることによってのみ、脳システムが外部からの影響によって過剰な負担にさらされることがありません。またそうであることによってのみ、学習効果が生じうるのであり、脳の内部に複雑な構造が構築されます。わたしたちが観察するのは、狭い範囲での外部との接触が脳内に構造を発展させる巨大な可能性をともなっているという事態であり、システムが受容するわずかな刺激を利用する巨大な能力をともなっているという事態なのです。そして、もう一度、このことがオートポイエティックな構造と、つまり作動の閉鎖性と両立可能だということも確認しておきましょう。肝腎な要点は、脳システムそのものが直接環境と接触するのではなく、わずかな光化学的あるいは音響学的な波動によって刺激されるだけということであり、そのわずかな刺激から脳システムがみずからの装置を用いて、環境のなかには存在せず、相関項があるだけの情報を作り出すということです。なお、環境内に情報の相関項を見ることができるのは、またしても観察者のみです。

以上のことは脳の研究においては周知のことであり、何ら目新しいことではありませんが(44)、社会学においても、意識とコミュニケーションという二つの異なったオートポイエティックなシステムが相互にどのようにカップリングされているのかと問うてみるならば、類似の考察に思いいたるのではないでしょうか。その際、構造的カップリングが存在するときにのみ、意識とコミュニケーションが存在するという事実を考慮することが必要です。同コミュニケーションが存在しなくても意識が進化によって成立しただろうなどということは想像できません。同様に、意識が存在しないのに意味を用いたコミュニケーションが存在するなどということも想像できません。したがって、両者間には何らかの協調関係があったはずです。それは異なった形式のオートポイエーシスに関係するわけですから、一方では可能な意識内容の分野で、他方では社会的コミュニケーションの分野で、複雑性の増大をもたらしたことでしょう。わたしには、言語こそがカップリングの装置であるように思われます。つまり、進化の過程で、一方では意識が――同定可能な知覚や騒音等々に対する絶え間ない注意という意味での意識が――成立し、他方では絶え間ないコミュニケーションが――たんに時折、散発的に合図を送るだけではないコミュニケーションが――成立したわけですが、両者とも言語との関わりぬきでは語れないということです。このテーゼによれば、一方の意識の分野でも、他方の社会あるいは社会的コミュニケーションの分野でも、構造的カップリングとオートポイエーシスとの間に何らかの関係が成立していたはずです。その関係にともなう複雑性、それぞれのシステムの活動範囲と分化の程度は、意識とコミュニケーションの成立当初は、おそらく相対的に低かったでしょうが、わたしたちが知っている状態では、巨大な複雑性がともなっています。その巨大さは、またしても言語そのものに注目すれば明らかでしょう。

ここで構造的カップリングが意味しているのは、言語はわずかなものを取り込むために多くのものを排除するということであり、まさにそれゆえに複雑になりうるということです。まずは音声言語に注目するならば、騒音が排除され、最終的に言語として機能しうるわずかな、高度に分節化された騒音だけが残るということです。ちょっと訛ったり、言い方がちょっと変異したり、誤って一つの音を他の音に変えてしまったりするだけで、コミュニケーションは不可能になり、意識が刺激されます。つまり、何を言っているのかわからなくなるわけですから、意識は相手が何を言わんとしているのかあれこれ推測しなければならなくなるのです。同じことは文字の領域にも当てはまります。きわめてわずかな規格化された記号だけが文字に適していて、そうは見なされないものの一切はまったく問題になりません。構造的カップリングは、比較的単純な範型を利用する高度に選択的な形式なのです。口を使った音響学的領域において、わたしたちは高度に選択的な「パターン」を用いているのです。同じことは文字の領域にも当てはまります。きわめてわずかな規格化された記号だけが文字に適していて、そうは見なされないものの一切はまったく問題になりません。構造的カップリングは、比較的単純な範型を利用する高度に選択的な形式なのです。ですから、たとえば高度に発達したアルファベットを用いる表音文字の場合、使われるのはきわめてわずかな文字だけですし、話し言葉においてさえ、標準化されたわずかな音域と音声記号が用いられるだけです。しかし、そのように縮減されているからこそ、きわめて複雑な組み合わせが可能となるわけで、その複雑な組み合わせがあらためて意識とコミュニケーションの過程に影響を与えるのです。

以上の議論から、社会は意識を介してのみ環境とカップリングされるのであり、したがって社会的コミュニケーションに対する物理学的、化学的な作用も、純粋に生物学的な作用でさえも存在しないという結論を導き出すことができます。すべてはコミュニケーションというきわめて小さな針の穴を通過しなければなりません。このことはあまりにも自明であるがゆえに、社会学の文献では、個人と社会に関するありとあらゆる関心にもかかわらず、まともに論じられてはいません。この縮減こそが、社会システム内に高度な複雑性を構築するための条件なのです。もしも化学的現象が、人間の関わりなしにそれだけですでに意味をもつ、あるいはまた化学がコミュニケーションに作用するなどということになれば、おそらくコミュニケーションの宛て先や記憶への依存も含めてのコミュニケーション・システムの内部には一切の統制がなくなってしまうでしょう。

作用の可能性の範囲がこのように狭いがゆえに、一方で巨大な複雑性の増大、諸関係の累積的構築、蓋然性の上昇がもたらされ、他方で世界のその他一切の事態が、破壊的作用を及ぼす場合を別とすれば排除される。こうした事態を意味するのが、まさに構造的カップリングという概念です。破壊の可能性はいつでも存在します。ということは、進化するということがオートポイエーシスを維持しつつシステムを環境に適応させるために、ますます多くの前提条件を要する構造的カップリングの構築を必要とするならば、進化はそれ自体が破壊の可能性を増大させるということになります。今日の社会は環境に関する多くの前提条件に依存していますが、それらは破壊的にのみ社会に作用します。意識を通じて影響を受けるコミュニケーションという狭い領域だけが、社会が自らを助けられる唯一の領域なのです。以上の分析が今日のエコロジカルな状況にぴったり符合していることは明らかでしょう。

いずれの場合も、つまり脳と物理的・化学的環境との関係でも、意識とコミュニケーションとの関係でも、オートポイエティックなシステムはつねに構造的カップリングを通じて影響を受けるということは重要な点です。散発的に時折生じる作用だけが問題なのではありません。意識、社会的コミュニケーション・システム、あるいは脳が、つねに刺激を受けるようにしておくのが構造的カップリングです。

ところで、構造的カップリングとオートポイエーシスとが両立可能であるというのは、厳密にはどういう意味なのでしょうか。これまでよりもいくらか厳密に定式化できるでしょうか。まず何度でも言わなければならないことは、環境がシステムの構造を決定することはないということです。構造的カップリングはシステムの状態を決定しません。構造的カップリングは、いわばシステムが攪乱されるようにしているにすぎないと言ってもよいかもしれません。マトゥラーナは、システムの「混乱」という言い方もしていますが、わたしは「刺激」「興奮」という表現の方がいいと思いますし、システムの側から見る場合には「共鳴・共振能力」という表現がいいと思います。システムの共鳴は、構造的カップリングを通じて引き起こされます。攪乱という概念を用いる場合には、もはや均衡理論が問題になっているわけではないということをはっきり自覚しておく必要があります。均衡理論はもちろん攪乱という概念を組み込んでいました。均衡モデルの全体は、攪乱に関しては二つの観点で定式化されていました。一方は攪乱の容易さと起こりやすさという観点でした。天秤を思い浮かべてみればわかるように、わずかな力、ほんの数グラムを一方に加えれば十分で、すでに均衡は損なわれています。こうしたイメージは、「貿易の均衡」の人為性あるいは国家間の均衡の人為性との関係で一七世紀に成立したものですが、これについてはすでにお馴染みでしょう。フランス側の兵士がほんの少し多いということになれば、それだけでプロイセンは均衡を維持するために軍備を整えなければならない、といった具合です。しかし他方で、均衡は、均衡状態の維持に役立つ一種のインフラストラクチャー、一種の装置を自由に利用できるというふうに思われていました。その結果、攪乱は一方で均衡を回復しようとする動きをもたらすと思われていました。それぞれの均衡モデルで何を思い浮かべても構いませんが、たとえば価格の操作や軍備の増強などが生じるわけです。しかし他方で、こうした可能性にはそれぞれ限界があり、均衡の喪失あるいは破壊に直面することになるとも考えられていました。やがて動的均衡から出発するようになると、システムは新たな均衡を見出すことができると言えるようになり、そこに理論的前進がありました。ヨーロッパの均衡において新しいタイプの連合を発展させたり、「貿易の均衡」

が以前とは違ったやり方で調整されることが可能なわけです。均衡は以前の状態に戻ることで維持されなければならないわけではなく、たとえば進歩の観念の意味においてであれ機能的等価物の意味においてであれ、動的に発展可能なのです。しかしながらそれでも、もともとメタファーであるこのモデルは、根本的に均衡を最初から安定の条件と見なす傾向、そしてシステムを均衡によって安定したシステムとして描く傾向をもっていました。あるいは、みなさんが最初の時間の講義を覚えているのであれば、システムの構造の維持あるいは存立の維持を均衡概念と結びつける傾向があったと言ってもよいでしょう。

このように考えることは、今日では多くの点で疑わしくなっています。一方で、自然科学の分野では、まさに不均衡こそが安定的でありうるという考えが広まっていますし、経済においても、商品が過剰に供給され買い手が過少であるか、逆に買い手が過剰で商品が過少であるかのいずれかの場合に、システムは安定的であると言われています。かりに商品供給と買い手とがぴったり一致するような状態がありうるとしても、その方がかえって不安定すぎて、安定状態を達成することは困難とみなされているわけです。ですから、社会主義システムでは商品が不足し、逆に資本主義システムは買い手が不足しているわけですが、いずれにしても不均衡状態こそがそれなりに安定しているわけです。以上が古いモデルを疑わしいものにしている一つの傾向です。他方、オートポイエーシス、作動の閉鎖性、構造的カップリングといった観念から出発する場合は、不均衡も均衡も安定に寄与するがゆえに、両者は機能的に等価と見なされるでしょうから、それだけですでに均衡モデルは疑わしくなります。

それによって、攪乱概念、あるいは刺激、興奮、混乱の概念も、違った意味をもつようになります。そして、均衡モデルを放棄するとすれば、攪乱をシステムにとって内在的なものとしてどのように把握しうるのかということが今や問われなければなりません。おそらくつぎのように考えるのが最善でしょう。システムは構造を、したがってまた一定範囲に限定された作動の可能性を有しており、その可能性の領域は、およそポイエーシスとして問題になりうるものという条件によって大幅に限定されていると同時に、現存の構造パターンの内部で扱いうるもの、したがって見当もつかないほどの大幅な構造の変更なしに扱いうるものという条件によっても限定されている。後者の条件から、攪乱はつねに構造に即して判定され、意味的過程の領域であればシステム内ですでに有効性が実証され、そこから情報が提供されるところの可能的作動あるいはまた予期に即して判定されると。攪乱、情報、刺激は、可能性の領域から、そのつどの状況に適したいずれか一つをシステム内に提供するのです。それは探索と確定の過程を始動させることもあります。焦げ臭い匂いがしたとき、一瞬、火事なのかたんにレンジでジャガイモを焼いているだけなのか、それともそれ以外のことが起こっているのか、わからないということもあるでしょう。それでも一定の特徴をもった匂いに対しては解釈の可能性は限られています。何かが焼けている匂いがするとき、ガソリンタンクからガソリンが漏れたのだろうなどとは考えませんね。そんなことはないですか。いずれにしても可能性の及ぶ範囲は、システムの速度と情報処理能力に対応しています。

したがって、攪乱とはシステム内で情報処理過程を始動させることを意味します。それはもちろん何らかの作動によって対処しうる過程です。たとえば意識においては考えることや攪乱箇所に知覚を向けたりすることで問題への対処がなされますし、コミュニケーションにおいてはコミュニケーション的に対処されます。人びとは何が問題なのか問い返したり、攪乱を話題にしたりします。あるいは、他人に注意を促したりしますが、ということは環境内では言葉として生じたわけではないものの、システム内では言葉で定式化可能な事柄を、システム内の処理過程へ送り込むということです。この処理過程は成果が出ることを一切保証しませんが、少なくともシステムを活動させ、それを継続させる可能性は提供します。攪乱という概念は、均衡モデルから切り離され、どちらかと言えば情報処理過程と呼んでもよさそうな事柄を記述するために引き継がれます。この分野に関してわたしは十分な知識をもち合わせているわけではないのですが、昨今、経済においても均衡モデルから情報処理過程モデルへの転換が起こっているのではないかと思っています。こうした理論の転換過程にとっての共通分母は、つぎのような問いです。環境内では攪乱でも何でもないことが、システムにとっては攪乱と感受されたとき、システムはそれにどのように反応するのか、というのがそれです。均衡の回復によってか、新たな均衡の発見によってか、それともシステムの能力に見合った情報処理過程によってか。

以上のことは、情報概念もこうした新しい解釈に合うように変更しなければならないということも意味しています。五〇年代から情報概念がどんどん用いられるようになりましたが、概念としての明晰さという点で問題のあるようなやり方で用いられました。たとえば遺伝子情報という言い方がなされ、この概念においては構造自体が情報であるかのように論じられました。したがって、生物学者の言い方にしたがえば、遺伝子コードが情報を含んでいるということになります。しかし、遺伝子コードとは構造であって出来事ではありません。そのうえ情報概念の意味論的側面も、したがって情報は何から引き出されるのかという問いも解明されないままでした。もしこれら二つの側面を視野に入れて、それを情報概念の形式において表現しようと思うならば、それは第一に、情報とはつねに出来事であって恒常的に存在するようなものではないということを意味することになるでしょう。たとえばビーレフェルト大学は情報ではありません。たとえ毎日みなさんがここに来られたとしても、みなさんがつぎのようなパターン、すなわち大学はいまだにここにあり、明日みなさんが来てみたら、まだ大学がここにあってあらためて驚くなどというパターンにしたがってつねに新たな情報を生み出すわけではありませんね。ビーレフェルト大学は一つの構造であって情報価値はもっていません。もちろん意味はもっています――みなさんは当然一定の観念をもっているはずで、だからこそここに来るわけです――が、新たな情報を提供するわけではありません。したがって意味あるいはまた構造的、相対的に変化しないものと、情報の人を驚かせる効果とを区別しなければなりません。第二に、情報概念をまたしても形式概念のように構成しなければなりません。つまり、二つの側面をともなう概念と見なさなければならないということです。一方で驚きがあるわけですが、他方で驚きがあるのは、まさに何かを予期していたからであり、可能性の領域が区切られていて、その内部で情報がそれではなくてこれと言うからです。知人が新しい車でやって来たとき、どんな車かということに関しては、可能性の範囲は限られています。その知人が新しい車で来たよと言うとき、まさか折り畳みシートだとは予期しなかったといった具合です。

情報はある可能性が他の可能性から切り離され、一定の可能性の範囲内でどれか一つが情報として提示されるということをつねに前提としているのです。情報とは、一定範囲の可能性からの選択です。[45] もし同じ選択が繰り返されれば、その選択はもはや情報を含んではいません。もし誰かが同じことを何度も言うとすれば、意味は変わらないままですが、情報はまったく消えてしまうか、その人がいつも同じことを言うことに明らかに意味を見出しているという事実に情報が限定されるかのいずれかです。同じことを何度も言うことが人を驚かすのは、通常それぞれの文には違う文が続き同じ文が続くことはないと予期されているからです。もし同じ文が繰り返されれば、それはたまにレコードの溝に傷がついていて、同じ箇所が繰り返されるようなものですね。ただし、その場合には、レコードが正常に機能する場合との対照において、レコードの欠陥という解釈がただちに生じるでしょうが。

この概念には、もう一つ別の二側面性が加わります。それは頻繁に引用されるグレゴリー・ベイトソンの、情報とは「差異を生み出す差異」であるという言い方が表しているものです。ベイトソンは文字通りこのような言い方をしています。[46] 人びとはこれを金科玉条のように見なしていますが、このような言い方を成り立たせている条件が反省されることはありません。しかし、この講義の脈絡においてならば、この概念が二つの差異の間を揺れ動くこと、したがって統一性については何も述べていないということは理解することができるでしょう。話題になっているのは「差異」なのです。つまり、可能なものとの関係での差異であり、しかもシステムの状態を変える差異です。二つの差異が関わっています。一つは情報そのものの差異であり、もう一つはその差異が導入される、つまりその差異が周知される前と後とのシステムの状態です。

これらすべてをひっくるめて考えるならば、情報はシステムの内部にしか存在しないという結論にいたります。

それぞれのシステムが情報を生み出すのです。このことは、以上のような概念の特性に関わる一連の根拠から言えます。まず第一に、システムが想定しうる、あるいは言及しうる可能性の空間は、限定された可能性の空間であり、それがまさにそのような可能性として存在するのはシステム自体の内部でだけです。環境のなかにはそんなふうに区切られた可能性は存在しません。[47]システムは、可能性を見出すためには予期を形成できなければなりませんし、分類が可能であるためには類型や図式ももっていなければなりません。そうしたことを行うのはあくまでもシステムであり、予期や類型がシステムごとに大幅に違うということもありえます。その選択過程の全体はシステム内の過程であり、環境内にそのような過程が存在しているわけではありません。それにまた時間構造もそれぞれのシステムに依存しています。たしかにずっと以前から外部に何かが存在していて、そのことを観察者が確認できるということは大いにありえます。しかし、特定のシステムがその存在に気づくのは特定の時点においてです。それがいつなのかは、システム自体の作動様式によって決まることです。したがって、環境内には情報が大量に存在している、あるいはまたシステム自身が決めるのは情報をシステム内に取り入れるかどうかだけだなどというのは無意味な発言です。システムは、みずからの状態、システム自身が感受した刺激に関与することで、そこから情報を作り出し、その情報を用いてさらに作動を継続させるのです。このことは、情報とは環境からシステム内へ転送できるような小さな固形物や一定不変の要素などではないということをも意味します。

みなさんがこのことを念頭において文献に目を通してみるならば、普通の言い方ではこの点がかなり無頓着であることに気づくでしょうし、コミュニケーションに関する諸科学においても情報伝達等々についてありとあらゆる言い方がなされているのを見出すでしょう。マスメディア、新聞、ニュース報道は情報を伝達するなどと書いてあるとすれば、そこではあやふやな情報概念が前提されているということです。あるいは別の言い方をすれば、つぎのような観察者が前提されているということです。すなわち、ある文章が読まれた後では、その文章が意識にとっては既知であることを確認できる観察者、あるいはある文章が通信社によって広報された後で、その文章が新聞に登場することを確認できる観察者です。しかし、そのつど新聞に何らかの文章が登場することこそが情報なのです。いかなる文脈にもとづいて記事が選択されるのかは、そのつど特殊です。同一性を確定できるのは観察者のみで、しかも大雑把な単純化によってのみです。そして、もし彼がどのような同一性を確定したのかを知りたければ、彼を、つまり観察者を、観察しなければならないのです。

おそらくこの点に関しては、例をあげてもう一度説明しておいた方がよいでしょう。ここ二〇、三〇年の間に起こった劇的な出来事の一つは社会主義経済の崩壊です。社会主義経済は、明らかに経済の情報を政治の情報に転換することができませんでした。計画を立案する指導部は、実際のところ経済的には——この体制において「経済」が何を意味するにせよ——何が起こっているのかわかっていませんでした。指導部にできることは、ただ計画が達成されたか否かを確認することだけでした。そして、この計画的生産の過程に関与するすべての者も、指導部は計画が達成されたかされないかを確認するということがわかっていました。結局、よりよく達成されることもあれば不十分にしか達成されないこともあるノルマの数値という政治的図式に則って事が進められていたのであり、全システムがそれに拘束されていました。情報の産出と処理は現実のデータと捏造されたデータのいずれにもとづいても可能だったのであり、そのようにして全情報処理過程が進行していました。経済においては、このような政治的情報とは異なった情報が流通するということもありえなかったのです。経済においても政治的情報あるいは政府の情報しか重視されなかったということを考えれば、情報処理過程に関しては経済と政治は分離していなかったと言っても過言ではないでしょう。

じつは市場経済においても事情はそれほど大きくは違いません。わたしたちが経済的情報として扱っているものは、たしかに企業や銀行の自由裁量という現実に基盤をもってはいるのですが、集計された情報である失業者数とか為替相場等々になると、やはりこれまた政治的目的のためだけに作成されているというのが実情ではなかろうかとわたしは思っています。つまり、たしかに経済における情報を集約したものではあるのですが、それが政治にとって価値ある情報なのかどうかを決定しているのはあくまでも政治であるような、そうした情報によって政治は営まれているということです。個々の企業の活動という次元では、まったく別の情報が重視されます。企業においては、貸借対照表とか受注数とか価格とかライバル企業の動向や需要の増減、したがってまた生産可能性の増減とかが注目されます。こうした情報世界は、あくまでも経済システムに固有の特殊なものです。この次元において、いつか誰かが失業者数という統計データに準拠して行動するようになるかは大いに疑問です。経済の内部で情報として重要なのは市場のデータです。そして企業が情報を読むときはあくまでも自己の会計制度にもとづいて読むのであって、ということはまたしても自分で生み出した情報と関わり合うということです。その情報が他の情報と一致しているなどということがあるとしても、それはせいぜい観察者にとってだけのことです。情報内容はシステム内で生み出され、精錬されるのです。

情報概念については、現時点ではこれくらいで十分でしょう。この概念は、ある意味では、より多くのことを前提していた均衡モデルがかつて占めていた位置を占めますが、システムがどのようにふる舞うかを予想するという点では、均衡モデルよりも少ない可能性しか提供できません。オートポイエーシスという理念にしたがえば、システムがどのようにふる舞うかはあくまでもシステム自体の問題だからです。

さて、構造的カップリングの概念にもう一度戻って、わたしたちは何か認識成果を得たのか、得たとすれば何を得たのかを、二つの事例に即して示したいと思います。あるいは、それをみなさんに考えてもらいたいと思います。一つの事例は進化であり、もう一つは社会化です。

進化理論が第一に取り組んでいるのは、なぜ生物種がこれほど多様な広がりを見せているのかを説明することです。つまり、生命のオートポイエーシスが規制されることになる構造がなぜこれほど多様なのかを説明することです。より古い理論では、どのようにしてこのような多様性が生まれたのかという問題を説明するために、つねに一種の神学的説明あるいはデザイン論的説明がもち出されました。なぜなら、これほどの多様性が、それを生み出そうとする意図なしに成立したなどとは考えられなかったからです。進化理論は、このような神学的あるいは計画論的説明からは決別しましたが、これほど多様な生物種が生み出されたという事実をどう説明するのかという問題に直面することになりました。この分野でオートポイエーシスを議論の出発点に据えるならば、右記の事実が意味するのは、オートポイエーシスそのものにおいては、そもそもどのような生物種が可能なのかということに関しては、何ら予定も決定もされてもいないということです。オートポイエーシスという概念を紹介するときに述べたように、オートポイエーシスはそれほど多くの説明価値をもたない原理なのです。生命とは一回ごとの発明であり、たとえ胚の内においてであろうとそこから生じてくるものがあらかじめ包含されているわけではありません。生存能力が試されなかったり、忘れ去られたり、絶滅してしまったりした生命の可能な形式が膨大にある一方で、現存する生命の形式もじつに多様です。オートポイエーシスはみずから分化していくような原理ではないのです。もしそのような原理であるならば、かつての胚の諸力説、つまり胚には最初から一定の諸力が備わっていて、それがいつか発現するとされる説と同じような神話を作り出すことになってしまうでしょう。そのような想定こそが、発展（Entwicklung）のもともとの意味でした。その意味にしたがえば、いったんすべてがそろえばおのずと発展するということになります。

これに対してオートポイエーシスは、構造との両立が可能であるための諸条件との関係においてのみ進化を説明します。だからこそ、マトゥラーナが区別するこの二つの概念、つまりオートポイエティックな組織化《オーガニゼーション》と構造という二つの概念が必要なのです。なぜならこの二つの概念を用いることによってのみ、どのような構造がオートポイエーシスと両立可能であり、どのような構造がそうでないのかが、進化によって試される様を説明することができるからです。この理論の強調点は、オートポイエーシスと構造発展との両立可能性というところにあります。問題なのは可能性の記述です。オートポイエーシス、あるいはオートポイエーシスに適した作動様式の創出とは、後からふり返ってみるならば、多くの異なった形式を取りうるからこそ維持されえた一種の与件のようなものにすぎません。もしオートポイエーシスがたった一つのタイプの構造によってしか存続できないなどということになれば、存続の可能性は相当低くなることでしょう。なぜなら、その場合は、構造的カップリングが破綻する可能性が高まるだろうからです。そのような破綻の危機を乗り越えて進化が継続しうるのは、構造を介してより大きな複雑性を備えた生命へと、生命のオートポイエーシスを発展させる別の可能性が、つねに存在するからなのです。

なお、以上のことはつぎのことも意味しています。すなわち、構造の複雑性はそのほうが生き延びるのに適しているから成立した、あるいはより複雑なシステムはより複雑でないシステムよりも生き延びる可能性が大きい、などとは言えないということです。そもそもそのようなことは経験的事実に反します。複雑性はオートポイエーシスの副産物と見なすべきです。遺伝外的《エピジェネティック》とさえ言うべきかもしれない生命の変形と見なすべきなのです。驚くべきことは、複雑性の増大と引き換えにシステムと環境との間の動揺を抑えるためにつねに新たな構造的カップリングが必要となるにもかかわらず、それでもつねに何とかうまくいくという点です。たとえば、動きまわれる生物が誕生したとしましょう。その生物は自分で食料を探しまわれるわけですから一定の有利な面をもっていますが、他方で動かない生物であれば問題にならなかったかもしれない環境への依存もともないます。あるいは中枢神経システムを備えた生物が誕生しましたが、それは一定に保たれた血液温度等々、ありとあらゆる前提条件が満たされることを必要とします。環境への依存は増大し、構造的カップリングも増大し、複雑性も増大し、しかもダーウィン的な進化理論によれば、進化の試金石は環境へのより良き適応ということになっています。これに対してオートポイエーシスという概念から本来的に言えるのは、環境への依存の増大等々が生じてもとにかく機能するということ、生命の生化学は取りうる形式という点でそれほど豊かであるということ、ますます複雑になっても、それでもなおつねにそれなりにうまくいくということ、システムと環境との関係がますます複雑になり、ますます滅多に成立しそうにない構造的カップリングが必要となるにもかかわらず、それでもなおつねにそれなりにうまくいくということ、こういったことだけです。

以上のことは文化や社会の進化——もし複数形で言うとすれば、さまざまな文化やさまざまな社会の進化——についても言えるかもしれません。この場合はコミュニケーションが問題になるわけですが、コミュニケーションもまた大いなる多様性と両立可能です。いったんコミュニケーションが発明されると、あるいはもう少し厳密に言えば、コミュニケーションが、たんに時折、生物同士の調整機能を果たすだけのものでなくなり、人びとが一緒に座っていながらコミュニケーションが行われなかったりすれば、人びとの心がかき乱されるほどの恒常的な仕組みになると——パウル・ヴァツラヴィクスの有名な言葉、人はコミュニケーションせずにはいられない、を思い出してみてください(48)。例外はたぶん列車のコンパートメントくらいでしょうが、そこにはコミュニケーションしないという特別な合意があるわけです——、このようなコミュニケーションは進化をもたらす潜在力として作用したはずです。つまり、居合わせた人たちの知覚への適応、あるいはまた文字で表現する人たちの着想や見解への適応などを促したはずです。コミュニケーションはあくまでもコミュニケーションであり、オートポイエーシスはあくまでもオートポイエーシスであり続けるにもかかわらず、人が言うことができたり理解できたりすることの構造はじつにさまざまです。理解可能な伝達事項の範囲、そして何と言っても受け入れ可能なことの範囲、つまり相手の言うことにしたがってもよいと考える範囲は、ありとあらゆるコミュニケーションの文化的装置が付け加わることで、その多様性とありえそうにもないことが現実になっているという点で驚異的な発展を遂げてきました。たとえば言語は、肯定的言明のためにも否定的言明のためにも一定の形式を用意しています。言語によって、人が語ることの一切が否定的にも表現できるわけで、それによって理解の可能性が失われることもありません。この点についてはどれほど驚いても驚き過ぎということはありません。というのも、通常、否定的なものは、どちらかと言えば破壊的だからです。生命の領域で否定すれば、死滅やそれに類することを覚悟しなければならないでしょうが、言語における否定の場合は、伝達しようとすることの意味が理解可能であることという拘束があるだけです。「わたしはそれを信じない」「わたしはそれを望まない」「わたしはそれをするつもりはない」と言っても、あるいは「それをするな」等の否定的な指示を行っても、コミュニケーションは機能します。肯定的言明も否定的言明もどちらも同じように十分理解可能であり、コミュニケーションは、そのオートポイエーシスは機能します。この場合、文化ないし社会は、否定にどう対処するかという問題に直面することになります。というのも、否定はまさにそれが理解されたとき、紛争を引き起こす傾向があり、それに対して何らかの紛争解決の仕組みが必要となるからです。

文化的発展は、きわめてありえそうにもないコミュニケーション様式と、それに連動する行動様式とを生み出します。それらにわたしたちが驚かないのは、たんにそれに慣れ親しんでいるからに過ぎません。みなさんがここに座って、理論的専門的なことだからというだけでそのわかりにくさが正当化されるような講義を聞いているという事実だけでもどれほど驚くべきことか考えてみてください。どうしてみなさんはそんなことをするのでしょうか。どうしてここでコミュニケーションが機能するのでしょうか。どうしてみなさんはどこかへ行ってしまわないのでしょうか。別の例もあげてみましょう。たんにみなさんがお金を払うからというだけで、どうして食べ物がみなさんに提供されるのでしょう。たんに誰かがみなさんを愛しているからというだけで、どうしてその人はみなさんの機嫌を取るのでしょう。そこには何らかの範型があるはずです。それはコミュニケーションを機能させはしますが、実際にコミュニケーションがどのように展開していくのかということまで予想可能とするようなものではありません。したがって、このような多様性の成立を説明しようとするのであれば、つぎのことから出発する以外にないのではないでしょうか。すなわち、そのようなシステムを作り出す作動様式は、数多くの多種多様な構造範型と両立可能であり、たとえば言語は、否定的なことが言われようとさわめてありえないようなことが主張されようと、つねに理解可能であること、そして、それによって刺激の受けやすさも、つまり意識状態との構造的カップリングも増大することです。社会において、たとえば他人の意見に対する感受性が増大し、その結果あからさまな対立を忌避したり、回り道を探したり、嘘をついたり、見せかけの態度の理由を十分理解してコミュニケーションにおいてうまく対処できたり、等々といったことになります。これらは意識とコミュニケーションとの構造的カップリングであり、進化の過程でより高度の複雑性を達成するためにいわば後追い的に発展していきます。

オートポイエーシスから出発するならば、これらすべては起きることです。作動様式そのものの内にそうなるべく仕組まれているわけでもなければ、生命の本性やコミュニケーションの本性なるものがあっておのずと発展していこうとする衝動をもつ、あるいはおのずと完成へ、多様性へ、異質性へ、複雑性へ向かうようにできているなどといったことを想定する必要もありません。観察者としてわたしたちが観察できるのは、そうしたことがありうるということだけです。したがって、わたしたちはもはや進歩の理論を受け入れることはできません。わたしたちは、近代の分化した世界あるいは社会の方が、より原始的な形式よりも優っているなどという意識を形成することはできません。理論そのものの内にそのことを基礎づけるような根拠は何もありません。もしそのようなものがあるとすれば、かつての自然の理論の内に一定程度残っていた想定に似たものになってしまうでしょう。わたしたちにできるのは、上記のようなことが起こってもそれなりにうまくいくこと、したがって高度な複雑性の諸条件のもとでもオートポイエーシスが存続することに単純に驚くことだけです。

進化は一つ目の例でした。もう一つの例は社会化です。進化理論を何の変更も加えずに意識の発展に適用できるなどと言うつもりはありませんが、そこには主要な点での類似性が見られます。まず第一に出発点とすべきは、意識は独自のオートポイエティックなシステムであるということです。つまり、意識それ自身においてたんなる意識であるものと意識それ自身において対象であるものとを区別することで注意の向け方を処理することができる、換言すれば自己言及的に注意を向けているのか他者言及的に注意を向けているのかという区別を用いる、そうしたオートポイエティックなシステムです。ここではこれだけの指摘で十分ということにして、さっそくつぎの問いを考えてみましょう。すなわち、コミュニケーション的事態、つまり社会と意識の潜在能力とはどのように調整されるのかという問いです。社会学の伝統においては、世代から世代へと特定の構造範型が伝承されることでそれは行われると言われてきました。文化は、役割期待、決まり文句、状況の定義、価値範型等々を蓄積していて、何度も何度も繰り返し提示されるので、後の世代の者はそれら範型を継承するのだとされます。しかも後の世代が受け継いだ範型は、他の人たちのそれとぴったり同じだとされます。伝承の問題に関してさまざまな考察がなされてきましたが、やはりここでもどうやってそのような同一性が成立するのかということが問題になります。たとえばわたしが大学と結ぶ関係はみなさんが大学と結ぶ関係とは当然まったく違うわけですが、その場合、わたしの大学についての観念とみなさんの大学についての観念とがいかにして同じでありえるのでしょうか。大学の一定の特徴を列挙し、それにもとづいて同一性を確認する観察者が関わっていなければ、どうやって同一性について語ることができるでしょうか。

そこから、そもそも伝承モデルにしたがって社会化の理論を理解できるのかという疑問が生じます。たとえ相互的関係を想定してみても、つまり社会化を行う者、先生、教育者、要するにみずからを正しいふる舞いのモデルと見なし、それを実際にやってみせる者もまた、社会化の過程で学ぶのだと想定してみても疑問は何も変わりません。彼は、学習者の能力の限界に応じて働きかけるすべも学ぶとされますが、こうした想定はやはり伝承過程を要請することになります。

これに対して、オートポイエーシスから出発するならば、社会化とはみずから社会化することであるということになるでしょう。他者との付き合いにおいて一定の要請に応えたり、一定の前提を満たしたり、あるいはまた一定の反応の仕方——たとえば否定的なそれ——を引き起こしたりする、そうした形式を人は身につけることができますが、それはあくまでも本人がみずから身につけるのです。そう考える以外に、諸個人の驚くべき多様性を説明することはできないとわたしは思います。伝達テーゼでは無理です。意識とは一種の白紙委任状のようなものであるということから出発するならば、そしてチョムスキーの生得的な言語能力であれ、生物学的な根拠をもつ本能であれ、一定の面で最低限度生物学的に前もってプログラム化されているという点を度外視するならば、意識は恐ろしく可塑性が高いものです。これに対して、文化とそれが提供するものを比較的均一的なものと見なすならば、わたしたちが観察する個性の高度な発達がどのようにして生じたのかを説明しなければならなくなります。オートポイエーシスの理論はこの点でより良い出発点を提供するように思われます。この理論が示唆するのは、各システムがそれ自身の構造を発展させること、そして独自の構造、独自の選好、あるいはまた使うことも使わないことも可能な独自の言葉、反復可能な独自の文章等々の発展を拠り所に、これらの第一次的構造を拠り所に、さらに独自の構造を発展させることができることです。それが可能なのは、独自の構造を通じてみずからを刺激するからであり、限られた意味ででではありますが反応可能になるからであり、それによって文化的に前もって指示されているわけではない独自の道を行くことができるからなのです。

というのも個性のための文化的プログラムなど存在しないからです。もちろん人はかけがえのない個人であるべきであり、自己実現すべきであるというプログラムは存在します。しかし、できるだけユニークで他人とは違っていることや、他人とは違う服装をすることといった決まりきった言い方は、結局ありきたりで陳腐なプログラムをコピーすることになり、したがってまさにかけがえのない個人ではないことになってしまいます。これに関する議論が一九世紀に、まだ宗教的装いのもとにではありますが、ありました。それは、個性とは神からの贈り物であり、魂とともに与えられるのであり、個人であれ、あるいは人格の陶冶その他何によってであれ個人になるように努力せよ、といった世俗的哲学者たちの個性礼讃は、根本的にはすべて集団的熱狂であるということを示唆するものでした。この議論は、範型の伝承を通じて社会化が行われるという前提に立つならば、社会化を通じて個人になるということがいかにうまくいかないかということをすでに示していました。これに対してオートポイエーシスから出発するならば、その人自身の意識、記憶、選好の構造化は、個々人のシステムの歴史の結果であるということがもっと容易に理解できるでしょう。この個々人のシステムの歴史には、同調か逸脱かのいずれかを誘発する文化的な提供物ももちろん関係しています。もし伝承だけが問題で、それ以外の一切が欠陥として記述されなければならないなどということになれば、個性がどのようにして成立するのかを説明することは不可能でしょう。なぜなら、その場合は文化的な差異化が認められている範囲で、複製の多様性が存在するだけということになるからです。しかし、各個人に、社会化の途上にある各意識に、受け入れるのか逸脱するのか、イエスと言うのかノーと言うのか、あるいはいずれと考えるのか、選択のチャンスを与え、逸脱することで個性を模索するチャンスを認めるならば、たぶん個人特性の生成に関するはるかにましな理論を手に入れることになるでしょう。それは個人特性の生成を、戦術的な適応、徹底した逸脱、密かな逸脱、完全には受け入れられない規範の承認、あるいはまた当初は強制されてしたがっていただけだが、やがて自分の行動との一貫性の必要から多かれ少なかれ内的にも肯定するようになった規範の内面化等々から説明することになるでしょう。個人の自由な選択に委ねられているとともにオートポイエーシスとも両立可能であるこうしたさまざまな道が、伝承モデルよりも優る社会化理論の出発点を提供するのです。

以上の分析で構造的カップリングの考察は終わりです。わたしが試みてきたことは、均衡理論や因果性モデルを用いる理論のような、システム理論のより古い伝統に属する比較的単純な理論よりも優れた説明能力を提供できるとわたしが思っている概念構成を、みなさんに提示することです。決定的に重要なのは、きわめて頑丈でじつに多様な構造を受け入れることができるオートポイエーシスという理念です。オートポイエーシスは実際そう簡単には破壊されません。生命は頑丈な発明品です。コミュニケーションは並外れて頑丈な作動です。人は言葉に窮するときでも、なお何かを言うことがつねに可能です。そのような頑丈な作動様式の構造変容の成り行きを予測することは事実上ほとんど不可能で、まさにそれゆえにこそ驚くべき多様性が結果的に生じるのです。わたしには、これを伝統的なやり方で説明することはほとんど不可能と思われます。

しかしながら、わたしたちは今や議論の転換点にたどり着きました。ここまでわたしは、システムをシステム自身がみずからを産出する仕方に即して理解しようと思うならば、それ以上分解できない要素からではなく作動から出発すべきだという根本的想定から出発して、ずっと作動についてのみ語ってきました。この根本的想定はもちろん今も維持されています。しかし今や、とりわけつぎの時間のために、とても重要なことを言わなければなりません。すなわち、これからは観察者が登場します。今やすべてが変わります。これによって、理論全体の構成が変わってきます。特に、わたしはこれまでいささか単純な存在論的な言い方をしてきましたが、そうした言葉遣いに別れを告げます。というのもわたしは、作動が存在します、それに注目しなければなりません、などと言ってきたからです。これに対してこれからは、いったい誰がそれを言っているのか、ということが問題になります。もちろんわたしはつぎのように言うことができます。「わたしは君たちに言います。わたしは観察者です、わたしは講演者です、これがわたしの自己表現の仕方です、と。もし君たちが、互いの言うことを理解しようと思うならば、まずはわたしが今言ったことを――それが他人にとってどんな意味をもつにせよ――まさにわたしが言っているということを確認しなければなりません。」観察者、話し手、あるいは何らかの営みを行っていると見なされる人が導入されると、存在論は相対化されます。実際、どんな事態が問題になっているのか言おうと思う者は、つねに同時に観察者のことを意識していなければなりません。つまり、世界について言明を行うときは、つねに観察者を観察すること、観察者を特定すること、準拠システムを表示することが必要なのです。

こうした理論水準がいったん受け入れられれば、事態はもはや単純ではありません。観察のない世界は存在しません。何かが存在すると言う人が、まさにそう言っているということです。ここに存在するのは、世界はかくかくしかじかであると主張する理論、システム、科学、コミュニケーション様式、意識等々であるということを理解する必要があります。伝統的な考え方と対比のために、哲学の領域にちょっと立ち入ることを許してもらうならば、存在論はもはやつぎのような現実想定ではなくなります。すなわち全員が共有していて、しかもみんなが十分に考えさえすれば同じ事態を見ていることがわかるはずだと考えてよいような現実想定ではなくなります。そして、存在論自体が一つの観察図式になります。つまり、そうである、あるいはそうでない、という区別、要するに存在と非存在の区別を用いる観察図式になるのです。存在論の伝統とはこうした区別の発見であると記述することも可能かもしれません。哲学者がそれを受け入れようと受け入れまいと、わたしたちが関わっているのはつぎのような世界記述、つまりさまざまな目的や特定の行為に対する積極的姿勢等々も含めての事態の記述が、観察者への言及というフィルターを通して行われる、そうした世界記述であることに変わりはありません。誰がそれを言っているのか、誰がそれを行っているのか、どのシステムから世界は別様にではなくまさにそのように見られているのか、ということがつねに問題になるのです。

　これまでの講義では観察者を度外視していたので、じつはいろいろと困ることがあったということに、みなさんも思いいたるのではないでしょうか。たとえば、因果性の領域を問題にする際、他の言い方が思い浮かばなかったので、因果性とは一つの観察図式ですと、すでに申し上げました。原因と結果という布置連関を重要と見なす人がいる一方で、別の意味連関、別の時間地平、何かほかのものの代わりに因果性を見るという別の傾向をもった人たちもいるのです。じつはこれまでも、観察者との相対化なしでは、あるいは観察者を観察せよという指示なしではうまくやってこれませんでした。ですから、「観察」に関する節でわたしが行おうと思っていることは、ただこうした立場を徹底することだけです。観察者が導入されれば、観察者とは無関係に言いうることは何もありません。「言われることのすべては、観察者によって言われるのです」とマトゥラーナは言っています[49]。わたしはマトゥラーナの概念をそっくりそのまま踏襲するつもりはありませんし、観察の理論に関するもっとくわしい説明はつぎの時間にあらためて行います。現時点で重要なのは、これは別の存在論、あるいは別の形而上学、より複雑に構築された形而上学を前提とすること、そしてそれはオートポイエーシスという概念のラディカルさ――何と言ったらいいのか自信がないのですが――と関連していることをはっきりさせておくことです。すでにマトゥラーナがそうした議論を行っていますが、マトゥラーナの議論は生命という事例に限定されており、扱われている問題も生物同士の協調という問題に限定されています。そこでマトゥラーナの議論は度外視して、オートポイエーシスという理念を一般的に定式化するならば、わたしたちは観察者に関して一定の概念的問題に直面することになります。その問題こそつぎの時間に論じようと思っています。

さしあたり現時点で重要なのは、つぎのような違いをめぐってシステム理論全体に亀裂が走っていることをみなさんが確認することです。すなわち、ファーストオーダーの観察――今やそう言わざるを得ないのですが――の次元にとどまって事態や対象を記述し――作動が「存在する」、社会化が「存在する」、意識が「存在する」、生命が「存在する」等々――、しかもその記述があたかも自明であるかのように、あたかも他の区別、他のテーマ化の可能性がないかのように――あたかも世界はまさに記述される通りに端的にそこに存在するかのように、世界を記述する――のか、それともすべては言及との関係、観察者、観察するシステム、観察する作動との関係で、いわば様相化されるという異なった見方を取るのか、という違いです。現代社会では、観察者の観察が、あるいは現実《リアリティ》意識から記述の記述へのシフト、つまり他者が言っていること、あるいは言っていないことをとらえることへのシフトが、世界を捉える進んだ様式になっていると見なすことに対して、ここでは詳細に展開することはできませんが、十分な根拠があるとわたしは思っています。しかもそのことは、主要な機能分野のすべてで言えます。経済においてと同様に科学でも言えますし、政治においてと同様に芸術でも言えます。人は、さまざまな事態について、それについて他者が何と言っているのかを知ることによってのみ情報を得るのです。人間自身、別人でもありえますし、誰かが正しいと思っていることをそのまま正しいと見なす必要はありません。しかし他者の考えに批判的であろうと思うならば、まず自分自身を観察し、なぜこの見解を共有できないのか、なぜこの流行を無視するのか、他者は良いと見なしているにもかかわらず、なぜこの政策を悪いと見なすのか等々についていかなる根拠を自分はもっているのかと自問しなければならないでしょう。今はまだきわめて漠然としか言えませんが、観察者という構想の内には、一定のモダニティが、伝統との対比で言えば、現実性の喪失が、表明されているのです。わたしたちは、世界がどのように観察されるのかを知るようになれば、そしてセカンドオーダーの観察の領域において自己を律することができるようになれば、もはや世界がどうなっているのかを知る必要がなくなるのです。もし誰かがやって来て、自分はそのことを知っていると主張し、わたしたちに教えようとしたりすれば、わたしたちは、その人はいったい何者なのか、いったいどこからやって来たのかと問うことがつねに可能ですし、実際そういう傾向をわたしたちはもっていると思います。「そういえば郵便局から誰か来ることになっていたんじゃないの」といった具合です。誰かが、自分の思っていることを言う場合、わたしたちは、その発言を事実として受け入れるべきでしょうか。わたしたちはむしろ、当該事象を自分なりに理解しようとして、科学、経済、政治、あるいはマスメディアといった正当性を主張するシステムにしたがうのではないでしょうか。わたしたちはこれらのシステムに依存せずにはいられません。ただし、これらのシステム自体も、やはり観察を観察するという点では同じなのですが。今話したことは、みなさんにつぎの時間に興味をもってもらうためにお話ししました。つぎの時間は、観察者についてもっとくわしく考察していきたいと思います。

6 観察

〈第7講義〉

みなさん、今日、観察者についてお話しするということは、すでに前回の講義で予告しました。観察者について語ることができるのはやはり観察者だけですので、わたしたちはすでに循環のなかにいることになります。この循環は、これまで話したことのすべてを、観察したのは誰か、あるいは言ったのは誰かという見出しを付けてもう一度言い直さなければならないという、危機的状況にわたしたちを陥れます。これは観察という構想にともなう独特のラディカルさですが、関連文献でも十分には論じられていません。誰が観察したのかを確かめよということを示唆する記述は見られますが、「観察者」というキーワードがいったい何を意味するのかについて十分な情報を得ようとすれば、おそらくみなさんはたいへんな苦労をされることになることでしょう。それで観察を扱うこの節のために少し時間を取りたいと思います。そのぶん、「再参入」に関しては時間を節約したいと思います。再参入の概念は今日の講義の最後にちょっとだけ論じることにします。

まずは観察と観察者の区別から始めるのが妥当だろうとわたしは思います。観察は作動と見なされるのに対して、観察者はつぎのようなとき自己形成するシステムと見なされます。すなわち、観察という作動が個々ばらばらな出来事ではなく、連続的なものとしてのまとまりをなし、そのまとまりが環境から区別しうるとき、観察者は自らを形成するシステムと見なされます。この区別とともにこれまで登場した諸概念を使用します。それは決して無意味なことではありません。観察者を記述するために、すでに慣れ親しんだ術語——そうあってほしいと願っていますが——を用います。わたしたちは作動を記述しますが、作動はあくまでも出来事的なものとして特定の瞬間に生じます。そして、そうした作動が連続的なものとなり、システムと環境との区別へと至ったときに成立するもののために、それ用の術語を用います。今、作動やシステムという概念を使いましたが、こうした議論の次元はもうわたしたちにはお馴染みですね。観察者は現実をどこかから見下ろしているわけではありません。つまり、事物の上を浮遊するわけでもなければ、起こっていることを上からじっと見ているわけでもありません。観察者はまた、客体の世界の外部にいる主体——この対比については後でまた触れますが——というわけでもありません。そうではなく、観察者はその真っ只中にいるのです。北ドイツの言葉に慣れている人であれば「渦中(mittenmang)」にあるといってもよいかもしれません。

問題は作動なのですが、二重の意味で問題になります。一方で観察者は作動を観察しますが、それができるためには観察者自身が作動できなければなりません。観察者が観察しない場合、彼はまさに観察しないのであり、観察する場合は、まさに観察しなければならないのです。そうであるかぎり、観察者は世界の内部に、彼が何らかの仕方で観察あるいは記述しようとしている世界の内部にいるのです。コンピュータの発達、特にフォン・ノイマン型マシーンから得られた認識成果は[50]、古めかしい言い方をすれば、プログラムを利用し、場合によってはそれを発展させることもある作動、そしてそれよってシステムが自らを制御することができる作動は、システムの内部で起こるということでした。まさにこの一つの次元しか存在しないのであり、しかもそこにおいて観察者によって複雑な事態が引き起こされます。

観察者は一方で作動を観察し、他方で観察者自身が作動です。作動として以外に、観察者は登場しようがありません。観察者は作動の連鎖からなる構築物です。作動と観察というこの区別によって展開されるのは、ひょっとするとシステム理論を超越した、つまりシステム理論よりもっと抽象的で、もしかしたらいつか学際的学問の基礎理論となるかもしれない、そうした区別です。この構想のもとでは、システムと環境との区別は一つの観察の仕方ということになるでしょう。それ以外にも、記号と意味されるもの、形式と媒体などの区別が現時点で考えられるものとして存在します。そうした立場から見れば、作動と観察の区別はシステム理論よりもより根源的です。他方でシステム理論は、作動に注目するアプローチを取るかぎり、つまりオートポイエーシスにおける作動の閉鎖性という考え方を受け入れ、観察を通じてシステムが生み出されそのシステムによって観察が生み出されるという事態がどのように成立するのかを記述するかぎり、この区別をやはり取り込みます。そしてこの観察とシステムとの循環的関係の内に、今日の議論の独自性の一つがあります。それは古典的な哲学的概念と結びつけて論じることが困難な独自性であり、こうした見方の独特のラディカルさと独立性とを指し示しています。ここではっきり自覚しておかなければならないことは、今論じている概念とそれが与える刺激とは、哲学の古典的テキストの解釈から生じたものではないにしても、わたしたちは今、これまでは通常、哲学が扱っていた問題領域に足を踏み入れているということです。

さてそれでは観察という作動の特徴は何でしょうか。この問いに対して、わたしはスペンサー＝ブラウンの術語を用いて答えることを提案したいと思います。すなわち、観察とは他方の側ではなく一方の側を指し示すために区別を用いること、というふうに言いたいと思います。ただし、スペンサー＝ブラウンに依拠すると言っても、彼の著書『形式の法則』の主要テーマである形式の計算に依拠するわけではなく、この計算の初めと最後に用いられている概念に依拠するだけです。スペンサー＝ブラウンの場合、観察者は最初から前提されているにもかかわらず、計算の後の方になって、突然、観察者が登場します。どうしてそうなるのかということは、計算の内部で問わなければならない問題かもしれません。スペンサー＝ブラウン自身、当然そのことはわかっていましたし、みずからの恋愛沙汰を扱った後の著作『このゲームを演じられるのは二人だけ』で実際この問いを提起しています。[51] ただし、そこでは彼は別の計算を考えており、彼自身はこの計算の最初の計算を行った何者かとして登場します。しかし、恋愛に関するかぎり、それによって発展するということはなかったようです。恋愛は算術的あるいは代数学的作動ではありません。スペンサー＝ブラウンはただ限定的モデルを提示してみせただけということを意識していたようです。そのモデルにとって彼は少なくとも「マーク」を書き込める白紙と彼自身を前提せざるを得ませんでした。とはいえ、計算そのものにおいては彼自身は登場することができないのですが。例外は最後のところです。そこで彼は、「観察者」自身が一つの「マーク」だと言います。つまり計算が行われる空間内における一つの印づけだと言います。しかし、今は定義だけ確認すればよいので、この点は問題にしなくてよいと思います。確認すべきは、区別なしには何も観察できないこと、そしてこの区別は必ず非対称的に用いられることです。つまり、他方の側ではなく一方の側のみを表示できなければならないということです。このことは表示の際には区別が前提されているにもかかわらず、妥当します。つまり今は表示されていないがもう一つの側があるということが同時に想定されているにもかかわらず、妥当します。この表示されていないもう一つの側とは、今は作動にとって何の意味ももっていない側であり、人がいない側であり、何も始まらず、人がそこから出発することもなく、何かを繰り返すこともできない側です。このもう一つの側には、行こうと思えば、境界をまたぐ（crossing）ことで行くことができます。しかし、何かが行われている今は、現在のアクチュアリティにおいては、たしかに存在はしているのですが、利用されはしないのです。二つの側面がなければ形式として機能しないのですから、その点で二つの側面は対称的であるのですが、にもかかわらず形式にはきわめて特異な非対称性が組み込まれています。また、二つの側面の統一なしにも、つまり一つの区別でなかったら、区別はうまく機能しませんが、それでもやはり区別が区別として機能するのは一方の側においてのみであり、同時に他方の側でも機能するということはありません。もし両方の側を同時に利用するなどということになれば、区別そのものが機能しなくなるでしょうし、そもそも区別自体がもはや存在しないことになるでしょう。

カントは、経験的認識の条件はそれ自体経験的条件ではありえないと言って、非対称性の必然性を主張し、それによって超越論を導入しました。もしみなさんが、そのことを覚えていれば、理論とは対称性と非対称性との関係において構築されざるを得ないのかもしれないということに気づくでしょう。独特の議論によってではありますが、まさにそのことがここでは観察者に関して、すなわち一方の側を利用し、他方の側は携行し随伴させているだけの観察者に関して問題になっているのです。

ハインツ・フォン・フェルスターが好んで用いる術語を使えば、当の区別自体は観察の「盲点」であると言われているというように表現することもできます(52)。つまり、一方の側に意識を集中せざるを得ません。たとえばわたしたちは今この大学にいて、他のどこかにいるわけではありませんね。しかし、大学とそれ以外のすべて――それ以外のすべて、ですよ――との区別は、今はまったく重要性をもっていません。今この大学のこの大教室にいて、この講義に出席してこの先生の話を聞いている等々の事態に対応するように意識が働いているとき、大学とそれ以外のすべてなどという区別をあらためて反省することはできないのです。そのことを、区別の統一は不可視、見えなくなる、と表現することも可能です。もし見えるようにしようと思えば、パラドクスに、つまり区別の統一というパラドクスに直面することになるでしょう。ラヌルフ・グランヴィルの講義テーマの表現にならって「同じものが異なっている」と言ったほうがよいかもしれません(53)。これを聞けば、人は一瞬絶句してしまうでしょう。もちろん、この表現を観察し、「同じ」と「異なっている」との間を行ったり来たりすることはできますが、そこから再び抜け出すことはできません。もし抜け出せるとすれば、それは何らかの別の区別を提起するという、命がけの、ある意味では創造的な跳躍によってでしょう。

以上の考察によって区別を反省する、あるいは表示する可能性が否定されたのかといえば、そうではありません。ただ、そのためには別の区別を用いなければならないということです。区別について語ることは当然できます。まさにそれをわたしは今やってきたわけです。ただし、そのためには区別を別の区別から、あるいは全然区別ではないものから区別できなければなりません。これは神学のなかで一定の重要性をもっていた問題です。原理的に観察不可能なものは何もありません。区別も観察可能です。たとえば、善いと悪いの区別について語ることができますし、どういう場合に道徳的区別が用いられ、どういう場合には用いられないのか、と問うこともできます。みなさんは、通常の商品取引において何かを購入するとき、この購入は善いか悪いか、この売り子さんは善いか悪いか、などという区別は用いませんね。みなさんが知りたがるのは、いくらするかということでしょうし、場合によっては、その商品を手に入れることにどれほどの価値があるのかといったことかもしれません。いずれにしてもみなさんは、善い、悪いとは違う区別を用いることでしょう。もし誰かがやって来て、「わたしは悪い人間からは一切物を買わない。この人は計算機をもち、レジにはお金しかないところをみると、明らかに資本主義的な女性である。」などと言えば、普通の人は、この人は間違ったカテゴリー装置に囚われており、普通に作動、つまり行為できるためには、違う区別を用いなければならないと感じるでしょう。ただし、みなさんが違う区別を用いるとき、たとえば個人的／個人的でない、道徳的／ビジネスライク、その他何でもいいですが、そうした区別を用いるとき、その区別はみなさんにとっては、またしても見えなくなります。みなさんは、ビジネスライクと道徳的との区別の統一とはいったい何なのかと問うことは、またしてもできないのです。

みなさんが何らかの区別を用いるとき、つねに背後に盲点あるいは見えないものが生じます。みなさんが何かを観察しようとするときは、自分自身を区別を用いる者として観察することはできず、自分自身を見えなくせざるを得ません。あるいは別の言い方をすれば、みなさんは、たしかに観察者と観察されるものとの区別ができなければなりませんが、つまり、みなさん自身ではない何かをみなさんが観察しているということを、みなさんはわかっていなければなりませんが、この区別を同時に反省することはできないのです。もちろん世界は原理的に観察可能ですし、どのような区別を用いるかということに関してもあらかじめ本質的形式が与えられているわけではありません。つまり、自然あるいは本質的秩序によってあらかじめ決まっている、天地創造によって指示されている、今はそうしなければならないことになっているなどといった理由で、これこれの事例にはこれこれの区別を用いることが正しい、などというように決まっているわけではないということです。正しい区別など存在しません。しかし、つねに盲点あるいは区別の統一の不可視性を用いるという必然性は存在します。なぜなら、どんな区別であろうと、何らかの区別を用いることなしにはそもそも観察することができないからであり、観察することができなければ区別の統一を反省することもできないからです。

したがってあらゆる観察において、同時に見えないものが産出されます。観察者は、観察者と観察されるものとの区別の構成要素として必ずみずからを不可視化します。それゆえ、後で別の論点に触れる際もう一度言及しますが、見えるものと見えないものとの間で移動があるだけであって、事物あるいは形式あるいは実体の総体としての世界を啓蒙主義的に、あるいは科学的に、明らかにするということはありえません。つまり、たとえ無限の課題としてであれ、総体としての世界が徐々に解明され、ついにはすべてが明らかになるなどということはありえないのです。これに対して古典的な理論では、人はますます多くの知識を集積するものだと想定されていましたし、何か特定のものを表示しようとすれば、同時に必ず何かが再び見えなくならざるを得ないということもないかのように想定されていました。

さてここで何点か確認させてください。ここまで観察という作動の特徴を論じてきました。そして観察者とは観察という作動の連鎖の結果である、オートポイエーシスの議論で言うところの回帰的ネットワークの結果であると記述してきました。この観察者という概念を使用するコンテキストをはっきりさせるために、何点か確認する必要があります。

まず第一に指摘しなければ点は何度言ってもすんなりとは理解してもらえない点です。百回でも繰り返し言うことはできますが、どうもうまくいきません。それは、観察者とはただちに心的システムを意味するわけではない、観察者は意識とはかぎらないということです。観察者はまったく形式的に定義されています。区別し、そして表示することとです。それはコミュニケーションでもなされることです。人は何か特定のことについて語ったり、語っていることをテーマとして取り上げたりします。つまり、語っているのはこのことについてであって、それ以外のことではないという区別を用いているということです。あるいはもっと限定的に、わたしたちは今、観察者について語っているのであって、それ以外のことではないという区別を用いているということです。そうであるかぎり、コミュニケーション・システムもまた、あるいは少なくともコミュニケーション・システムは、観察能力をもっているということです。これによって、心的システムと社会システムの両方を同時に意識している場合、言語表現という点で非常に困った混乱が生じてしまいます。学校のクラスを考えみてください。教師は生徒たちを観察します。これはよく知られたことですね。生徒たちは教師を観察します。これは彼らがやらなければならないことですね。教師はさらに、生徒たちが彼を観察しているということも、観察します。さて、これにさらに付け加わるのが、教師と生徒たちとの相互行為が生徒たちを観察する、ときには教師をも観察するという事態です。教師を観察するという事態は滅多に起きませんが、それでもないわけではありません。つまり、教師が授業での話し合いのテーマになることがあるということです。社会システムは心的システムを観察します。心的システムは心的システムを観察します。そして心的システムが社会システムを観察することもあります。「どうして今、そんな質問をするんだろう。どうして先生はいつもわたしが答えられないような質問をするんだろう。」といった具合です。こうした場合は、心理的に問題にすることもできますし、コミュニケーション的に問題にすることもできます。原理的に言及システムを申告することは可能です。しかし、人が単純に観察者について語るとき、誰もが自動的に心的システムを、つまり意識を思い浮かべてしまいます。しかし、定義から言っても、またこの概念装置によって意図されている複雑性と抽象性から言っても、決して心的システムを意味しているわけではないのです。

社会システムや心的システムを越えて、たとえば生きた細胞、脳、免疫システム、ホルモン・システムなども観察すると言ってよいかという問題への回答は、現時点では保留したいと思います。免疫システムが識別能力をもっていることは明らかです。脳も識別能力をもち、特定の刺激は処理し他の刺激は処理しないということが可能であることも明らかです。脳の研究および生物学全般において——ただし動物生態学、つまり動物行動の研究は今は考えていません。それは特殊な問題です——、細胞や免疫システム、そして脳を前にして、脳は識別することで観察している、あるいは免疫システムは身体の状態を区別することで観察しているなどと言っていいのだろうかという問いに直面しています。脳もまた身体の状態のみを観察しているのですが、生物学者が言うように、情報価値との関連においてそうしているということです。ともあれ、この問いへの回答は保留したいと思います。もしこの問いに答えようとすれば、区別のもう一方の側に相当する生化学的事象を提示できなければならないでしょう。区別のもう一方の側というと、わたしたちはつねに自動的に否定を、しかも「それ以外のすべて」ではなく、特定の「これ」を意味する否定をイメージしてしまいますし、実際、区別を言語で表現するときには否定を用います。しかし、脳や免疫システム、あるいは個別の細胞の場合、利用されないもう一方の側に相当する生化学的あるいは生命体的事象とはいったいどんなものなのでしょうか。

この問題は触れるだけに止めておきます。というのも、この問題に関してはすでに若干ながら議論がなされており、しかも観察者という概念はマトゥラーナとともに生物学から生まれたと言えなくもないにもかかわらず、観察者という概念をそもそも生物学に転用してよいのかという問いも提起されているからです。マトゥラーナは観察者という概念を言語能力と結びつけて論じているのですが、彼が展開している言語の生物学的理論は、生物同士の相互作用の調整の調整として言語を理解しようとするものです(54)。これは独特な言語のとらえ方で、わたしが提示した問題は不問に付されてしまいます。ともあれ、少なくとも社会学の講義の目的にとっては、観察者を社会システムとして観察することも可能であるという程度の複雑さで十分です。社会的なコミュニケーション・システムもまた観察者なのです。第一の点については以上です。

厄介なのは、観察者概念と主体概念との関係および観察者概念と主体‐客体図式との関係です。あらゆる区別の場合と同様、主体と客体の場合もまず問題になるのは、この区別を用いる観察者は誰か、何のために主体と客体とを区別するのか、それはいつ生じるのか、といった問いです。システムと環境の区別の場合も、同じ問いが問題になりました。観察者とは究極的人物であり、それはそれで説明が求められますが、その求めには具体的な術語、つまり特定の区別によってしか応えることができません。ですから、たとえばシステム‐環境という区別はいったん脇において、代わりに主体‐客体という区別を用いる、などと言ったりすることも可能でしょう。主体の伝統との関係では、連続性を問題にすることも可能であれば非連続性を問題にすることも可能であるようにわたしには思われます。「主体」という術語を引き続き用いるのか用いないのかは、ある程度自由に決められるということです。観察者とは主体のことだと考えるべきでしょうか。カントの術語やフィヒテ、あるいはフィヒテに由来する哲学的議論を思い浮かべたとき、観察者とは主体だと考えることは古典的概念の有意義な拡張と言えるのでしょうか。それとも、むしろ観察者と主体という術語を区別し分離することに価値をおくべきなのでしょうか。こうした問いにおいては、正しい決定はないとわたしは思います。できることは自分が考えていることを明確に述べることだけです。たとえば、民主主義という概念を人びとが支持するのにはそれなりに理由があり、わたしもそうした理由にもとづいて民主主義概念を引き続き使いますが、民主主義の意義は普通人びとが思っているものとは違うと考えています。つまり人民による支配が問題なのではないのです。このようにわたしは時には連続性を支持し、時には非連続性を支持します。

主体概念に関しては、観察者という人物《フィグーア》の独自性を際立たせようと思えば、非連続性の面の方が重要であるように思えます。自己言及への着眼は継承されます。意識、思考、精神《ヌース》、理性、これらはつねにそれ自身と関係することができるものでした。noesis noeseos、つまり思考の思考は、古代の典型的な表現、アリストテレス的な表現です。主体もまたつねに自分が主体であることを意識している主体でした。あるいは自分が意識であることを意識している意識、つまり反省能力をもっていることを意識している意識でした。こうした意味で、わたしたちは自己言及的システムについて語っているのだと言うことも可能です。もちろんたんなる意識よりは実質的内容が盛り込まれてはいますが、自己言及という中心的構図に関わっていることに変わりはありません。もちろん社会システムもまた主体であることをついうっかり失念してしまうなどということは、こうした考えに反することです。たとえば、今やっているこうした講義が、社会システムの独自の主体だということになります。しかし、そんなふうに考えてしまうと、通常の主体哲学をいささか混乱させることになってしまうでしょう。あるいは全体社会が一つの主体だという考え方もありますが、この場合は、集団的精神等々の、多かれ少なかれおぞましいものを想定することになってしまうでしょう。つまり、意識に類比的な何かをもち出して議論しようとするでしょうし、したがって周知の問題に直面することにもなるでしょう。さもなければ、心的システムだけでなく社会システムも含めましょう、意識だけでなくコミュニケーションも、というのであれば、いっそのこと「主体」という術語を使うのを止めた方が現実的ではということになるでしょう。

さてこうした考察よりも、もう少し重要とわたしには思われる考察があります。わたしたちが、観察者は二側面を有する形式を用いると言うとき、そして、この二側面形式によって世界が二つに分割されるという状況をわたしたちが思い浮かべるとき、つまり二分割された世界しか存在せず、第三項は存在しないとき――システム理論はまさにそれです。システム理論にとってはシステムと環境しか存在しません。もちろんさまざまなシステムが存在し、それぞれのシステムからすれば自分以外は環境ということになりますが、それでもやはりシステムしか存在しません。世界はシステムと環境とに区分され、切断され、分解され、引き裂かれます。そして観察者もまたシステムであって、システムと環境という区別を用いて他のシステムを観察します――、つぎのような疑問が浮かびます。すなわち、観察者はいったいどこに現れるのか、観察者が観察しているシステム内にか、それとも環境内にか、という疑問です。主体の理論は、原則的に、自己言及が他のすべての根底にあるという想定、つまりいわばそこから一切が客体としてテーマ化可能な一点が存在するという想定を出発点として議論を展開していました。そういう主体理論にとっては、差異論的に議論することは至難の業です。実際に伝統的な議論に十分当たってみたわけではないですが、主体はどこに現れるか、システム内かそれとも環境内か、などという問いは奇妙な問いだろうと思います。これに対してシステム理論者にとっては、このことは端的に区別されなければなりません。自己観察が問題になっているときは、観察者は自己を観察するシステムです。この場合、観察者はシステム内に存在します。観察者はシステムあるいはその反省遂行部分、つまり特別に発達したシステム内部の反省契機であるか、さもなければ環境内に存在します。これに対応して、わたしたちは自己観察と他者観察とを区別します。環境がここで述べているような観察能力を組織したり解き放ったりすることが可能であるかぎりで、システムは環境によって観察されます。あるいはシステムは自己自身を観察するシステムです。

自己観察と他者観察を区別するという決定は、社会学者にとっては決定的に重要です。というのも、わたしたちは自分たちを外部の観察者と見なすのか内部の観察者と見なすのか、選択を行うからです。たとえば経済や政治についてあれこれ語りはするが、みずからお金を稼いだり政治活動を行ったりしようとするわけではない場合、わたしたちは自分たちを外部の観察者と見なします。これに対し、社会理論を構築しようとする場合などは、自分たちを内部の観察者と見なさないわけにはいきません。わたしたちはコミュニケーションをしようとするかぎり、まさにすでに社会に参加しているのです。たとえ社会の批判であっても、それが社会をテーマにするかぎりは、それ自身もまたつねに社会内での一つの作動としてテーマ化されるという帰結を回避することはできません。以上の区別によって、わたしたちは一定の社会学的方向づけの必要を満たすことになります。第三の立場、これら以外の立場は存在しません。ただし、外部の観察者と内部の観察者の「切り替え」、つまり一方の立場から他方の立場へ行ったり来たりするということは十分ありうることでしょう。いずれにせよ、こうした区別によって、たとえば神学あるいは教育学の社会学を展開しようとする場合、わたしたちは宗教システムあるいは教育システムの自己観察を行っている対象を扱うことになります。この場合、わたしたちは外部にいます。しかし、システムの自己観察を理解しようと思えば、神学者が神の名において神への信仰を人びとに訴えるときに彼がとっている観点をわたしたちもとることができなければなりませんし、教育学者が然るべき理由にもとづいて、教育を通じて全体としてみれば悪い成果ではなく良い成果がもたらされるし、そのことを信じるべきだと主張せずにはいられないとき彼がとっている観点を、わたしたちもまたとることができなければなりません。つまり、社会学は、内と外とを行ったり来たりして、システムの自己観察を外部から記述しようと試みることができるのです。ただし、それがどの程度うまくいくかは別問題です。わたしの仲間内ではそうした試みを行った経験がいくらかありますが[55]、なかなか難しいことに変わりはありません。というのも、神学者にしろ教育学者にしろ、あるいは法律家も、門外漢が彼らの専門分野にあれこれ口出しして自分たちの方がよりましな議論ができるつもりになっている、というふうにつねに思い込んでしまうからです。しかし、必ずしもそうではないということを自己観察と他者観察の区別は示しています。たとえば、知識社会学的なやり方で神学の歴史を記述する場合、わたしたちは、人はどのようにして神を信仰するようになるのかということを説明することを目標にしているのでもなければ、その説明を神学に要求しているわけでもないのです。

このように自己観察と他者観察を区別することは、社会学にとってはきわめて重要な意味をもっています。主体をこの区別のなかに位置づけることは困難です。古典的な主体像からすれば、そもそも主体が記述するシステムの内部に主体がいるのか、それともその外部にいるのかという決定を主体に委ねるなどということ自体、考えられないことでしょう。世界外的、現世外的な主体という想定には厄介な問題がともないます。超越論的主体は世界の外部にいるのでしょうか。それは、つぎのような超越論的理論からの論理的帰結なのでしょうか。すなわち、経験的理論であることを否定し、意識の事実に依拠しようとする理論であるわけですが、その意識の事実は当然経験的事実であるはずはなく、つまり五〇億から六〇億の人びとの頭の中にバラバラに存在するようなものであってはならず、わたしたちが自分の思考や経験の条件をよくよく考えたときに必然的と思わざるを得ないようなものという抽象化の産物としての事実です。このような考え方からすれば、超越論的主体は世界の外部に存在すると推定することは自然な流れでしょう。しかし、そうだとすると、観察者は作動し何かを表示しなければならないという理論的決定をみなさんが同時にする場合、またしても困ったことになります。というのも、世界の外部にある何かをどうやって表示できるのか想像しにくいですし、とにかく世界と世界の外部という区別があるのだからそれを用いて世界の外部の表示を詳細に規定すべしと言われても、やはりどうすればよいか想像しにくいからです。

これは、神学で神という概念に関して議論されてきている問題です。もし神とは世界の創造者であると考えてよいとすれば、神自身は世界から区別されます。しかしそうすると神はどうやって自らを表示することができるのでしょうか。自分自身との関係を可能とする区別を実行しなければならないとき、神はどうやって自分自身との関係を獲得することができるのでしょうか。神学者たちはつぎのように答えることができるでしょう。神のもとでは一切がわたしたちとは違っていて、神は直観をもっているのだと。つまり神は区別なしに表示することが可能であり、個体を、それが神自身であれ、直接把持することができると言います。その際何かを排除する、あるいは考えないということもないというのです。ニコラウス・クザーヌスの著作には、神にとっては神と世界の区別は存在しないという趣旨の記述も見られます。神は区別しません。自分自身を世界から区別することもしないのです。そして、この一体性は神にとってのみ観察可能であり、しかも区別することから逃れられないわたしたちには理解できない仕方で観察可能なのです。以上のような議論は神学としてなら受け入れられなくもないでしょうが、たとえばフィヒテあたりからの人間主義的理論の傾向にしたがって主体とは個人のことだと見なすならば、主体はわたしたちの一人ひとりであり、まさにわたし自身のようなものだということになり、その場合、一体全体、上に述べたようなことを主体がどうやって行うのか、想像することは恐ろしく困難になります。というのも、もしわたしが肉体をもたず、そもそもここに、他の何処でもないこの場所にいないならば、一体どうやって自分自身のことを考えたらいいのか、わたしにはわからないからです。

しつこいですが、もう一点簡単にコメントしておきたい思います。それはこの講義に収まるような話ではないのですが、わたしにとって主体はどこにあるのかなどという問題に何度も何度も直面しなければならないほどの意義を、どうして主体概念はもっていたのかという問いに関するものです。わたしは、主体概念がもっていた説得力は、社会理論の展開がまだ不可能だった状況において主体の理論が形成されたということと関係していると思っています。近代社会の輪郭がぼんやりとながら見えるようになってくると、人びとはもはや自分たちが伝統を重んずる貴族社会に住んでいるのではないことを理解しました。また、多くの事柄を、時間的関係のなかで理解するようになりました。それによれば、人は一方でもはやかつての自分ではなく、他方でいまだなりうる自分ではないということになります。つまり、誰もが政治に関与し続けられるような立憲主義、人権、民主主義の未来、あるいは自由な市場を作動させることで福祉が増進した未来、そんな未来が待っているというわけです。こうした話は、今日に至るまで繰り返し繰り返し語られてきました。しかし、そもそもこうした未来へのパースペクティヴは、どれほどコストがかかることになるのか知りようがありませんでしたし、限界も予想していませんでした。まさにそうした点で、こうした未来へのパースペクティヴに対する懐疑が増大してきています。こうした状況においては、〈伝統〉対〈近代性〉、〈奴隷社会〉あるいは〈農村的な貴族社会〉対〈一人ひとりが主体となる解放〉といった粗雑な区別でも用いないかぎり、社会理論の構築は不可能でした。こうした状況において、主体から出発して相互主観性を説明することができていないなどということは無視することができました。主体同士の「相互の間《インター》」とは何でしょう。あるいは、わたしとは一人であるとき、そもそも他の主体とはいったい何なのでしょう。自己自身およびその他一切の根底に反省がある――主体の原義（subjectum）――ということが主体概念の意味するところだとすると、他の主体なるものがどのようにして登場しうるのかを理解することは困難です。それでもなお、他の主体の内部でも作動が行われているのであって、ただわたしの立場から見ればどうしてもわたしが第一義性をもってしまうのだ、と言うことは可能です。わたしは、他者については彼らが主体としてどのように作動しているのか厳密にはわかりませんが、類推や感情移入を通じて、あるいはアダム・スミスが言うところの共感を通じて、彼らも主体であると見なす、そうした主体なのです。

満足のできる相互主観性の理論は存在しません。フッサールは『デカルト的省察』でそれを徹底的に考えようとしましたが、[56] 結局満足のできる理論は存在しないという否定的な結果に至るだけでした。そこから社会学が引き出した結論は、とにかく経験的にやろう、他の主体についていては、自分だけが唯一の主体だとか、自分以外はみんな主体ではないとか、主体同士の間には何も存在しないなどと主張する者は誰もいないのだから、他の主体は存在すると単純に言明することにして、それ以上ごちゃごちゃ言うのはやめよう、というものでした。他の主体は存在するという想定は、その後、言語理論等々によっても肯定されたことは、おそらくみなさんもご存知でしょう。しかし、そのように相互主観性の現象学へと一歩踏み出すことを正当化してくれる理論は存在しません。「社会的なもの！」が問題になっていたわけですが、デュルケムの言う意味での固有の現実としての社会的なものが、どうやって主体の理論と結びつけられうるのかは、決して十分には説明されませんでした。知識社会学的に注目に値するのは、主体の理論が説得力をもちえたのは、どうにもこうにも社会を記述することができなかった状況においてであったという点です。今日、わたしたちはエコロジー、リスク、テクノロジー等々の問題との関係で近代社会のさまざまな限界を知るようになりましたが、そうした面を含めた社会の理論が当時まだ存在せず、多かれ少なかれ契約論的な、あるいは分配政策的な諸個人間の均衡に重点をおいていましたので、社会を記述できませんでした。こうした状況において、主体理論が前提とする主体概念のもともとの含意がしだいに忘れられていきました。

しかし二〇世紀末の今日、わたしたちはもはやそれでは済まされず、社会的なものの固有のダイナミズムそのものをとらえなければならない状況にあります。しかも社会的なものの固有のダイナミズムそのものは、そこで具体的経験的な個人という意味での人びとが何を考え、何を意識的に経験するのかという問題とは独立にとらえなければなりません。問題解決の鍵は主体概念と個人概念とを根本的に分離することにあると言うことも可能です。個々人を経験的にありのままに見れば、みなさん一人ひとりが自分自身と自分が知っている人びとをありのままに見れば、もはや主体という観念を保持し続けることはできません。これは、主体という術語を継続して使用することはできないことの副次的考察であり、その理由を追加的に正当化してくれるものです。それは、人間は存在しないとか、人間は存在するが、それをあまり深刻に受け止めるべきではないといったテーゼを問題にしているのではありません。以上が、意識の考察を優先する考え方および主体の理論との関係における観察者の理論的位置づけに関する若干の説明です。

つぎに、観察あるいはセカンド・オーダーの観察の問題について述べたいと思います。セカンド・オーダーの観察とは、観察者を観察することです。それは、この概念が要求するところからすれば、何らかの人びとをただじっと見るということでなく、その人たちがどのように観察しているのかをよく見るということです。たとえば一八世紀の教育学が、子どもたちは大人とは違ったふうに世界を見ているということに気づいたとき、この概念を実行していたことになります。子どもは、わたしたちと同じ世界を生きている小型の大人なのではなく、さまざまなイメージ、大人とは異なる驚きの瞬間、異なる不安、異なる他人との距離の測り方、あることが退屈だったりそうでなかったりを左右する異なった関心等々をもっています。つまり子どもたちは独自の観察図式をもっているのであり、子どもの世界に入っていってそこから何が教育的に有意義であり何がそうでないかを理解しようと思うならば、大人は子ども独自の観察図式によって観察する必要があります。こうした類の歴史的考察も存在し、たびたび議論されてきましたが、とりわけフィリップ・アリエスによって有名になりました[57]。わたしたちは同じ事柄を新しい言葉で語っているにすぎません。つまり、わたしたちは今、セカンド・オーダーの観察の発見について語っているのです。人は教育者としてもはや子どもたちを改造が必要な客体のように見なしたりはしません。子どもたちもまた観察者なのであり、そのパースペクティヴを用いて教育しなければならないのです。

わたしには、セカンド・オーダーの観察の理論、観察者の観察の理論は、相互主観性に関して議論されてきた多くの問題を受容し解決するように思われます。ただし、主観(主体)という術語にもとづく議論では予想されていなかったような独特の論じ方によってですが。たとえば、セカンド・オーダーの観察は、まずは同時にファースト・オーダーの観察でもあります。わたしたちは観察者を観察しなければならないわけですが、そのためには、何かを真摯に受け止め、何らかの事態を観察し、何かを指針とし、何かを具体的に特徴づけなければなりません。そこでは抽象的形式の論理だけが問題なのではありません。セカンド・オーダーの観察とは、観察者が見ることができるものとの関係で観察者を観察することであり、さらには観察者が見ることができないものとの関係で観察者を観察することです。後者の点については後でまた触れます。わたしたちは何を立脚点として世界を見ているのか、あるいは何に準拠して、それ、あるいは彼、彼女の世界の見方を追体験しようとするのか、その対象を特定しなければなりません。もう少し正確に言えば、わたしが観察している観察者はいかなる区別を用いて活動しているのかということが問題になるのです。わたしは、わたしが観察している観察者を他の観察者から区別しますが、彼あるいは彼女自身は、もしかするとわたしとはまったく違うやり方で区別しているかもしれません。たとえば道徳的に行為しているかもしれません。あるいは近いか遠いかということで区別しているかもしれませんし、個人的か非個人的かということで区別しているかもしれませんし、それ以外かもしれません。可能性はたくさんあります。ですから、わたしにとっての問題は、彼あるいは彼女はまさにそのように区別しているのであって別様にではないということを、いかにわたし自身に!説明するかということです。

独特な言い方ですが、わたしたちはここで複雑性の大幅な縮減に関わっています。わたしたちは、いわば世界を無視、もしくは「その他一切」あるいは「その他すべての」観察者というカテゴリーに押し込め、一人の観察者に特化します。そこから、いわば世界を再獲得します。つまり、その観察者はどのような区別を用いているのか、どのように世界を分類しているのか、どのような状況において何を重要と見なし何をそう見なさないのか、といったことに関心を向けることで、世界を再獲得するのです。このように、複雑性を縮減することで同時に複雑性の大幅な増大が生じます。というのも、わたしたちは今や二つの区別を同時に扱えなければならないからです。つまり、他の観察者ではなくこの観察者を観察することを正当化してくれるわたしたち自身の区別と、この観察される観察者が用いている区別の二つです。わたしが扱っている世界は、観察されうるもののすべてが突然、選択される区別との関係で、偶発的なものとなる、そういう世界です。観察されうるものが何であれ、やはり何らかの意味で人工的であり、相対的であり、歴史的であり、多元的であり、その他みなさんがどんな用語を好もうと、結局は同じことです。そこからわたしたちは、全世界を偶発性の様相において、つまり別様に観察されることも可能であるという様相において、再構成することができるのです。

世界は媒体になります。つまり、ある意味であらゆる二側面形式、あらゆる区別、あらゆる観察者を、それらが観察されるとき、まさに二側面形式、区別、観察者として存在せしめる媒体になるのです。これが第一の点です。つまり、セカンド・オーダーの観察はファースト・オーダーの観察である、ただし、データ、本質形式、世界の意義などの究極的確実性に関する存在論を放棄することで、高度の複雑性を獲得することに特化する、そういうファースト・オーダーの観察であるということです。

第二の点は、セカンド・オーダーの観察によって、他の観察者が何を観察できないかを観察する能力をわたしたちは追加的に獲得するということです。他者が見ないものを見ることに対する関心というのは、魅力的な獲得特性であり、特殊ヨーロッパ的あるいはまた特殊「近代的な」特性であるように思われます。もっともそのはじまりは中世にまでさかのぼりますが。おそらく中心透視画法の発見――フィリッポ・ブルネレスキ〔イタリアの金細工師、彫刻家、ルネサンス最初の建築家〕ほか――以来、他者がどのようにものを見ているのかを再構成しようとする試みが行われるようになりました。それによって意図的に光学的錯覚を作り出せるようになろうとしました。当時は、そうした錯覚は現実の視覚の「自然法則」に対応して成立すると思われていました。その際、パースペクティヴそのものを見ることができないことは明らかでした。LSDやその派生薬物の効果で空間が歪んでいるとか、いくつかの空間がばらばらに広がるピエラ・ダ・シルバ(58)の絵をのぞき込むとかしなければ、つまり普通の空間表象を抱いているときは、わたしたちの視覚において空間の統一性がどのように組織されているのか、わたしたちには見えません。

パースペクティヴという派生的術語は、つねにまたつぎのような考えを当然のごとくともなうことになった術語でもあります。すなわち、パースペクティヴはそれを用いて見る者によって見られることはないという考えです。こうした考えから派生してくることが、一方では絵画において起こりました。中心透視画法で描かれた空間においては、特定の人びとがその空間内の位置ゆえに特定のものが見えないという事態を描くことができるようになりました。その人たちの背後で何かが行われているわけです。わたしは一枚の絵を思い出します。たぶんフェルメールの絵だと思うのですが、夫人が夫に手紙をもってきて、それを夫のライティング・デスクに置こうとする場面を描いたものでした。夫はふり返らず、手紙はこちらに連れてこられるかのようにやって来ます。彼は見てはいませんが、妻や子ども、家の構造やものの配置を熟知しているので、手紙が運ばれてきたことを知っています。つまり、ふり向く必要がないことがわかっているという事態が描かれているわけです。絵を描く際に空間表象を意識できるようになるやいなや、つまり中心透視画法を用いることができるようになるやいなや、そういう事態をうまく描くことができるようになったのです。中世ですと、同一人物が、描かれた状況での重要性次第で、絵の中の二カ所で登場するということがあったわけですが、中心透視画法ではそういうことが許されなくなりました。今や存在する空間はただ一つであり、だからこそ見ない・見えないという状況を描くなどということが可能となったのです。しかし、絵画の場合、空間に拘束されていますから、見ない・見えないという状況を描くといってもたかが知れています。そこで、どう言ったらよいのか難しいのですが、はじまりがいつなのか確かなことは言えないながら、一七世紀以来――たぶんドン・キホーテあたりからでしょうが――物語のなかで、特定の人びとが特定の事柄をまったく見ない・見えないという事態を描くという、もう一つの可能性が存在します。ドン・キホーテは騎士物語を読んでいたおかげで、現実をみる目が曇ってしまいました。そのことが他の登場人物を通じて明らかになるように描かれるわけですが、それによってそういう技法にまだ慣れていない読者でさえ、特定の事柄が見えなくなっていることがわかります。今や、現実を見ない・見えないがゆえに成立する動機が登場します。一八世紀の小説のなかで、意識してはいけないし、まして公然と認めることなどもってのほかの関心として、女性が抱く性愛に対する関心、結婚に対する関心が扱われますが、そうした関心に、今述べたような動機が大いに関係しています。このことについて、ここではこれ以上は立ち入りません。

わたしたちにとって興味深い展開が、社会に関する理論において見られます。マルクスとフロイトがもたらした展開です。これによって一種の治療的意図をもった理論、いわば盲点を治療によってなくそうとする理論が存在するようになりました。たとえば資本家は、自分たちがみずからの没落を引き起こそうとしているということを見ることができないとされます。経済理論全体は、自然な経済状態の理論として、自分たちの活動の結果に対する社会的反省を呼び起こすのにふさわしいような構成にはなっていません。だから資本家は自分たちの没落の準備をし続けるわけですが、そこで人びとはつぎのような問いに直面することになります。すなわち、没落が起こるところまで、あともう少し後押しすべきなのか、それとも何もせずじっと待ち続けた方がよいのか、という問いです。フロイトの理論においても、意識理論という次元においてですが、同じパターンが見られます。無意識とはまさに意識されないものであり、意識の盲点を表していて、その人と付き合う人だけが意識できるとされます。この場合、治療のイメージはこうなります。まずは当人を縛っているものを意識化すること、そうすれば世界に対してもっと自由に対処できるようになる、です。しかし、最近は治療のイメージも変わってきているようです。つまり、誰でもがその人なりに世界を構成しているのであって、その点では治療者も同じだと言われるようになってきています。もちろん、治療者はほんの少し多めの経験と専門家としての自信をもって構成しているのですが、それでも診断と治療という目的に合うように構成していることに変わりはないというのです。そのように構成する場合であっても、診断とは自分自身を十分に反省しているわけではない一種の試みであって、結果を見てそれなりに有効であったかそうでなかったかを判断する試みです。ともあれ、一方における世界に対する治療的態度の一般化と、他方における見ること・見ないことのテーマ化との間に関連があることは明らかです。

ところで、見ることと見ないことというテーマは、ハンツ・フォン・フェルスターの本『オブザービング・システム(Observing System)』(システムを観察すること、システムが観察していることの意味をもつタイトル)のなかでも登場します[59]。この本は一部がドイツ語に翻訳されていますが、つぎのような観点から論じられています。すなわち、人は自分が見ていないものを見ていないというだけでなく、見ていないということを見ていないという観点です。見ていないものを見ていないというのは自明ですね。たとえば、わたしたちは今、町の中でクリスマスのイルミネーションのスイッチが入れられ明かりが灯る様子を見ていません。そして、今それを見ていないということを知っています。しかし、決定的なのは、見ていないものを見ていないということを見ていないという点なのです。人は自分が見ているものを見ますが、それに魅了されるあまり、その他一切を見ないことが今見ているものを見ることの条件である――見ることの超越論的条件と言いたいくらいですが――ということを、同時に見ることができないのです。ちなみに、このことを示唆する古いメタファーは目です。目は自分が見ている様を見ることができません。ところがフィヒテになると逆転が起こります。目は自分が見る様を見ます。そして主体のなかで目は内部が明るく澄んでいきます。

わたしはヨーロッパ以外の文化のことをそれほどくわしく知っているわけではありませんが、このセカンド・オーダーの観察と、他者が見ることができないものに対する関心とは、ヨーロッパ特有のものではないのだろうかと思います。ちょうど同じ時期、つまり一八〇〇年頃、「文化」に対する関心が起こってきます。突然、わたしたちは文化概念をもつようになったのです。そして、今また文化概念がもてはやされていますが、文化に対する関心もまた、他者が見ないものに対する関心です。特定の文化的伝統に囚われていることで特定の事柄を見ることができなくなるわけですが、その見ることができないものをわたしたちは——というと自動的に「わたしたちヨーロッパ人は」と考えてしまうでしょうが——見ることができるのです。もしみなさんが、最近の二次文献も含めて、オリエント学、民族誌、民族学《エスノサイエンス》等々の全体をご覧になってみれば、ヨーロッパ人であるわたしたちは、他者が見ないものを見るという関心を抱きながらセカンド・オーダーの観察を推し進めているということに徐々に気づきつつあるという印象をもたれることでしょう。と同時に、こうした関心はやはりきわめて特殊な関心であり、将来の世界秩序であるわけではないという印象ももたれるでしょう。つまり、あらゆる人間が同じような関心をもって同じように観察しなければならないわけではないですし、仮にそうなった場合、物事が損なわれることなく整然とした秩序が保たれるのかと言えば、おそらくそうはいきません。

セカンド・オーダーの観察に関するここでの考察でつぎに触れたい点は、盲点の絶えざる移動のような事態を意識することは可能かという問題です。たしかにわたしたちはみんな、何らかの盲点をもっていることを知っていますが、まさにそれを意識した瞬間、別の区別を用いています。盲点はいわばわたしたちの背後でぐるぐると移動し続けるようなものです。わたしたちはただ、自分は今どのような区別を用いて何を観察しているのか、そしてわたしたちの背後でそれを可能としている見えない条件は何なのか、ということを自覚するように十分洗練されるしかありません。別の言い方をすれば、さまざまな観察をつねに、何が見えて何が見えないのかという観点から観察するのであれば、わたしたちは独特の機能次元にとどまることになるのではないかという問いが提起されます。つまり、つねに「……によって観察された」という見出しを付けることに満足するような次元です。「近代社会によって観察された」、「ゴルバチョフによって観察された」「近代物理学によって観察された」といった具合です。わたしの印象では、これを盲点の循環、あるいはセカンド・オーダーの観察の次元における回帰的なオートポイエーシスの確立と記述するとき、わたしたちはモダニティの典型的な態度を見ることができるようになりました。

この印象について、二つの論拠をあげたいと思います。まず第一に、近代の機能システムのすべてにおいて、その主要な遂行能力が――日常業務があらゆる点でというのではないですが、その際立った特徴をなす作動条件が――、ますますセカンド・オーダーの観察の次元にもとづくようになってきているように、わたしには思われます。教育法についてはすでに触れましたが、教育者は、自分がどんなふうに観察されているかを観察しなければなりません。そもそも子どもたちは、たとえ不安からだけでも、自分が観察されているのかいないのかをつねに観察しなければなりませんでした。しかし今や、教育という営みで中心的役割を果たす教師もまた、自分の考えをぐっと押さえて、まずは自分がどんなふうに観察されているのか、世界がどんなふうに観察されているのかを観察しなければならないのです。同じことは政治にも言えます。政治は世論というスクリーンの前で踊らなければなりません。どれほど世論調査をしたところで、人びとが本当のところ何を考えているのかを知ることのできる政治家など一人もいません。せいぜい統計処理による予測から、若干の人びとが何を言っているのか、何を考えているのかがわかる程度です。政治あるいは政治家が、各人の頭の中で何が起こっているのかを知ることができるなどということは考えられないことですし、たんに考慮することすらできるとは思えません。その代わりをするのが世論です。世論も一種のコミュニケーションの結果ですが、さらなるコミュニケーションのために用意される結果です。そうだとすると、政治とは基本的に、世論においてどのように観察されるかということに対する準備を整えることです。つまり、できるだけ競争相手よりも良いと観察されるように準備を整えることです。

政治家は、自分がどのように見られているのか、また他者はどのように見られているのかを見なければならないのです。しかも、毎日の活動の次元で一瞬一瞬ごとにそうしなければなりません。したがって会議の開催場所を、夕方のニュースまでに会議の結果を伝えるのが間に合わないほど遠くの田舎にもっていくわけにはいきません。政治家は他者に先んじなければならず、少しでも早くテーマを伝えなければならないということですが、本来的に政治的な活動は、あくまでもセカンド・オーダーの観察による反省です。

経済システムにおいては、価格を手掛かりに需要やライバルの行動を観察します。「彼らはもっと安く提供できるのだろうか」「それで彼らはどれくらいもちこたえられるのだろうか」「その値段でもなお需要があるのだろうか」といった具合です。そして、こうした次元で売上目標数値や取引高予想、投資コストを絶えず修正するわけです。芸術家もまた、形式のおかげて作品が観察されるように、あれこれ形式を工夫します。このことは一九世紀以来、たぶんヘーゲルからだと思いますが、芸術作品を評価できるのは、その作品が効果をねらって用いている形式に注目するときだけだというふうに表現されています。わたしたちはこれをつぎのように言い換えたいと思います。芸術は、作品をどのように観察すべきか、その指示を与えるものとして、さまざまな区別を作品に組み込む、と。そうだとすれば、もはや自然に似ていることが問題ではないですし、単純に社会政策的意図だけで評価されることもなくなります。

この点については、芸術に関するあらゆる論点同様もっと解説が必要でしょうが、もともと問題にしたかったことはつぎのような問いでした。すなわち、わたしたちは機能システムをセカンド・オーダーの観察の次元で機能させてきたのではないのか、したがってまたほとんど不可避的に偶発性の意識を抱くようになったのではないのか、それゆえつねに人為的なもの、変更可能なもの、特定の区別に依存していることを反省し、それで十分と思ってきたのではないのか、ということです。このことは、同時に相当程度の刺激感受性、回復能力、修復能力をシステムが備えていることを前提しています。障害が起こることは当然あります。予期していなかった事態が発生したりします。それにうまく対処できなければなりません。その際、セカンド・オーダーの観察の次元で対処の仕方がどう認識されるかなどということは問題になりません。たとえば政治に関して驚くような予期せぬ事態が生じたならば、とにかく具体的な対応が求められます。実際、セカンド・オーダーの観察の次元で機能システムが正常に機能し続けるのは、同時に障害に対して迅速に対処できる能力を備えている場合だけなのです。お金の流れの向きを変えることができなければなりません。また、これまでの政治的見解を放棄して新たな見解を作り上げることができなければなりませんし、法律を変更できなければなりませんし、学術分野では新しい刊行物を出版して、古い刊行物は時代遅れであると宣言できなければなりません。

以上の分析は機能システムの次元に関わるものでした。つぎのように言ってしまって本当によいのか、まだちょっと迷うところがあるのですが、わたしにはこうした分析に携わる近代的知識人が一般的メディアとして存在しているように思われます。パーソンズの理論では、こうした升目の一つに知識人というメディアが位置づけられています。(60) これに関して、確かに十分な説明はなされていないのですが、それでもつぎのような事態を想像するきっかけにはなります。すなわち、わたしたちの社会では、機能システムの外部に、たとえば科学的・学問的に責任を負うべき研究、仮説検証テスト、データ収集、新たなテクノロジーの開発といった一群の営みの外部に近代的知識人が見出されるという事態です。逆に言えば、彼らの言動を機能システム内部の現象とは見なしにくいということです。つまり、彼らはより良い研究成果を生み出すだけでなく、さまざまな物事について全般的な話もするわけです。カール・マンハイムはたんなる比喩としてでしたが、「自由に浮動する知識人」という言い方をしました。ともあれ物事について全般的に語るかぎり、セカンド・オーダーの観察の一般化と見なすことができます。これによって、どうして知識人は他の知識人について語ることが多いのかということも説明がつくかもしれません。たとえば、なぜハーバーマスは、デリダがニーチェをどう記述したか、あるいはヘーゲルがカントをどう記述したかということを記述するのでしょう。そしてまた別の人はなぜ、ハーバーマスあるいはパーソンズがヴェーバーをどう記述したかということを記述するのでしょう。他方で、パーソンズがいかに誤ってヴェーバーのことを記述したかということを記述しているパーソンズの批判者もいます。こうしたことの全体が、記述の記述、観察の観察における討論という次元で行われています。こうした知識人のオートポイエティックなネットワークにおいては、現実はただショックを与えるものとしてのみ割り込んできます。ですから社会主義システムの崩壊は知識人にとって、少なくとも多くの知識人にとって、ショックだったわけです。もっとも、以前からポストモダン論によってショックを和らげる考え方が用意されていました。すべては予測できたことだとか、問題はたんに理論が誤まっていたということにすぎないとか、社会的連帯（das Soziale）はこれまで同様、倫理的に大切だとかです。しかし問題なのは、現実と結びついた現代社会論をもたない知識人というメディアは、セカンド・オーダーの討論と、知識人特有の軽やかさで問題を言い換えたり相対化したり新たな理念をもち出したりしてショックを和らげること以外に、何かできることがあるのかということです。高尚な言い方を紹介しましょう。シュレーゲルはかつて、それは高級な下剤だと言いました。にかかわらず、現在それは「内部に」とどまっています。つまり流行っています。人びとは誰がそれを世間に広めたか知っていますし、それに賛成することも反対することも可能です。こうした次元で社会学がつぎのような貢献ができればいいのでしょうが、残念ながらそのようなものはありません。すなわち、一方で観察の構図を反省し、つまり知識人というメディアを理論の枠内で論ずることができ、他方で現実からかけ離れた議論をすることの問題と衝撃緩衝装置を記述することができるような、そうした貢献です。社会学者たちは、軽い足取りで言葉巧みに物事の表面を滑っていくようなことは自分たちの仕事ではないと最初からわかっていたのか、それともたんに有効な現代社会の理論を展開できなかったからそれができないだけなのか、わたしには判断がつきません。

最後に、同じ問題を別様に表現したものについて若干コメントしたいと思います。このテーマに関係する文献のなかに、世界はどのようにして自分自身を観察することができるのかという問いを立てる論述を行っているものが若干ながらあります。もしこう言ってよければ、これは無神論的な問いです。世界はどのようにして自分自身を観察することができるのでしょうか。スペンサー゠ブラウン、それにハインツ・フォン・フェルスターは、世界は自分自身を観察するために、物理学者を生み出さなければならないと考えているようです。[61] 世界が物理学者を生み出し、それによって世界を客体としてだけではなく、観察そのもののなかではじめて構成されるような何ものかとして観察するような、そういう観察者が世界のなかに存在することになります。近代物理学は、観察のための道具によって現実が変形するという経験をしました。みなさんは、量子物理学でそういったことが問題になっていることを聞いたことがあるのではないでしょうか。量子物理学の観察者は自分が考えついたものだけを見るわけではありませんが、かといって観察装置によって何らかの作用を生み出したもの以外のものを見るわけではないということも知られています。わたしはたまたま数日前、アウグスト・ヴィルヘルム・シュレーゲルの芸術論――それは『一八〇一年以降の文学と芸術に関する講義』の第一巻ですが――を読んでいて、物事がこれとはまったく違って見えるような引用を見つけました。その引用にはこうありました。「もし自然全体を一つの自己意識的な存在と考えるならば、実験物理学によって自分自身を探求せよなどということを自然に要求することを、人はどう思うだろうか」と。そしてシュレーゲルは「盲目的な手探り」と言っています。[62] つまりそれは何の成果ももたらさないというのです。もちろんもはやどこかに偉大な存在として主体がいるわけでありません。もはやフィヒテ理論の応用版は問題になりません。しかし、だからといって実験物理学でうまくいくわけでもないのです。自然が自分自身を観察する。わたしには、二〇世紀における物理学の発達を通じて、つぎの問いが正当なものと見なされるようになったと思われます。すなわち、世界を観察するために世界を分割する区別が用いられるとすれば、世界のなかで世界の自己観察はどのように整えられうるのか、という問いです。もちろん「アルミニア・ビーレフェルト」とそれ以外の「サッカークラブ」のような部分的区別だけが問題なのではありません。こうした部分的区別の場合、世界とは「それ以外のすべて」であり、しかもそれが部分的区別をいわば文脈づけます。こうした部分的区別だけが問題なのではなく、どのように世界がマークされる側とマークされない側、表示される側と表示されない側をともなう区別のなかに分割されうるのか、という問いが問題なのです。こうした区別や世界は自分自身をどのように観察するのかという問いにますます注目するようにわたしたちを駆り立てるのは、一つは現代の言語理論であり、もう一つが物理学であると言ってよいかもしれません。

このように立てられた問題に対しては、生物学的認識論をはじめとして一連の研究成果が存在します。マトゥラーナは、原則的に生命を土台として観察者を考えており、観察者とは言語を操る生物なのだから、生命の観察は生物学的に役立つものでなければならないと言います。もし観察者が生きていなければ、当然観察もしません。観察者は死んでおり、何も見ません。しかし、物理学の場合と違って、観察のための装置から、観察者が観察する対象に対してどのような制限が帰結するのかということを知ることはいっそう困難です。わたしには、これは物理学的問題のコピーのように思われますが、同程度に厳密に記述することは問題にならないと思います。たとえば、生物は頭脳をもっているはずだ、頭脳が行うデータ処理には限界があるという、頭脳は同時並行的処理を行うはずで、そのための一定の能力をもっている、それゆえ起こりえないことは起こりえない、などと言うことは可能です。しかし、本当にこう言えるのか、疑問の余地があります。わたしたちは文字をもっており、膨大な文献があります。それらは何度でも読み直すことが可能であり、それによって実現しうること——もしそう言いたければ、生物学的にも実現しうること——は計り知れません。そこには、生物学ではうまくとらえられない複雑性の増大の可能性が含まれています。たとえばこの点で、生物学者が、観察者は当然生物であり、それによって制約されていると言うとき、どんなことを考えているのかと問うてみることができるでしょう。

社会学者たちの間では、世界の自己観察と類似の問題が、予言の自己成就あるいは自己否定の定理として定式化されています。それはつぎのようなことです。何らかの予測がコミュニケーションを通じて社会に流布すると、社会は自分自身について予測がなされていることを知っていて、それに何らかの対応を迫られる状態になるということです。ロバート・マートンその他の人によって取り上げられたこのテーマは、文献のなかではほとんど方法論の問題としてのみ扱われてきました。[63] たとえばケインズ主義的経済政策が定式化され、それが適用されることになると、それに応じた予想、つまりインフレ期待が生じるということをわたしたちが知っているように、予測が公表されることで現実が変わるということを知っている場合、どうやって現実についての客観的認識に到達しうるのでしょうか。こうした方法論的な問題のとらえ方を度外視したとしても、社会はどのようにして自分自身についての認識をコミュニケーションという形式で実現しうるのかという問いは、第一級の認識論的問題であるように思われます。この場合、客観的であるというのはどういうことなのでしょうか。問われるべきことは、どのように適切な方法論的対策を講じることで問題を解消できるかではなく、わたしたちはどのようにしてこうした循環するネットワークと一緒に生きていくのかということです。

ハインツ・フォン・フェルスターがザンクト・ガレンで行ったマネジメントについての講演では、問題が変更されていました。[64] マネージャーあるいはプランナーは、彼が管理するシステムの一部です。そして、他の人たちは、彼が管理という仕事をしていることを当然知っていますし、適切なタイミングでシステムを守るための行動を取っていることも知っています。人びとは適宜メモを取り、計画が立案されることに対する準備をします。そして、どうやら計画が立案されそうだという気配を察知したときには、すでにどう対処すべきか知っています。つまり、企業においても、教育の場合と同様に、セカンド・オーダーの観察が重要だということです。自分がどう観察されるかを操作できる者だけが指導者たりえるのです。結果的に生じた現実の収支決算や企業の業績から、指導者としての振る舞いがどうだったかと問うことは、別問題です。基本的には観察されることを巧みに操作することが問題であること、また権威の源泉は企業の外部にはなく、企業内のコミュニケーション過程から生じること、これらを考察の出発点とするならば、大幅に複雑化したリーダーシップ、プランニングの理論が生まれるでしょうし、大幅に複雑化したリスクマネジメントの理論も生まれるでしょう。企業においては、つぎのことも焦眉の課題なのです。すなわち、誰がリスクをともなう決定を行った者と見なされるのかはっきりしているのか、失敗した場合に会社を立ち去らなければならないのはわたし一人だけだ言いうることから権威を引き出すことができるのは誰か、という問いです。

7 再参入

以上の考察によって、あらためて再参入というテーマが提起されることになります。すなわち、以上の考察をひとまとめにして表すならば、観察者が観察されるもののなかにあらためて入ってくるという問題です。観察者は彼が観察するものの一部であり、彼が観察するもののパラドキシカルな事態の内に自分がいることに気づきます。観察者が、企業、社会、物理学の一分野などを観察できるのは、彼が観察するものと観察されるものという区別をあらためて客体の内に参入するときです。そこから認識論を導き出そうとすれば、方法論の問題だけでなく、究極的には再参入のパラドクスに直面することになります。つまり、参入された区別はなおも同一の区別なのでしょうか、それとも違うのでしょうか。これはまたつぎのことも意味するでしょう。すなわち、いかなる認識論的構築主義も、あるいはいかなる認識論的指示も、パラドクスと関わり、わたしたちは何らかの区別を投入するときだけそのパラドクスを越えるということです。たとえば、物理的道具と観察を区別する、また計画を発表するコミュニケーションと、それ以前も以後も存在するシステムとを区別するなどと言ったりするわけです。そうすることで、わたしたちは再び、区別を用いた現象の観察という大地に立っています。しかし、観察者という図式《フィグーア》の参入が実際に意味することは、形而上学の革命です。ここで言う形而上学とは、物理学を越えるものということですが。この革命は、パラドクスという究極的問題と、作動のためにはパラドクスを区別に置き換えなければならないということとに関わっています。投入される区別はあれかこれかいずれかの区別であり、したがってほかでもありうるものですが、他方でその区別によって人は何を行うことができ、何を行うことができないのかということを認識させてもくれるのです。観察者については以上です。

8 複雑性

〈第8講義〉

本日の講義では、目下お話ししている「一般システム理論」の項目を終わらせたいと思います。ということで、さらに二つの下位項目を取り扱わなければなりません。つまり一つは、複雑性という概念とその問題。もう一つは、これまでお話ししたような編成をもつシステム理論の内部で、合理性というものをどのようにとらえるかという問題です。これら二つのテーマは、たまたま並べ置かれたわけではありません。両者は互いに関連し合っています。もっとも、その関連は概念的に表現されてはおりません。しかし、システム理論の初期の形式においては、つまり五〇年代から六〇年代にかけて初めて一般システム理論を定式化しようとした研究においては、複雑性こそが中心的な課題でありました。その際、複雑性とは、何らかの計画の立案が成功裏に行われることを阻害するものであり、それゆえに一定の仕方で、すぐれて合理性の問題となるものです。ここで概念的な問いへ再び戻るのですが、この議論の出発点はシステムと環境の間には複雑性の格差があるという想定です。したがって、この出発点はシステムと環境の差異を用いた探究の試みによって、すでにおき据えられていたことになります。

このときわたしたちは一切の例外なく、環境の方がシステムよりもつねに複雑である、という認識から出発します。思うに、この認識に対して異論は出てこないでしょう。この認識のために、わたしたちは複雑性の格差に関わり合うことになります。そして複雑性の格差は、いかにしてシステムは複雑な環境と折り合いをつけることができるのかという問いを投げかけます。あるシステムを設計する計画立案者がいると想定してみましょう。そこでは、この環境との折り合いの問題が諸システムのなかで繰り返しもち上がることになります。ただし、この計画立案者は当のシステム自身ではありません。計画立案者とは、当のシステムのなかの部署であったり、エージェントであったり、下位組織であったりします。こうした計画立案者にとっては、当のシステム以外の他の諸システムもまた環境に含まれることになります。

出発点はつぎのことでした。いかなるシステムも、それが環境と切り離されている場合には、W・ロス・アシュビーが述べる「必要多様度（requisite variety）」を調達することができないということです。この「必要多様度」は、システムと環境の間の調和（matching）の状態、すなわちシステムと環境が密接不離に関係し合っている状態を産み出すために必要となるであろうものです。[65] システムは、環境内で起こるあらゆる事態に応じてシステム独自の状態を確立したり、そうした事態に抗してシステム自身の作動を保持できるだけの処理容量をもっていません。環境内で生じた事態を促進しようとするためであれ、逆に阻止しようとするためであれ、そうした処理容量をもたないのです。このようにしてシステムは、そうした事態に直面したとき、複数の事態を束ねてひとまとめにしたり、あるいは当の事態を無視したりしなければならない。システムは無関心な態度をとったり、複雑性を制御するための特別な装置を設けたりしなければならないのです。この事実から先の議論では、つぎの定式が引き出されました。すなわちシステムは複雑性を縮減しなければならない。この複雑性の縮減は、一方で環境との関係において行われなければなりません。また他方で、システムが当のシステム自身のなかに計画を策定するための審級を設けたり、合理性を創出するためのエージェントをおこうとする場合には、システム自身との関係においても複雑性の縮減を行われなければなりません。学の歴史をひもとくならば、このような問題状況は三〇年代の機能主義的な心理学にまでさかのぼることができます。当時、入力《インプット》－出力《アウトプット》モデルもしくは刺激－反応モデルのもつ種々の限界が認識されたのでした。これらのモデルは当時なお、このように呼ばれていたのですね。そのとき認識されたのはつぎのことでした。刺激と反応が一対一で対応しているという単純な説明だけでは、うまく研究を進められないようだということ。そして刺激を反応へ変換するような何ものかであって、数学的な関数（＝機能）には還元しつくされえない何ものかが、刺激と反応の間には存在しているということです。

このような認識を練り上げていったのは、機能主義的心理学、つまりエゴン・ブランズウィックの学派でありました。複雑性の縮減という表現は、わたしの見るところ、おそらくほかにも出所はあるでしょうが、一九五六年に発表されたジェローム・ブルンナーの『思考に関する一研究』[66]に起源をもつものです。類似の表現はそれ以前にもすでに存在しました。文芸学者のケネス・バークの著作のなかに「範域と縮小（scope and reduction）」、すなわち拡張と制限についての一章が見出されます。これはテキストを創出し、演劇を遂行する行為システムの作動のことです[67]。しかし、見出し語としての「複雑性の縮減（reduction of complexity）」については『思考に関する一研究』という書物が嚆矢となりました。この書物のなかでは基本的に二つの仕方で、一般化が問題となっています。一つの可能性として、システムが環境を集約してしまうことがあります。これはシステムが種々さまざまな出来事や事物をひとまとめにして同じ名前を貼り付けること、それらの出来事や事物を同一の形式をもったもの、同一視できるもの、変わりのないものと見なすこと、そしてこうした同一性が存するときにはつねに適用されうるような対応モデルを、それらの出来事や事物に当てはめることです。システムが環境内で生ずるじつに多種多様な事態に対して、適用可能な同一の対応モデルをあらかじめ準備していることが考えられます。もう一つの可能性としては、当のシステムがいかなる状態にあるかに応じて、環境において生じた同一の事態に対しても、システムがさまざまな対応を示すことがあります。こうした一般化において基本的に問題になっているのは、まとめて集約することを通じて一対一の帰属関係が遮断されることです。この集約は環境もしくはシステムにおいて行われます。

このように一般化というタームを用いて複雑性の制御ならびに複雑性の縮減について説明する手法を継受したのが、タルコット・パーソンズでした。このことはすでにみなさんにお話ししました。一般化の第二の形式については、階層理論の観点のもとに包括されるでしょう。この点についてみなさんは、一つには危機概念というキーワードのもとでご存知のことでしょう。この危機概念はつぎのことを示しています。それ以外の場合であればノーマルとは言えないであろうこと、ゆえにそれ以外の場合であれば実行されないであろうこと、このようなことが許容され、要請されさえするような例外状況が存在するということです。危機においては、通常とは違うことを行うことができますし、その他の場合であれば変更できないであろうような諸構造を変更することが可能になります。わたしたちが危機概念をまじめに受け止めるとします。つまり、逆に危機概念をまじめに受け取らず、危機状態を人類にとって長く持続する運命などと見なすような態度、このような態度をとらないとします。このとき危機概念、それは特定の諸状況に当てはめられるわけですが、こうした危機概念は階層構造をもつことになるでしょう。特定の諸状況においては、通常とは異なることが許容されます。それによって企業や経済システムを健全化したり、混乱した法システムをして法律が統一性をもっている状態へ向かわせたりするためです。こうしたことが行われれば、再びわたしたちは何を予期できるのかを知ることが可能になります。

これは階層問題の一つのバージョンです。別のバージョン、というよりむしろこちらが正式のバージョンですが、それをみなさんはすでに名前のあがったW・ロス・アシュビーのうちに見出せます。彼は初期のサイバネティクス論者です。アシュビーはもろもろの階段関数を区分したうえで、そうした階段関数を意のままに取り扱えるようなシステムを超安定的なるものと名づけました(68)。超安定的なるシステムということで考えられているのは、環境によってさまざまな妨害が引き起こされても、それが通常あくまで局所的に封じ込められ、システム全体に変更を来すような圧力にさらされることがないということです。そこで妨害に遭っているのは、どこか特定の部門だということです――たとえば、わたしたちが胃痛に襲われる場合、痛んでいるのは胃なのであって、そのとき両足は別段痛んではいません。痛みというものは、身体のあちらこちらが痛むような場合であっても、全身をくまなく覆いつくすようなものではありません。システムが、たとえば経済的な困難に陥ってしまうときにも、しかしそれが同時に政治的な困難にもなってしまうといった事態は避けることができます。仮にインフレーションが高じたとしても、経済理論までを変更してしまう必要はない。むしろ経済理論を保持し続けることによって、インフレを記述することが可能になります。このようにシステムが変化する幅を限定的にとらえる見方は、当時は刺激的な解明であり定式化でした。なぜなら当時は諸システムについて、同時にそれらは諸装置であり、その諸装置においてはあらゆる全要素があらゆる全要素と連関し合っているものと定義されていたからです。完全なる相互依存性こそがシステム概念の判定指標でありました。それが今や突如として、完全な相互依存性はそれまで考えられてきたような良いものではまったくないと見られるにいたったわけです。そして、完全な相互依存性はシステムの完成形などではなくて、むしろ逆に、きわめてありそうもない仕組みと見られるようになったのです。完全な相互依存性の想定においては、何らかの妨害が生じたとき、そのつどシステム全体のバランスを新たに調整し直すことを強いられます。そうこうしているうちに、早くもつぎの妨害が迫ってきますから、システムが再び安定状態へいたるためには膨大な時間を要することになりましょう。

こうした相互依存の想定に対して、階段関数の考え方は相互依存性の遮断を意味するものです。これを別のタームで述べれば「ルースなカップリング（loose coupling）」となります。ただし、このタームは、何か新しい内実を付与するものではありません[69]。互いが緩やかに組み合ったルースなカップリング状態の諸システムは、タイトに堅く組み合った諸システムに比べてより安定的です。後者、「タイトなカップリング（tight coupling）」はきわめてありそうにない仕組みです。わたしたちは、自然界にこうしたタイトなカップリングの仕組みを見出すことはないでしょう。さまざまな有機体はルーズなカップリングの仕組みの上に作られています。この点で、社会的な有機体も同様です。たとえば役所において、それぞれの役職に就いている個々の人びとが異動して入れ替わっても、わたしたちは特段困りません。担当者が交代しても、提供される業務内容には何ら変更がないからです。また、そうした交代があっても、プログラム自体を新たに書き換えるには及ばないからです。さらにこうした場合には、特定の順応が関わりをもってきます。システムがより厳密なカップリングの状態に入れば入るほど、当のシステムはより高いリスクを負うことになりますし、実際にもより大きな損害に見舞われることになります。ちなみに、この考え方は高度なテクノロジーがもたらす諸問題について考える際にも、一定の役割を果たすことになるものです(70)。いま仮に、技術に関わる諸システムが強固にカップリングしており、それがために攪乱状態の発生がシステム全体を壊滅させ、システム全体にあまねく損害をもたらしたと仮定します。しかしそれは、いかにも不自然なあり方です。そうした強固なカップリングの危険性は、システム理論の立場から知られていることです。ルースなカップリングにもとづいて作られるべきものは、それらのまわりに安全リングを装着したり、被覆や封じ込め(containment)の処置を施したりしなければなりません。つまり、こういうことです。攪乱発生のケースにおいて事態を掌握すべき人たちは、しかしこうした攪乱状態によって自分自身が完全に攪乱されつくしてはならないのであり、慎重な思慮をもって、一つまた一つと事をなさなければなりません。何事かに支障を来したときには、何らか特定の対処をとらなければなりませんが、ただしその際も、平静さを失ったり、度を外してめちゃくちゃになったりしてはならないのです。

複雑性という問題を考える視点から、つぎのようなことがどのようにして可能になるのか、その仕組みを探究してみます。すなわち、それが進化によるものであれ、もろもろの組織の計画策定によるものであれ、複雑性が高度に発展しうるのはいかにしてなのか、そして複雑性が高まるにもかかわらず、それでもなおシステムが機能しうるのはいかにしてなのか。今わたしたちが決定理論に目を向けてみるならば、ハーバート・サイモンの「限定合理性（bounded rationality）」、つまり限定された合理性（情報や条件を限定することによってかえって合理的判断が可能になること）という着想もまた、この仕組みの問いに属することになります。[71] この限定合理性においても一種の階層問題が考えられています。というのも、わたしたちが合理的に計算できるのは、ただ以下の場合のみだからです。それは、何らかの仕方で相互依存性の遮断が行われている場合、もしくは一定のフレーム、一定の枠、一揃いの諸条件などが用意され、そうした枠の内部においては、あらゆるケースに対して適用可能な解決策を見出せる状態が確保されている場合です。こうした決定の諸前提が、諸システムが十分に安定して存続することや作動することを保証しさえするのならば、その諸前提にもとづく解決策が最適なものか否かということは何ら問題にはなりません。この理論は、以下のような経験を背景にして形成されました。すなわち、古い経済理論が完全なる競争市場という想定のもとで計算を行っていたことです。完全なる競争市場の想定とは、すなわち市場こそが商品価格を決めるのであり、そこでは商品供給者たる企業家にはほとんど決定の余地が与えられていないという想定です。このように古い経済理論は、現実にはありえない状態を想定して計算を行っていたことになります。組織が行うのは、一人の人物による決断とはまったく異なります。組織は、当の組織自身のなかで、決定することにとって有用な諸条件を考慮しなければなりません。このことは何らかのかたちで複雑性を意識した理論へ帰着することになります。複雑性を意識した理論は、一方における市場全体の諸条件あるいはマクロ経済、他方における個々の組織の諸条件あるいはミクロ経済、これら両側面の関係性に関する理論です。ここでわたしは、これらの論点に簡単と触れるだけにとどめておきます。それは一つには、わたしがお話ししたことは、みなさんもご存知のことであるだろうからです。また一つには、おそらく以上ような一般化や階段関数の手法を用いた問題解決と類似しているという観点から、種々の研究文献を再読する動機づけになるだろうからです。

さらに申し上げれば、以上のことはパーソンズの構造機能主義にも当てはまります。パーソンズも同様のことを言っています。社会秩序が、あらゆる要素があらゆる要素とともに変動していくというニュートン的な変化モデルとして機能していくなどということは考えることができない、と。少なくとも学問的な目的のために、複雑性が縮減されなければなりません――当時は、なるほど複雑性の縮減という表現はまだ用いられていませんでしたが、事柄としては複雑性の縮減が問題にされていたのです。加えて、つぎのような諸構造が想定されなければならないでしょう。その構造のもとで特定のシステムが作動し、その構造によって当のシステムが同定され、こうした構造があるために、この理論において想定される変転の諸条件を計算することがもはや不可能になるような、そのような諸構造です。

いかなる仕組みによって、システムはシステム自身あるいは環境の高度な複雑性に対処することができるのか。こうした問いへと問題を置き換える傾向は、しかし複雑性という概念そのものに触れるものではありませんでした。したがって、おそらく非常に重要なことは、ある論文がそもそも複雑性という概念を用いて考究しているときには、その論文の研究は、じつは概念的にそれほど練成されていないタームを使用しているのだ、ということを看取することです。こうした論文において複雑性の概念が定義され、その定義にもとづいて何らかの結論が導き出されているような例を見つけるのは、みなさんにとってまれなことでしょう。複雑性の概念に関する議論は、より形式的な研究において取り扱われてきており、いずれにしても今わたしが述べてきたような領域と交差し合うことはほとんどありませんでした。複雑性の概念は、古典的には二つの概念を援用して定義されてきました。すなわち、要素と関係という概念です。[72] この古典的な定義は、要素の数に応じて、その要素間において可能な関係もまた不釣り合いなほどに、すなわち幾何学的な昂進度において増加してしまうという問題に対処しようとするものでした。要素の数が増えれば増えるほど、個々の要素のすべてが相互結合への要求を過大に受けてしまうとされるのです。諸要素が受ける相互結合要求あるいはコンテクスト化が、その要素の質を決定づけるのだと考えてみましょう。すると、諸要素が属しているシステムがどのような様態にあると論じるのかに応じて、各要素の結合能力増大は、もろもろの限界を呈することになります。このことは、そうした要素として細胞を考えるときにも、コミュニケーションを考えるときにも、いずれにも妥当します。たとえば諸個人から、つまり個々の人間たちから出発するとします。そのときにも、ある人間が他の人間たちと取り結ぶことができる可能的な接触の数について同様のことが妥当します。そして、このことは、形式的および相対的に、つぎのような問いには依拠することなく独立に妥当します。そもそも当の要素が何であるのか、諸要素間の関係がどこにおいて存立するのか、といった問いです。

こうして結論は以下のようになります。もはや、一定の巨大な秩序にあって、あらゆる個々の要素が他のあらゆる要素と結び合わされるなどということはありえないということ。それゆえ、諸要素間の関係は選択的に樹立されうるということです。たとえば、人びとが円形に座った人の輪のような形式の秩序を考えてみます。この人の輪では、各人は両隣の人と関係をもつことになります。そこでは、情報をはじめ諸事物が流れていく方向はあらかじめ予想されます。輪の中の人は、誰かから何ものかを手に入れたとき、それをすぐ隣り合っている両脇の人には引き渡すでしょうが、その輪の中で斜向かいに座っている人とはコミュニケーションすることができないのです。あるいは位階構造をもったヒエラルヒー形式の秩序を考えてみましょう。ヒエラルヒーにおいては、ただ一つの頂点と数多くの下位の要素があります。しかしながら、下位の要素のそれぞれは、いずれにしても直近の上位要素か水平的に同一の位階にある要素か、これらいずれかの要素としかコミュニケーションすることはできません。国のある省庁の事務職員が別の省庁の文書保管庫において、その別の省庁の上司から直接の呼び出しを受けるようなことはありえません。そんなことはありそうにないことですし、実際にもまず見られないことです。このようにそれぞれの様態に応じて、可能なコミュニケーションのうちいずれを排除し、いずれを包摂するかを選り分けるネットワークが存在することになります。それに対応する形でもろもろの研究書のなかで、つぎのことをテストする試みがなされることになります。すなわち情報加工能力やイノベーション能力やこれらに類する能力の観点から優位性を発揮するのは、星図型、位階型、あるいは円環型のうちいずれの配置モデルなのかをテストする試みです。今述べた形式的な意味でのネットワーク分析は、五〇年代に行われた研究です。(73) そこでは、つぎのような問題設定がなされました。すなわち要素配置の選択型式をテストすること、そしてあらゆる要素がほかのあらゆる要素と関係し合うという、今や現実にはありえない前提条件との比較において選択性をテストすることです。

わたしたちは、複雑性の概念を、区別の概念や形式の概念のうちへもち込むことにしましょう。それによってつぎのように述べることが可能になります。複雑性の問題とは、すなわち、複雑性がそれ以上に高じてしまうと、もはやあらゆる全要素を他のあらゆる全要素と関係させ合うことが不可能になるような限界閾の問題だということです。単純な複雑性——わたしたちにこのようなパラドキシカルな表現が許されるとすれば という話ですが——あらゆる要素をあらゆる要素と関係させ合うことをなおも許容するような複雑性です。複雑な複雑性こそが、何らかの選択型式が必要とされる事態です。こうした事態においては選択型式に対する要求が昂進的に高まり、これによって選択型式はより選択的かつ偶発的になるとともに、それが有する情報量も増大することになります。こうして選択型式は、それ以外の選択型式ではなく、ほかならぬ当の選択型式こそが実現化されなければならないと要求するに至ります。この種の定式化が示しているのは、もはやわたしたちは単純／複雑という区別を用いては考究を進めることができない、という事実です。この種の理論において、単純という概念は存在しません。すべてのケースを通じて存在しているのは、あらゆる全要素を他のあらゆる全要素と関係させることをなお許容する程度の複雑性を表す概念と、もはやそれを許容しない程度にまで高度な段階に達した複雑性を表す概念、そのいずれかです。

中世の伝統は、対立としての単純／複雑という区別を用いて研究を行いました。その理由の一つは、つぎのように想定されていたことによります。複雑な事態というものは諸事態が絡まり合ったものだから、再び解きほぐして分解することができるようなものに過ぎない。その一方で、単純なものとは他のものと組み合わされたものではないから、それ以上は分解することができないものだ、という想定です。ここから以下のような世界観のパラダイムが生まれました。このパラダイムにあっては、複雑性は当座しのぎの暫定的な仮の状態であり、危うい状態であると記述されました。他方、何らか単純なものについては、もっぱら神による介入を待って初めて消し去ったり創り出したりされうるものと前提されました。この場合、とりわけ魂を考えることができます。魂とは単純なものであって複雑なものではありません。これによって人びとは、魂とは肉体が死して後もさらに生き延びていくものである、という見方をもつことになります。魂は破壊されえないものだからです。魂というものが諸部分から成り立っているものではまったくないとすれば、遺骨や遺灰を仕分けたからとて、魂そのものを何らかの部分へと切り分けることなどできるはずがありません。同様に、人びとはつぎのようにも想定しました。火や水といった一定の基底的な要素は単純な構造をもつものであり、それらをなきものにするためには神による介入を必要とするいう想定です。絶滅＝無化（annihilatio）こそが、分解すなわち破壊の対立概念であったのです。

以上のことは、つぎのような世界秩序と大いに関わりがあります。すなわち世界秩序には安全確実な物事、不可能な物事、必然的な物事がそれぞれ十分な程度に組み込まれており、人びとはただそれらを除いた残余の部分を、一定の仕方で取り扱いうるだけにとどまるような、そのような世界秩序です。こうした世界秩序においてはまた、つぎのことの概念的な把握が可能になります。すなわち歴史において、もろもろの時代が過ぎ去り、さまざまな民族が存在するなかで、なるほどいくつかの事柄はこのようにあるが、いくつかの事柄は別様にあることが見出される。しかしながら、それらも結局、根本においては自然の計画、ならびに創造の計画に沿いながら、特定の限界内において規則的な仕方で生起しているのである、という把握です。

このように複雑ということを区別の一方の側とし、単純ということを区別の他方の側とするような言説は、近代の複雑性の状況に対してはもはや適用不可能です。複雑性という概念は、いかなる対立概念も有していません。対立概念を有さないことは、理論的には一つの指標となるような作用をもちます。わたしたちは、対立概念を有さない概念をごく少数しかもたないからです。たとえば、意味というものも対立概念を有さないものです。なぜなら、意味を否定することが、それ自体、意味をもつからです。世界というものも、同様に対立概念を有しません。複雑性については、概念的な領域ならびに世界記述の意味論《ゼマンティク》に属するもののように思われます。このとき概念的な領域とは、そこには対立概念が存在せず、代わりに内的な区別を用いて考究を進めなければならないような領域です。こうした内的な区別としては、たとえばイエス／ノーの区別や、選択的に複雑であること／選択的でなく複雑であることの区別があります。以上のことは、複雑性という問題の等級を示しています。しかしながら、この問題は理論においてほとんど反省されることがありませんでした。

　ここでわたしは、要素と関係をめぐる言説へと再び踵を返してみます。この言説の描くものが静態的な像であることをまず示したいからです。諸要素がそこにあり、そして諸関係がそこにある。AとBの間に連関が成立することは可能であり、そのとき成立していれば成立しています。しかしそこでは、時間について何ら語られていません。個々の要素もそれらの間の関係も、全体が再び消滅することがありえます。しかし、要素と要素とのカップリングが、関係という概念によって時間的に抽象化されるかたちで定立されるのです。しかし今やわたしたちにはつぎのことが可能ですし、ここでの議論もつぎのことを行います。つまり、もろもろの要素は、それらが取り結ぶ諸関係を変転させることもありえるということを示すことによって、この要素と関係のモデルのうちへ時間を組み入れることです。諸要素が選択的にカップリングさせられうるとすれば、それによって直ちに諸要素は当のカップリングを解除して、また別のカップリングを結ぶことも可能になります。時間概念によって、複雑性の記述のうちへ新しい次元を組み込むことになります。一つのシステムがさまざまな形式をつぎつぎと継起的に実現していくことが可能になるのです。かつてわたしは、このことを複雑性の時間化と呼んだことがあります。(74) その場合には、時間を経ながらつぎつぎと生じるかたちで、さまざまな複雑性が存することになります。そうした複雑性のうちのいくつかは、まだ非常に単純なものかもしれません。しかしながら、そのつぎの状況においては、その同じシステムがきわめて高度な複雑性を示すようになり、より多くの要素の間の、より多くの関係を運用するような事態に立ちいたっていることもありうるわけです。

コミュニケーション・システムが、つぎつぎに継起する複雑性と関わり合っていることをあらかじめ見ておくためには、今述べたような仕方で複雑性の問題を考えていく必要があります。言語について考えれば、単語と文法が文章のなかの可能な諸要素を現実に結び合わせるのではありません。むしろ、文章の方こそが、当の文章が使用する諸要素、つまりもろもろの表現や単語を選択しているのです。なぜならば、わたしたちが知っているように、それに後続する文章からしてすでに、直前の文章とは異なる別様の仕方でもって諸要素を結び合わせうるのだからです。それゆえもろもろの社会的システム、すなわちコミュニケーションを用いるシステムにおいても、わたしたちは時間化を最初から計算に入れておかなければなりません。古典的な議論において、時間経過にともなう多様性の問いは、他のさまざまな次元のなかのたんなる一つの次元として導入されたに過ぎません。複雑性の概念における種々さまざまの次元、つまり諸要素の数、許容される諸関係の数、また時として諸要素それ自体が多様なあり方を示すこと、これらの諸次元が区別されます。——ただし、このうち諸要素自体のあり方の多様性については、これを諸要素が取り結ぶ諸関係から独立のものと考えることが可能なのかどうか、わたし自身にはわかりかねるのですが、研究文献のなかでは、まさに独立しているかのように描かれています。これらの諸次元に加えて、諸要素が互いに取り結ぶ諸関係が時間的に多様であることがさらに区別されます。こうした諸次元を区別することによってわたしたちは、多次元的な複雑性概念に到達し、つぎのような困難に見舞われることになりました。果たしてどのシステムが、他のシステムに比べてより複雑であるのかを区別することができない、という困難です。つまり、あるシステムはある次元においては他のシステムよりも複雑だが、別のシステムは別の次元においては他のシステムよりも複雑であるという事態が生じうるのです。より複雑だということは、より多くの連関やより多くの要素、諸要素のあり方がより多様であることや、諸要素間の関係生成がより急速であるということです。このような事態は研究文献においても認められ、以下のような問いへ導かれることになりました。すなわち、複雑性がより大きいとかより小さいとかいったことをそもそも有意味に語ることが可能なのかどうか、という問いです。とはいえ、この議論も環境はシステムよりも複雑であるというテーゼにまで波及するものでは決してありません。環境がシステムより複雑であることはきわめて明白であり、この点はわたしたちがあらためて問い直す必要もなく、そもそも最初から知られていることです。わたしたちが近代自然科学の問題解決能力を有し、それを原子の内へ封入し、その認識モデルを固持しようとする、そのかぎりにおいてのみ、わたしたちはつぎのようなことを認めるのに過ぎません。すなわち、種々さまざまに発生する出来事のうちには天文学的ともいうべき諸次元が存在すること。いかなるシステムも、当のシステム自身の内部において、このような出来事をいわば模倣反復することはできないこと。それゆえに世界そのものがもつ複雑性に関しては、これとの調和（matching）はいかにしても不可能であること。こうしたことです。この場合には、わたしたちが世界そのものとの調和をどのように記述しようと、それはまったくどうでもよいことです。

しかし、わたしたちはまさしく実験的にですが、一度、つぎのように考えてみることもできましょう。たとえば、脳の方が社会よりも複雑なのではないだろうか、というようにです。たいていの人は、もし理論的な準備をしないまま判断したならば、おそらく言うでしょう。「社会の方がより複雑なはずさ。だって、社会には数多くの人たちがいるのだから」と。しかしながら、脳の複雑性の問いを諸要素と諸関係へと分解し、脳細胞の数を数え上げ、脳細胞間におけるネットワーク化の繁忙さを眼前に思い浮かべてみるならば、むしろ脳の方が社会よりも複雑なのではないか、という問いも生じてくるはずです。もし社会が、脳の繁忙状態をコミュニケーションへ翻訳しようとするならば、それは社会に対する絶望的なまでの過剰要求になるでしょう。とはいえ、作動を閉じることに関する理論においてならば、この問題はつぎのように述べられることになります。すなわち、こうした翻訳はまったく必要でもないし、まったく可能でもないのだ、と。というのも、たとえそれに類似した要求が現存しているとしても、社会にとって脳の状態をコミュニケーションに置換するような能力を展開することはできないだろうからです。このような言明は、脳の方が社会よりも複雑であるとする厳密な比較や、脳の方が社会よりも複雑であることを教えてくれる何らかの尺度などから独立に行われえます。というのも、わたしたちは各自のものを足し合わせれば多くの脳をもっているのですから、いずれにしても問題は、このような形式――つまり、一人の人間／一つの社会というような形式――においては現出しないだろうからです。複雑性の伝統的概念のなかでは、このような測定可能性の問題が、つねづね議論されてきました。わたしたちが複雑性の問いについて語ろうとするときには、知の厳密性について一定の限界を受容しなければなりません。

いつもわたしを惹きつけてきたさらなる論点は、以下のような場合に、どのようなことが起こるのかという問いに関わります。その場合とはすなわち、二つの複雑なシステムが互いに干渉的に関わり合うようになり、しかも両システムがカップリングされるか、もしくは相互交渉の関係に入るかしたような場合であって、両システムの各々が、他方のシステムの複雑性を当該のシステム自身において複写する能力を有さない、つまり他方のシステムを当該のシステム自身において模写するために必要となるであろう「必要多様度」を意のままに調達できないような場合です。スコットランドのサイバネティクス研究者、情報理論家であるドナルド・マッケイのテーゼによれば、このような条件下において生成するのは、自由だということになります(75)。もし二つの複雑なシステムが機械《マシン》であって、その個々の動きについては完全に決定づけられていると仮定しても、各々のシステムは、他方のシステムがこちらのシステムから影響を受けうるのであり、したがって他方のシステムは、こちらのシステムが発する信号に反応するものであるということを想定しなければなりません。このように影響を受けたり信号に反応したりする仕方は、それがすでに決定づけられていて、こちらのシステム自身においてどのように決定づけられているかを計算できるような仕方ではなく、むしろ、あらかじめ予測できないような仕方なのです。ですからわたしたちは、情報をいわば甘く味付けしなければなりません。つまり、刺激を与えなければならないのです。

どのような刺激なのかといえば、他の諸システムがそれぞれ独自の選好にもとづいて自発的に協働し合うようになるだろうとわたしたちが信じていたり、経験から知っていたりするような刺激です。もしくは、他の諸システムが自分で決定するという事態を排除してしまいたいときには、その刺激によって諸システムが逆に協働しなくなるだろうとわたしたちが思ったり、知っていたりする刺激を与えるわけです。諸システムがみずから決定するということは、完全に決定づけられたシステムではないということです。諸システムが、どっちみちそれらがふる舞うようにふる舞うだけに過ぎないというような状態にはないということです。自由というものは、諸システム同士の相互複写による二重化を通じて被決定性のうちから生起する、というのは興味深い仮説です。この仮説では、複数のシステムが問題にされており、諸システムはいずれも複雑性によって圧服された状態にあり、ゆえに必要多様度を意のままに調達することができません。諸システムの各々は相互に交渉し、自由を見かけ上、捏造しなければならない。それによって諸システムは、当のシステム自身を他のシステムと釣り合った関係へいたらせることができるのです。こうした事態が関係し合うシステム同士の双方で生じるとき、自由というものがフィクションを通じて現実になるのです。

このことをみなさんがどのように思われるか、わたしにはわかりません。いずれにしても、わたしたちがよくよく熟考する余地のある事柄ですし、旧い議論がわずかながら解決を与えている事柄でもあります。旧い議論は、果たして世界は決定づけられているのか、それとも決定づけられていないのか問うてきました。ここでわたしたちは、区別することのパラドクス化と再び関わり合うことになります。すなわち、世界はまさに決定づけられているがゆえにこそ、決定づけられていないのである、と。むろん世界はセントラルにではなく、ローカルに決定づけられているわけですが。

ここでわたしは、わたし自身の考えるところをさらに試論的に投げかけてみます。この考えは議論の型枠をめちゃくちゃに破壊してしまうと同時に、それを解明しようとも試みるものです。それを試みるのは、複雑性について云々されることが、今日では五〇年代、六〇年代よりも少なくなっているからです。少なさの要因はおそらくは単純で、概念的な複雑性の管理を見出すという希望、すなわち複雑性を分析的に操作するという希望がいまだに現実化していないからでしょう。もしわたしたちの行動が静態的であれば、静態的な分析のための前提が顧慮されなければなりません。もしわたしたちが種々の変数を組み合わせるのであれば、今日ではその数を相当に増大させることができましょう。ただし任意に増大させることはできません。そして通常、わたしたちはつぎのことを前提にしています。諸システムについて十全に記述するためにはあまりにも多くの変数が必要であるために、たんに変数を導入しただけで一つの理論が完成されるわけではないということです。この水準においては、あまり多くの成果を上げることはできていません。かつてわたしは、バーゼルのシンクタンクのプログノスＡＧの人物と少しだけ話したことがありました。この人は、予想モデルによる変数管理は過去一〇年間にものすごい進歩を遂げたと考えているようでした。わたしは予想モデルについては判断しかねますが、予想モデルもまた発展の途上における一つのプロセスにとどまるでしょう。変数をめぐる第一の問いに続く第二の問いは以下のようなものです。複雑性の縮減の問題をめぐって階段関数や一般化の諸装置について研究する場合に、果たしてわたしたちは社会学者として、複雑性との折り合い方について相応の見通しをもちうるか否かという問題から切り離されたままで研究を進めることができるのかどうかという問いです。そして第三の問いは、わたしたちは作動という概念によって、複雑性概念の基本的な区別を阻害するようなターミノロジーと関わり合ってしまうのではないのかという問いです。複雑性概念の基本的な区別とは、すなわち要素と関係という区別のことです。今わたしたちが考えようとしているのは、要素が関係であるか、作動であるかに応じて、それぞれ複雑性の概念構造において何が生じるのかということです。作動とは互いに結合するものであり、もしいかなる結合も果たせないときには現れ出ることができないものです。作動が現出しないときにまで、なお複雑性について語ることに意味があるのでしょうか。わたしたちはターミノロジー全体を改編しなくてよいのでしょうか。わたしはここに問いを提出するだけで、その問いに答えることはできません。いずれにしても、わたしたちは答えを得る代わりに、作動上の閉鎖という問題を手にすることになるでしょう。わたしが説明してきたのは複雑性にまつわる困難であり、それはこれまでの議論のなかでも相当量の問題を用意しています。わたしたちは理論的探究のなかで、複雑性をめぐる旧い問題の代わりに、作動上の閉鎖という新しい問題を得たのでしょうか。わたしたちは複雑性をめぐる旧い問題が、つねにシステムと環境の問題であったこと、すなわち環境との関係においてシステムの複雑性を縮減するという問題であったことを想起すべきです。このときわたしたちは、システムと環境の問題をこれまでとは異なる理論によって、これまでとは異なる仕方で定式化することが可能になるかもしれません。異なる理論とは、すなわち作動上の閉鎖のことです。しかし、作動上の閉鎖の理論による再定式化がいかなる意味を有し、どこへ向かっていくのかを見通すことは困難です。ただし、もう少しつぎの点をよく考えておきたいと思います。わたしたちは今ちょうどパラダイム転換の最中にあって、ある別の言葉を見出そうとしています。この言葉は複雑性の旧い概念を引き続き用いていくことをもはや許しません。なぜなら、わたしたちは今まさにシステムと環境との区別を統一体として取り扱っているのだからです。しかしながら、この場合にも複雑性の問題から何が生起したのかを見通すことはやはり困難です。——もっともだから複雑性の問題から生起したものに、より精確に狙いを定めた研究が必要なのだ、ということは見通せるわけですけれど。わたしたちは複雑性の問題をもはや満足に定式化できないことを理由として、この問題を手放してしまうべきなのでしょうか。それとも複雑性の問題に新たな名前を付与すべきなのでしょうか。

いずれにせよ重要なことは、つぎの点を踏まえておくことです。それは原理的に作動へと焦点を合わせることは、複雑性概念の基本的構造に何らかの関わりをもっているという点です。このことに第二の問題が関連しています。すなわち、複雑なシステム内へと観察者が入っていく問題です。この問題は、古典的な複雑性理論のなかでも生じえます。それは、つぎのように述べることが可能だからです。複雑なシステムの内部において、観察者はその観察者に固有の複雑性をともないつつ存在している。観察者は、観察者自身と当該システムとの関係を、一つのシステムと環境との関係として取り扱うのである、と。観察者にとってみずからが帰属しているシステムは、このシステムの内的環境なのです。たとえば企業を考えてみましょう。企業は市場において作動しており、いかにすれば利益を最大化し、利益率と市場シェアを獲得維持できるか、またいかなる指標であれ、その数値をいかに向上させるかについて独自の会計制度によって計算しています。さらに企業は、市場との関係のなかで、その反省性において優越しています。市場は反省することができない。市場はシステムではないのです。企業は、おそらく競争相手に対しては優越してはいないでしょう。このことは判然としています。しかしながら問題は、つぎのところにあります。すなわち、わたしたちはいかにしてシステムと付き合っていくか。しかも、そのシステムはそれ自身の内部に、当のシステム全体よりもさらに優れた反省能力をもつような部分を含有しているのです。

このような考察については、ゴットハルト・ギュンターの論理学のなかにも見られます。サブシステムは、より大きなシステムのなかの一つの主体です。より大きなシステムとは、一つの集合体ですね。このサブシステムという主体は、その反省性において優れているとされます。(76) この次元において、サブシステムの理論をプランニングの理論へ置き換えることも可能です。あるプランナーがシステムについて一つのモデルを定式化します。プランナーは、システム自身にあっては通常とは言えない仕方で、当のシステムを単純化します。このとき、おそらくプランナーはより洗練され、より巧みに計算し、より理論的で、より合理的です。しかしながら問題は、この計画者ないしは反省の審級が観察されるということです。システムが、反省性において優越した部分を分出させ、この部分を観察するとします。このときシステム内部では、どんなことが生起するのでしょうか。システムが部分を分出させ観察するとき、観察されたものは、いわば観察された反省能力のうちへみずから分け入るような仕方で、以下のことに対する反省を遂行しなければならないでしょう。すなわち、当の反省能力そのものが観察されていること、そして当該システムは、それが計画されはじめた時点で、もはや元のシステムと同一ではないこと。むしろ人びとが今や自分たちが計画されることについて準備をし、みずから注意力を集中させ、手はずを整え、諸データを隠蔽したり粉飾したりすることについても準備をすることです。以上の成り行きについて、みなさんは誰でも予算審議、あるいは予算審議について伝える新聞報道によってご存知のところです。システム内の諸部分は、計画機能、観察機能、記述能力、反省機能を有しており、それらの能力において優越しています。ですが、システムがこのような諸部分を分出させるのだとすれば、諸部分やその諸機能に対してさらなる反省が加えられるという意味において、システムは超《ハイパー》複雑なものになります。この事態に対して「超複雑性」という概念を用意することができましょう。システム理論の研究文献のなかでは、むしろ単純にシステムはシステム自身に関するきわめて多くの記述をみずから産出することができる、と述べられる傾向にあります。[77] システムに関する記述として、たとえば、それにしたがって計画が立てられるモデルとしてのシステム。計画されたことは知っているが、みずから計画したのではない人たちがそれにしたがって行動するための、また別のモデルとしてのシステム。そして、それによって人びとがみずからの関与を最大化しようと試みるための関与モデルとしてのシステム、といった具合です。――とはいえ、システムに関するこうした記述はもちろん完全に無意味です。むしろ、あらゆる人びとにとってより混乱を増すばかりです。各人はみずからの反省能力を、いわば決断という熱い核心部のうちへ導き入れようと試みるものだからです。何と言っても、これはもろもろの記述について記述するというレベルの話です。今日の有機体理論においては、この記述することを記述するというレベルをもはや避けて通ることはできません。

以下のような場合に、システム内でどんなことが生じるのかについては、これまでも考察されてきました。すなわち、システムがシステムの内部において複雑なものとして記述される場合、並びに、システムが計画されていることをシステムが観察しているということが、システムの内部において観察される場合です。その際、つぎのことが問われます。いったいそもそも安定的な状態というものが存在するのか否か。この種の超複雑性を顧慮する可能性が存するとすれば、それはどの辺りに限界線をもっているのか。そして、そうした可能性はどの程度まで規格化に依存するものなのか。このような規格化の一例は、予算折衝です。予算折衝においてわたしたちは、まず昨年度の予算から出発し、増額要求を申し出ます。その増額要求が現実には通らないであろうことを承知しながら申し出るわけです。この予算交渉の手続きはまさに規格化されているため、その規格化に則って、しるしの付いたカードを使ってトランプゲームが行うことができます。そこでは参加者全員が、その増額要求がしるしの付いたカードであることを了解しています。そして、それまでに交渉を打ち切らなければならない期限がいずれかの時点で到来します。財政予算を可決して通過させなければならないからです。厳格に規格化された手続きにおいては、反省能力が拡大されうると考えてみることも可能です。しかし、厳格に規格化された手続きの場合には、当の規格化そのものが一つの問題になります。他の者たちが規格化を頼りにしている場合に、当該の規格化を十分に査定してみることは魅力的なことになりえます。ただ、その場合には、相当に悪質な強い詐欺行為や、あるいはただ乗り者の立場(free rider position)と呼ばれる現象、すなわち自分は仕事をしないでおきながら利益だけは得ようとする便乗者の行動に関わり合うことになるでしょう。つまり、その場合には、他の人びとが規則に依拠していることから結果として得られるチャンスを利用することになるわけです。

以上のような考察によってわたしたちは、このテーマに関する現在の議論段階にまで到達しました。一方では作動の概念、他方では観察することの機能、セカンド・オーダーから観察することの機能。これらが一つのターミノロジーを用意します。ただし、このターミノロジーはまだまだ理論と呼べるものではありませんし、何らの問題解決でもありません。しかし何はともあれ、このターミノロジーを用いることによって、わたしたちは旧来の議論から離脱することが可能になりますし、つぎのことを観察することも可能になります。すなわち、もろもろの組織や家族、治療行為の実施、その他の何であれ、それらがこのターミノロジーにおいて再び計画し直される場合に、事実的にどんなことが生起するのかということです。

9 合理性の理念

今お話しした議論は、一定の経路で、合理性というテーマへと流れ込んでいくものです。わたしたちはますます大きな困難を抱えることになります。それは徹底して現実的なものであるような諸条件を背景にもつところの秩序や合理性、計算可能性のもとで何事かを観念するという困難性です。これからわたしは合理性に関する項目へ話を移していくのですが、ここまで本講義においてわたしたちは、合理性との間でターミノロジー上の接続を一切もたずにきました。合理性は、複雑性という概念の助けを借りて定式化されるものではありません。もっともわたし自身は合理性を考えるこの項目の最後に、複雑性の概念に立ち返りたいと考えているのですが。合理性の概念は、一般システム理論の議論における他の諸概念にはほとんど比べるものがないほどに、それぞれの時代ごとの筆致、すなわち歴史的な条件を負っています。まずはこの歴史的条件に目を向けてみるべきでしょう。

歴史的条件について語るということは、すなわちヨーロッパの条件について語るということを意味します。わたしたちが考えてみるべきなのは、ヨーロッパにおける合理性の歴史や合理性の意味論《ゼマンティク》が、他の諸地域におけるそれらとは異なる様相を呈しているのかどうか、またこうした事情のうちに社会学的に解明されるべき問題が伏在しているのかどうか、という問題です。ここでわたしたちは、マックス・ヴェーバーと近い地点にいます。マックス・ヴェーバーが使用した合理性概念[78]は、この問題を満足なかたちで設定しつつ定式化するために果たして十分なものなのかどうかを問おうとするからです。歴史的に見た場合、まず初めに確認するべきは、一七世紀までの古いヨーロッパの伝統のなかに何らかの出発点があったということです。その出発点になったものを、わたし自身は「合理性の連続体」(Rationalitätskontinuum) と言い表してみたいと思います。行為という観点から見るならば、この「合理性の連続体」の意味は、行為それ自身も、そして人びとが成功裏に行為することを可能にする諸条件も、いずれもが自然(=本性)であるということです。行為者が自己に固有の自然(=本性)を現実化させられるのは、それ自体がまた自然(=本性)であるところの諸条件に則って行為することによってであるとされました。思考という観点から見るならば、合理性の連続体という想定が意味するのは、認識の正しさは客体のうちに定置された正当性に対応している、ということです。客体は、その客体がまさに当該客体であるところのものによってわたしたちの知覚を刺激します。思考が正しいものであるのは、このような当該客体の本質、形相(=形式)、特性を正しく写し取ったときであるとされます。そこでの正当性や真理性は、知覚に対する刺激の受け取りに依存しています。このことをアリストテレスは「パテマタ」(Pathemata)(受動・受苦)と呼んでいますが、これを翻訳するのはまったく不可能です。この場合、言語が、加えて文字もまた、いくらか能動的内実を備えたものとして顧慮されます。それというのも、わたしたちは言語や文字を用いることによって、たとえば動物とは異なり、わたしたちが受け取ったものへ身を委ねてしまわずにすむからです。

しかしながら、本質的に問題になっているのは世界を写し取ることです。世界、自然(=本性)、それから創造は、いずれも認識との関係ならびに行為との関係の両側面において、何らかの仕方でそもそもの初めから類似性に配慮しつつ定置されています。これによってまた、アナロジーを用いた論証が正当化されます。アナロギア・エンティス(analogia entis)、すなわち存在の類比はつぎのことを意味します。類似性が存立しうること、またこれに応じて失敗も起こりうることが、自然ないしは創造を通じて、そもそもの初めから配慮されているということです。人が行為するときには間違ったり、不成功に終わったりすることがありえますし、間違った仕方で思考することもありえます。人は誤りうるのです。しかし、存在の類比は再び立ち直り、行為や思考においてコスモス的に正しいあり方をとるようになる可能性を保証しています。

社会学的に興味を惹かれうる諸理由によって、一六世紀にはしだいに、この「存在の類比」思想の疑わしさが明らかになったように見えます。その理由は宗教戦争のうちに明確に存しています。人びとはもはや真理について一致することはなく、自己批判を申し出はじめたのです。これについては、おそらく書物など印刷物に記録されているでしょう。それまでとは異なり、この時期から急に、じつにさまざまな見解が述べられた書物群が公にされはじめます。そして、それが一時的な例外ではなく常態化していきます。わたしたちは別様の見解を述べた一冊の本を注文し、この本を以前に取り寄せた本の隣に並べておくことができます。こうしたことは図書館の遠隔地貸出制度やその他何らかの仕組みを通じて難なく行うことができます。かくして、知というものが多様に変転することが議論の俎上に上ることも通常のことになります。このようなことが日常的に可能になると、こうした事態からいかなる帰結が導かれるのかが問題となります。この問題は、果たして唯一の真なる宗教が存在するのか、あるいはそうではなくて、共通ではあるが未知なる基盤を種々さまざまに解釈した数多くの信仰が存在するのか、という問いとは別個独立の問題です。いずれにしても一六世紀には、懐疑論に対する関心、すなわち懐疑をめぐる古代の議論の再興に対する関心が兆しはじめたように思われます。加えて、相当にプラグマティックな態度が広く知れわたったようにも思われます——この点については、モンテーニュの名前をあげることができましょう。ステファン・E・トゥールミンはフランクフルトでの講義において、この時代をつぎのような時代として取り扱いました。すなわちトゥールミンの見解によれば、「人間（human）」をめぐる高度の不確実性を受容する用意ができた時代であり、それに対して「寛容」やそれに類するものによる対処が試みられた時代であり、やがて一七世紀の合理主義によって水浸しにされた時代である、と。[79] 人びとはいくらかの疑問をもとうとしたわけですが、しかし、そこで試みられるべきことは明白でした。それは、すなわち懐疑によって、寛容によって、そして各人の判断がそれぞれの者にとらせる態度によって、この不確実な状況を切り抜けていくことです。

一七世紀に、とりわけデカルトによって確立された解法は、今述べたものとは異なります。デカルトの考える解決とは、合理性の連続体そのものの分割でした。それによれば、一方に精神の機構、悟性、すなわち「知性」(mens) が存在します。そして他方に物質で満たされた延長する領域が存在し、この延長する領域はいかなる合理性も有さないものとされます。もしみなさんがこのようなターミノロジーを受け入れるとすれば、かつての合理性の連続体は、合理的な側面とそれ以外の側面へ二分されることになります。これにともない合理的なものは、区別の一方の側に滑り込んでいきます。それ以前は事態が異なっていました。それまでは、その様態はさまざまでしたけれども、合理性は両方の側面に、ともに現在するものとされていました。そこでつぎのように考えてみることも可能かもしれません。一七世紀は例外状況だったのであり、デカルトのモデルは種々の理由から機能しなかった、そして一八世紀には再び統一的な理性の確信へ還帰していったのである、と。わたしたちが知っている多くの歴史の記録でもまた、一八世紀は啓蒙の世紀であり、この時代には理性にもとづいた新しい社会秩序によって社会を樹立しようと試みられたと述べられます。こうした試みが行われたこと自体を争う必要はありませんが、しかしながら、他面でわたしにはつぎのようにも思われます。すなわち、合理性に対立する観念が、現実にお払い箱にされることは二度となかったということです。一八世紀には、ニュートンだけが存在したにはとどまらず、ミュンヒハウゼン (Munchhausen) もまた存在しました。また当時は、理性だけが存在したにはとどまらず、歴史もまた存在しました。そこにはパラドクスに対する、ある明白な偏愛が存在してもいました。もっともその偏愛は文学的な仕方で、手軽に扱われがちかもしれません。当時の政治に関しても、合理的な社会秩序の主権だけが存在したにはとどまらず、愛の主権というものもまた存在していたのです。愛の主権とは、みずからの国が自己自身のために要求するものです。また、科学的、政治的、もしくは家族的な束縛を理由に、いったい誰が誰を愛するのかという問いをめぐって干渉を受けるような事態に対抗して保持されるのが、愛の主権です。享楽も存在します。合理的には正当化されない何ものかに対する概念として、わたしたちは「娯楽」（Pläsier）という語をもっています。そして、享楽へ通じていくのは個人による自己正当化です。享楽、興味、娯楽はいずれも、楽しみを与えるものを楽しむべきである、これがあなたの興味の対象であるべきだなどと、ほかの誰かに向かって言うことを許さないような術語です。それについては各自がみずから自身で知らなければならない。誰かがそれはわたしの興味を惹かないと述べるとき、それによってその者は最終決定権をもっています。その場合、人は「それでも君は、それに興味をもつべきだ」と言うことはできません。こうした用語法は理性の用語法とは異なりますし、理性の方を例外的領域として隔離する傾向性を有しています。理性の領域では基準に則って諸決定が行われ、諸認識も定式化されます。

アメリカでは現在、政治的リベラリズムの伝統が、再び大きく脚光を浴びています。この政治的リベラリズムもまた、個人から出発します。人権から、つまり個人における不可欠かつ不可譲な装具から出発します。しかも、リベラリズムが個人を指し示すとしても、それは恣意的な行動を許すような道徳的認可状のごときものを生み出そうとするものではありません。むしろリベラリズムは、旧来の秩序から効力を奪い去ろうとするものに過ぎません。[80]人は個人であり、その人がどのような家系に生まれたのか、その人がどのような地位にあるか、その人がどのようなパトロン‐クライアント関係を利用して自己の利益要求を通そうとしているか、その人がどのような党派に属しているかといったこととは、いずれも無関係に個人なのです。この「個人」とは、旧来の秩序の解体を言い表した概念であり、さらに「自由」や「平等」といった表現を通して一般化される概念です。すなわち、あらゆる個人は平等であり、あらゆる個人は自由である、と。ここから生じる諸問題、たとえば政治秩序の諸問題は、この基礎に依拠して、つまり自由と平等という基礎に依拠して解決が図られなければなりません。こうした問題状況に関連づけられるモラルとして、契約の遵守、寛容、商業的合理性などがあります。以上のことをわたしが今ここで申し上げたのは、つぎのような見方を少しばかり相対化してみるためです。すなわち、近代は、理性の啓蒙という概念によって刻印されており、この理性の啓蒙という伝統に貼りついて、この伝統とともに存立し零落した、というような見方です。

同様のことは、まず何よりも一九世紀に当てはまります。少なくともわたしは一九世紀について、つぎのことへ注意を向けたいと思います。合理性の領域において研究が進んだのみにはとどまらず、より広汎な領域において数多くの区別を用いて研究が行われたということ、しかもその区別については、当の区別を再び統一へもたらすことは顧慮されなかったということです。たとえば国家と社会という区別があります。後者「社会」はより経済的なこと、つまり個人の必要を充足すること、その充足のために骨を折って仕事をする領域とされます。他方、前者「国家」は政治的なこと、つまり秩序、法、集団を拘束するような決定を行うことに対する責任の領域だとされます。しかし、国家と社会の統一に対する問い、すなわち両者を統べる超システムに対する問いは看過されています。そこでは重みづけが問われています。それゆえに経済と国家のどちらに、ということは西側諸国の路線とドイツ自身の路線のどちらに、より大きなウエイトをおいて追求するかというイデオロギーを孕んだ問題が問われているのです。これらのいずれを選択するかに応じて、人は特定のイデオロギー的な立場をとることになります。もう少し付言すれば、イデオロギー的な立場をとることになるのは、区別の一方の側を選択することによって、区別の統一そのものをテーマ化することがもはや不可能になるからです。同様のことは、あらゆる区別について行われます。たとえば、個人と集団という区別もそうです。この区別は、わたしの見るかぎり一九世紀の中盤に登場しました。国家と社会という区別はヘーゲルによって初めて用いられましたが、個人と集団という区別はローレンツ・フォン・シュタインによって憲法論議へ導入されました。同じように、ゲゼルシャフトとゲマインシャフトという区別もあります。これらの共通点を示すためには、以上の三つの区別に言及すればおそらく十分でしょう。その共通点とは、区別を統一へもたらすことがもはや問われなくなっていること。そして旧いヨーロッパ的な考え方に定位すれば、区別の両側のそれぞれに合理性が存在していなければならなかったはずですが、そうした合理性についても、もはや問われなくなっていることです。

一九世紀の終わり頃には、合理性の問題、つまり合理的／非合理的の差異に再び焦点を合わせようとする動きが強く現れました。合理的な諸力といえば、たとえば経済的な事柄や、国家を基礎とした同盟政策や植民政策やこれに類するものの合理性に関して言及されるものです。たとえ実際には非合理的な諸力の方が妥当していても、わたしたちは合理的な諸力と非合理的な諸力を区別します。パレートは、合理的／非合理的の区別が社会学説となった一例です。[81] さらにまた長い伝統をもつものとして、理性と生という区別もあります。この理性と生という区別に関して述べれば、生という概念に対して反対概念を措定するのは非常に注目すべき出来事です。以前は、生と死が区別されていました。これは非常に納得しやすいものでした。人は生きているか、さもなくば死んでいるか、そのどちらかです。いずれ誰しも死んでしまうことは、もちろん見過ごされてはいません。しかしながら、生の反対概念は、そしてそれにともなって生の概念自体もまた、機械論《マシン》と合理性の方向性において変成してしまうのです。生の哲学、そしてまたロマン派が強調する意味において、生の反対概念は死ではなく、むしろ機械《マシン》や機械的《マシン》なもの、ニュートン的な世界などだとされます。他面で、生とは法則を媒介して事態の成り行きを計算できるようなものではなく、むしろ世界と一つであることの直接性だとされます。[82] 現存在たる人間の直接性というこの思想は、マルティン・ハイデガーまで、いずれにしても彼の著作『存在と時間』まで維持されることになります。この思想においては、世界との関係のあり方としての直接性と間接性が一つの役割を演じています。今ここでわたしは、この点についてくわしく述べることはできません。今述べたのはきわめて粗雑なスケッチであり、合理性の問題が軽侮される一般的な傾向について印象を与えようとするものに過ぎません。あるいはつぎのようにも言えるでしょう。すなわち、合理性の問題はある特定の領域へと隔離されたのだ、と。この領域は、そのつどごとに機能システムを通してベールを脱ぐことになります。合理的なものとは、経済的に合理的なことでもありえましょう。たとえば、目的‐手段関係を最適化することや、希少性と折り合うことです。合理的なものの別の型は、科学法則を適用することにもとづいた物事です。人は科学を使用しているときに合理的に行動している、というのは二〇世紀初頭に生じたモデルです。ただ、もはや今日では何らの留保もなしに、あらゆる科学の使用が合理的である、などとは言わないでしょうが。科学使用を合理的とする地点からは、わたしたちは遠く隔たったところにいます。しかし、科学上の失敗は機能しないというだけにはとどまらず、合理的でないということでもあるというのは、広く行きわたった観念です。この観念は、合理性概念を個々の機能システムに関連づけること、そして社会をこのターミノロジーによっては定義されえない領域と見なそうとすることに寄与した観念です。

とりわけマックス・ヴェーバーの研究に負いつつ、さらに合理性のモデルをタイプ分けする傾向が生じます。すなわち価値合理性と目的合理性との対置や、ユルゲン・ハーバーマス(83)が言うところの、戦略的合理性と相互了解を追求するコミュニケーション的合理性の対置などです。この場合に、つぎのような問題が生じます。すなわち、区別の両側に位置する概念自体が何らかのかたちで同一のものになってしまうという問題です。区別の両方の側で、合理性が語られているからです。両側の合理性に共通する内容は何であるのかという問いについては、わたしの見るかぎりヴェーバーもハーバーマスも回答を与えていません。

今日では以下のような傾向が見られます。まず合理性というものを行為合理性として把握する傾向です。その際、その行為が戦略的であるか、ないしは何らかの目的に定位しているかといった点は不問にされます。そして、諸目的を選好によって整序するという傾向です。人は、自分がいかなる選好を有しているかに応じて、当の選好に適合した目的を追求するのです。あらかじめ計画に組み込まれうるコストは、予期せずに起こることや、当人に決定を後悔させるようなことのすべてを選り分けます。今日的なターミノロジーにあっては、リスク領域の全体が合理性の議論から括り出されています。そしてリスク領域は、多くの問題を抱えながらではありますが、試行的にリスク管理やリスク計算という形態をとりつつ、再び編み直されています。原則として、リスク概念とは未来を言表しようとするものです。その未来とはわたしたちの知りえないものです。また、この未来は、人びとがたとえ事前にリスク計算を行っていたとしても、事後的にみずからの決定を後悔するという可能性を排除できません。というのは、リスクが現出する場合には事態はまた異なる様相を呈することになるからです。行為理論の領域における現在的な傾向は、もろもろの目的と手段について計算された領域として合理性を考えようとしています。この場合、そのつどごとの行為の系列が、目的と手段をなすことになります。その上で行為理論は、この計算された目的と手段の領域を世界内へ組み入れようとしています。とはいえ世界とは、総じて合理性計算には馴染まず、不意打ちをもって反応するものです。

スペンサー＝ブラウンのターミノロジーでは、わたしたちはまた「マークされた空間」(marked space) を有しているとされます。これは予測可能であることとしての合理性です。そこでは、ありそうさとありそうになさ（蓋然性と非蓋然性）によって計算することが可能であり、この計算によって予測できない事態にも相当程度まで対処できることになるが、ただし、いかなる未来的（来世的）な要素も計算に入れることはできない、とされます。そこではリスクがコストの形式に含め入れられることは決してありません。すると、たとえどんなことが起こっても、あらゆる事態に対して下された決定がことごとく正当なものとされてしまいます。なぜならば、成功という結果がコストを覆い隠してしまうからです。テクノロジーにまつわるリスクや、その他のエコロジーに関わるリスクなど、リスクについてみなさんが熟考してみるなら、こうした思考法では立ち行かないことがわかるでしょう。この「マークされた空間」の外部につねに合理的ではない圏域が存在するのであり、したがってまた破綻した合理性の連続体が存在しているのです。

問題は、以上のような合理性論を超克していく可能性が果たして存するのか否かです。わたしは、一つの試みを少しだけ示唆してみたいと思います。この試みは「システム合理性」という標語のもとで語られうるものであり、同時に複雑性の問題を再び引き入れるという意味を有しています。この考え方は合理性を不連続化するという伝統と袂を分かつものではありません。合理性はただシステムのみに関わるのであり、世界に関わるわけではありません。ここが異議を唱えられる点です。たとえばハーバーマスは、システム合理性が問題とされる場合に、その場合のシステムとは決してすべてをカバーしているわけではない、と述べているようです。しかし、それを言うなら、同様のことが相互了解としての合理性についても該当するはずです。ある人びとが互いに了解し合う場合、そこにはなお依然として当事者たちがまだ了解し合っていない事柄が残存しているわけですし、まだ相互了解を達成していない残余の人たちもいるわけです。人びとが再び相互了解を樹立し直すための準備を整えるよりも速いスピードで、諸条件の方が変化していきます。これらいずれのモデルにおいても、こうした未来という領域が一定の役割を演じています。わたしが考えるところでは、システム理論は一定の仕方において、未来の領域とうまく折り合うための準備ができています。未来の領域に対する準備という点では、行為合理性やコミュニケーション的合理性の理論に比して、技術的により優れていると思います。コミュニケーション的合理性の理論では、このもう一つの領域が生活世界と名づけられたことは、ただの一度もありません。ハーバーマスが未来の領域をどのように処理しているのか、わたしはまったく知りません。

わたしは、当該システムにおいて環境の側面が計算に含め入れられるその程度に応じて、システム合理性について語りたいと思います。システムの概念は、環境との差異を通して、作動上の閉鎖を通して、つまり環境への無関心を通して定義される、ということをみなさんは憶えておられるでしょう。この場合、システム合理性はつぎのことを意味します。すなわち、無頓着や無関心——環境で生じることはわたしたちにとっては生じない——を高くもち上げることを再び取り消すこと。しかし同時に、刺激を受ける可能性や感受性、あるいは共鳴や、これらのタームにおいて述べられているようなすべてのものが、システムにおいて強い力をもつようになる事態も再び取り消すことです。これはパラドキシカルな動きであり、ユートピア的な動きと言うこともできます。環境を排除しつつ、それを再び包摂することを意味する動きだからです。この動きを総量一定の原則という背景のもとで考えるならば、この動きは無意味な策動であり、効果もないのに行ったり来たりすることになるでしょう。しかし、複雑性が漸次的に変化可能なものであることを考え併せるならば――まさに、だからこそわたしは、合理性の議論と複雑性の議論を関連づけるわけですが――、その場合にはつぎのように観念することができます。すなわちわたしたちが先に語ったように、システムはテストされた合理性ならびにテストされた複雑性によって、より単純なシステムとは別様に作動し、別様に組織されるのだ、と。単純なシステムは、こうした進化や計画を具備していません。つまり、以下のように観念できるわけです。複雑性の範型があれば――みなさんは複雑性の範型に関しては選択の範型が問題になっていることを想起されるでしょう――環境からもたらされる種々の刺激をシステム内で処理加工するのに、より優れて適合的なものが見出されるのだ、というようにです。

このように合理性と複雑性を関連づけるかたちで問いを立てるならば、社会学的に見てなるほどと思われる非常に数多くの領域を見出すことになります。たとえば、政治は何を通して経済的に刺激されるのか。それは諸計画が達成されないことを通してのみにとどまるのか。どうして諸計画が達成されないのかについて人びとがまったくわからないとき、人びとはその計画を再策定したり、または撤回したり、あるいはその他のさまざまなことをなさなければならないのでしょうか。それとも高度に集積された経済的データに対する何らかの感受性が存在するのでしょうか――この経済的データの到来については、必ずしも十分には知られていなくても、経済調査機関にとっては信頼できるものとして通用しているようなデータです――こうした経済的データとしては、失業やインフレーションに関するデータ、通貨の対外価値に関するデータなどがあります。こうした諸データに対しては政治によって対処しますし、さまざまな政治的オプションを主張することが可能です。国家が計画の策定を行うという条件下ではなく、むしろ経済状態が良好なのか低迷しているのかを示す各種指標に対して開かれた感度が存していているという条件下でこそ、民主主義的な対立を考えることができます。というのも、この場合にこそ、わたしたちは現下の状況を悪いことが差し迫っている状況、あるいは一時的なものに過ぎない状況だと判断すると語ったり、その状況に対してケインズ的な施策を提案する、あるいは市場の自助作用に任せて、当座は辛抱しつつ様子見しておこうと語ったりすることが可能になるからです。政治的なオプションが存在することは、国家が計画の策定を行う場合に比して、より開放的です。この意味で、それは民主主義でありえます。同時にまた、政治的に致命傷となるような経済上の災難が生じる蓋然性をより減らすことにもなります。以上すべてのことに同意が得られるならば、と仮定した上での話ですが！　わたし自身は以上のことを、たんに一つのモデルとしてお話ししたに過ぎません。それは解決可能性が存在することを示すためです。この場合の解決可能性とは、まずは複雑な環境状態に対して、より強力に対応できるような可能性です。ちなみにこの環境状態は、当の環境がみずから産出したものではありません。さらに解決可能性は、環境に固有の働きから生じた諸効果を査定することができる可能性です――この査定は「わたしたちが意思したことが、うまく行かない、ないしは起こる、または起こらない」という形において行われます――。それのみにとどまらず解決可能性は、環境が独立に有している諸問題に対する一種のセンサーを発展させることができるような可能性です。このことは経済との関連ではつぎのことを意味します。すなわち、システム合理性としての、つまりは政治システムの特性としての政治的合理性が成長発展していくこと。この場合に政治システムの特性とは、環境状態に関する知見を増大させるとともに、それを処理加工しうる能力であるということです。

同様の問いは、法システムの場合についても立てられます。法システムは、たとえば所有権や契約、憲法や基本権といった一般的な制度を通して、社会の変化を裁判化する、したがって法的手続きへ引き入れることができるのでしょうか。法律の条文が、あらゆる書かれたテキストがそうであるように紙上に固着していることから、法システムもやはり硬直しており、法システムはたんに違法か合法かを認定することしかできないのでしょうか。それとも法的な諸概念が定式化され、諸制度が作出され、諸手続きが設計される、そのあり方は、法文テキスト自体は所与のものでありながら、そのテキストにおいて非常に多くの情報を法的に有意なものとして妥当させるのに適したものなのでしょうか。たとえばわたしたちは、近代初期と比べれば、あるいは中世の頃と比べれば、主観的な諸事実をテストするために、はるかに多くの洗練された手続きを活用することができます。かつてならば、契約締結の意思を法的に有意妥当《レリヴァント》なものと見なすという考え方をとることは不可能だったでしょう。なぜならば、人の意思や動機といったものはまったく確定できないとされていたからです。しかし、今日わたしたちが有している手続きの類型論によれば、現在ではそうした意思や動機の確定が可能だと考えられています。そうした確定がいかなる仕方で行われるかはともかくとしてです。

以上のような考察を社会理論の内へ組み入れるならば、機能システムの分化・分出は、つぎのような機能を有するとおそらく言えるでしょう。すなわち、合理性獲得の機会、刺激受容性、感受性、共鳴や、その他これに類するものを機能システム内部において増強させる機能。したがって、妨害受容能力を向上させ、同時に対抗策あるいは処理加工構想を準備する機能です。もっともこうした諸機能は、全体社会レベルで生じるわけではありませんが。このことは、どうしてエコロジーにまつわる諸問題が、もろもろの機能システムのレベルに浸透しているのかという問いに対する理由の一つではないかとわたしは考えます。わたしたちは以下のような問いを立てることになります。わたしたちにはどのような研究が必要なのか。わたしたちは経済的にはいったい何を行いうるのか。わたしたちは政治的にはいったい何を行いうるのか。いかなる法的形式が適合的であり、いかなる法的形式は適合的でないのか。同時にわたしたちには、いかなるものであれ、全体社会レベルの行為主体を想定することは不可能です。社会が生み出しているエコロジー問題に関して、振り子を操って社会にバランスをとらせることができるような全体社会的な行為主体を想定することはできないのです。それというのも、全体社会的な行為主体を想定するとすれば、おそらくわたしたちは、このような形式のシステム合理性、すなわち環境をシステム内へ再導入することとの関連において高度の複雑性を十分に吟味査定するという意味でのシステム合理性を放棄しなければならないからです。ここでわたしたちは、再び再参入（reentry）図式と関わり合うことになります。つまり、つぎのようなパラドクスと再度、関わり合うことになるのです。すなわち、複雑性とは可変的であるはずだという想定。加えて、進化にともなって他の形式に比べてより良く機能しうるような形式、さらにこのように言うことが許されるならば、おそらく計画によって他の形式に比べてより良くデザインされているような形式が存在しているはずだという想定。これらの想定に依拠することによって解決ないしは展開されるようなパラドクスです。

以上をもって、一般システム理論のこの部分に関する講義を終わりたいと思いますが、その前に二つの留意事項を付言しておきます。これらの留意事項は、一般システム理論の達成内容に対して懐疑的な評価を提起するものなのですが。

何よりもまず、いつも耳にする不満として、システム理論は恐ろしく抽象的だというものがあります。わたしは具体例を提供しようと努めていますが、とはいえ抽象化についても否定しようとは思いません。しかしながら問われるべきは、ある問題を考えるに際して、一般システム理論のいかなる抽象化が有益なのかという点です。システム理論の抽象性は不満点として処理されがちです。また、システム理論は決して経験的には確証できないとか、わたしが提案したようにシステム理論がパラドクスを取り扱うのは論理的に許容されないなどと説明されがちです。この事態を言い表すためのおそらく最良の方法は、ラテン語を用いてつぎのように表現することだというのが、目下いつもわたしが考えることです。そのラテン語は翻訳不可能、あるいは翻訳困難ですので、原語のまま示すならば、「supervacuus」という語です――古いラテン語ではsupervacaneusです――古語の方は、より悪いですね。この古語は、共和国のラテン語だったものですが、後にsupervacuusと言うことが可能になりました。みなさんが辞書を探されたら「余計な、無駄な」（überflüssig）という単語で翻訳されているはずです。つまり、この理論は、余計なものなのです！　もともと「vacuus」というラテン語では、空虚な何ものかが想定されているわけですが、しかしながら「超空虚な」(überleer) というような言い方はありません。——「過度に空虚な」(übermäßig ausgeleert) という意味内容のことは、どのように表現すればよいのでしょうか。かくして、わたしたちとしては supervacuus というラテン語を使い続けます。そして、それによってつぎのように問うことが可能になります。一般システム理論は、ほとんど何らの情報ももたらさないような意味論《ゼマンティク》を目標としているのではなく、以下の問いを開いたままに保つものであるのかどうか。その問いとは、わたしたちは作動を通じて、またそう欲するならば理論戦略的に、あるいは理論技術的に、もろもろの概念を取り扱うことができるのかどうか、という問いです。作動上の閉鎖、オートポイエーシス、自己組織化、差異理論的アプローチ、パフドクスといった特定の諸概念へと他のものがどのように結びつけられており、どのように結びつけられていないのかを示そうと試みることが肝要です。また、この理論位相においては、人びとの決定について明らかにすることはできないのではないか、という点を見通しておくことも重要です。たとえば「汝が、その出発点から、そのように始めるのならば、それによって汝は、もはや何事かを行うことができなくなるだろう」といったことを明らかにはできないのです。こうしてわたしは、わたしたちが一方では要素と関係に固執しながら、他方では作動概念によって研究を進めようとする場合には、複雑性概念が不安定化してしまうのだということを示そうと試みたのでした。

　これらの問いに必ずしも同様に回答する必要はありません。しかし、わたしが考えるのに、このような理論がなすべきことは、第一につぎのところにあります。すなわち、すでに確立された概念空間へと探査針《ゾンデ》を挿し入れ、その概念空間が今もなお使えるのか、それとも改変されるべきなのかを見きわめることです。十分に複雑な理論構築に到達しえたときに、システム理論において何が産出されたのか、そしてその理論によって、特定の研究領域について以前よりも解明されえたのかどうかを確かめることが可能になります。

　最後に、付言すべき第二の点です。自律的ないしはオートポイエティックなシステムというコンセプトを止当なものとして認容するならば、その場合、システムは本来なら自己に対する否定を含みもっていなければならないはずです。もしシステムが自己否定を含有していないとすれば、システムは完全には自律的ではなく、完全には自足的・自制的（self-contained）ではないことになります。それによってつぎのような問いが立てられます。このシステム理論は、自己自身を否定しうるような場を有しているのか否か、という問いです。この問いに関して、わたしはカードボックスにまつわる自身の経験へ立ち戻ってみなければなりません。みなさんのなかにも一部の方々は、幾千枚ものカードを束ねたボックスがあって、つねづねわたしが興味をもったことや、論文で使えるかもしれないと感じたあらゆることを書き付けていることをご存知でしょう。このボックスは今や、かなり膨大なものになっており、もう四〇年ほどの年季が入っています。このボックスの中に一枚のカードが入っており、そのカードには、これ以外のすべてのカードは間違いだ、と書かれています。他のあらゆるカードと矛盾する議論が、カードのなかの一枚に書きとめられているのです。ところが、わたしがボックスを引き出すと、このカードはどこかへ消えてしまうのです。もしくは、このカードは別の整理番号を与えられて、別の場所へ移動してしまうのです。五〇〇〇枚も六〇〇〇枚もあるカードの中から、この決定的な一枚を発見できないということは、みなさんにも想像していただけますね。ましてや、このカードが、トランプのジョーカーのように、いつでも別の場所へ紛れ込んでしまう可能性をもっているとしたら、なおさら発見は困難なのです。こうした理由のためにわたしは、この講義においてみなさんに、わたしの話はすべて間違いであるという根拠を明らかにはできません。それどころか、その根拠について考えていただくことを、みなさんの祝日用の宿題として残さなければなりません。みなさんには年明けにでも、わたしがカードボックスから発見できないその議論を、わたしまでお教えくださるように願っています。（講義終了後、クリスマス休暇へ）

注

（1）　今日の国際システム科学学会 *International Society for the Systems Sciences*（ISSS）. http://www.isss.org を見よ。

（2）　János Kornai, *Anti-Equilibrium : On Economic Systems Theory and the Task of Research*. Amsterdam : North-Holland 1971（岩城博司・岩城淳子訳『反均衡の経済学―経済システムの理論の形成をめざして』日本経済新聞社）を見よ。

（3）　David Easton, *The Political System : An Inquiry into the State of Political Science*. New York : Knopf 1953（山川雄巳訳『政治体系―政治学の状態への探究』ぺりかん社）を見よ。

（4）　Niklas Luhmann, *Das Recht der Gesellschaft*. Frankfurt am Main : Suhrkamp 1993, S. 42, Anm. 10（馬場靖雄・上村隆広・江口厚仁訳『社会の法』法政大学出版局）では，Jay A. Sigler, *A Cybernetic Model of the Judicial System*. In : Temple Law Quarterly 41（1968）, S. 398-428 やその他の文献をあげている。

（5）　この用語が出てくるのは Niklas Luhmann, *Zweckbegriff und Systemrationalität : Über die Funktion von Zwecken in sozialen Systemen*. Neuausgabe Frankfurt am Main : Suhrkamp 1977, S. 101 ff.（馬場靖雄・上村隆広訳『目的概念とシステム合理性―社会システムにおける目的の機能について』勁草書房）である。

（6）　特に W. Ross Ashby, *Einführung in die Kybernetik*. Dt. Frankfurt am Main : Suhrkamp 1974（篠崎武・山崎英三・銀林浩訳『サイバネティクス入門』宇野書店）を見よ。

（7）　Arturo Rosenblueth, Norbert Wiener und Julian Bigelow, Behavior, Purpose, and Teleology. In : *Philosophy of Science* 10（1943）, S. 18-24. を見れば足りる。

（8）　たとえば Magoroh Maruyama, *The Second Cybernetics : Deviation-Amplifying Mutual Causal Processes*. In : *American Scientist 51*（1963）, S. 164-179 und 250A-256A. を見よ。

（9）　Heinz von Foerster, *Observing Systems*. Seaside, CA, 1981, 独訳 *Wissen und Gewissen : Versuch einer Brücke*. Frankfurt am Main : Suhrkamp 1993 を見よ。生物コンピュータ研究所の業績については，Heinz von Foerster (ed.), *Cybernetics of Cybernetics : The Control of Control and the Communication of Communication*. Reprint

Minneapolis：Future Systems 1995. を見よ。

（10） Gotthard Günther, *Beiträge zur Grundlegung einer operationsfähigen Dialektik*. 3 Bde., Hamburg：Meiner 1976, 1979 und 1980. を見よ。

（11） ルーマンに影響を与えた論文集、Humberto R. Maturana, *Erkennen：Die Organisation und Verkörperung von Wirklichkeit：Ausgewählte Arbeiten zur biologischen Epistemologie*, aus dem Englischen von Wolfram K. Köck, Braunschweig：Vieweg 1982 を見よ。また Humberto R. Maturana, *Biologie der Realität*. Frankfurt am Main：Suhrkamp 2000. を見よ。

（12） G. Spencer Brown, *Laws of Form*, New York：Julian 1972（山口昌哉監修／大澤真幸・宮台真司訳『形式の法則』朝日出版社）、独訳 *Gesetze der Form*, Lübeck：Bohmeier 1997. を見よ。

（13） Heinz von Foerster, Laws of Form. In：*Whole Earth Catalog*, Spring 1969, S. 14, 独訳 in：Dirk Baecker (Hrsg.), *Kalkül der Form*. Frankfurt am Main：Suhrkamp 1993, S. 9-11. を見よ。

（14） Ferdinand de Saussure, *Cours de linguistique générale*. Publiziert von Charles Bally und Albert Sechehaye, kritische Ausgabe von Tullio de Mauro, Paris：Payot 1972（小林英夫訳『一般言語学講義　改版』岩波書店）を見よ。

（15） Gabriel Tarde, *Les lois de l'imitation：Étude sociologique*. 2., erw. Aufl., Paris：Alcan 1895（風早八十二訳『模倣の法則』而立社）を見よ。

（16） 特に René Girard, *Das Heilige und die Gewalt*. Dt. Zürich：Benziger 1987（古田幸男訳『暴力と聖なるもの』法政大学出版局）を見よ。

（17） Gregory Bateson, *Ökologie des Geistes：Anthropologische, psychologische, biologische und epistemologische Perspektiven*. Dt. Frankfurt am Main：Suhrkamp 1981（佐藤良明訳『精神の生態学　改訂第二版』新思索社）を見よ。

（18） たとえば Vincent Descombes, *Das Selbe und das Andere：Fünfundvierzig Jahre Philosophie in Frankreich 1933*

-1978. 独訳 Frankfurt am Main : Suhrkamp 1981（高橋允昭訳『知の最前線―現代フランスの哲学』ＴＢＳブリタニカ）を見よ。

(19) Louis H. Kauffman, Self-Reference and Recursive Forms. In : *Journal of Social and Biological Structure 10* (1987), S. 53-72. を見よ。

(20) Niklas Luhmann, Die Unterscheidung Gottes. In : ders., *Soziologische Aufklärung 4 : Beiträge zur funktionalen Differenzierung der Gesellschaft*. Opladen : Westdeutscher Verlag 1987, S. 236-253（土方昭、土方透訳『宗教論』法政大学出版局）を見よ。

(21) にもかかわらず、Paul Cull und William Frank による批判、*Flaws of Form*. In : *International Journal of General Systems 5*（1979), S. 201-211. の批判をも見よ。

(22) とりあえず Charles S. Peirce, *Phänomen und Logik der Zeichen*. Dt. Frankfurt am Main : Suhrkamp 1983. を見よ。

(23) Jakob Johann von Uexküll, *Theoretische Biologie*. 2., gänzl. neubearb. Aufl., Berlin : Springer 1928; ders., *Streifzüge durch die Umwelten von Tieren und Menschen : Ein Bilderbuch unsichtbarer Welten*. Berlin : Springer 1934（日高敏隆、羽田節子訳『生物から見た世界』岩波文庫）を見よ。

(24) George H. Mead, Geist, *Identität und Gesellschaft aus der Sicht des Sozialbehaviorismus*. Dt. Frankfurt am Main : Suhrkamp 1968（河村望訳『精神・自我・社会』人間の科学社）を見よ。

(25) たとえば Edmund Husserl, *Ideen zu einer reinen Phänomenologie und phänomenologischen Philosophie. Erstes Buch : Allgemeine Einführung in die Phänomenologie*. Husserliana Bd. III, hrsg. von Walter Biemel, Den Haag : Nijhoff 1950（渡辺二郎訳『イデーン　I-I、I-II』みすず書房）を見よ。

(26) Alfred Schütz, *Der sinnhafte Aufbau der sozialen Welt : Eine Einleitung in die verstehende Soziologie*. Frankfurt am Main : Suhrkamp 1974（佐藤嘉一訳『社会的世界の意味構成　改訳版』木鐸社）を見よ。

(27) したがって Lars Löfgren, Unfoldment of Self-Reference in Logic and Computer Science. In : Finn V. Jensen,

Brian H. Mayoh, Karen K. Møller (eds.), *Proceedings from 5th Scandinavian Logic Symposium, Aalborg, 17-19 January 1979*. Aalborg : Institut for Elektroniske Systemer 1979, S. 205-229.

(28) Niklas Luhmann, *Ökologische Kommunikation : Kann die moderne Gesellschaft sich auf ökologische Gefährdungen einstellen ?* Opladen : Westdeutscher Verlag 1986. を見よ。

(29) Otto Brunner, Werner Conze, Reinhart Koselleck (Hrsg.), *Geschichtliche Grundbegriffe : Historisches Lexikon zur politisch-sozialen Sprache in Deutschland*. Stuttgart : Klett-Cotta 1972 ff. を見よ。

(30) Karl Mannheim, *Strukturen des Denkens*. Frankfurt am Main : Suhrkamp 1980. を見よ。

(31) Fritz Heider, Social Perception and Phenomenal Causality. In : *Psychological Review 51* (1944), S. 358-374. と関連して。

(32) とりあえず Charles Perrow, *Normale Katastrophen : Die unvermeidbaren Risiken der Großtechnik*. Dt. Frankfurt am Main : Campus 1988; und Niklas Luhmann, *Soziologie des Risikos*. Berlin : de Gruyter 1991. を見よ。

(33) Heinz von Foerster, *Wissen und Gewissen : Versuch einer Brücke*. Frankfurt am Main : Suhrkamp 1993, S. 244 ff. を見よ。

(34) Niklas Luhmann, *Ökologische Kommunikation*. (注28) を見よ。

(35) とりあえず Heinz von Foerster, Was ist Gedächtnis, dass es Rückschau und Vorschau ermöglicht ? In : ders., *Wissen und Gewissen : Versuch einer Brücke*. Frankfurt am Main : Suhrkamp 1993, S. 299-336. を見よ。

(36) したがって Johannes Berger, Autopoiesis : Wie "systemisch" ist die Theorie sozialer Systeme ? In : Hans Haferkamp und Michael Schmid (Hrsg.), *Sinn, Kommunikation und soziale Differenzierung : Beiträge zu Luhmanns Theorie sozialer Systeme*. Frankfurt am Main : Suhrkamp 1987, S. 129-152. を見よ。

(37) Noam Chomsky, *Aspekte der Syntax-Theorie*. Dt. Frankfurt am Main : Suhrkamp 1988 (安井稔訳『文法理論の諸相』研究社) を見よ。

(38) 再び Maturana, *Erkennen* (siehe Fußnote 11); und vgl. Humberto R. Maturana und Francisco J. Varela,

Autopoiesis and Cognition : The Realization of the Living. Dordrecht : Reidel 1980（河本英夫訳『オートポイエーシス—生命システムとはなにか』国文社）を見よ。

（39） Humberto R. Maturana, Autopoiesis. In : Milan Zeleny（Hrsg.）, *Autopoiesis : A Theory of Living Organizations*. New York : North-Holland 1981, S. 21-32 における定義を見よ。

（40） Gunther Teubner, *Recht als autopoietisches System*. Frankfurt am Main : Suhrkamp 1989, S. 38 ff.（土方透・野﨑和義訳『オートポイエーシス・システムとしての法』未來社）; Gunther Teubner, Alberto Febbrajo（Hrsg.）, *State, Law, and Economy as Autopoietic Systems : Regulation and Autonomy in a New Perspective*. Milan : A. Guiffrè 1992. における公刊された議論をも見よ。

（41） Werner Kirsch und Dodo zu Knyphausen, Unternehmungen als "autopoietische" Systeme?　In : Wolfgang H. Staehle und Jörg Sydow（Hrsg.）, *Managementforschung I*, Berlin : de Gruyter 1991, S. 75-101. を見よ。

（42） Heinz von Foerster, Über selbstorganisierende Systeme und ihre Umwelten. In : ders., *Wissen und Gewissen : Versuch einer Brücke*. Frankfurt am Main : Suhrkamp 1993, S. 211-232. を見よ。

（43） 先に示した文献を見よ。

（44） Heinz von Foerster, Über das Konstruieren von Wirklichkeiten. In : ders., *Wissen und Gewissen : Versuch einer Brücke*. Frankfurt am Main : Suhrkamp 1993, S. 25-49. を見れば十分であろう。

（45） この概念については、Claude E. Shannon und Warren Weaver, *The Mathematical Theory of Communication*. Urbana, Il : Illinois UP 1963（長谷川淳、井上光洋訳『コミュニケーションの数学的理論—情報理論の基礎』明治図書出版）を見よ。

（46） Gregory Bateson, *Ökologie des Geistes : Anthropologische, psychologische, biologische und epistemologische Perspektiven*.（注17）、たとえばS. 582を見よ。

（47） これについてはHeinz von Foerster, Bemerkungen zu einer Epistemologie des Lebendigen. In : *Wissen und Gewissen : Versuch einer Brücke*. Frankfurt am Main : Suhrkamp 1993, S. 116-133. も見よ。

(48) Paul Watzlawick, Janet H. Beavin und Don D. Jackson, *Menschliche Kommunikation : Formen, Störungen, Paradoxien*. Bern : Huber 1969, S. 50 ff（尾川丈一訳『人間コミュニケーションの語用論―相互作用パターン、病理とパラドックスの研究』二瓶社）を見よ。

(49) Maturana, *Erkennen*（注11）, S. 34 にはつぎのように書いてある。「言われることの一切は観察者によって言われる。そして、観察者がその発言のなかで他の観察者について語る場合、他の観察者とは当の観察者自身でもありうるわけで、したがって一人の観察者を特徴づけることばは他の観察者をも特徴づけることになるのである。」

(50) John von Neumann, *The Computer and the Brain*. New Haven : Yale UP 1958. を見よ。

(51) James Keys〔別名 George Spencer Brown〕, *Only Two Can Play This Game*. Cambridge : Cat Books 1971, dt. Lübeck : Bohmeier 1994. を見よ。

(52) たとえば、Heinz von Foerster, Über das Konstruieren von Wirklichkeiten. In : ders., *Wissen und Gewissen : Versuch einer Brücke*. Frankfurt am Main : Suhrkamp 1993, S. 25-49. を見よ。

(53) Ranulph Glanville, The Same is Different. In : Milan Zeleny（ed.）, *Autopoiesis : A Theory of Living Organization*. Amsterdam : North-Holland 1981, S. 252-262. を見よ。

(54) Humberto R. Maturana, *Biologie der Realität*. Dt. Frankfurt am Main : Suhrkamp 2000, S. 93 ff. を見れば十分であろう。

(55) ここでルーマンが念頭においているのは一連の本に記録されている教育学者との討論のことであろう。Niklas Luhmann und Karl Eberhard Schorr（Hrsg.）, *Zwischen Technologie und Selbstreferenz : Fragen an die Pädagogik*. Frankfurt am Main : Suhrkamp 1982; dies.（Hrsg.）, *Zwischen Intransparenz und Verstehen : Fragen an die Pädagogik*. Frankfurt am Main : Suhrkamp 1986; dies.（Hrsg.）, *Zwischen Anfang und Ende : Fragen an die Pädagogik*. Frankfurt am Main : Suhrkamp 1990; dies.（Hrsg.）, *Zwischen Absicht und Person : Fragen an die Pädagogik*. Frankfurt am Main : Suhrkamp 1992; dies.（Hrsg.）, *Zwischen System und Umwelt : Fragen an die Pädagogik*. Frankfurt am Main : Suhrkamp 1996; Dieter Lenzen und Niklas Luhmann（Hrsg.）, *Bildung und*

Weiterbildung im Erziehungssystem : Lebenslauf und Humanontogenese als Medium und Form. Frankfurt am Main : Suhrkamp 1997. 神学者との討論に関しては Michael Welker（Hrsg.）, *Theologie und funktionale Systemtheorie : Luhmanns Religionssoziologie in theologischer Diskussion*. Frankfurt am Main : Suhrkamp 1985. を見よ。

（56） Edmund Husserl, *Cartesianische Meditationen : Eine Einleitung in die Phänomenologie*. 3., durchges. Aufl., Hamburg : Meiner 1995.（浜渦辰二訳『デカルト的省察』岩波文庫）を見よ。

（57） Philippe Ariès, *Geschichte der Kindheit*. Dt. München : Hanser 1975. を見よ。

（58） ポルトガルの女性画家 Maria Helena Vieira da Silva, 1908–1992.

（59） Heinz von Foerster, *Observing Systems*. Seaside, CA : Intersystems 1981, dt. *Sicht und Einsicht : Versuche zu einer operativen Erkenntnistheorie*. Wolfram K. Köck（訳）, Braunschweig : Vieweg 1985. と *Wissen und Gewissen : Versuch einer Brücke*. Frankfurt am Main : Suhrkamp 1993. を見よ。

（60） Talcott Parsons und Gerald M. Platt, *Die amerikanische Universität : Ein Beitrag zur Soziologie der Erkenntnis*. Dt. Frankfurt am Main : Suhrkamp 1990, S. 100 f. を見よ。

（61） Spencer Brown, *Gesetze der Form*（注12）, S. 91. を見よ。

（62） August Wilhelm von Schlegel, Die Kunstlehre. In : *Kritische Schriften und Briefe*, Bd II. Stuttgart : Kohlhammer 1963, S. 49. を見よ。

（63） Robert K. Merton, *The Self-fulfilling Prophecy*. In : ders., *Social Theory and Social Structure*, rev. und erw. Aufl. New York/London : Free Press 1968, S. 475–490. を見よ。

（64） Heinz von Foerster, Principles of Self-Organization—In a Socio-Managerial Context. In : Hans Ulrich und Gilbert J. B. Probst（eds.）, *Self-Organization and Management of Social Systems : Insights, Promises, Doubts, and Questions*. Berlin : Springer 1984, S. 2–24;（徳安彰訳『自己組織化とマネジメント』東海大学出版会）dt. In ders., *Wissen und Gewissen*（注33）, S. 233–268. を見よ。

（65） 以下を参照。W. Ross Ashby, Requisite Variety and Its Implications for the Control of Complex Systems. In :

Cybernetica 1 (1958), S. 83-99; ders., *Einführung in die Kybernetik*. (Jörg Adrian Huber による英語からの独訳) Frankfurt am Main : Suhrkamp 1974, S. 293 ff.

(66) 以下を参照。Jerome S. Bruner, Jacqueline J. Goodnow und George A. Austin, *A Study of Thinking*. Reprint : New Brunswick : Transaction Publications 1986.

(67) 以下を参照。Kenneth Burke, *A Grammar of Motives* [1945]. Reprint Berkeley : California UP 1969, S. 59-124.

(68) たとえば以下を参照。W. Ross Ashby, The Set Theory of Mechanism and Homeostasis. In : ders., *Mechanisms of Intelligence : Ross Ashby's* Writings on Cybernetics, hrsg. von Roger Conant. Seaside, CA : Intersystems 1981, S. 21-49, hier : S. 48.

(69) このように述べるのは、Robert B. Glassman, *Persistence and Loose Coupling in Living Systems*. In : *Behavioral Science 18* (1973), S. 83-98. そして、これに関連するものとして、Karl E. Weick, Educational Organizations as Loosely Coupled Systems. In : *Administrative Science Quarterly 21* (1976), S. 1-19.

(70) 再び以下を見よ。Charles Perrow, *Normale Katastrophen : Die unvermeidbaren Risiken der Großtechnik*. Frankfurt am Main : Campus 1988. 並びに、Niklas Luhmann, *Soziologie des Risikos*. Berlin : de Gruyter 1991.

(71) 以下を見よ。Herbert A. Simon, *Models of Bounded Rationality*. 2 Bde., Cambridge, MA : MIT Press 1982.

(72) この箇所と以下に続く論述については、以下を参照。Niklas Luhmann, Komplexität. In : Erwin Grochla (Hrsg.), *Handwörterbuch der Organisation*, 2., völlig neu gest. Auflage. Stuttgart : Poeschel 1980, Sp. 1064-1070.

(73) たとえば、以下を参照。Alex Bavelas, Communication Patterns in Task-oriented Groups. In : Dorwin Cartwright, Alvin Zander (Hrsg.), *Group Dynamics, Research, and Theory*. Evanston : Row, Peterson & Co. 1953, S. 493-506; ders., Communication Patterns in Problem-Solving Groups. In : Heinz von Foerster (Hrsg.), *Cybernetics*. New York : Josiah Macy Jr. Foundation 1952.

(74) 以下を参照。Niklas Luhmann, Temporalisierung von Komplexität : Zur Semantik neuzeitlicher Zeitbegriffe. In : ders., *Gesellschaftsstruktur und Semantik : Studien zur Wissenssoziologie der modernen Gesellschaft*. Band 1,

Frankfurt am Main : Suhrkamp 1980, S. 235-300.

(75) 以下を見よ。Donald M. MacKay, On the Logical Indeterminacy of a Free Choice. In : *Mind* 69 (1960), S. 32-40.

(76) 以下を見よ。Gotthard Günther, Cybernetic Ontology and Transjunctional Operations. In : ders., *Beiträge zur Grundlegung einer operationsfähigen Dialektik*, Bd. 1. Hamburg : Meiner 1976, S. 249-328, hier : S. 318 f.

(77) たとえばつぎのものを見よ。Robert Rosen, Complexity as a System Property. In *International Journal of General Systems 3* (1977). S. 227-232.

(78) 以下を参照。Max Weber, *Wirtschaft und Gesellschaft : Grundriß der verstehenden Soziologie*. 5., rev. Auflage, Studienausgabe, Tübingen : Mohr 1972, Kap. I, § 2.

(79) 以下を見よ。Stephen E. Toulmin, Kosmopolis : *Die unerkannten Aufgaben der Moderne*. Frankfurt am Main : Suhrkamp 1991. また、彼の以下の文献も参照。*Return to Reason. Cambridge*, M. A. Harvard UP 2001.

(80) 以下を見よ。Stephen Holmes, Differenzierung und Arbeitsteilung im Denken des Liberalismus. In : Niklas Luhmann (Hrsg.), *Soziale Differenzierung : Zur Geschichte einer Idee*. Opladen : Westdeutscher Verlag 1985, S. 9-41; ders., *Benjamin Constant and the Making of Modern Liberalism*. New Haven Yale UP 1984.

(81) 以下を見よ。Vilfredo Pareto, *Allgemeine Soziologie*. Ausgew., eingel. u. übers. von Carl Brinkmann, Tübingen : Mohr 1955.

(82) 以下を見よ。Martin Heidegger, *Sein und Zeit*. Tübingen : Niemeyer 1972.

(83) 以下を見よ。Jürgen Habermas, *Die Theorie des kommunikativen Handelns*, 2 Bde. Frankfurt am Main : Suhrkamp 1981.（河上倫逸他訳『コミュニケイション的行為の理論 上・中・下』未來社）

III

時　間

〈第9講義〉

みなさん、まず初めに新年のご挨拶を申し上げたいと思います。わたしが望んでおりますのは、この激動の時代にあって、みなさんが数々の世界的重大事件から少しばかり身を引き離すことができるようなプライベートな孤島を確保しうることです。ただしそれは世界へ参与していくことを排するわけではありません。(1)

さて、前回までの一般システム理論をめぐる複雑さの問題に引き続いて、今回はさらなる複雑さの問題について講義を始めようと思います。この一連の講義の初めに区分けしておいた講義の分節については今も保持しています。ただ、ここでわたしは、そもそも何が問題であるのか、何がこのテーマの選択を決定させたのかについて、前もって申し上げておくべきだと思います。わたしが試みたいのは、一般システム理論にもとづいて定式化されたものを、何らかのかたちで社会学もしくは社会科学の領域において有意妥当《レレヴァント》な諸テーマへ適用することです。そうしたテーマは非常に多くの場合に、ちゃんと定義もされないまま用いられています。あたかもすでによく知られているかのようにです。そうしたテーマの例としては、その時その時によって、意味、行為、時間、コミュニケーション、予期などがあります。わたしの印象では、一般システム理論という風景のなかで変化を被ることによって、何らかの概念上の示唆が生じると思われます。また、そうした示唆のうちにつぎのような課題を見出すこともできるでしょう。すなわち、わたしたちがシステム理論の道具立てから出発する場合に、日常語における諸概念や学問上当たり前のように用いられている諸概念はどのように変化し、どのように精密に言表され、あるいはどのように放棄されなければならないのかを十分に吟味するという課題です。以後、慣れ親しんで流通している概念装置に再考が加えられますが、その再考から生じたものが生産的であるかどうか、またさらなる具体的な調査研究へ導いてくれるかどうかについては、いつも確認できるとはかぎりません。

時間というテーマへ赴くについては、この種の接近法が最良であるとわたしは考えます。なぜならば、わたしが思うのに、ここではいわば通常の船をラディカルに魚雷で撃沈するようなことが起こるからです。しかも、それは観察者という概念を援用して、つまり別にシステム理論に特有でも何でもないような手段によって行われるからです。みなさんが時間に関する諸文献を読む場合、時間というのはシステム相関的な概念であるということが容易に了解されていることを発見するでしょう。わたし自身は、世界時間／システム時間という区別を使い込んできました。もっとも世界／システムという区別に比して、特段により多くの知見が得られるわけではないのですが(2)。これ以後、わたしたちが時間の様態を観察すること、つまり観察者あるいは区別する者——これらの諸概念についてはすでに説明しました——について語る場合、わたしたちはつねに、それをシステムへ向けて投射することができます。このとき立てられる第一の問いは、いつも以下の問いです。すなわち観察者とは誰のことか、そしてどのシステムが話題にされるのか。特定の誰かについて語られるのか。特定の組織について語られるのか。または、何よりも時間をたっぷりもちたいと考えていながらも、しかし時間というものはしだいに少なくなっていくものだということを確認しているような学生について語られるのか。あるいは、子どもをもうけた一人の女性について語られるのか。観察するのは誰なのかという問いを立てるときにはつねに、どのシステムに準拠・言及しているのかを考え併せていなければなりません。

今わたしが示そうとした分析は、もちろんラディカルな水準に位置づけられるものです。わたしたちが、これは大学の時間です、これはXという人物の時間です、これは近代社会の時間ですなどと述べるだけなら、何も多くのことを必要としません。しかし、わたしたちが何よりも十分に知らなければならないのは、わたしたちが「時間」ということで指し示しているのはいったい何なのか、ということです。それによって以下の問題を見ることが可能になります。近代社会や、その近代社会の圧力下におかれた伝記上の人物、複雑な組織といったものの構造的な諸問題の連関性が、たとえばファッション産業やその他もろもろの領域から明らかになるかどうかという問題です。

わたしたちが観察者へ照準を合わせる場合、そこでは二重のパースペクティヴが問題になることを想起しなければなりません。一面において、観察することは一つの作動です。観察することは具体的に生起します。そして観察される現実が保証されるのは何よりも先ず、観察者が観察しうることによってなのです。観察の対象が的確に記述されるかどうかは一つの問題です。しかしながら、当該の対象が、そもそも特定の時点において観察されうる状態にあるかどうかということも、もう一つ別の問題なのです。構築主義と実在論をめぐる議論は、種々の論証によって、ますます作動それ自身へ転位していきます。たとえば、今わたしが用いたのがそうした論証の一つです。すなわち、誰かが観察内容の正否を争おうとする場合、その者は、そもそも観察しうる可能性を有していなければなりません。世界もまずは観察を許容しなければなりません。エコロジーもまたつぎのことに同意しなければなりません。観察者が生きなければならないこと、その上で当の観察者の頭脳が、区別することやその他のことをなしうる程度には機能しなければならないことです。かくして一方では、このように作動に着目するアプローチに関わり合うことになります。また他方では、観察することは、もろもろの区別を駆使することであるという想定にも関わり合うことになります。ここで第一に、以下のような問いが提起されます。すなわち、観察することはいつ起こるのか、果たして観察を行うのは誰か、また時間とは観察されるべき何ものかであるとわたしたちが述べるとき、その場合の観察することは何を包含しているのか。第二に以下の問いが提起されます。すなわち、そもそも区別とは何であるのか。

　これら二つの側面について深く追究してみる前に、意味論《ゼマンティク》の取扱いにおける原理的な改変を示しておきたいと思います。この改変は、わたしたちが観察者から出発する点、ならびに誰が観察し、どのような区別が働くのかという問いをラディカルに査問し、真剣に受け止めようとする点に関わっています。それというのも、わたしがこれまでのわたしたちの伝統を正確に読むとすれば、そもそも必ず別様に考えなければならないはずだからです。わたしが区別や作動と呼ぶものを、これまで人びとは世界の分類と見なしてきました。こうした見方はとりわけ時間の領域において影響力をもっています。むろん範疇論の領域や概念形成法、その他の領域でも影響力を有しています。まずみなさんはおそらくつぎのところから出発されるでしょう。すなわち、時間とは何ものか〈である〉(ist)。そう、みなさんはつぎのようにもおっしゃるでしょう。それはすでに過ぎ去ったこと〈である〉。この〈である〉(ist)ならびに〈ある〉(das Sein)は――〈それがある／それは〜〜である〉(Es ist)と言われる場合の〈ある〉(ist)とはそもそも何を意味するのかについては膨大な哲学上の議論があります――いずれもまさに、そこで話題にされている何ものかが現にあることを指し示しています。それを取り扱うときの自然な方法が分類です。時間の領域では、過去、現在、未来へ分類するのがおそらく支配的だと思います。みなさんが時間について記述しようとする場合にも、おそらくこの分類に言及することになります。すると話題のものは、何ものかがその上を動いていく一本の線分のような姿を示すようになります。

　このような手法で、時間というものを分類から記述すること、そして、その分類を通り抜けていく運動から記述すること。これは議論のなかで困難にぶつかります。それはいつも決まってアウグスティヌスを引用しながら説明される困難です。あらゆる時間を扱った研究文献のなかに、この引用が見出されます。すなわちアウグスティヌスは、彼が時間について思索を始める以前には、時間とは何であるかを知っていたのにもかかわらず、彼が時間について熟思を加えはじめた後になると、たちまち彼にとって時間は不明確なものになってしまった、というのです。(3) とはいえ明らかに、アウグスティヌスの言う不明確性は分類の考え方そのものが消失してしまうほど広汎なものではありません。彼の『告白』のなかには、時間とは未知なるところ、暗闇から、すなわち秘め隠されたところから(ex occulto)来たるものであり、暗闇のうちへ消えゆくものである、というような叙述が見られます。(4) しかし、その場合にも、時間は照らし出された線分に沿って、そこに存しています。その線分上に、ローマが略奪されたことやキリストが誕生したこと、その他もろもろのことを定置することができるし、特定の時点を定置することができると考えられています。アウグスティヌスの見方が最高潮に達するのは、運動という概念の不可思議さにおいてです。(5) 運動とは何でしょうか。時間について語ろうとするときに、どうしてまた運動などという概念を必要とするのでしょうか。このことは明白につぎのことと連関しています。すなわち、時間ということで何らかの次元ないしは線分がイメージされているということ、そしてその場合にすべてのものではないにしても、個々のものは一定の速度をもって、時間を通り抜けつつ、この線分上を動いていくとされることです。これを代替する別のイメージは、時間の流れがわたしたちの間を通過していくというものです。流れ、運動、過程はいずれも時間という次元において、存在論的な配置が、つまり世界の記述が存していることを前提としたカテゴリーです。世界は分類されて〈ある〉(ist)のであり、そうした世界において個々のものは運動しているというわけです。

わたしたちがこのような分類形而上学を、誰が個々のものを区別するのか、観察者とは誰のことなのかという問いへと置き換える場合、果たして何が生じるのでしょうか。これは徹底して終極的な問いですが、これに継ぎ足して、さらなる問いを立てることも可能です。というのも、わたしたちが観察者を観察しようとする場合、わたしたちは観察者を観察するもう一人の観察者をもたなければならないからです。そして、このような問いの継続から外部へ越え出ていくことはできません。「自然学の後ろの書（形而上学）」（meta ta physika）は、以下の話における観察者に当たります。そしてこの点が、今まで述べたような観察という視角を携えて社会学的な問いへ赴きたいとわたしが希望する理由の一つなのです。その社会学的な問いによって、古典的に哲学者たちの領分だとされてきた議論領野へ分け入っていけます。観察者はまさに「この」社会（"die" Gesellschaft）でもありえるのです。

まず初めに、ここからわたしは作動と区別の差異について、もう一度明らかにしたいと思います。観察者、ないしは時間上の区別を行う者から出発する場合、このことは果たしていつ生じるのかということが第一の問いとして立てられます。いつ時間は区別されるのか。この問いを立てるのは、つねにもう一人の観察者です。この観察者は自己自身を観察しようとする観察者であり、つぎのことを熟慮する観察者です。たとえば、自分はどうしてほかならぬ今この時に講義をしなければならないのか、どうしてほかならぬ今この時であって、以前でも以後でもなく、より早くでもより遅くでもなく、その他のいかなる時点でもなく、まさに今この時に何ごとかがアクチュアルであるのか。出発点はまったく一般的なこと、すなわちいずれかの時点において行われている行為もしくは作動のうちに時間が現実的に位置づけられるということです。問題は、観察者の観察者がこの任意の時点をどのように記述しようとするのかということです。すなわち、わたしたちはわたしたち自身が観察しようとしている観察者をまず確定しなければなりません。それによって、その観察者がどのようにどこから時間を分類するのかを見定めることができます。わたしが思うには、これは、一つのラディカルな結論へいたることになります。この結論は以下のような表現で言い表されうるでしょう。すなわち、生起するあらゆる物事はすべて同時的に生起するのである、と。作動者、すなわち時間を観察する観察者は、この時間の観察を、その者がそれをなすときになすのであり、その者がそれをなさないときにはなさない。つまり、観察者が未来や過去、速度、加速、現在、切迫、その他もろもろについて思索を加える、まさにその瞬間に、生起するあらゆることはすべて生起するのです――それ以前でもなく、それ以後でもなくです。

いずれにしても、今述べたような考え方によって、観察者に合わせたかたちでの時間観念の相対化、観察者に合わせたかたちでの時間観念の裁断加工を明らかにする試みが可能になります。これはつぎのような時間観念、つまり、むろんさまざまな態様があるものの、概して時間というものは、未来という見出し、過去という見出し、そして現在という見出しをともないつつ現前するものである、という時間観念と対比されるものです。このような時間観念に対抗する視角から、わたしたちはつぎのように言わなければなりません。生起するあらゆる物事は、すべて同時的に生起するのである、と。この対抗的な視角はつぎのような要請を含んでいます。現に生起するあらゆる物事はすべて同時的に生起するのだということが明確化される場合に、わたしたちはいかなる知見を獲得するのか。このことを思考的に実験し、看取することへの要請です。今この時に生起することは、まさに今この時に生起するのであって、それ以前に生起するのではありません。なぜなら以前とはすでに生起したものだからです。今この時に生起するものはまた、それ以後に生起するのでもありません。この問題を明示的に取り扱った研究は比較的少ないのです。かつてわたしはウィーンで、この問題について講演したことがあります――この講演については、加筆されて『社会学的啓蒙』第五巻として出版されています[6]。このウィーン講演でわたしが時間の問題を論じたのは、この講演にヘルガ・ノヴォトニーが来場するだろうことを知っていたからです。彼女は固有時(Eigenzeit)のタイトルのもとに、現在の拡張という理論を発表していました[7]。現在というものは、つねにより大きく伸張していくのだとされます。いったいどうすればこの現在の拡張というアイデアにいたることができるのか、わたしにはわかりませんでした。テキストを読んでも、講演会で議論してもわからなかったのです。わたしの対抗テーゼは、こうでした。そうではない、逆にわたしたちは収縮するのである。わたしたちがなすことをわたしたちがなすとき、それはすでにして離れ去ってしまっており、もはや変更不可能なものになっています。わたしたちはそれをもう一度やり直すことはできません。他面でわたしたちは、未来を計算に入れなければなりません。未来においてわたしたちは、いまだ行動することもできず、いまだ労働することもできず、いまだ計画することもできず、いまだ処理することもできず、その他のこともなすことができません。

社会学の文献では、アルフレッド・シュッツの初期の著作で、一九三二年刊行の『社会的世界の意味構成』のなかに、つぎのようなテーゼが見られます。すなわち、あらゆる人間はみな同時に年をとる――これが意味するのは「みな共通に年をとる」ということだとわたし自身は思いますが。(8) いくらかの見た日における諸事実に反して、誰しも、他の者たちよりも早く老いていくことはできません。わたしたちの身体状態のいかんにかかわらず、またその都度のわたしたちの生活がどれほど濃密で、具体的で、多様性に富んでいるか、あるいは逆に退屈かということとも無関係に、わたしたちはみな等しい歩調で生きています。誰しも、今この時に、すでにしてわたしたちの未来に滞在し、わたしたちに向かって「気をつけろよ、これとこれがお前の身に降りかかるからな」などと語りかけるような真似はできないのです。確かに、このような仕方で現時点においてすでに未来を見通すという説明困難な試みが多少は存在するのですが。もちろん誰一人として過去に残留し続けることはできません。これは今日、とりわけ悲劇的なことです。それというのも、六八年世代について述べれば、この世代の人びとは今なお好んで当時にとどまっているのだ、という感じを抱かせるからです。六八年世代が今日、何事かを行う場合にも、この世代の人たちは過去と関わり合っています。この世代の人たちにとって、過去は決して過去ではないからです。この世代の人たちが集合するときには、まるで退役した砲兵馬のように集合します。この砲兵馬は今もなお進軍ラッパの音色を聴こうとしますが、今日にいたって過去の時間のなかに生きるのは、むろんもはや不可能なことです。わたしたちが周囲の情勢を意識しながら暮らし、時代に眼を差し向け、事実の連関、すなわちさまざまな理想や記憶、政治的記憶を見据えていれば、つぎのこともまた明白です。わたしたちには、なお依然として当時のままでいるかのようにふる舞うことはできないということです。このことは伝統主義の議論や伝統をめぐる議論に対しても意味を有します。わたしたちは、もはや古い時間を生きることはできません。人は、イデオロギー的であることを自覚しつつ、過去の時代に対する信奉を表明することができます。一九世紀のジョゼフ・マリー・コント・ド・メストルやその他の論者たちは、イデオロギーとしての伝統を鼓吹しました。これはわたしたちの議論内容とは異なる事柄ですが、しかし彼らもまたそうした伝統の促進については、まさしく現在において行わなければならないのです。わたしたちにとって重要な点の一つは、みなさんにとってつぎのことが明瞭になることです。すなわち、生起するあらゆる物事はすべて同時的に生起するのであり、このような事情のために誰かが有利になったり不利になったりすることは一切ないということです。

これから組織について話を始めるに際してふり返っておきたい第二の点は、同時性のコントロール不可能性です。何ものかが同時的である場合、わたしたちは、そのものを作動を通じて生起させることはできません。また原因と結果の間の時差を前提とした周知の因果観念がありますが、この因果観念に則って、そのものを惹起させたり、変更したり、改造したりすることもできません。ひるがえって、わたしたちは環境が同時的に現前しているような場合には、その環境に対応することもまたできません。このことは同期化の問題に対する視角を開くものです。同期化とはもはや変更不可能なもの、あるいは逆にいまだ不確定なもの、来るべきもの、いまだ規定されていないもののうちへ進入していくことを要求します。この第二の点は、結果として端的にコントロール観念、制御観念、因果観念に対して反問を加えるものです。わたしが思うのに、ここには作動上の閉鎖性のテーゼ、認知的な構築主義のテーゼとの関連性が存しています。それは、システムはもっぱらシステム固有の帰納法を駆使するのだが、同時的に現前している環境については、これを作動を通じて捕捉することはできない、というテーゼです。

このテーゼについてわたしは、作動上の閉鎖性という観点のもと、別の箇所でお話ししました。そしてわたしたちは今また、一定のアレンジを加えつつ、この作動上の閉鎖性を時間という観点のもとで再検討しているのです。わたしたちは、同時的に生起している物事については、これを変更することはできません。わたしたちは同時性という時空間を、一定の仕方で、より小さく、あるいはより大きく切り取ることはできます。わたしたちは話をするときに、より緩慢な話し方をしたり、いくらか話を間延びさせたりすることができます。それによって、その同一の話における特定の反応に対して、再度こちらからも反応を返すことが可能になります。わたしたちは、特定の事物をより緩慢化させることができ、生起していることを観察することができ、そして時空間をいくらか別様に切り取ることができます。しかしながら、現在を自由に操作したり、「見かけ上の現在（specious present）」と称されるもの、すなわちその長さが確定された現在を延伸させたりする可能性についてはきわめて限定されており、システムの作動様式と関連しています。こうした現在の取扱いは、コミュニケーションにとっても一つの仕事であり、認知作用にとってもまた一つの仕事になります。ある人が、危険が近づいていることを見知った場合、たとえば爆弾が落ちてくる音を聞いた場合、その人が経験豊かな兵士であれば、地面に身を伏せるべき時点まで、どれくらいの時間が残されているかを承知しているでしょう。(9) この場合には、現在は特定の認知のあり方にしたがって伸張することになります。しかし、こうした認知は基本的には何ものも変化させることはありません。それが示すのはただつぎのことです。そのつどの現在は可変的なるものであり、そうした現在を少しだけ伸張させることが時間観念のうちへ組み入れられているということです。

作動によるアプローチの問題との関連においても、目下のところは以上の考察で十分のはずです。これと少なくとも同等の重要性をもつ第二の問いは、時間を主題化する者、あるいは時間を認知する者はいかなる区別を用いて活動するのか、すなわちそうした者はいかなる区別を用いて時間を観察するのか、という問いです。ここにおいてわたしたちは、存在論的なアプローチをとる時間理論との隔たりを目の当たりにします。存在論的な時間理論は、時間とは存在している何ものかであり、時間理論はそのような時間という対象物を的確に射止めているかいないかのどちらかである、と主張します。存在論的な時間理論にしたがえば、わたしたちは時間を何か所与のもののように取り扱うことができるはずだとされます。そして、わたしたちが時間について語る場合に、その概念化や描出法が真であるか偽であるかを認識し、議論することが問題となります。これに対して観察者の立脚点からは、いかなる区別によって時間が主題化されるのかという問いは完全にオープンです。この問いの答えは、同時性という基盤の上に立つかぎり無条件には確定されないからです。わたしは、生起するあらゆる物事はすべて同時的に生起すると述べましたが、そこでは時間についてまだあまり多くを言明していません。同時性とは一つの概念であり、それは他方に非同時性という概念を要求しますが、それについては何ごとも語っていません。時間が生き生きとしたものとなり、記述可能なもの、指示可能なものとなるためには、まず何よりも区別が導入されなければなりません。たんに同時性をもち出すだけでは、ある一つの言明、すなわち時間に関するあらゆる区別は、誰かによって、いつかの時点において、作動を通じて行われなければならないという言明のほかには、まだあまり多くのことを述べることはできないのです。

このことがもたらす帰結は、たとえば以下のことです。未来および過去はつねに同時的に現出する、ということです。これは非常に奇妙ですよね。これについて、わたしたちは少しばかりゆっくり話すこともできます。しかし、この区別自身は区別として存しているのですが、両項からなる統一体としては、いつかの時点で行われる区別として存しており、この区別においては両方の側が同時的に定立されるのです。仮にいかなる未来も存在しないのに過去について語るとすれば、それはまったくナンセンスです。区別の理論――区別の理論と聞いておそらくみなさんは、区別のどちらの側をアクチュアルだと考えるのかについてわたしたちは示さなければならないということを想起されることでしょうが――は、おそらくわたしたちをして、わたしたち自身がどこから出発するのかを示させるでしょう。すなわち、わたしたちが過去に関心をもっているのか、それとも未来に関心をもっているのかを示させるでしょう。この区別の一方の側を示すことが、もはやいかなる区別も作出しないとすれば、その程度に応じて時間そのものもまた消滅していくことになります。時間の区別は他のあらゆる区別と同様に、なるほど区別の両方の側が同時的に併存することによってアクチュアルではあるのですが、しかし他面で、この区別自体は非対称的に作られているため、つねに一方の側のみを使うことができ、他方の側を使うことはできないのです。これは作動としての観察を定義するものです。

以上のような見地から社会学へ、あるいは歴史学の意味論《ゼマンティク》へ向かっていく可能性が生まれるとすれば、つぎの場合です。つまり、どのような諸区別がそのつどごとに役割を演じているのか、という問いをわたしたちが立てる場合です。それは任意ではありえません。いつ、いかなる場合も任意なものは何もありません。仮にわたしたちがいかなる区別を選択するかについては恣意に委ねられていると述べるとすれば、その場合にはまだ十分な思索が行われていないか、もしくは社会学や歴史学へ接続するためのこの問いに対する検討が尽くされていないのです。時間の区別をめぐるこのようなコンセプトを起点とすることで、つぎのことを見通すことが可能になるはずです。すなわちいかなる種類のシステムが観察者となるのか。この観察者はどのような構造的な負荷を担っていて、それを耐え忍ばなければならないのか。ここに構造的な負荷とは、具体的にはシステム固有のオートポイエーシスに関する諸条件、認知やコミュニケーションの作動類型、もしくは場合によっては生そのものの作動類型といったものです。これらの問いを見通すことが可能になることによって、いかなる種類の諸区別が役割を演じているのかを見通すことも可能になります。

しかしながら、最初の一歩はつぎのところに存します。かつていかなる諸区別が役割を演じていたのかについてのイメージをまずはつかんでおくことです。そのためのいくつかの文献をみなさんは見出されるでしょう。そこでの重要な問題は時間というものが直線的に考えられているか、それとも円環的に考えられているか、です。つまり、円環的な時間意識と直線的な時間意識の対立です。わたしたちが有しているであろうイメージは、一方ではその時間意識において直線的な考え方をもっている文化があり、他方ではその時間意識において円環的な考え方をもっている文化がある、というものでしょう。それを示すために古い諸文献から抽出された叙述を断片的に引用することもできます。しかしある一つの文化が、その時間をめぐる考え方の全体を直線的か円環的かのいずれか一方だけにまとめて方向づけるような事態はおよそ考えられません。人びとは言います。時間について、ヘブライ人たちはすぐれて直線的に考えていた。古代エジプト人たちもそうだ。あたかも大地を流れるナイル川のように、エジプト人たちは時間というものをどこかへ向かって直線的に延びている一本の線のように見ていたのだ、と。ですが、エジプト神話のなかにも、当然ながら一年ないしは一日のリズム、太陽が昇ることと沈むこと、そして季節の回帰などが存在していました。古代エジプトの儀式においても、反復されることが重要な役割を担っていました。儀式における反復が太陽の周回軌道やそれに関連するあらゆるものが反復することを確実ならしめるとされていたのです。かくして、直線的な時間観念と円環的な時間観念とが同時に存在していたわけです。古代ギリシャにあっても、事は変わりませんでした。わたしには、古代ギリシャ人たちがつぎのような想定を有していたなどとはとても考えられません。たとえばペルシア戦争は、時おり更新されるべきものなのだとか、わたしたちはサラミス島やマラトンにおいて、そのつど新たに戦争を始めなければならないのだとかいう想定です。古代ギリシャ人がみずからの固有の歴史を思い起こすこと。そして古代ギリシャ人の萌芽的な進歩意識が、神々のコスモスにおいてまたギリシャの歴史において文学へと結実していくこと。まさにそれらが進展すればするほど、古代ギリシャ人たちはあらゆる物事がある循環運行の一局面において生じており、すべては反復するだろうなどと観念することはできなかったでしょう。円環的か直線的かという時間観念の対立の問題が今日においても真剣に議論されるとは、わたしには思われません。今わたしが述べたような種類の時間論批判は各種文献のなかに見出されます。しかし、それ以外の論者たちにおいて見受けられるように、時間に関する考え方として円環的と直線的とを対置する思想もまた、決まりごとのように繰り返されています。

　時間をめぐる別の問題は、動かされるものと動かされざるものの区別に関わるものです。この区別はとりわけ、一面における神的な現実性ないしは観察様式と、他面における人間的なそれらとの間の差異に関わるものとして、ヨーロッパの歴史においては決定的な区別であったと思われます。わたしたちが慣れ親しんでいるのは、時間を運動から考えたりイメージしたりすることです。そこには流れる川に対する河岸のように、何らかの安定的なものが存在していることになります。そしてわたしたちは、そこに何らかの動かされざるものが同時的に存在していなければ、運動ないしは時間を認知することができないことになります。時間は、この動かされざるものとの関係において、その位置を移動させるのだからです。ところが、これは文化的、歴史的、そしておそらくは社会的に条件づけられた見方だったのです。今日なお目にすることのできる文化はどれも決して、この動かされるもの／動かされざるものという図式を優先的に用いて活動などしていません。ハイデルベルクのエジプト学の研究者であるジャン・アスマンは、エジプトの時間意識に関する非常に優れた研究を発表しました。この研究のなかでアスマンは、二つの異なった時間概念を解釈しています。それらの二つの時間概念はまた、それぞれ異なる言葉によって伝承されていますが、まるで両者は相互に何らの関連性も有していないかのようです。時間概念のうちの一方を、アスマンは「結果性（Resultativitaäta）」として解釈します——この「結果性」という言葉は、わたしが用いたものではありません。この言葉によって観念されるのは、時間というものがどこからか到来し、出来事として眼前に存在し、それがそれであるところのものとしてあることです。そして、他方の時間観念は「潜勢性（Virtualitäta）」として解釈されます——これは可能性としての時間のことです。[10] これを過去と未来の区別として読むことも可能でしょう。この翻訳が素材に対して過大な要求をすることにならないのかどうかわたしにはわかりません。ただいずれにしても、どの表現を使用するのかについて、つぎのような観点にもとづいて言語的な選択を行わなければなりません。すなわちわたしたちが、都市が建設された、あるいは王が死去したといった特定の状態へ到達することへ導いたものの観点の方から、時間という次元を主題化するのか。それともむしろ、これから到来するものの不確実性、チャンス、可能性、今後なされるべきことの観点の方から主題化しようとするのかにもとづいてです。わたしたちがこの時間という素材へしっかり入り込みうるならば、あるいは時間について考えた人たちに問い尋ねうるならば、つぎの点について十分に知ることになるでしょう。時間に関する二つのコンセプトが相互にどのように連関し合っているか、という点です。わたしたちは結果性と潜勢性とを、わたしたちが見ているような仕方で、つまり結果が諸可能性を限界づけるという仕方でカップリングさせることができるでしょうか。それとも、わたしたちが技術を発展させ文字を自由に操り、新たな神々の世代からより多くの自由を保持するにいたったことによって、むしろ逆にもろもろの可能性が与えられたのでしょうか。この種の問いにわたしは答えることができません。しかしながら、こうした問いが立てられるのは、わたしたちがそこに区別を見るときです。結果性と潜勢性とは、互いに一切関係し合っていない世界の相異なる側面なのでしょうか。それとも時間の統一性に関する思想もまた存在しているのでしょうか。アスマンの研究にしたがうかぎり、統一性の意識への発達、そしてまたたとえば誕生と死、昇り来たることと沈み去ることなど、種々の状況を統合する象徴作用への発達は、きわめてゆっくりと漸次的に成し遂げられたようです。それは本質的には物語りとして遂行され、差異の統一に関する概念的＝理論的な洞察にまではいたりませんでした。なおわたしは、この点に関しては、本来わたしには語る資格のない事柄についてお話ししています。同時に、ここで重要になるのは、つぎのことに注意力を差し向けることです。すなわち西洋の伝統が、たとえばエジプトの伝統などと対比する場合に、独特の諸区別を用いて営まれてきたということです。その際にわたしたちは、この諸区別を自明のものだとか、時間意識によって生み出されたものだとか、あらゆる種類の時間観念にとって「本質的な」ものだとかというように理解すべきではありません。

動かされるものと動かされざるものの区別を用いる西洋の伝統が際立っているのは、この区別が、区別の統一をイメージする可能性を提供するからです。よりくわしく述べれば、神それ自身における区別の統一、アリストテレス哲学に言われるところの、みずからは動かされずに他を動かすもの（不動の動者）における区別の統一です。神とは、みずからは動かされぬまま、あらゆる動いているものとあらゆる動かされないものの全体に対して責任を負うべき審級であり、そうした全体を観察し、さらに自分自身のうちから放出し創造する審級であって、いずれにしても動かされるものと動かされざるものの差異の上方に位する統一です。統一としての神については流出のモデルによって彫琢されえます——みずからは動かされざる統一が、自分自身のうちから、動かされるものと動かされざるものの二性を創出するというわけです。この統一は、みずからは動かされないまま、動かされるものと動かされざるものの差異を作出します。ちょうどフィヒテ哲学において、我がそれ自身のうちから我と非我を放出するとされるようにです。統一としての神についてはまた、宇宙論《コスモロジー》としても彫琢されえます。ここでわたしたちは以下のような可能性が存在することを認めることができます。時間のもつ諸側面に関する、あれかこれか式のたんなる選言や、たんなる質的な相違を超え出ていく可能性、ならびに神話学的に、そしてまた哲学的に、それは元来、何であったのか、という問いを立てる可能性です。はじまりはいったい何であり、いかにして差異が生じたのか。これらのことは今日のわたしたちの状況に対して、いかなる帰結をもたらすのか。わたしたちは時間というものを、人間にのみ特有の何ものかと見なければならないのか。神はあらゆる時間の彼方にいるのか。神とはあらゆる過去とあらゆる未来を同時的に見わたすような誰かなのか。本日の講義でしばらく前に登場しました同時性という表現を用いるならば、神にとっては、あらゆる時間の全体が同時的に存在しており、そもそも時間というものが続いていくかぎり、神もまた現前し続けるのだと言わなければならないでしょう。みなさんは、こうした叙述を神学のなかに見つけるはずです。

このような時間をめぐる問いに知識社会学の分析を結びつけるならば、つぎのように問うことも可能になります。いかなる社会が、このような仕方で時間を記述するのか。いったい何が動かされないもの、もしくは動きえないものの側へと押し入れられ、何が動かされるものの側へと押し入れられるのか。部分的にはアリストテレス的な、また部分的にはプラトン的な伝統にあっては、本質的なものは持続するものに帰属するとされ、たとえば歴史などは動かされるものに帰属すると考えられていました。これが意味するところは、人びとは歴史というものをまったく真剣に受け止めることができなかったということです。なぜならば、歴史とはそこではいつでも何事かが突発的に起こり、完成へ達することが現実にはありえないような代物とされるからです。一六世紀には、詩と歴史をめぐって長期にわたる議論が存在しました。この議論のなかでは以下のように述べられました。詩というものはなるほど純粋な虚偽を語るのだが、しかし事物の本質的な性向に到達するのである。これに対して歴史とは絶えずみずからを動揺させ、攪乱させているものであり、このため自然や事物の本質においては予定されていないようなことが起こるのである、と。ここでは安定的なものと可変的なものの間の一種の妥協が役割を演じているのだろうという推測が可能です。このことを社会学的な分析へ翻訳することもできます。たとえば貴族をめぐる理論があります。この理論によれば、高貴な者とは歴史的に見ると、彼の家族がもっている富と相応の有能さによって定義され、富や有能さの方は彼の生まれによって道筋を付けられるとされます。この高貴な者は、中世の法律家が述べたように、モラルによって変更されうるものではありません。これと併せて、恥ずべき忌まわしいふる舞いによる貴族位の喪失についての議論も存在しました。これは彼がその名望を著しく損なうような所業を行うことによる貴族位の喪失を意味します。しかし、この忌まわしい行為に関する法学的な検討はかなり錯綜しており、対象者は多かれ少なかれ、実践上の諸理由にもとづいて、忌むべき行いをなしたという認定を免れるケースもありました。それゆえ人びとは貴族を持続するものと見ていたのであり、ある人物を貴族へ列するための政治的メカニズムへ時間が導入されるのは、あくまでも迂回路による間接的な仕方にとどまっていたわけです。しかしながら、この議論はいまだ未来と過去といった概念によって営まれていたわけではなく、確定的と不定的とを区別するものでした。ここでの問いは、日常的な行為がどの程度貴族のなかへ不定性をもち込んだのかです。たとえば、高貴な人物には商売をすることが許されていませんでした。しかし、この高貴な者が一〇月の実りの季節になって、彼の領地からの収穫物を買い取らなければならない場合、いったい彼はどうするのでしょうか。彼は、収穫期の三週間ばかり貴族位を喪失し、その期間が終わった後、再び貴族位を取り戻すのでしょうか。これは一つの困難な問いです。しかし、このような着眼から以下のことが示唆されるはずです。すなわち、ある文化は動かされるものと動かされざるものの間の区別、不変的なものと変動的なものの間の区別というような、あらためて問われることのない背景からもろもろの問題を生み出しているということです。しかも、文化はこうした諸問題によって、その文化が実在していることを理解可能なものにしようと試みているのです。以上の貴族の例に見られるように、文化というものはつねに区別の両方の側を顧慮していなければなりません。

近代への移行に関しては、以下の点が重要であるようにわたしには思われます。過去と未来との差異が、ますます大きな役割を担うようになってきたという点です。併せて、すでにいささか古びた議論のなかではつぎのようにも主張されています。その言語においていかなる時間概念をも有しておらず、そのため未来についても過去についても表現することのできなかった民族が存在していた、と。しかしまた印欧語をめぐる議論においては、わたしたちの言語における過去形、アオリスト（不定過去）、あるいは未完了形、未来形、前未来形は、そもそも時間の叙法であったのかどうかが問題になっています。ただ、この問題は探究すべきことは多いのですが、発見しうることは少ない領域ではないでしょうか。なぜならば印欧語が生成した時点へ遡源することは困難だからです。ギリシャ語のアオリストは、過去における活動を表し、完了形のように過去の状態を表すものではありませんが、このアオリストがギリシャ語においては消滅しなかったにもかかわらず、ラテン語において消滅したのはなぜなのでしょうか。アオリストが残存し続けている理由は、ギリシャ語の場合には、ギリシャ文字の「S」（シグマ：Σ）が干渉されて、この「S」が聞き逃されにくかったから（シグマアオリスト）なのでしょうか、それとも別の理由によるのでしょうか。わたしは、これ以上、この問題領域に立ち入ろうとは思いません。ただわたしは、つぎの点を考えておくべきだと思います。エスノグラフィーの手法による諸研究は、時間意識というものを完全に言語に依存するものだと見なしてきました――こうした研究によれば、たとえばホピ・インディアンはいかなる時間も有していなかったことになっています。しかし、エスノグラフィー研究に関しては、以下の点をつねに調査しなければなりません。時間をもたないとされる諸文化が、その文化にとっては自明のものとして知っていた時間的な先後関係を、条件法的な形式を通じて、あるいは特徴的な出来事に目印を付けること——たとえば「わたしは乳搾りの時までに戻ってきます」というような言い方——を通じて、どのように別様の仕方で表現していたのか、という点です。わたしたちも今なお、たとえば乳搾りをしなければならないような場合には、同じような表現を用いることが可能です。わたしたちは、それがいつ起こるのかをみんなが知っている特徴的な出来事によって、いろいろな時点に目印を付けることができます。こうした条件法的な形式も時間が表現される形式です。

おそらく以上のことを基礎づけているのは、それ以前とそれ以後というきわめて深い、もしくはきわめて本質的な区別です。元来わたしたちが時間を見ることができるのは、それ以前とそれ以後とを区別しうる場合だけです。少なくともつぎのことが時間をめぐる議論の現下の到達点です。すなわち、それ以前／それ以後の区別が本質的な区別であること、そして今日から、今から、この時間から見たときに、いったい何がそれ以前にあり、それ以後にあるのかという問いを介して、今との関係やこの瞬間との関係において時間を見るということを可能にするのが、この区別であることです。ところで、この今という瞬間についてはさらに区別することができます。たとえば、事故や裁判にかけられた犯罪事件など、ある出来事を再構成する場合、それ以前に何が起こり、それ以後に何が起こったのかを問うことが可能だからです。わたしたちは相当程度まで運動の観念を等閑に付してみたとしても、それ以前／それ以後の区別を取り扱うことができます。わたしたちはいかなる運動、いかなる過程、いかなる原因が「それ以後」を導出したのかを知らない場合にも、過去の状態を確定することができます。時間の区別、そしてそれ以前とそれ以後の区別を援用することによって、つぎのことが可能になります。神経生理学的に見ても矛盾に陥ってしまうために、相互に関連づけ合うことのできないもろもろの状態——たとえば、わたしは今この教室にいながらにして、同時にわたしの部屋で電話をかけていることはできません——を、それぞれ時間的に区別される状況としてふり分けることです。さらに、こうしたふり分けはわたしたちがつぎのことをイメージできるかどうかとは独立になお可能ではないでしょうか。それがいかなる因果系列によって生起したのか、あるいはいかなる過程が当該の状況に結びついているのかをイメージできるかどうかとは独立にです。もっとも、もし仮にわたしたちがそれ以前／それ以後の差異を有していなかったとしたら、因果の問いや過程の問いが拘束的なものとしてアクチュアルな問いになることはないでしょう。わたしたちがそれ以前とそれ以後の区別を本質的なものと評価する場合、わたしたちはつぎのことを重視すべきでしょう。すなわち、未来と過去の区別は、このそれ以前とそれ以後の区別からはなお一定の隔たりを保っていることです。たとえ未来や過去が時間意識においてとくに卓越したレベルに達していない場合であっても、それ以前／それ以後の区別を用いて状況を記述する例は、日常的にもありふれていますし、諸文献のなかにもたくさん見出すことができます。

この点を相互にすっきりと概念的にとらえるための方法については、わたしにも十分に明確ではありません。フッサールの地平概念は、ある一つの「それ以前」を考え、この「それ以前」に別の新しい「それ以前」を継続させ、さらにこうした操作を繰り返すことを可能にさせます。このようにつぎつぎと「それ以前」を継ぎ足していく操作において、わたしは決して終極へ到達することはできません。しかしわたしは、特定の方向で先へ進んでいくことができますし、つぎのような想定が可能になります。近接しているつぎの一歩において達成されるあらゆることは、すべてそのつどごとに確定されうるだろう、という想定です。地平というメタファーが表すように、地平とは一種の無限性を有しているものであり、地平はその位置をずらすものでもあります。そして未来もまた、一つの時間地平と言えるでしょう。この未来という時間地平は「それ以後」の反復継続によって充足されることになるでしょう。しかし、この地平は出来事の総計のうちに存立するものではなく、運動が種々さまざまでありうることのうちに存立するものです。フッサールにあって重要なのは、来るべき特定の事柄に狙いを定める志向的な行為です。わたしたちはこの地平の概念を取り扱っていますが、しかし、ここにおける本来の問題はまさに以下のことです。すなわち、ある文化が未来／過去の区別によって時間を記述するようになり、それによって特定の現在から発して過去と未来の存在を見ようとするグローバルな視角にもとづいたそれ以前／それ以後の区別から、未来／過去の区別へ乗り移っていくとき、こうした移行が生じる理由とは何であるのか、という問題です。この移行は未来というものがたんなる一つの出来事としては見られなくなるや否や、あらゆる文化において事実として生じています。近代社会において、この過去と未来の区別は認識可能なもろもろの理由から支配的なものとなりました——そして、この区別が支配的になればなるほど、社会はつぎのことを出発点に据えるようになっていきました。すなわち、未来は過去とは異なったものである、と。不変的要素、つまり終始一貫して変化しないものはしだいに減少していき、ついに最終的には、いかなるものも未来永劫にわたって安定的ではありえないと考えられるようになります。そして問題はただ、何ものかが変化するとすれば、それはいかなる時間領域においてであるか、ということになります。わたしたちは生きて暮らしている存在者としての人間というものを、未来永劫にわたって安定的なものとは決して考えません。人間は自殺する可能性がありますし、しかもすべての人間がいっせいに自滅する可能性すらあります。あるいは人間が遺伝子工学を用いて、遺伝学的には人間に類似したものでありながら、人間を凌駕する特質を備えた存在者を作出し、みずから作出したこの存在者との生存競争に敗れて消滅していく可能性も有しています。何らかの仕方であらゆることが想定可能なのです。かくしてまさに問われるべきは、人間の時代がわたしたちの前途にあとどれくらい続いていくのか、です。未来こそが問題であるゆえにまた、おそらくつぎのような事態も生じないでしょう。すなわち安定的なもの、不可能なもの、必然的なもの、不変的なものによって生が営まれていく可能性がはっきりと衰滅していくような事態はおそらく生じないでしょう——じつにこの点は、ハンス・ブルーメンベルが、その非常に長大で優れた研究のなかで示したことであり、彼によれば同様のことは、個々人の生の諸断片の内部においても妥当します[11]。ただ、人生の段階をいくらか長期的に見れば、わたしたちは非常に多くの変転を目にします。そのためわたしたちは、いつの日かあらゆるすべての物事が変化してしまうだろうということを一つの想定として推測します。

この想定が頭をもたげてくればくるほど、社会の記述、そしてそもそも時間的先後関係の記述や個々人の生の記述もまた、未来と過去の差異を援用しつつ行うよう強いられることになるのです。動かされるものと動かされざるものの区別は、まだたんに考慮されるべき時間領域の長さを問題にするのみです。短期的に見れば、多くのものは安定的に思われるのですが、長期的に見れば、それらはもはや安定的ではありません。近代に特徴的な諸構造のうちきわめて多くのものが、こうした様態のものへ置き換えられました。こうして、その者の生まれと家柄によって人間の生をイメージすることは、その者のキャリアと伝記的意識へ置き換えられます。自叙伝や他人の伝記は、並外れた人びとがいかに並外れていたかという視点のもとでは、もはや書かれなくなります。たとえば、アレクサンダーが何を征服し、個々の状況のなかでいかにアレクサンダーがまさしくアレクサンダーたるところを繰り返し誇示してきたか、といった視点では書かれなくなるのです。むしろ自他の伝記は、もはや過去になっている種々のオプションのなかから下される決定、という視点のもとで書かれはじめます。わたしたちはそうした過去を出発点にしなければならないのであり、したがってそのオプションは歴史化された伝記としての過去です。これは一例でしょう。そしてまたフランス革命が一つの標識になりました。独白の王、一人の支配的なベルサイユ市民と、完成形態として国家をもっていたフランスでさえ、いくらかの小さな騒乱を避けることはできず、結局すべてが崩壊してしまいました。そして、理想世界の全体が取り替えられることになります。こうした経緯を目撃した同時代人たちは、この転換が当時の時代（時間）意識に対してもたらした諸帰結を記録しました。このうちたとえばノヴァーリスの著作のなかに、わたしはつぎのような一節を見つけました。「わたしたちは、安定した形態の時代から弾き出されたのだ。」フランス革命が可能になっていた当時、少なくとも社会の領域においては、あらゆるすべてのことが可能になっていたのです。

この観察方法からは、つぎのことが示唆されます。まさに現在が、そこにおいて未来と過去が相異なるものとして定立される地点へと収縮するということです。現在とは、未来と過去との差異点なのです。ノヴァーリスのなかにもつぎのような表現が見られます。現在とは、未来と過去という二つの関数の微分である、と。[12] ノヴァーリスの表現の仕方はともかくとして、いずれにしても、もはや現在とは過去と未来の間の比較的に短い時間上の間隔といった単純なものではありません。現在は過去と未来が互いに衝突し合うのを阻止している時間上の間隔のようなものではないのです。さらに、もはや現在は神とコンタクトする地点でもありません。それまで神にとっては、あらゆるものが現在であるとされ、他方でわたしたち人間はみずからの死を前にした生の瞬間においてのみ（もしくは、その他いずれかの様態において）わたしたちの現在を神の現在へ結びつける可能性を有しているのだと考えられてきました。こうした観念はしだいに衰微し、これに代わって一種の決定への圧力が現出します。それは一種の転換点でした。すなわち「今やわたしたちは、自由な行動のための余地をもつにいたった。今やわたしたちは——そして、再びみんなが同時的に——物事を別様になすことができるのだ」ということになったのです。しかしながら、それがいったん過去になったときには、たとえば原子力発電所群がいったん設置されてしまえば、それらの原子力発電所はそこに建ち続けるのであり、それらを再び取り除くことは非常な骨折りとコストを必要としますし、おそらくまったく不可能です。わたしたちに決定することが可能であったかぎりにおいて、この過ぎ去った現在は、この問題について多くの者たちがその見解にしたがい誤って決定した現在です。わたしたちは、もはや今となっては決定することができません。わたしたちは以前とは異なった現在のうちに存しているのであり、以前とは異なった決定状況を有しているのです。現在はギアを切り換える地点として把握されます。それはわたしたちが見失ってしまうこともありうる地点であり、そこでわたしたちが何もなさないことによって何ものかを取り逃がしてしまったり、後になって後悔することを行ってしまったりする地点です。とはいえ、わたしたちが自由に行為できる可能性を有しているのは唯一、現在においてのみです。わたしたちは、未来においてはいまだ行為することができませんし、過去においてはもはや行為することができません。

驚くべきことに、現在について書かれた文献はほんのわずかしか見つかりません。現在という時間のモードが何を意味するのかという問いに対する反省は、明らかに薄弱です。みなさんは哲学を勉強されていますから、以下のことをご存知でしょうが、たとえばジャック・デリダは、古い存在論的形而上学において述べられてきたのは、現前について、つまり“présence”についてであると見てます。[13]わたしたちが用いる諸形式やわたしたちが行う諸区別、フッサールが述べる志向的な表現の諸作動、そしておそらくコミュニケーションも含めて、これらはいずれもつぎのことをつねに前提しています。つまり、それに依拠してあるいはそれの内部へ向けてわたしたちが形成したり、言表したり、志向性をもって影響を与えようと試みたりする何ものかが現存することをつねに前提しているというのです。この意味において、現在はある存在の質として把握されます。現在とは未規定なものであり、継続性との関連においては、いわば糸のほつれのようなものとされるのです。こうした見方はデリダにとって過ぎ去った形而上学です。区別を行う理論にとっては身近なものである差異の意識を背景としながら、わたしたちは何よりもまず差異を定立しなければならないでしょう。その場合、現在とはわたしたちの諸作動においてつねに知られざる他の側ということになりそうです。デリダは“ichnos”（ギリシャ語で痕跡の意）について語っています。わたしたちは今、何ごとかをなすことができるわけですが、しかし古い意味における現在とは、わたしたちが面と向かって対峙しうるものの不在のことだというのです。これは、あらゆる差異はある本質的な作動のうちに、すなわち差異を変移＝延期させることのうちに存している、という考え方と関連しています。わたしたちはいかなる差異をも安定的に保持することはできず、むしろ不断に差異を変転させなければなりません。ある対象について別の対象を主題化し、ある区別に続いて別の区別を主題化していくような仕方によってです。こうした考えは、デリダにあっては差異／差延（différence/différance）という言葉遊びへと連なっていきます。

これ以後は、現在について比較的に高水準の考察が存在してはいます。しかしながら、そうした考察のコンテクストにおける現在とは哲学史的に考えられたものにとどまり、それぞれ何らかの方法を用いて存在論的な形而上学を批判することで終わってしまっています。それらの考察がアクチュアルな社会学、たとえばリスク行動や責任、異なる時間的パースペクティヴに関する社会学へ進んでいくことはありませんでした。しかし、わたしたちは以下の問題を探究する魅力的な研究プロジェクトを構想してみることもできるでしょう。すなわち、個々人の仕事においてであれ、社会全体やエコロジーや技術といった観点からであれ、現在におけるせわしなさやストレス状況、過重負担状況というものが、そもそも何ごとかをなすための時間をわたしたちがほとんどもっていないという事態といったいどれくらい関連しているのかという問題です。未来はいまだ取扱い不可能であり、過去はもはや取扱い不可能であるとすれば、どのようにわたしたちが時間を主題化するかというそのあり方によって、すでにわたしたちはわたしたち自身に対して抑圧を加えています。ただ、このことはわたしたちが何らかの誤謬を犯していることを意味すべきではありません。むしろ、わたしたちがそもそもわたしたちの社会をもろもろの時間的観点のもとで見てみることによって、わたしたちはわたしたちの社会を十分に把捉しうるのだということを意味すべきです。

時間というテーマに関して述べるべき最後の点は、同時化現象の問題です。現在とは一つの強制状態であり、そこでわたしたちは何らかの行為をしなければならないが、わたしたちが自由に使えるような余地や時間はほとんどない。こうした現在についての見方を出発点とする場合には、つぎのような考えがすぐに思い浮かぶでしょう。みずから立てた計画を拠り所にすること、そしてわたしたちはまさにわたしたち自身を未来においても使用可能な、いわば一つの過去として計画しなければならないと熟慮をめぐらせてみることです。わたしたちはつねに数多くの時間的先後関係を考慮しなければなりませんし、現在における現在と未来における複数の現在とを区別しなければなりません。未来における現在とはいまだ決定されていないものであり、未来における現在から見れば、現在ただ今のわたしたちはもはや一つの過去になっています。時間は再帰的に時間自身へ関連づけられます――そして、これは計画を立てる心的態度としての時間であり、よく知られているような歴史学的な視角としての時間だけにかぎりません。もともとすでに一八世紀には、歴史家たちは広範囲に存していたことが認められます。そして、たとえば国家の歴史がわたしたちの過去になります。その過去においては、ゲルマン諸部族の現在はまったく異なる意味合いを有することになりました。後から回顧的に見るならば、そこでの現在はわたしたちが今日もっているものとは異なる過去と異なる未来をともなった現在です。かくしてよく述べられるように、「時代精神」なるものがそれに固有の時代、それに固有の歴史を構築しているとされます。わたしたちは国家の歴史を書くことができます。しかしまた世界史や理念史を書くこともできます。そして、わたしたちがこうした各々の歴史を書くとき、わたしたちは特定の時代を立脚点として書いているのであり、それゆえにつぎのことを計算に入れておかなければなりません。歴史的に記述された時代とは、記述対象の時代から見られたものではなく、むしろさまざまに異なったそれぞれの現在にもとづいて見られたものだということです。文化財などもこうした位相にあります。また、以上のことは歴史家たちの間ではすでに周知のことになっています。たとえ歴史家たちがそのことを、二重の様態をもたせたターミノロジー——過去における現在、未来における現在、現在における未来——や、三重の様態をもたせたターミノロジー——現在における未来における現在——を用いて複雑に表現することはあまりないとしてもです(14)。

このように二重ないし三重の様態をもたせることが念頭におかれている場合、すぐさまつぎのような限界に突き当たることになります。計画を立てること、なかんずく目下主として問題になっているのは組織の計画を立てることですが、この計画を立てることにおいて制御可能なものの限界です。わたしたちが言語的に精確に表現しつつ、組織の人間に対して以下のように問うたとします。あなたにとって重要なのは、どの未来における現在にとっての、どの過去であるのか、と。するとこの組織の人間はまず混乱してしまうでしょう。なぜなら、組織の人間はこの問いのように思考する習慣をもたないからです。しかし、巨大なプロジェクトの計画を立てる場合には、まさにこの問いを考えるような仕方で進められるのです。たとえば北海あたりで大規模な油田を発掘する計画を立てることを考えてみるとよいでしょう。そこではテクノロジー的、経済的、商業的、財務的、その他の観点から複雑に立てられた諸計画が、一つなぎの事象の連鎖として集約されなければなりません。(15) そこにおいて何ごとかが成就しなければならない現在は、果たしていつの時点において当の何ごとかが成就しなければならず、それによって別の何ごとかが行われうるようになるか、ということから明らかになります。当座ここで重要なのは、特定の時点の未来において、もはや変更の利かない過去になっているのは何であるかについて考慮することです。この計画を立てるうえでの問題から同時に、つぎのような可能性も生じます。計画を立てることを妨害したり、邪魔をするために攻撃したり、あるいは計画を立てることにおける時間上の間隙や問題を利用したりして、何ごとかを実現する可能性です。以上のことはすべて組織社会学においてよく知られていることです。

みなさんには、ここでモードの領域に関わる組織の諸問題についてのみ考えてもらおうと思います。なぜなら、それは何よりもまず時間のはかなさの問題と関係しているからです。今夏のモードはもはや昨夏のモードではありませんし、来夏のモードでもないでしょう――同様のことは冬についても言えます。各時季に応じた素材や衣服などの製品は、さらに自動車のシートの張り布にもふさわしいものでなければならないといった具合です。こうした事情を踏まえつつ、各時季の流行が見込まれる色調についても決定されなければなりません。このモードの変化については、おそらく二年間くらいの先行期間があります。色調について決定されると、今度はデザインその他の計画が考えられなければなりません。ついで大きな見本市が開催され、そこでアパレル業者が仕入れを行います。わたしたちは衣服等を購入するその時点におけるモードをあたかも不安定で移ろいやすいもののように体験しています。しかし、じつのところモードとは、一定の方法で時間的なサイクルをにらみつつ十分に計画されたものなのです。モードの計画については企業の財務力や、工場の規模、素材へ色柄をプリントしたり、その他の加工を行うための生産スピードなどとも関連し合っています。最近の五年から一〇年の間に以下のような事態が起きています。すなわち大規模なモードの見本市において、デザイナーと素材取引業者の方から使用素材をまず提示し、アパレル業者に対してこの素材を購入したうえで、この素材からイブニングドレスなどを仕立てるように働きかける、というような事態です。しかも、そうした見本市には流行品を複製するために、資本力をもった大規模企業が居合わせています。複製行為によって逮捕されかねないことを考えれば、そうした企業が居合わせるのは少しばかり不自然です。ところが、見本市の品物にちょっとした改変を加えるだけで、その複製行為に対しては法的に対抗することができなくなるのです。こうした資本力のある企業は、見本市で展示された本来の見本をテレックスやその他の通信手段を使って、ただちに香港へ向けて送信します。ついで、そうした企業は百貨店へ向かい、そこで女性たちが五万マルクとか六万マルク、あるいは一〇万マルクの代金を支払ってイブニングドレスを購入し、それを初めて身に着けることになります。その後、西ドイツの百貨店カールシュタットをあらためて訪れた女性たちは、そこで本来の見本がすでに既製服として売りに出されているのを目撃するわけです。初めて身に着けうる衣服のために五万とか一〇万マルクを支払うような人びとのグループは減少しつつあります。おそらくその理由としては、そうした人びとが税金上の理由から、どのみちドイツではなくまさにパリで衣服を購入できるようになったためであり、もしくは税務当局から資金の出所について疑義を抱かれないために、逆にフランス人がドイツで購入しなければならなくなったためです。とにもかくにも、この種の考慮が働いているのです。続いて立てられる問いは、いずれにせよジーンズ文化がいわば成長していないのではないか、そのためジーンズのような衣服は将来的にはもはや着られなくなるのではないか、という問いです。最終的に問われるべきはつぎの可能性です。すなわち大規模企業がこうした複製技術や、まったくそっくりに似せたデザインの品物を迅速かつ大量に製造する技術を用いて、弱小企業を押しつぶしていく可能性です――加えて、こうした大企業は当然ながら誰がデザインを購入し、そのデザインを用いて商品生産を行うつもりであるかを承知しています。さらに欠陥製品や損害に見舞われる機会がますます増えており、また今や新しい見本については、それが生み出されるのは短期間で可能であるのに、それを実際に提供するにはあまりに長い時間を要している状態ですが、こうした状態を補完するような技術も存在しています。誤って商品を買い込んだ人、商品の供給を受けていない人、何らかの理由のために自身にとってみずからの決定が不利であるかのように思わせる情報によって、商品の供給を受けていない人、こうした人たちは今となっては最初からすでに遅すぎるような時点に至って、それでもなお商品を買って貯め込んでしまう恐れがあります。

わずかな年月の間に生じた発展によって、いかにすれば時間を用いて計算できるかについてわかるようになりました。ただし、この時間を用いた計算において問題になっているのは、モード現象を不安定で移ろいやすいものとして記述する場合に、社会学者が記述するような時間ではありません。むしろ、もろもろの期間や期限、もはや不可能であることや今なお可能であること、資本力や世間の人びとや金融の諸様態といった視角、これらの独特な混合こそが問題になります。有名な流行クチュリエは独自の手段を通じてではなく、商品納入業者からの信用貸しを通じて資金を手当てしています。そのため、こうしたクチュリエは資金面ではすぐにおしまいとなってしまいます。このような資金調達の手配においては、時間が重大な役割を担っています。その計算を行う際に、未来における過去などといった、ことさらかしこまったターミノロジーを使用することができたり、使用しなければならなかったりということはありません。時間的パースペクティヴは、特殊な観点のもとで企業や市場の計画立案のうちへ入り込んでいます。このことはつぎのことを考えてみるとき、みなさんにとっても別段、目新しいことではないでしょう。日本人が、わたしたちドイツ人よりも速いスピードで自動車のモデル・チェンジを行っており、それが一つの能力と見なされていると新聞で読んだ憶えがあることです。もっとも、急速なモデル・チェンジを能力だと見るべきかどうかについては、もちろん別の意見もありうるわけですが。ここでは市場戦略としての時間の節約、テンポ、改変といったものが観察されます。

さらに、第二の視点としてつぎのことが付け加わります。すなわち、期間や期限を区切ったうえで、もろもろの未来を実現することが増加しているという事態を考慮しなければならないこと。こうした未来実現のあり方のもとでは、わたしたちが特定の物事をなしうるのは特定の時点までに限定され、その時点以降はもはやなしえないということです。このような状況下では、重要性や価値の順位づけは消失してしまうか、いずれにしても大幅に変更されることになります。ある若い研究者が、自分が職を得るためにはある年齢までに博士の学位の授与を受けなければならず、その年齢を超えてしまうともはや職を得られないと知っていたと仮定します。この場合、こうした年齢条件は、この研究者がいったい何を博士論文のテーマに選ぶかということに影響を与える可能性があります。またわたしたち大学教員が自分の講義をある特定の時点から始めなければならない場合、それ以前に三〇分くらいの空きがあってもわたしたちは無意味なことをして過ごさなければなりません。三〇分くらいの時間では、長い時間を必要とすることを行うには不十分だからです。時間的パースペクティヴがそれぞれの事柄の重要度へ、つまり価値の優先順位へ押し入って干渉するのです。それによって価値をめぐる議論の全体が、種々の一般的なものの間の格差づけへ転位させられます。たとえ日常的にはまったく別の諸要因、なかんずくわたしはどれくらい時間をもっているか、またわたしが特定の事柄を行うことがもはや不可能になったり、いまだ不可能であったりするのはいつなのかなどといった問いが価値の優先順位を決定づけているのだとしてもです。

今述べた最後の点については、つぎのことを言い添えます。わたしが考えるには、組織のレベルにおいて時間について熟慮すること、ならびに個人の仕事のレベルにおいて時間を熟慮することは、全体社会的な時間次元とは区別されなければならないということです。わたしたちが何らかの時間理論を定式化しようとする場合、したがって他の人びとが時間をどのように観察しているのかを観察しようとする場合には、そもそもわたしたちが誰を観察しているのかについて区分しなければなりません。観察しているのは個々人なのか、それとも社会システムなのかを区分しなければならないのです。この区分が、わたしがまず着手した点です。このことはつぎのことを要請します。第一に全体社会の視角を、第二に組織の視角を、そして第三におそらく個々人の生の視角を区別することです。こうした区別の目的は、これらの視角が交互にどのように移行していくか、あるいは相互の条件づけがいったい何に依存しているのかを見てとることを可能にするためです。組織についてわたしはいくつかのことを以前に述べました。今ここではそれをすでに述べられたこととして前提にできるでしょう。ところで、わたしたちは組織における時間の計画から結果として生ずる詳細性や諸制限についてはすでに知っています。この場合、たとえば技術の根底的な改変が実現したり、エコロジー問題に深く入り込むような反応が実現したりすることを可能にする唯一のメカニズムこそが組織なのです。そこにおいて、何かしら倫理的な規準《カノン》などを定式化してみたところで、もちろん何の役にも立ちません。そんな倫理的規準《カノン》はせいぜいのところ各家庭の郵便受けに投げ込まれるのが関の山でしょう。わたしたちは組織について、つねに以下のように観念しなければなりません。組織とは倫理的規準《カノン》の定式化といったことさえも、時間の計画のうちへ移し入れるものであるというようにです。そして、それゆえにまた重要度や特定の関心事とは無関係に、非常に多くの制限が生起します。このため、そもそも技術的、経済的、組織的に何がなされうるのかを外部から見通すのは困難なのです。

わたしは、フェスト・アルパイン株式会社（Die Voest Alpine AG）をめぐるリンツでの議論を思い出します。この会社はコークス製造と鉄鋼業を営んでいますが、環境汚染のため非難を受けており、ウィーンでもリンツの街でも圧力にさらされています。かくして同社は汚染物質の排出を縮小させるべく一定の措置をとることになりました。しかしながら、ある年までに汚染物質の排出を半減させるという時間計画を策定した時点においては、この半減計画がどれほどのコストを要するのかがわかっていなかったため、必要経費についても――当時の同社は赤字経営だったのですが――確定することができませんでした。またテクノロジー的に見ても、どのように排出半減の要求が達成されうるのかわかっていませんでした。焼結装置の上に板状のものを装着し、この板の表面上を排気ガスが立ち昇っていくと、ガス中の硫黄成分はこの板へ吸着するように化学的に設計されていました。しかしさらに、この吸着板をどのように洗浄すべきか、具体的には振動によって化学的ないし機械的に洗浄するのですが、その方法についても知られていませんでした。どのように洗浄を実施すれば、吸着板がどのくらいの期間その性能を維持できるのかについても知られていませんでした。そこで人びとは科学者に相談するのですが、科学者も事情は似たり寄ったりで、これらの疑問についてはやはりわからずじまいでした。物理学や化学の課程を修めた卒業生を雇用することもできませんでした。そうした卒業生が教科書のなかから種々の疑問に対する解答を見つけ出してくれるはずだとは言えなかったのです。というのも、その解答は書物に記されていなかったからです。たとえばピッツバーグなどでは、大企業同士が互いに接触をもっていたことが同様の問題に対処するに際して機能しました。しかし、リンツにおいては一種の分業体制が成り立っていたため、ある企業はある実験を行い、別の企業は別の実験を行うというような状態でした。しかし、吸着板の品質保持の問題や吸着板が交換されているあいだに生産過程において何が生ずるのかという問題、その他もろもろの問題については完全に不明のままでした。その結果、コストの規模も爆発的に増大し、約束の期限についても順守が不可能になってしまいました。その後も多くの騒動があったのですが、人びとが事態について経営的な側面からより詳細に観察していくにつれて、人びとはだんだんと明確につぎのような試みへ歩みを進めていくことになりました。すなわち、汚染について苦情を申し立てている人びとを、ほかならぬ当の申立て先の立場へ就かせるという試みであり、その上でそうした人びとに対して、まさに自分たちがその汚染除去の作業を担わなければならない立場に就いた場合に、それでは自分たちはその作業をどのように行うつもりかについて問い尋ねるという試みでした。テクノロジーおよび費用の規模の不確実さに加えて、組織の可能性における不確実さがある状況下で、人びとは、コークスを上部の開いたトラックの荷台には載せないようにし、コークスを焼結装置から運び出す際には、コークスを覆い隠して、自動化されたかたちで行うようにしました。こうした対策によって、大気が排気ガスから救い出されるとともに、つぎのような可能性が生まれました。それまではつねにスコップを使ってコークス搬出の仕事をこなしていた労働者たちを大量に解雇しうる可能性です。しかしながら、労働者たちを解雇するかどうかは問題でした。この問題は再び財務計画に関連してきました。というのも人びとは、コストの一部を労働者の解雇によって節減しようと考えていたからです。とはいえ、労働者の解雇は好ましいものとは考えられていませんでした。その解雇によって、何がしかの政治的な爆発がいつどこで起こるかわからないという見通しがたい問題が生じることになりました。

わたしたちがテクノロジーについて、ならびにエコロジーをめぐる政治について、きわめて急速にかつ深層に達するような仕方で何かを改変しなければならないような場合には、時間に関わる一般的な問いが生じることになります。しかし、こうした一般的な時間の問いの背後では、今述べたような組織の転換をめぐる諸問題がいつも見られるものです。わたしは、より良い解決策あるいはより悪い解決策を実施するについて余地は一切ないなどと主張したいのではありません。ただ以下のように述べたいのです。わたしたちがエコロジーに関する現実から背負わされるかたちで獲得することになる時間的パースペクティヴ、また合理的に運用されている組織においては通常のありふれたものであるような時間的パースペクティヴ、そして政治家が有している時間的パースペクティヴ。この場合の政治家とは、立法府における議員の任期中や行政府における役職の任期中に、おそらくはスキャンダルにも条件づけられながら何かを達成しようとする者のことです――スキャンダルについてわたしが思い出すのはザルツギッター(16)であり、スキャンダルに対処するために人はどれくらいの時間を有しているものなのかと考えさせられます。このようにじつに多種多様な時間的パースペクティヴが存するものだということです。かくして多くの人が、つぎの点で意見の一致を見るでしょう。あらゆるレベルにおいて、時間の次元が決定的な視座の一つであるという点です。すなわち組織のレベル、全体社会のレベル、そして何にも増して全体社会の現実として存している エコロジーの文脈のレベルにおいてです。

ここでわたしは、つぎの点にまだまったく言及していません。以下のような人びとにとっては、同期化に関わる固有の諸問題が存在しているという点です。すなわち、自分の現在の境遇を自分が生まれた家柄や確実に期待される株券の相続などに負っているというような意味合いにおいて、自分の家族を当てにはできないような人びとであり、そのため自分たちの生(生活ないし人生)そのものから何ものかを生み出さなければならないような人びとです。その何ものかを生み出すために、もはや今日ではそれほどでもなくなってきていますが、以前は平準化された時間的な規格値が存在していました――特定の時点までに高校卒業と大学入学のための資格試験に合格していなければならない。その後は勉学する時期が長きにわたって続いていき、この勉学の期間は一年間は引き延ばすことができる。さらに、わたしたちが結婚できるのは職を得るなどした場合ですが、仕事に就けるのは勉学の時期を終えた後になる、といった具合です。こうしたことに対する見本は今や消失しています。時間は多くの側面において、より伸縮自在で融通の利くものになりましたが、しかしそれによって同時にある段階から別の段階への接続については不確かさが増しました。結婚するのに適切な時期はいつなのか、いつ子どもをもうけるべきなのか、どれくらいの期間、今の仕事を続けられることを当てにできるのか、自分が選んだ教育訓練にそもそも耐え抜きうるのかどうか、どのくらいの期間その教育訓練を耐え忍ぶことになるのか、などなどといったことについてわたしたちにはまさにわからないのです。こうしたことを規制している平準化された社会的規範はほんのわずかしか存在していません。この社会的規範は、たとえば近所の子どもが人生における種々の出来事をどのように行うのか、また友人の仲間内でどのように典型的に処理されるかを、それにもとづいて見通すことが可能になるような規範のことです。むしろ存在しているのは多様で変化に富んだ種々さまざまな解法です。このような状況は時間に対する意識を鋭敏にし、それによって偶発性に対する意識をも鋭敏にするだろうと、わたしは推測します。わたしたちはつねにつぎのような問いの前に立たされます。それは自分にとって重要なことをなすとき、他方で自分はいったい何を捕らえ損なってしまうのか、そして後になってから、その時に捕らえ損なったものを再び取り戻せる可能性をもっているのかどうか、という問いです。一面で、わたしたちには以前に比べてより多くの可能性が存しています。しかしながら他面でわたしたちは、現在における未来から見られた場合に、未来における現在はどのようなものであるのか、という問いに直面しています。

こうした現下の状況に鑑みて、わたしは時間についての考察を優先させました。この時間をめぐる考察は、まさにそれ自体わたしがつぎにお話ししたいと思っていること、すなわち意味というテーマの一局面でもあります。時間とは、意味がもつ一つの次元なのです。わたしはつぎに意味の問題についてお話ししようと考えています――そこでもまた、わたしたちはいかなる区別を用いて意味を観察しているのか、という視角にもとづいてお話しすることになるでしょう。そのためわたしは、意味のある体験や行為に関する理論の領域において、時間はどこに属しているのかという観点から、もう一度ごく手短に時間の問題へ立ち返りたいと思います。

注

（1）ソビエト連邦の崩壊（一九九一年一二月、独立ソビエト共和国同盟〔独立国家共同体ＣＩＳ〕の創立）と、ユーゴスラビアの解体（一九九二年一月、ヨーロッパはクロアチアとスロベニアを独立国として承認した）を示唆したもの。

（2）たとえば以下を見よ。Niklas Luhmann, Weltzeit und Systemgeschichte : Über Beziehungen zwischen Zeithorizonten und sozialen Strukturen gesellschaftlicher Systeme. In : *ders., Soziologische Aufklärung 2 : Aufsätze zur Theorie der Gesellschaft*. Opladen : Westdeutscher Verlag 1975, S. 103-133.

（3）以下を見よ。Augustinus, *Bekenntnisse*. Stuttgart : Reclam 1989, XI 14, 17.（アウグスティヌス『告白』第一一巻第一四章ならびに第一七章）

（4）同右、XI 17, 22を見よ。（アウグスティヌス『告白』第一一巻、第一七章ならびに第二二章）

（5）併せて、アウグスティヌスによる前掲書のつぎの箇所も参照。XI 23, 29-24, 31.（アウグスティヌス『告白』第一一巻、第二三章、第二九章第二四節、第三一章）

（6）以下を見よ。Niklas Luhmann, Gleichzeitigkeit und Synchronisation. In : ders., *Soziologische Aufklärung 5 : Konstruktivistische Perspektiven*. Opladen : Westdeutscher Verlag 1990, S. 95-130. 本講演は、ルーマンが一九八九年一一月九日にウィーン大学において行ったものである。

（7）以下を見よ。Helga Nowotny, *Eigenzeit : Entstehung und Strukturierung eines Zeitgefühls*. Frankfurt am

Main：Suhrkamp 1989.

(8) Alfred Schütz, *Der sinnhafte Aufbau der sozialen Welt : Eine Einleitung in die verstehende Soziologie*. Frankfurt am Main：Suhrkamp 1974, S. 144.（佐藤嘉一訳『社会的世界の意味構成—ヴェーバー社会学の現象学的分析』木鐸社）シュッツは、同時性について「共同加齢〔いっしょに年をとる〕の現象」として語っている。

(9) 加えて、必ずしも無条件に水たまりの中へ飛び込んだ方がよいとも限らない。こう述べるのは、アレクサンダー・クルーゲ（Alexander Kluge）との対話におけるルーマン。Vorsicht vor zu raschem Verstehen（「早合点の前の慎重さ」）, *News & Stories*, SAT. 1, 4. Juli 1994.

(10) 以下を見よ。Jan Assmann, Das Doppelgesicht der Zeit im altägyptischen Denken In：Anton Peisl, Armin Mohler（Hrsg.）, *Die Zeit*. München：Oldenbourg 1983, S. 189-223; 同様に ders., *Stein und Zeit : Mensch und Gesellschaft im Alten Ägypten*. München：Fink 1991, 2. Aufl. 1995, S. 32-58.

(11) 以下を見よ。Hans Blumenberg, *Lebenszeit und Weltzeit*. Frankfurt am Main：Suhrkamp 1986.

(12) 以下を見よ。Novalis, *Das allgemeine Brouillon*. 4. Handschriftengruppe, Nr. 1132. In ders., *Werke, Tagebücher und Briefe Friedrich von Hardenbergs*, Bd. 2：*Das philosophisch-theoretische Werk*, hrsg. Von Hans-Joachim Mähl. München：Hanser 1978, S. 717.

(13) 以下を見よ。Jacques Derrida, *Marges de la philosophie*. Paris：Minuit 1972; dt. Wien：Passagen 1988.

(14) つぎのものも参照。Reinhart Koselleck, *Vergangene Zukunft : Zur Semantik geschichtlicher Zeiten*. Frankfurt am Main：Suhrkamp 1979.

(15) ここでルーマンは、おそらく以下の研究を念頭においている。Arthur L. Stinchcombe and Carol A. Heimer, *Organization Theory and Project Management : Administering Uncertainty in Norwegian Offshore Oil*. Oslo：Norwegian UP 1985.

(16) おそらくルーマンが示唆しているのは、かつて鉱山であった「コンラート」の立て坑を核廃棄物の最終処分場とすることをめぐる論争のことであろう。

IV

意　味

〈第10講義〉

時間に関する章から意味に関する章に移るにあたってわたしが考えたことは、もう一度観察者に立ち戻ること、すなわち意味についての考察も、誰かが意味によって観察しているという観点の下にあることを思い起こすことが必要だということです。わたしたちは何の意味もなく何かが観察されるということを考えることができないために、意味の問題に関してそのことを思い起こすことが難しいのです。そこでわたしは、観察者が問われるとき、別の言い方をするなら、ある事象を分節化する区別が問われるとき何が考えられているのかを、時間を例にもう一度明らかにしてみたいと思います。わたしはヘーゲルの時間に関する考察とアリストテレスの物理学講義という二つのテキストを自分なりに読み直してみましたが、これらを『哲学的学問のエンティクロペディ』における時間論への導入的テキストとして読みたいと思います。みなさんがこの本を読んで、ヘーゲル自身にとっても何が難しかったのかを理解しようとするとき、重要なのはその二五八節です。そのことを理解するために、ゆっくり読んでみましょう。「外的存在の否定的統一体としての時間は、同時に抽象的なもの、理念的なものでもある。

時間とは、それが存在するがゆえに存在せず、存在しないがゆえに存在するような存在である。[1]」これだけで十分でしょう。というのもわたしが問題にしたいのは、存在と非存在という図式によって、この問題がどのようなものになるかということだけだからです。時間について語るために、ヘーゲルが存在と非存在の区別を用いたのはなぜでしょう。最初の文によってすでに、ヘーゲルには多くの問題が生じます。つまり、彼にとって時間とは明らかに存在する何かであると同時に、存在しない何か、まだないもの、あるいはもはやないものでもあるのです。彼はそこで一つのパラドキシカルなものと関わっています。それは明らかなのですが、なぜそうなったのかはわかりません。このテキストを読んでもその答えは出てきません。

ただそこには伝統があります。アリストテレスの物理学講義第四巻第一四章は、存在と非存在から始まりますが、そこには存在と非存在の二つが存在することを前提とするテキストもあります。[2]ここで言われる「存在する」とはどういう意味なのでしょう。それは存在しない何かです。あるいは存在する何かです。したがって、アリストテレスの場合、過去の非存在と未来の非存在が同一化され、そう言ってよければこの二つの非存在を一つの存在へと導く今という瞬間について語るとき、興味深い転換が起こっていることになります。どうしてそんなことが可能なのでしょうか。時間とはまだないもの、もはやない何ものかであること、以前と以後、過去と未来に向けて分けられる何かであることをすでにわたしたちが知っているとしたら、存在と非存在について問うとはどういうことなのでしょう。ある区別をする前に時間について知っているとはどういうことでしょうか。このアリストテレスのテキストを再読して興味を引かれるのは、「ny」すなわち今が名詞化されていることです。彼はまた、「to de ny」という今についても語っています。これはフランス語の翻訳では「le maintenant」、ドイツ語では「der Jetztpunkt」とされています。しかし、わたしが今「今」と言うとすると、わたしが今「今」と言っていることになり、あなたはわたしが今「今」と言うまさにその時に何を考えているかを知っていますね。それは一種の形容詞であり、それが言われ、そこに居合わせる場合にのみ理解できる何かを「示す表現」です。それが名詞化されるとき、何かを口頭で述べる状況について記述していることになります。今存在するのは、明らかにつねにある質をもった一つの今です。その質とは、つねにいつか現れ、現れることができ、現れたもの、あるいはいずれ現れるという特質です。このテキストを社会学として読むならば、そこで問題となるのは、日常言語的な関連のなかで使われるある種の形容詞がいかにして名詞化されるかということです。口頭による語りのなかでは、今というのはその時の状況に応じて理解できますが、書かれたテキストでは不思議なものになります。この違い、つまり今というものの扱い方が区別されることによって、わたしたちは突然、口頭のものと書かれたものとの違いを見、しかも時間についての語りの人為性と存在／非存在という存在論的な図式によって（アリストテレスの場合にはそこにさらに部分と全体という図式が加わりますが）、一つの今に組み込まれるものが二つの非存在であるにせよ、今というものが時間の一部であることを見ることになります。すると、わたしたちが今というのは時間の一部であり、時間は純粋な今、瞬間、瞬間へと分けられる全体であると言うことができるのは、文字をもった文化の結果であるように見えます。しかしながら、もしそのような定式化をしますと、文字文化がそれによってみずからを分節化する意味論《ゼマンティク》とは整合しない別の区別が必要になります。

わたしは今、こうした問題のすべてに答えようとしているのではありません。言いたいのはただ、わたしたちはこの問題に関して、最初の区別とは何かという問題に引き戻されるということです。たとえば動きという概念は非存在を存在に結びつける概念であるように見えますが、時間を定義するには不十分なものです。なぜなら、時間とは、いわばわたしたちのそばを通り過ぎ、わたしたちがいったんそれを捕まえても、逃れ去り、時間がもはやそれを望んでいない場合にはもうないというような意味で動いているものではないからです。アリストテレスもこのことは見ています。時間論を洗練化している構造は、何らかの仕方で一つの区別に依存しています。したがって問題は、そうした区別をするのは誰なのか、そうした区別を観察するのは誰なのかということになり、そうであるかぎり、つぎの問題はそうした問いを立てるのは誰なのかということになります。アウトポイエーシスの構想も、今わたしが意味について語ろうとしているのも、それによって、わたしたちがこうした問いを立て、回帰性や含蓄といった概念や意味概念について答えを出すことを試みることが可能になるからです。

ここまでが時間から意味への移行部分ですが、そこでは再び観察者を呼び出し、そして消失させなければなりませんでした。こうしてわたしは今、意味概念を扱う場所に到達したことになります。

日常的な理解から出発するのがもっともよいでしょう。日常、意味は、明らかにわたしたちから失われうる何か、そこにない、欠けている何かと見なされています。わたしたちはいつも意味喪失に苦しんでいます。そういう場合に意味が問題となり、わたしたちが失った意味を与えてくれるものとして、たとえば宗教に頼ることになります。宗教の歴史を考えれば、それはおかしなことです。宗教は世界についての一つの解釈であり、それによれば世界は神によって創造されたものでした。聖なる歴史の時間のなかで世界はあるがままに存在してきたのであり、そのことはわたしたちがいかにして意味を見出すかという問いの答えにはなってきませんでした。注目すべきことは、わたしたちは今宗教を非常に意味のあるものと考え、観察者としてのわたしたちは意味のあるものと意味のないものとを区別することができるということを前提としていることです。しかし、わたしたちは本当にそんなことができるのでしょうか。意味あるものと意味のないものとを区別するということは、意味があるのでしょうか。しかも、それは誰にとっての意味なのでしょうか。

もしも、こうした難問を、そうした問いこそ自分の問題とする哲学に向けてみると、わたしが思うには、意味とはある主体にとっての何かであるというのが今なお主要な回答でしょう。何らかの意味があるのは、誰にとってなのかと問うべきであり、問いうるとするならば、わたしたちは形式的な意味での主体ではなく、生きながら自分自身について考え、そこに方向づけを与える一般の形式として、あるいは満足できる一つの方向づけを与える形式として、意味を実践する個人という意味での主体を考えていることになります。たとえばフッサールは、その超越論的現象学、特に科学や技術批判のなかで、体験は具体的な意味を創造する意識の働きをともなっているはずだとしています。(3) わたしの同僚のグラートホフもそのように考えているようです。(4) しかし、これは相互主観性の問題が解決できることが前提となります。というのも、もしもそれぞれの主体が自分自身のために意味を作り出し、意味を構成し、それが意味のある意味か意味のない意味かを判断するのだとすると、そこで問題となるのは、それぞれの主体の間で生まれるのは何か、よく言われる「相互主観性」の領域というのはあるのか、そこに固有の意味もあるとすれば、それは一体どのような主体にとっての意味なのかということです。

わたしが思うには、こうした難問のために、わたしたちは一つの転換点に行き着くことになります。少なくともそれは、わたしたちが意味のカテゴリーを二つの異なるシステム類型（これはわたしの用語ですが）にふり向けるべきだということを明らかにできる地点です。二つのシステム類型とは、意味的に体験される心的システム、意識システムと、意味がコミュニケーションのなかで用いられることによって意味を再生産するコミュニケーション・システムとしての社会システムの二つです。このことは、そもそも意味とは何であるのか、わたしたちが意味をどのように定義したいのか、意味の概念をどのようにしてとらえようとするのかという問題について何かを語るものではありません。そうではなくて、わたしたちにとって主体というものが失われてしまったことによる困難を示しているのです。そこで失われたものとは、言うなればある存在論的な審廷であり、わたしたちが意味の構成をそこに結びつける誰か、意味の構成を行う誰か、意味の構成を背負わせることのできる誰か、その誰かにとって意味とは何かを知るために知っていなければならない誰かのことです。それはまた、すべての経験主体にとってアプリオリに妥当する意味構成の規則にすぎないかもしれませんが、背景にある何らかの存在しうるものです。もしもあなた方が意識とコミュニケーションの区別というこうした理論的作業（この問題についてはこの講義で後ほど再び取り上げます）をともに遂行するならば、ある程度意味概念の根拠が失われることになります。少なくとも、わたしたちが意味の名宛人をもたず、もはやわたしたちが観察することのできる観察者がなく、あるのはただ意識と社会的コミュニケーションという二つの異なるものだけであるとするかぎりにおいて。問題なのは、わたしたちが意味と呼ぶものがある主体や何らかの意味を担う者に言及することによって何らかの意味を構成する代理人に問題を譲り渡すのではなく、十分に形式的な意味概念がそこで形成されるような概念ないし秩序を見つけることができるかどうかということです。

特定のシステムや存在論に言及せずにシステムを定式化するというわたしの第二の試みは、メディアと形式の区別を用いることにあります。その点について少し述べておかなければならないでしょう。というのも、この区別とシステム理論との関係には問題もあり、わたしがこの区別を使いたいと思うのはメディアと形式との関係という意味で意味について語ろうとするからです。その際わたしは、意味を構成したり、体験したり、経験し、再生産したりするために何らかのシステムが働いているということを前提にしようとしているのではありません。このメディアと形式の区別が有益であるのは、主体や意味の担い手を直接に指示せず、意味をさしあたりまったく抽象的にとらえ、メディアと形式の関係をいかに考えたらよいかを明確にしてくれるような概念性において考えることができるからです。わたしがこの「轍」に遭遇したのは、フリッツ・ハイダーが一九二六年に発表した論文によってです。この論文はすぐに忘れられてしまいましたが、一九五九年に短縮された英語版が公刊され、カール・ブァイクによって再発見されました。(5) これらはみな、オーストリアの一角から生まれたものです。

ハイダーは心理学者で、彼の問題は特定の声や騒音が同定され、聞こえるのはどのようにしてかということであり、わたしたちが特定の事物を見ることができるのはどのようにしてかということでした。彼の論文が「事物とメディア」と題されたのもそのためでした。それはまた、あるものが輪郭をもち、どこかで始まりどこかで終わるのはなぜか、そういう特定の形と形態をもっているのはなぜかという問題でした。「メディア」という観念が示しているのは、光の粒子、物理的な光の担い手など、大量に生じる要素をゆるやかに結びつける領域があるということです。「光」というのは決して物理的な概念ではなく、わたしたちが何かを見るときのメディアです。つまり、そこにすぐに試してみることができますが、光がなければ、わたしたちは何も見ることができません。

は見えないメディアと見える「形」あるいは形態との違いがあるということです。もしも、わたしたちが光そのものを見ることができ、いつも光の反射をもち続けているとすると、事物の輪郭は見えないはずです。わたしたちには習慣がありますから、限界状況でもある程度の解釈はできますが、車を運転しているときの夜の濡れた道路のチカチカした光を突然に見るという経験をみなさんがしたことがあるかどうかわたしは知りません。まして、その時、その道路に人がいたのか、別の車が対向していたのかどうかはまったくわかりません。その光がランプのような形をしていたとしても、その形が光の中に消えてしまうのに比例して、それを知覚するのは難しくなります。音を聞く場合でも、空気自体が騒音を立てている場合には、言葉や分節化され、同定されたその他の音を知覚するのは難しくなります。

今日の文献で一般に、ルースなカップリングとタイトなカップリングという表現で再提示されている区別によって、考える可能性がここから出てきます。これはシステム理論の一部で生まれた考え方ですが、わたしはこれまで考えていないものでした。それによれば、生きた、安定したシステムはルースなカップリングをしているとされます。(6) つまり、すべてがすべてのものに依存しているわけではなく、相互依存を打ち破り続けるものだということです。こうした、いわば前システム理論的なメディアと形式の区別で言われていることは、特定のカップリングの要素とは見られずに、しかもカップリングによって構成されるような素材を提供する大きな要素があるということです。ハイダーは知覚メディアを考えていましたが、語彙や多くの文章からなる言語もそのようなものと考えることができます。彼の言う「メディアと事物」をわたしが「メディアと形式」と言い換える理由もそこにあります。つまり、言語をこれと関連づけるためです。

たくさんの単語があり、そこには一定の組み合わせ規則があります。わたしたちは文章を作ることができますが、その文章というのは言語というメディアにおける形式なのです。その一方では、生じうる騒音や視覚的な組み合わせというメディアのなかでは単語もまた形式です。光や空気はメディアであり、わたしたちはそのメディアのなかで書き言葉や話し言葉によって単語を作ることができます。単語はまたメディアであり、それを使ってわたしたちは文章を作り、意味のある言明をすることができます。つねに問題になるのは、基底的な要素という点で形式を前提とするルースなカップリングの領域をより多くの組み合わせの可能性に開き、そこからその可能性をもつ意識システムやコミュニケーション・システムといったシステムが行っているそのつどの活動のなかで形式を構成することです。

ここでは示唆するにとどめますが、その際に重要なことをいくつか付け加えておかなければなりません。それというのは、メディアはつねに形を作るためにのみ再生産されるということです。たとえば、文章を作らなければ、わたしたちは単語を忘れてしまいます。言語は辞書の中に残されるだけではなく、わたしたちが文字をもつ場合に初めて辞書を作ることができるのであり、そうした辞書類はみな特定の目的をもっています。しかし、言語そのものは、話すことであり、書くことであり、読むことに過ぎません。つまり、言語は形を生み出す可能性を再生産し、その可能性は言語が使われることに依存しています。付け加えておくべき第一の点とはこのことです。

もう一つは、メディアは形式の構成よりも安定しているということです。ある騒音は弱まり、ある対象は消え去りますが、わたしたちはあるメディアのおかげでつねに何かほかのものを見たり聞いたりすることができます。このことから、古典的な安定性の観念に一つの問題が生じます。というのも、安定性というのは形式のうちにはないからです。安定的なものとはルースにカップリングしたものであり、形をもつものではなく、古い用語を使って言うならば、「質料」であり「未規定なもの」です。安定性をもつものはみな不確かで心許なく、時間的なものですが、それは一定の時間だけのことです。人は文章を作りますが、それはいつか忘れられ、決して使われなくなることもあります。しかしまた逆に、記録され、折に触れて活性化されたりもします。しかし、わたしたちはその間、別のものに関わっているのです。それは、一方で可能性の継続とその可能性の再生産をもたらす時間的な形式の構成との驚くべき混合です。これは決して、安定的なものと不安定なもの、継続されるものと過去のものといった単純なものではなく、ルースなカップリングの混合関係であり、それは確固たる形式と結びつくこともありますが、システムが作動するあり方に応じて時間的限界があり、つねに選択的に結びつけられるものですから、メディアの可能性は決して一つの形式に限定されることはありません。ですから、わたしたちは「言語メディア」という形式をもち、「言語メディア」ということばを発し、あるいはそれを別のメディアで記述します。このメディアの要素でルースなカップリングを可能にするのは単語だということができます。だが、そこから出発すると、あらゆるメディアは、しばしば急速に変わるさまざまな時間的な形で、ある特定の使い方のためにつねに新たに作られることになります。

わたしがここで言いたいのは、シンボリックに一般化されたコミュニケーション・メディアやパーソンズのいう相互行為メディアをこうした仕方で再構成できるということですが(7)、それは社会学の仕事だからです。そうすることで、貨幣を一つのメディアとして、特定の価格のみを計算に入れることのできる支払いに結晶化されたメディアとしてとらえることができます。もしあなたが銀行に行って、白紙の振替用紙を出し、何かを寄付したい、支払いたい、送金したいと言っても、銀行は動きません。それはちょうど、何かを言おうとして何を言いたいのかわからないような場合、あるいは権力をもっていても何かを命じるためではなく、シンボリックな権力の椅子に座りながら「わたしはここにいる、君たちがなすべきことは後で言ってやる」と言うようなものです。社会学や社会理論が関心をもつのはこうしたやりとり、貨幣や権力といったある種の機能に特殊な狭いメディアや言語、知覚メディア、コミュニケーション・メディアなどのやりとりです。わたしたちはいつも限定された領域のための新しいメディアをもっていますが、それはまたいつもある仕方でその要素を既存のカップリングから外し、新しい組み合わせを用意します。

こうした概念装置の使い道、利用可能性を性格づけた後、わたしは今、意味とは何か実体的なものであるとか、現象的なもの、何らかの質的な統一体ではなく、メディアと形式というある種の差異であると考えることができるかどうかを問うことによって、意味の概念に立ち戻ってきます。これらの諸概念が実際にうまく互いに適合するのかどうかについて完全な確信はもてませんが、現在のところわたしは、意味というのは諸々の特殊な形式を形成することをつねに要請するような何かであると考えています。その形式というのは、意味というメディアのなかで形成されるという特徴をもつものであり、それが言われたときには聞くことができ、書かれたときには読むことができる「意味」ということばで示されるとしても、カテゴリー一般としての意味ではありません。意味ということばだけが意味をもつ唯一のものではなく、意味ということばはさまざまな文のなかに繰り返し登場します。

したがって、もし意味の諸々の形式と意味というメディアを区別しようとするならば、そのメディア的側面とは何なのかを考慮し、何が意味というメディアなのかを言えなければならないのです。おそらく、「メディア的実体」という表現に慣れるのがいいでしょう。というのも、メディアとはメディアのなかで形を形成する可能性のことだとすると、わたしたちは三重の意味をもった用語を使うことになるからです。第一の実体というのは、ルースなカップリングをしているものですが、タイトなカップリングもなしうるような諸要素であり、つねに選択的に扱わなければなりません。二つ目は諸々の形式であり、第三はメディアと形式という装置の全体が用いられるときにのみ意味をもつような相互連関です。「メディア的実体」という用語を用いれば、あらゆる意味体験というのはつねに二重に、あるいは区別という形式で生じると言うことができるでしょう。これをスペンサー＝ブラウンの用語で表現するならば、人はつねに内面において、それを用いることができるある種の形式をもっていると言えるでしょう。特定されたものとは見られたものです。わたしが見ているのは、この装置の意味はプロペラがまわり、その上にシートがおかれることで実現されるのだということです。そうでない場合、その装置が邪魔なだけで、自分をぶつけて壊すこともできます。特定の配列、特定の形態、特定の形式のなかにある意味というのは、たんにメディアの内的な側面にすぎません。そこにはつねに、他の適用可能性という外的側面があります。知覚可能な対象の場合には、その外部はもはやその対象でなくなってしまう外的境界面をもち、空間のどこかにあります。そうした事物は、その境界内で相対的に時間存続しますが、人はそれが三〇〇年も同じ場所にあり続けるとは考えません。

すでにおわかりのように、わたしは意識的にさまざまな理論的資源の間を行き来していますが、それはこうした問題に迫るための一つの方策でした。ここでの考察によって、フッサールの現象学的分析についていくぶん明らかにすることができるでしょう。そうした分析の多くは彼の遺稿によって示されたものですが、みずから出版してもいます。特に一九一三年の『イデーン』および晩年の『経験と判断』が注目されます。[9] 彼の場合、いつも主観に相関的なものとして考えられていますが、彼の考えによれば、主観、意識は志向的であり、それゆえ行為的に働いています。意識の志向的な働きは、特定の何ものかに向けられています。わたしたちは対象や人間、シンボルなどを特定の何かとして同定しますが、フッサールが言うように、それは他の可能性を示す地平のうちでなされています。そこでは、つぎのような存在論的落とし穴に落ち込むことは決してありません。すなわち、人は自分で何かを考え、そこから離れることがなく、いつも「それ」だけを考えるということ、たとえばいつも「居間」とか「システム理論」のことだけを考えて、「システム理論的なもの」以外は何も考えないといった、そうした存在論に陥ることはないのです。もしすでにそのように考えていたとしても、「理論」とは何か、「システム」とは一体何かということもいつも同時に考えているのです。つまり、フッサールが言うように、シンボリックなものも諸事物も、可能性のある規定性あるいは特定の様式の規定可能性という地平のうちで他の可能性を指し示しているのです。わたしたちは、スペンサー＝ブラウンの意味でのマークされない空間、そこから出られないような完全に無記的な状況に陥ることはないのです。わたしたちはつねに諸々の区別の内部にあり、すぐ隣には別の可能性があります。ここから出て行く場合、たとえば車の所に行く、鞄の中にある鍵で車のエンジンをかけるといった、大学を出るための一定の方法があるということをわたしたちは知っています。つねに一連の意味構成群があるのです。

しかし、意味はこうした他の可能性を指し示すだけでなく、わたしたちの現実や体験として具体的に対象として思い描くものすべてにおいてなされるこうした指し示しを局所化することもあります。意識からコミュニケーションに目を転じてみると、言いうることや情報のすべてについて同様のことが言え、わたしは何を期待していたか、どうなるのかなど、つねにそこから選択がなされる特定の領域があります。可能性のある事柄との関係で、わたしを驚かせるものは何でしょうか。誰が何を言うのでしょうか。それについて、わたしはイエスとかノーと言うべきなのでしょうか。選択的に現実化されるあらゆる事柄が意味をもつのは、それらが他の可能性の地平のなかに配置されているからです。

現象学的な記述の水準で考えると、それがあるほかの誰かにとって別様であるかどうかを問う可能性がありますす。この問いに対して、もしもすべての人がノーと答え、自分たちにとってはまさにその通りであると言ったとすると、その通りだと言う根拠を得ることになります。方法論的に見ると、わたしたちはある記述に関わっていますが、その記述とはみずから何かを表象し、その後に主観的な意味加工の独自性をテストするものです。まず最初にある明証的なものを投入し、誰かそれに疑いを抱く人がいるかどうかを見るというのは、方法的に強い議論であると思います。もしそれに疑いを抱き、よい議論をする人がいれば、人はその人固有の理論構築を考えるために、それを修正するものは何かを考えなければなりません。誰もが疑いをもたず、それについてそれ以上のことは知り得ないような恒常的な意味を体験しているのだと誰も言わないとすれば、そんな修正をする理由はないことになります。けれども、誰かがそういうことを言ったとすると、その人がある特定の状況でそう言うことは、自分の記述の誤りを論証することになります。明らかにしなければならないのは、ある「指示」とは何であり、その「指示」をどのように扱っているのか、その「指示」を扱うことで何を認識しているのかということです。現象学の水準においては、この議論はかなり強いものであるように思われます。伝記的に言ってよければ、わたしにとって、この種の明証性の調達がフッサールの講義からわたしが引き出した唯一のものです。そうであれば、わたしは今後そこから出発しなければなりません。

しかし、このことは、わたしたちがすでに最適な区別の形をもっていることを意味しているわけではありません。フッサールは「表現」についても語っていますし、ここでは取り上げないその他の用語も使っていますが、「志向性」と「作用」という彼の用語によって、わたしたちがすでに理論的に最適な形式をもっているわけではありません。メディアと形式の区別というのは、意味がつねに（フッサールの表現を使えば）間接的統覚、具体的な作用のなかで他の可能性を共に現在化することを要請していると見る一つの可能性であると思います。現実的なものと可能的なものとは、区別された領域にあるものではありません。もし、可能的なものはこちらにあり、現実的なものはあちらにあるというように、現実的なものは可能的なものではなく、可能的なものは現実的なものではないという区別をしてしまうと、再びある種の存在論に陥ることになるでしょう。そうではなくて、潜在的なものの空間、指示されるものの全体、あらゆる意味の地平性は、あらゆる同一性、あらゆる特殊なもの、コミュニケーション的に情報として示されるすべてのもの、また意識的に利用しテーマ化できるものすべてのものに意味を付与する生きた契機なのです。それぞれが並列的に存在する存在領域を、領域的に分節化することが問題なのではなく、現実性と可能性との相互関係が問題なのです。これが目下、わたしがもっとも好んでいる用語法です。ある一つの定義をしようとするならば、意味とは、現実性と可能性の差異によって働くメディアであると言えるでしょう。しかも、その差異というのはその区別の統一性がともに働いている、つまり人は現実に見ているもののなかにつねに可能性のパースペクティヴをもっており、逆に人がそうしないかぎり、その可能性はテーマ化することも思考することもできず、コミュニケーションにおいても利用できないという意味での区別です。たとえ様相論においてであれ、通常の論理であれも、わたしたちは諸々の可能性について語ることはできるはずですし、考えることもできるはずです。しかし、それが実際に行われないかぎり、その可能性はありません。したがって、意味というメディアは、単純にそこにある、あるいは生じるといったものではありません。再びこの言葉を使うならば、「作動」でもないのです。わたしがこれらの諸理論を混ぜ合わせることでみなさんを惑わせることがないようにしたいと思います。しかしながら、社会学者として用いることのできるものとできないものは何かという観点の下でのことですが、知的系譜においては別々に発展してきたものを総合しようとする試みだということは理解していただきたいと思います。

つぎのポイントは、意味というメディアは明らかに絶対に必要なものであり、普遍的に妥当するというテーゼに関わります。つまり、このメディアは、わたしたちが諸々の否定を行うときにも用いられるものであるということです。別の定式化をするならば、意味は決して否定できないカテゴリーだということです。なぜなら、ある事柄には意味がないとか、意味をなさないと言う場合、こうした言い方をすることですでに再び意味を要請しているからです。ちなみにこれは、哲学的な伝統をもつ議論です。すなわち、「わたしは考えることができないと考えるとすると、わたしは少なくともそのことは考えているのであるから、自己矛盾に陥る」という伝統的な議論です。アーペルの用語で言うなら、作用的な自己矛盾あるいは遂行的自己矛盾というものがあるのです(10)。

これが一つのポイントであり、わたしたちはこのメディアから逃れることができません。わたしたちは、意識したりコミュニケーションをしたりするとき、いつもすでに意味というメディアを使っています。この点で、あるものは意味がないと言えるわたしたちの言葉は間違っていることになります。このことについては後に触れることにしますが、もっとも一般的な意味で意味がある、あるいは意味をもつということと、意味深い／意味深くないという区別という否定可能な観念とは区別する必要があるでしょう。まず確認しておくべきなのは、あらゆる否定はある未規定な領域で働くためではなく、いつも特定の否定としてある規定されたものに関わるものであるか、逆にあらゆる規定が他の可能性の否定を含むために、どんな否定もみな、ある種の世界の現前を要請するということです。その世界の現前は、それ自身意味という形式をもち、それゆえある形をなしています。「あるものはこれに当てはまらない」とか「ある特定の議論状況では意味をなさない」と言う場合、それによってある特定のものを獲得し、特定のものを排除している、つまりは意味に訴えているのです。わたしたちは、意味に訴えるシステムがまったくないような世界に入り込むことはできません。したがって、つぎのような表現をするときには注意しなければなりません。すなわち、わたしたちは人間もコンピュータも存在せず、石しかない世界、そこには昆虫や荒涼として光り輝く残骸だけがあることを知っている、そんな世界を当然に考えることができるという言い方です。わたしたちは、残った自然として存在しうるものがあると考えがちです。何かが存在していたのに、それが破壊されたと考えます。しかし、わたしたちは、ある石が何かを感じたか、いつ知覚したのか、どれほど石的であったかと、石と世界との関係を考えることはできません。それは、わたしたちが構成できる観念ではありますが、実現することはできません。一つの石にとって世界は意味のあるものではないと言うこともできますが、それを否定することもできます。しかし、そうした言明がわたしたちにとって意味をもつのは、その言明を人間にとって意味のあるものと対比し、人間のいる空間において意味がどんな機能をもつかをわたしたちがすでに見ているからです。

動物について考えると、この点は難しくなります。意味のカテゴリーが動物に適用されるかどうかは、人びとが折に触れて論じてきた問題ですが、わたしはまだ解決されていない問題だと思います。というのも、わたしたちが動物を観察するとき、意味のある世界のなかで観察し、コウモリやズアオアトリ、雌牛の観点で世界を考え、これらの動物が彼らにとって疑いなく認識可能な知覚世界、彼らが自分の外に見ている空間をどのように秩序づけているかを考えます。動物が状況に合わせて体を動かす巧みさと洗練さから、意味のある動きや意味の原型が動物にもあるはずだがということはよく言われてきたところです。動物の動きは、たんに偶然的で一時的なものではないという印象を与えます。わたしたちは、動物が空間を意味のあるものと見、以前と以後とのつながりを見ているると考える傾向がありますが、それを知ることができるかどうかはわかりません。なぜなら、わたしたちはすでに意味の支配下にあるからです。しかし、これは意識システムやコミュニケーション・システムといった特殊なシステムにとって、意味というメディアがもつ普遍性と不可避性の形に関わる一つの特殊な問題です。ここで普遍性というのは、それぞれの否定がこのメディアに組み込まれ、別の種類の出発点や別の種類のシステムにとって意味というメディアが役に立たないと考えることも意味をもつということです。しかもそのことはまた、わたしたちにとっては意味のある言明としてのみ扱うことのできる言明となります。

今ここでは、意味についてどのような区別が現実化されるかをテーマとすれば十分だと思います。つまりそれは現実性と潜在性との区別です。あるいは、それによって意味を構成するシステムが存在するようになるシステム準拠、そうしたシステムが意味を用いることが不可避的にそのシステムの作動様式であるようなシステム準拠を問題にすれば十分だと思います。

現在は移行期ですが、こうした出発点からすると、六〇年代から七〇年代初期に行われた議論に立ち返ることができます。当時は、精神と自然、意味あるものと機械的なもの《マシン》、相互行為と技術といった古い型で世界を見て区別し、その区別に応じて違う方法を用いていました。自然科学や技術にとっては特定の自然科学的方法や自然法則、極限化された因果性と結びついた認識装置があり、逆に意味の領域にはたとえば解釈学的な方法がありました。しかし、もしわたしたちが世界を意味あるものとして体験しているのだから、上のような表現をしてはならないとすると、世界は「テキスト」として体験され、意味は、人間が自分自身をあるテキストをきっかけとしてある意味を作るという「解釈」と関わるものとなります。その際、テキストというのは決して本のことではありません。世界がテキストであり、解釈者たちが世界を解釈するのだと言うことができます。解釈者たちは、一つの特殊な方法としての社会学研究からもこのことを知っています。

わたしがこの議論に注目するのは、意味概念と複雑性との間にある併行関係のためです。技術者や設計者にとって、複雑性の問題は当時、決定的な問題でした。設計するには複雑性が高く、設計する機関は、設計している事柄の外部にあり、「必要多様度」（アシュビー）[11]すなわち、設計者が計画していることや外部世界と同じだけの多くの多様性をもつことができません。設計者は、定式化できるように複雑性を縮減しなければなりません。非常に難しい問題に対するエレガントな解決を見つけるようにしなければならないのです。システムを動かすためには、単純化、技術化、抽象化を施し、モデルを構成しなければなりません。

みなさんは覚えていらっしゃると思いますが、わたしが以前の講義で複雑性について話したとき、複雑性とは選択を強制するものでもあることに注目しました。複雑性について、それぞれの要素が他の要素と結びつきうるような諸要素の集合と考えると、その複雑性のなかで一つの選択の強制がなされます。複雑性が現実化する型はすべて選択的なものです。たとえば、人は自分の上役や部下と話すことはできても、同僚とは話ができないといった形で選択的なのです。あるものはあちらに、あるものはこちらにあります。軸や車、棒など部品が誤った仕方で組み合わされていると、その機械《マシン》は動きません。これらの部品が仕様書通りに組み合わせられていなければなりません。他の可能性があるかもしれませんが、そうでないとうまく動きません。複雑性とは、特定の基準の下で働く選択の関係なのです。

意味の分析を考えてみれば、意味もまた選択の強制であることがわかるでしょう。そこには指示の過剰があり、わたしたちは、それによって始めるもの、つまりはつぎに来るものとは別の可能性が過剰にあるなかで行為することを知らなければならないのです。わたしたちが車をもっているとすると、まずはそれでどこに行くかを決定しなければなりません。また、わたしたちが言葉をつかう能力があるとしても、何を話すかを最初に決定しなければなりません。

複雑性を処理することと意味的な解釈やテキストに定位する解釈学、この二つの間の対立は、両者が同じ問題に関わりながら選択の強制という問題を別の仕方で定式化しているために生まれる対立ではないのではないか、ということが問題です。わたしは意識的に「強制」ということばを使っています。選択がなければ、現実性を再生産し、あるものを処理したり、操作したりすることはできません。しかし、選択するためには基準が必要です。その基準については、技術の領域内部でも解釈学の内部でも争いがあります。したがって、意味とは複雑性と関わる非常に潜在的な技術であるとしてこの議論をまとめることができるかもしれません。このこととどう関わっていくべきなのかまだわかっていませんので、このことはあまり多くの情報を与えてはくれません。しかし、意味を扱ういくつかの可能性、意味をめぐる可能性を制約する可能性は、選択の強制に注目することで理解できるようになります。人はあることを行い、別のことはやりません。何かを情報として、他の可能性からの選択として体験します。ある行為を行う場合でも、やはり他の可能性からの選択として行っているのです。それをどのように描こうと、わたしたちが意味的な体験をするときに感じる状況によって、決定や基準、適切／不適切、便宜性や合意可能性の追求や選択圧力を現実化することが強要されます。複雑性の圧力の下で思考し、どの部分が他の部分と適合するかを問うとき、わたしたちはこれと同じ強制的な状況を体験しています。これは同じ問題なのです。人はまた、別の段階で、こうした組み合わせの問題、選択の問題を多かれ少なかれ自動的にみずから解決する技術をどの程度もちうるかを問うことができます。その際、今日ではもちろん、コンピュータのことも考えられます。

わたしは繰り返し、意味とは複雑性を縮減する潜在的な形式であり、強制される選択問題を解消する形式であるという定式によって、あまり多くの具体的な情報を獲得することはないと言っていますが、わたしがこのように考えるのは、そこから出発することで「技術か解釈学か」という古い対立を解消することができ、さらには意味というメディアが進化の過程でどのように生まれるのか、つまり、つねにシステムに選択をさせるために、言い換えれば、その時々の状況にその時々に応じて適応するために、この現実性と潜在性の差異を特定のシステムの構造法則や分節メディアとすることがなぜ有利であったのかを問うことができると考えるからです。進化理論をフレームとして、つまりはこうした記述の枠組みとして取り込むとすると、進化によってすでに非常に複雑になっている世界のなかでこうしたことが進化的な有利さをもつのはなぜなのでしょうか。

このようにして、進化の過程で意識やコミュニケーションなどが進化のために有利であったことを理論化したり、観念したりすることができますが、わたしたちがなお意味というメディアのなかで、つねに意味というメディアのなかで議論しているということについては何ら変わりはありません。複雑性とか選択性、複雑性の縮減といった定式も、ある学問状況のなかにある理論の一部ですが、その学問状況というのは相対的に新しいものであり、局所化できるものです。またそれは、ある意味的な世界の特定のコンテクストに組み込むことができるものであり、実際にそうするときに初めて理解できるものです。しかしながら、意味を機能的に等価な「力業」として、慎重に言えば植物なども含む能力の劣った動物が実現するものに対して一定の優位性をもつ何か非常に有益なものとして描くという試みはつねに一つの理論です。そしてそれはまた自ずから、自分自身に対する要求を含むとともに、その分析を自分自身にも適用すべき一つの立場なのです。意味というメディアによって、わたしたちが進化的に有利な立場にあるという洞察を、わたしたちはこのメディアのなかで定式化しなければならず、この洞察を破ることはできません。とすると、これは我田引水（pro domo）の議論ではないか、つまり、わたしたちはいったん意味にとり付かれてしまったがゆえに進化理論的にもそれを正当化しているのだと言えるかもしれません。

そこでつぎに進みたいと思いますが、それは意味の領域、意味というメディアについて内容的にそれ以上のことを言いうるかどうかという、これまで繰り延べしてきた問題に関わっています。これまでは意味自身が問題でした。わたしはかつて、そして今もそうですが、何らかの理性的な基礎づけもないまま、事象的、時間的な意味次元と社会的な意味次元を区別することから始めました[12]。事象、時間、社会に向けた意味次元の秩序というものが、その秩序を演繹的に導く努力をすることなく（わたしもそれはできません）ルーティン的に繰り返される理論の産物だとしても、そうした区別は多くのところで見ることができます。この概念は、これらの諸次元において自生的に発展してきたものではなく、現象学的に設定されたものです。その基礎づけが問題にされるならば、わたしはより広い次元を提示するように要請したいと思います。その上で、そうした広い次元の提示がうまくいくかどうかを考えてみたいのです。そうした広い次元として時に「空間」があげられることがありますが、それは正しくないと思います。なぜなら、空間は事象的な分化から引き離すことができないからです。一度両者を引き離してみてください。すると、そこには別のカテゴリーまたは補完的な次元が見出されるでしょう。

以下の考察にとって、こうした基礎づけよりも重要なことは、特定の区別に焦点が当てられる現象によって、言い換えれば、さしあたりあるがままに与えられている事態が二重化されることによって、わたしたちが何か別のものと関わっているということです。フッサールにおいては一つの領域についてそれぞれ明確な表現がありますが、フッサール的な表現を使うならば、二重の地平が重要だと考えられます。ここで問題とする地平とは、そこに向かってつねにどこまでも行けるような地平、つねに動いていて人はいつか疲れ果ててしまって、到達することがないままあきらめてしまうような、空間的メタファーでとらえられる地平のことではありません。そうではなくて、諸次元のそれぞれが一つの区別によって構成され、それによって他の諸次元から区別されるような二つの地平です。それぞれの次元はそれぞれ特有の二重の地平をもち、そのことによって他の諸次元から区別されるのです。

まず初めにこのことを形式的に述べておきたいと思いますが、それはこうした差異自身が歴史的なものとして発展してきたものなのかどうかを問うためです。まず最初に言えることは、時間次元。これについてはすでに先の講義で述べておきましたから簡潔に言うことにしますが、これが未来と過去の区別によって識別されるということです。すなわち、未来と過去が時間次元における二つの地平です。わたしたちにとって意味がないところまで過去にさかのぼることができますし、ビッグバンの前に何があったかでさえ考えることができます。未来についても同様にどこまでも先を考えることができます。人間は自分が考えたことが何であったか、それについての正確さや規定可能性を少しずつ失っていきますが、わたしたちの現在、すなわちわたしたちに固有のシステムがもはやそれ以上進む必要はないと言わないかぎり、未来と過去に向けてさらに進むことは原理上可能です。これも先の講義で述べたことですが、人間は、今現在が過去になり、そうして来るべき現在が未来であるような複数の現在が未来に生じることを表象することができるために、地平を二重化することができます。こうしたことはすべて二重化されています。つまり、人間は現在に関係づけられた未来と過去という差異をもつとともに、未来と過去のうちにある差異、そのつど、自分の時間地平によってさまざまに時間化され、局所化される複数の現在という差異をもっています。このような見方が歴史的なものであることは明らかです。思想史や意味論《ゼマンティク》の歴史を見ると、このことがいつでも自明なものではなかったことがわかります。実践的な位置どりにおいては、すでに以前からある役割を果たしていたはずだとしても、こうした反省構造は一八世紀以後になってわたしたちが獲得したものです。

事象次元については、この二重の地平を内と外とで記述できると思います。しかし、内外の差がつねにシステムに関わっているということではありません。わたしたちは、事象次元においてシステムだけを見ているわけでありません。こうした分析は、システム理論に言及することなく行うこともできるでしょう。事実、フッサールにおいても、人間が同定するもののすべてが内部地平と外部地平をもつと考えられています。ある一つの事物から別の事物や別の使い方、あるいはそれを使うことのできる別の誰かに向かうことができます。しかしながら、その事物に入り込んで考えたり、分析したりすることもできます。つまり、それがどのような部分からなっているのかを考えることもでき、それはまた任意のことですが、理論的に原子や素粒子の世界にまで分解することもできます。何かを同定しようとするとき、時間次元ではなく事象次元の局面では、二つの方向に展開する可能性があります。一つは対象をそれ自体として分析し、それに対する関心がなくなるまでそれを続けることであり、もう一つは対象を他の対象との関係のなかで分類し、空間的に位置づけ、外部と関係づけ、その指示関係を調べることです。

社会次元も、結局これと同じ問題を投げかけているように思われます。つまり、人間の社会性が問題となるのは、自分自身が観察者であり、その観察者を観察するものとして他者をとらえていることを見てとるときです。人間は、いわば世界の表面に立っているのではなく、自分が見ているものを他者が見ていることを見ています。事象次元でこうしたことが起こるのは、自己分析によっては同定できないものとして、どこか別のところにあるものとして他者をテーマ化する場合です。他者がたんなる対象ではないこと、わたしが近づいたり遠ざかったりできる、あるいはわたしを脅かすこともあり、そうでない場合もあるような、たんなる物体ではないこと、むしろ他者とは自分が行うことを見ている観察者であり、そのために二重の地平が生まれます。これは後に、二重の不確定性として分析しようと思っているものでもあります。[13] すなわち、君がわたしのためにすべきことを君がすることによって、わたしはわたしのなすべき行為が何であるかを考える、そうした考え方をわたしたちはしています。社会性についてのこうした見方は、歴史的なある時点で事象次元と区別されるようになりました。なぜなら社会性とは、対象のもつ危険性や望ましさといった性質によっては確定できず、分解してみたり、他者を分析してみても解くことのできないものだからです。他者の中で何が起こっているかをよりくわしく探ろうとしても、あまり多くのことはわかりません。ソファーにすわっている他者を見て、わたしが安楽椅子に腰掛け、その他者の中で何が起こっているかを考えている場合、わたしはつぎのような状況におかれます。つまり、そこでは自分自身が観察され、わたしが観察している者そのものが徐々に自分のなすべきことを発見することで、他者についての扱いを簡略化したり引き延ばしたり、あるいはその他の効果を他者の中に生み出したりします。

これは、三つの次元が一つの共通した構造をもっているということを意味しています。その共通構造は、そのつど、二つだけの地平をもった諸地平が二重化されることによって構築されるものです。なぜそうなのかを問題にすると、再び区別の概念、観察という概念に戻ってきます。わたしたちが歴史的にこのように社会化されているとすると、わたしたちは明らかにこのような区別ができることを学び、時間や社会性あるいは事象に向けた観察図式を区別することを学んでいるのです。しかも、この三つの次元すべてに反省性があります。つまり、時間次元には、過去のうちにさらに未来と過去があります。事象次元については、内部にもさらにいくつかの部分があり、ある部分にとって内部の残りの部分が環境であり、あるいは環境のなかにまた諸対象があって、諸対象にとっては出発点となった対象が環境となります。事物理論よりもシステム理論の方がこうした事態をエレガントに見ることができますが、わたしがここでも重視したいのは、記述することがシステム理論のテーマだということではなく、つぎのような構造が繰り返されていることです。つまり、何かとして同定されるものはすべて、内部と外部に向けてさらに細かく規定され、それが内部的にも外部的にも繰り返され、内外に向けて規定されうるものが内部においても外部において再び見出されるという構造です。同じことが社会構造にも見てとれます。というのは、自我と他我から出発しながら、わたしは自分自身から始めて、その後に他者もまた、わたしがそれにとって他のわたしであるような一つのわたしであると考えることができるからです。わたしは、こうして自分の中で自我と他我に二重化されます。このことが有利なものとなり、そうした反省のための時間と関心がもたらされると、それがわかったときに何が起こったか、つまり、各人が自我であり他我であると考えたときに何が起こったかを考えることができます。そもそも人間はそれをうまくやりとげたのでしょうか。できたとしたら、どうやってそうしたことがなされたのでしょうか。諸々のシステムの作動が強制される状況のなかに、人にそれ以上何もすることがなくなってしまうような、システムの作動を停止させる法則、あるいは社会性という地平のなかでの一つの理論的可能性としてのみとらえられるような法則があるのでしょうか。

これらの諸次元をそれぞれのアナロジー、類似性によって区別するとすれば、これらの諸次元を区別することができること自体が一つの歴史的現象ではないかと問うことができます。したがって、わたしたちがこれら諸次元の相違から出発した場合に、多くの古い社会を理解することができるのか、明確でなく、明確にする必要もないような単純な知覚方法や単純な認知類型、体験類型というものはもともと存在しなかったのではないか、したがって、ある体験の対象やコミュニケーションのテーマは時間性の方向、社会性の方向で、つまりは合意や不合意といった方向や事象のもつ固有性の方向で処理されたのではないか、ということが問題になるでしょう。このことを古い時代に差し戻して考えてみると、とても難しい分析をしなければならなくなります。なぜなら、そうするためには、今日考えうるような、そうした区別をして考えることをやめなければならないからです。すでに述べましたように、わたしは本章を始めるあたり、アリストテレスの物理学講義の導入部を読みました。そこでわたしが注目したのは、わたしにもいつも起こっていることを彼がそこで行ったこと、ギリシャ語では「ハマ」原語という「同時性」をテキストに書き込んだことです。辞書を見てみると、「ハマ」とは、空間的にも時間的にも「いっしょに」とか「同時に」という意味です。アリストテレスのこの著作の文脈では、このことばは時間的なものと解釈できますが、それが同時的であるとともに空間的な「いっしょ」を意味し、自然的あるいは疑似自然的感覚を重視したアリストテレスが、空間的に離れた事物は時間的にも隔たっていると考えたというのは興味深いことです。アウグスティヌスになると、時間とは、暗闇から生じて再び暗闇に消えていく、すべてのものがそこから生まれるあの世的で無時間的な混沌になるのですから。

これはどういうことかと言えば、時間意識がどのようにして生まれるのか、社会次元が事象次元とどのようにして分けられるのか、そしてそれが時間的関係に対してどのような意味をもつのかを問うことができるということです。人間が身体であるだけでなく、心情をもち、それを知って、それに影響を与えることができるというのはどの程度普通のことであり、どのようにしてそうなったのでしょうか。たとえば、宗教や懺悔という制度はその点でどのような役割を果たしているのでしょうか。懺悔とは、他の人びとに対して自分に心があることを信じ込ませ、外的行為がその内面とも一致してなければならないこと、自分たちは罪人であって他の何ものでもないことを知っているとしても、行ったことが少なくとも悪しき行為であって宗教心を傷つけるものと見なしているということを人びとに示すための道具であったように思われます。自分自身の行為が社会的な意味をもつということが内面化されるのはいつのことでしょうか。また、人がそれを表明することができ、それに責任を負うことが必要になるのはいつなのでしょうか。それは自明のことなのでしょうか。シーザーに対して彼の行為の動機を問うことができ、ネアンデルタール人たちが狩りに出かけるとき、その動機をわたしたちに語ることができるということは、わたしたちにとって自明のことです。しかし、人びとが動機をもつ場合やそれについての批判や疑いをかける場合に、社会秩序がある規則性をもつかどうかということは、これとまったく別の問題です。

こうした考察から生まれてくるのは、巨大で貫徹不可能なプロジェクトです。それは意味次元の分化が社会的発展をもたらすのはいかにしてか、諸々の次元がより明確に区別される際の社会構造的な原因として何が語られてきたのか、どのような原因がそうした区別を導いたのかを問うプロジェクトです。こうした問いを思い浮かべると、さまざまな兆候に気づきます。たとえば中世において経済のための時間が、宗教の時間や一日の時間、祝祭、一年の周期、一日の行動などから区別されたのがその一つです。冬には夜の時間が長く、昼の時間が短くなる時期がありました。もしも夜が六時間、昼が六時間だとしても、冬には夜の時間が昼の時間より長い、あるいはその逆になることがあると、人はそこから労働を組織化することを考えます。労働を組織化するとき、支払いのなされる労働との関係では時間の問題が重要になります。労働することで金を稼ぐ場合、一時間単位の賃金となりますから、労働時間が長ければ多くの賃金を得、短かければ賃金は少なくなります。したがって同じ給料でより長く働いたり、より短く働く必要はありません。するとすぐに細かい問題にぶつかります。中世の演劇に関するアメリカ的プロジェクトにこれとよく似た問題があります。この問題をこのプロジェクトに関する議論に組み込んでみましょう。その問題とは、さまざまな場所で上演され、舞台と観客が明確に分かれておらず、演じられるものは歴史、それもたいていは英雄物語からとられた話ですから観客もその物語や場面を知っていて、自分たちが見ている演者たちの一団がその空間で何を見ているのか、何を見ていないのかを知っている場合、その演劇は歴史的にどのような意味をもっているのかということです。たとえばシェークスピアのハムレットのような複雑な騙しの物語でもそうです。観客は、自分がすでに知っていることを人びとは知らず、あるいは舞台に登場するある人物たちはその他の者が知らないことを知っているからこそ騙しが始まることを見ています。ドラマはみな、動機や社会的関係を含めて欺き合いのプロセスを含んでいます。この点は、ラシーヌにおいて非常に明確で、保障された社会秩序の解体にまでいたります。演劇の歴史は、よく知られた歴史の上での職業上の行動や身体の動きに対して、特殊な社会次元が分化してくるという観点で記述することができるでしょう。

そろそろ講義も終わりの時間ですが、もう少しだけ時間をいただき、もう一つ指摘しておきたいことがあります。それは、有意味と無意味とを区別することに意味があるのかという最初の問題に、わたしたちはいかにして立ち戻るのかという問題です。

そこでもう一度、意味があるということのメルクマールを思い起こしてみましょう。否定不能性、普遍性、利用の強制、接続の強制、これらのことからわかることは、意味というメディア、内部世界、そして意味を構成するシステムもまた意味をもつという事実です。意味を構成するシステムが反省を行うと、それもまた意味というメディアのなかで行われます。こうしたことは、意味概念の利用にとっての理論的なガイドラインです。しかし、「有意味」という狭い概念を定式化しようとするとき、何が考えられているのでしょうか。どのような意味が有意味なのでしょうか。この点については、アロイス・ハーンの考察が重要だと思います。彼はそれを対象性、信仰告白、自己表現に関する研究との関係で散発的に公刊していますが、そのなかで彼は「有意味」というカテゴリーが適用できるのは自己記述による統合が問題になる場合だと言っています。[14] このカテゴリーを使おうとすると、それは再び主観的な、つまり個人的で意識的な自己記述と社会的な自己記述とに分けられます。自己記述というのがどんなカテゴリーかを説明する必要がありますが、そこで考えられているのは、意味を用いるシステムはいずれも自分自身にとって完全に透明化されうるということです。そうした作動の長い連鎖の成果、わたしたちがもっている構造や区別の可能性を一つの定式にまとめることはできませんが、その代わりにわたしたちが誰であるかについて考えることができます。普遍性の意味は記述できますが、普遍性をもつ多くのものに意味がないという経験、つまりこの意味では普遍性の自己記述に相応しくないという経験をすることはよくあります。

そこからすると、意味がないという主張、これはわたしたちの社会ではよくある定式の一つですが、それは自己記述の要求によって増大します。わたしたちが弁明すればするほど、また正統化しなければならなくなるほど、さらにはわたしたち自身の生であれ、ある制度であれ、ある組織の一部であれ、本来的な意味が何であるかを言わなければならなくなればなるほど、そして、そうしたことが増えれば増えるほど、有意味と無意味との違いはいっそう強化されます。このようなかたちでわたしたちは、システム理論を用いることによって、意味は否定可能であり、多くの場合に毀損されることを示唆する言葉の発展に追いつき、追い越すことができるかもしれません。その結果、一方において宗教に向かうことを含む意味の要求と、他方で個々人に向けられる個別化の圧力との間にある関連性があることがわかるでしょう。しかも、その個別化の圧力は、現在宣伝されている共同体的アイデンティティや文化など同じものを求める組織にも向けられています。あるいはまた、ある政策は何のために必要なのか、何のための課税なのかが定式化されなければならないと考える機能システム、それは今わたしたちが考察している〔学問〕システムですが、そうしたシステムに対しても個別化の圧力は働いています。これは、意味に関する本章を終えるにあたっての要約にすぎません。つぎの講義では、いつもすでに前提となっているもの、つまり心的システムと社会システムの区別についてくわしく論じたいと思います。

注

（1） Georg Wilhelm Friedrich Hegel, *Enzyklopädie der philosophischen Wissenschaften im Grundrisse* (1830). Hrsg.

von F. Nicolin und O. Pöggeler, 7., durchges. Aufl., erneut durchges. Nachdruck, Hamburg : Meiner 1975, S. 209.

(2) Aristoteles, *Physik : Vorlesung über die Natur*. In : *Philosophische Schriften*, Bd. 6, dt. Hamburg : Meiner 1995.

(3) Edmund Husserl, *Die Krisis der europäischen Wissenschaften und die transzendentale Phänomenologie : Eine Einleitung in die phänomenologische Philosophie*. Hrsg. von Walter Biemel, Husserliana Bd. VI, 2. Aufl., Den Haag : Nijhoff 1976.（細谷恒夫・木田元訳『ヨーロッパ諸学の危機と超越論的現象学』中央公論社）

(4) Richard Grathoff, *Milieu und Lebenswelt*. Frankfurt am Main : Suhrkamp 1989.

(5) Fritz Heider, Ding und Medium. In : *Symposion. Philosophische Zeitschrift für Forschung und Aussprache* 1 (1926), S. 109-157; ders., Thing and Medium. In : ders., *On Perception, Event Structure, and Psychological Environment*. Selected Papers. Psychological Issues 1, no. 3. New York : International UP 1959, S. 1-34; Karl E. Weick, *Der Prozeß des Organisierens*. Aus dem Amerikanischen von Gerhard Hauck, Frankfurt am Main : Suhrkamp 1985.

(6) たとえば，Herbert A. Simon, The Architecture of Complexity. In : *Proceedings of the American Philosophical Society* 106 (1962), S. 467-482, Robert B. Glassman, Persistence and Loose Coupling in Living Systems. In : *Behavioral Science* 18 (1973), S. 83-98.

(7) Talcott Parsons, *Zur Theorie der sozialen Interaktionsmedien*. Hrsg. von Stefan Jensen, Opladen : Westdeutscher Verlag 1980.

(8) ルーマンがここで言っているのは，教室の中にあって化学者たちが使う映写機のことだと思われる。

(9) Edmund Husserl, *Ideen zu einer reinen Phänomenologie und phänomenologischen Philosophie. Erstes Buch : Allgemeine Einführung in die Phänomenologie*. Husserliana Bd. III, hrsg. von Walter Biemel, Den Haag : Nijhoff 1950; *ders., Erfahrung und Urteil : Untersuchungen zur Genealogie der Logik*. Red. und hrsg. von Ludwig Landgrebe, Hamburg : Meiner 1972.（渡辺二郎訳『イデーン　I - I，I - II』みすず書房）

(10) Karl-Otto Apel, Auseinandersetzungen; In : *Erprobung des transzendentalpragmatischen Ansatzes*. Frankfurt

am Main : Suhrkamp 1998, S. 33 ff. und 81 ff. 参照。

(11) W. Ross Ashby, Requisite Variety and Its Implications for the Control of Complex Systems. In : *Cybernetica* 1 (1958), S. 83-99.

(12) Niklas Luhmann, Sinn als Grundbegriff der Soziologie. In : Jürgen Habermas und Niklas Luhmann, *Theorie der Gesellschaft oder Sozialtechnologie : Was leistet die Systemforschung ?* Frankfurt am Main : Suhrkamp 1971, S. 25-100, hier : S. 48 ff.; ならびに Niklas Luhmann, *Soziale Systeme; Grundriß einer allgemeinen Theorie*. Frankfurt am Main : Suhrkamp 1984, S. 110 ff.（佐藤嘉一・山口節郎・藤沢賢一郎訳『ハーバーマス＝ルーマン論争　批判理論と社会システム理論』木鐸社）

(13) Ⅶ章を参照。

(14) Alois Hahn, Identität und Selbstthematisierung. In : ders. und Volker Kapp（Hrsg.）, *Selbstthematisierung und Selbstzeugnis : Bekenntnis und Geständnis*. Frankfurt am Main : Suhrkamp 1987, S. 9-24.

V

心的システムと社会システム

1
「行為理論」の問題

〈第11講義〉

本日の講義は、心的システムと社会システムに関する部分に取りかかります。さしあたり直接言及されるものではありませんが、当然その背後にあるテーマ、すなわち個人と社会の関係というテーマに立ち戻って始めることがおそらく理にかなっているでしょう。この個人と社会というテーマは、少なくとも社会学の歴史よりも前から問題提起されてきた古典的な決まり文句です。おそらく一八世紀に始まり、一九世紀にはイデオロギー的な、あるいは理念政治的な議論の主要なテーマであったものです。その際、個人と社会の分離は、自然の概念、人間の本性、そして動物、人間、天使などという生き物の分類技法的な秩序におけるヨーロッパの伝統のなかに定められていた、自然の統一の断念によってもたらされました。わたしたちは、この自然への志向が失われたり、あるいは弱まったりするような時代を取り扱うことになります。そして人は、自然の概念に代わって、人間を村、町、国のなかに、あるいは時代のなかに当たり前に位置づけるのではなく、人間に関するより強固な個体的イメージを発展させる全体社会というものを考慮しようとするのです。このことはまた、インディビデュウム（Individuum）という言葉が、今やある新しい意味を獲得したという事態に関わり合わねばなりません。それは伝統のなかで、まさに文字どおり用意されました。要するに、分割できないものとして。もちろん多くの個体、多くの不可分なその存在の統一体がありました。みなさんが知っているようなインディビデュウムという言葉は、一八世紀に人間に限定されました。おそらく、人はこのことを話題にしたいと思っても、もはやラテン語を操ることができませんし、あるいはもはやラテン語的には考えられません。それゆえに、この奇妙なことを、すなわち個体として人間を見ることを、まさに個体として不可分なものとして人間を見ることを、もはやあらためて考え直すことがないということに関係しています。今やこの言葉は、あらゆる可能な対象に向けられた語源から解き放たれ、人間に限定されたのです。

わたしは、唯一であるということや個人的な特殊性などという意味で、一つのより強固な個人主義、あるいは一つのより強固な人間の個体性を考慮するためには、二つの道があると考えます――一方は支配的となっているもの。そして他方はこれから発見されなければならないもの――。ある一つの伝統が主体という概念の上に流れています。それは人間というものが、人間自身の、そして全世界の主体として見なされているものです。もう一方の伝統として、それはあまり明瞭ではないことですが、古い類型秩序を継承している個体群（ポピュレーション、Population）という概念の上に流れているものがあります。「個体群」とはまさに個体的な種から成り立っているのであり、全体の歴史を通して単純な類型的、本質的メルクマールを引き継ぐものではなく、人口統計学的な展開や進化的な展開に向けられたものです。すなわち進化とは、ある個体群における個体の選別なのです。類型史から個体群進化への移行は一八世紀に始まったものであり、それは従来の概念的なものを個々の個体の個性の認識に置き換えるような方法の一つでした。生物学、人口統計学、進化理論というものが、これらの過程の上で進展しており、個々の個性というものをより深く考慮するための方法であると見なければなりません。その際、従来の視点を完全に見失うことなしにです。

しかし、支配的である伝統は主観論です。それが支配的であったのは、哲学者が伝統に関わっていたがゆえに、すなわち哲学のなかに根を下ろしていたがゆえにです。自身を主体であると考えることなく、大きく距離をとって主観論を見るとき、パラドキシカルな互いに相入れない二つの嘆きのテーマがあることに気づきます。一つは疎外の嘆きです。主観が社会によって主観固有の本性のなかにはめ込まれない、あるいは人間が存在しなければならないということはもはや自然のことでないなど、人間特有の完全性が備わっているのはもはや当たり前ではないということではなく、社会というものが主観の疎外を導くのです。そこに解放の要求がぴったりと後に続きます。それに続いて、古い概念的なものが転換されます。「解放」とは家の暴力からの解放を意味しており、自立の法的基礎づけを意味します。いずれにせよ一八世紀、どの人間も法的に自立しました。したがって、権利能力の一般理論、国籍の一般理論というものが存在しました。今日のわたしたちにとっては当たり前のことです。それと同時に再び、ある概念、ある言葉が自由に別様に用いられるようになり、解放ということは通常、支配の解体につながる社会への要求となりました。この理論はあるやり方で、疎外と解放の間をゆれ動き、そして社会は、人間が今言うところの「自己実現」を可能にすべきであるという考えをまとめあげることを試みます。

したがって、あるやり方のなかにあまりにも多くの、そしてあまりにもわずかな社会との結びつきが存在します。一九世紀の終わりに創始された社会学は、これらのテーマを受け継ぎました。あらゆる社会学の古典的な学者を、社会と個人の関係という観点から問うことができます。このことはエミール・デュルケム、マックス・ヴェーバー、ゲオルク・ジンメルなどに対しても同様に行うことができます。哲学概念の反人間学化が重要であるということを人びとが目の当たりにするとき、同時にそこには、カントによって始められ、もっとも高く評価された哲学的ないしは形而上学的な議論が存在します。主体は自己言及や意識というものを抽象的に定義します。しかし人は、主体によって、肉体と特殊な意識習慣をともなった、あるいは個性やその類をともなった具体的な人間のことを考えるのであり、したがって人がそのように考えようとするとき、経験的な現実のなかで主観の物象化として、経験的な例である人間のことを考えます。ドイツにおいて、フッサールやハイデガーの名の下に行われ、そしてフランスに輸入されることによって忘れ去られた明らかな反ヒューマニズム的な、あるいは少なくとも反人間学的な傾向——ハイデガーの『存在と時間』の第一〇節において、形而上学の基礎理論(1)として人間学の明確な拒絶を見ることができます——をもった議論をみなさんが考察するとき同じことがまた生じます。すなわち、フランス人は第二次世界大戦後、フッサールやハイデガーに対して、それが人間に関わる理論であるかどうかを語りました。たしかに慎重でありました。réalté humanie、「人間的な現実」とは一つの定式化です。しかし、それは具体的に、あちこち動きまわる個々の個体を必ずしも意味するものではありません。またここには哲学にとって欠くことができない人間についての傾向や方向づけが存在します。範疇概念的なもの、あるいはそのようなものから基礎づけられ、その際、人間をどこかあるところで分類できるのかどうかに視座をおく哲学理論をまず構築するのではなく、明らかに人間に対する人間の方向づけの要求ということが、わたしたちが社会学者として熟慮可能なきわめて重要な事項となります。

社会学は、このテーマによって特殊な困難をもち合わせることになります。というのも、一方で社会学は生物学や心理学が存在する以上、人間に、そして人間のなかに生じているさまざまなことを出発点とすることはできません。社会学のテーマたるものが必要です。しかし他方でまた、システム理論は可能であると強く主張することができるとわたしは考えます。まず、わたしが提示する概念装置が使いこなされれば、理論というもの——わたしたちの場合は社会の理論——における人間の位置づけの問題に対して、一つの場所を見出すことができるでしょう。同時にわたしは、詳細にその問題に立ち戻ろうと思います。今わたしは、個人と社会の中間領域のなかに社会学的な解答が潜んでいるということを、そして人は、まだ海のものとも山のものともわからない概念を見出そうとしているということ、つまり一方では断念し、他方では達成しようとしていることを示そうと思います。このことは一般に、社会学者がなぜそれほどまでに行為概念に拠っているのかへの理由の一つであるとわたしは考えます。つまり、人間をまったく考えなかったり、あるいは人間から離れて生じる行為を理論のなかにもち込もうとしたところで、行為を論じることはできません。わたしは、このことが「コミュニケーション」によって何か別物になるということ、また「行為」はさしあたり個々の人間に関係しているにすぎず、さまざまな人間を結びつける過程には関係していないということを熟考し、くわしく基礎づけたいと思います。行為概念は、人間がその背後に存在するような、あるいはたとえ人が定式化しようとしていたとしても、あたかも人間が行為によって原因、担い手、主体となるような印象をほとんど必然的に与えます。

わたしはこのコンテクストにおいて、個人と社会の結びつきが生じるさまざまな他の概念的なものが、最終的には行為概念に由来しているということについて考えたいと思います。このことは特に役割の概念にとって重要となります。役割はしばしば、特にパーソンズにおいては、個人と社会の確固たる結合概念として見なされています。役割とは個々の人間を覆い隠す一つのフォーマットです。大学に役割はありません。しかし、教授や学生にはその時々にしたがって、ある学生に対してある教授という役割関係が存在します。そして場合によっては、正規のポストを共有することができるにもかかわらず、この二つは一人の教授として存在することはできません。役割概念は個々の人間を覆い隠します。しかし、それは一つの抽象的なフォーマットでもあります。なぜならば、ある役割はさまざまな人間においておおよそ似たような形式のなかで実行することができ、また役割を実行する人間をまったく考慮しないような方向づけが存在するからです。たとえば、市街電車の車掌を考えてみましょう。車掌という役割は自分の仕事に精通していればそれで十分です。その際、仕事とは関係のない好ましからぬ性格を通して注目される必要はありません。通常、役割概念は関係の予期、あるいは行為の予期から定義され、予期の束が固定され、そして同定されますが、それは人間と社会、同様に個人と社会を理論のなかに取り入れるような一連の問題のなかに存在していました。

行為概念から出発しようとするのは、行為によって意味されることに目を向けたり、問うたりすることに価値があるからです。あるいは別の言い方をしましょう。行為を話題にするとき、何がわからないのでしょうか。行為によって何がしかを表そうとするとき、つねに、わたしという概念は、行為を区別しようとする際に区別しなければならない観察者の位置にあることを思い起こさせます。そして、ある行為理論が定式化されるとき、理論からはずれるもの、排除されるものを思い起こさせます。なるほど、主要な概念の厳密さによって、あるいは概念の働きに向けられたこれらの問いかけによって、かなりの困難に直面します。文献を調べるとき、明らかにさまざまな排除された志向、さまざまな意図、非行為と見なされる何事かが存在します。アメリカ流の「行為(action)」と「行動(behavior)」の差異において、「行動」とは動物もまた可能なこと、おそらくコーディネーションという精巧な脳のメカニズムや高い複雑性などをもつ人間の動物に似たふる舞いであるような何事かです。「行動」とは経験的な方向性とともに現れ、ある方法において主体を除外するような一つの概念です。パーソンズは、つねにアメリカ的なコンテクストのなかでこの区別に大きな価値をおいてきました。彼は、モルモットとアメリカの学生を一つの領域で扱うことが可能であると考えるような、そしておそらく入力《インプット》と出力《アウトプット》について論じるようなやり方以外には、モルモットと学生の間に本質的な違いがないと考えるような行動主義者を論破するために、みずからの研究において、つねに行動主義に対する反乱を指揮し、試みてきたと考えていました。これは一九三〇年代にアメリカで支配的であった論争です。そして、パーソンズの業績はヨーロッパ的なもの、非経験的なもの、きわめて哲学的なものなどとして注目されました。なぜならば、行為理論をそのように表現したからです。これが文献のなかで見出される外見の一つです。

最近、行為処理の合理性に関心が寄せられています。これは、求めるならば、マックス・ヴェーバーに起源があります。マックス・ヴェーバーは行為を解明する際、まず目的と手段の区別をしなければならないと考えます。つまり、どのような目的に対して、行為者が手段としてみずからの行為やその他を用いるのかを問うてはじめて、人は行為そのものを理解し、そして理解することができると考えるのです。それによって、合理性の問題は概念のなかに押し込まれました。そして人は、それによって何が排除され、いかに排除されるのかを、また何が排除されなければならないのかを確認するために、困難を引き受けることになりました。目的や手段を志向しないような行為はもはや行為ではなく、ことによるとそれは行動なのでしょうか。方向づけている概念の意味の合理性の構成要素は、方向づけている概念の指示作用なのでしょうか。

合理的選択理論では、この問題はつぎのように展開されました。それは通常、この問題はもはやまったく取り扱われないのではなく、合理的行為の関係の下に、すなわちある特定の観点の下で、ある人が期待された効用によってどのように選択するのかを分析するとき、本質的な社会理論を展開することができる——その際、理論のなかで計算することによって、ある種の逸脱がノーマルなものになるということを受け入れると。このことは理由の一つでありました。だからこそヴェーバーは「理念型」に注目したのであり、現実性の完璧な記述に注目したわけではありません。

さらに、行為概念の際立ったメルクマールとしての合理性の問題に関するこれらの問いを棚上げにしたうえで、この概念によって、おそらく行為の外部の境界づけと内部の境界づけの問題としてとらえることができる二つの別の困難があると考えます。外部の境界づけにおいては、どの結果がその行為に属しているのか、そしてどれがそうでないのかが不明です。ここまでが行為であり、その際、行為に属さない作用が生じると言うことが可能な結果の連鎖はどこで切れるのでしょうか。たとえば、わたしが話すことをみなさんが聞くとき、それはわたしの行為なのでしょうか。このことはみなさんの頭の中で行われるものなのでしょうか。あるいはこのことは少なくとも音響効果、空気の運動、それともなおもわたしの行為であるわたしの口の運動なのでしょうか。このひと続きはどこに始まり、そしてなおも人が行為に関係づけるひと続きの連鎖はどこで終わるのでしょうか。人は、責任を負わせたり、責任を明確にしたりするとき、可能なかぎり多くの結果を考慮する傾向をもっています。その一方で、別の行為に対する運動の自由、あるいは環境に対する運動の自由を尊重しようとするとき、人は繰り返されることはないあることを行うために、型にはめられ、同時に身体を突き動かすような直接的な意図の上で行為を整えなければなりません。この問題は明らかになっていません。この問題が、どこにも出てこないと言えるような適切な文献をわたしは知りません。けれども通常、人びとが行為を話題にするとき、あるいは何を考えているのかを知っているのだということから出発するとき、わたしはある困難を覚えます。このことは外部境界とそれにともなう問題、すなわち行為はどこまでが環境となるのかという問題に関係します。

内部境界は、動機づけの問題に関わらねばなりません。動機を見つけだすとき、あるいは——無条件には存在しえないのですが、狭義の定式化として——行為の意図を固定するとき、すなわち行為をある意図に帰責することができるとき、通常、行為が話題にされます。それゆえに行為者として存在することができる誰か、あるいは別の誰かが、行為を行為者自身の自己決定の責任とするようなとき、あるいは行為者に彼の行為そのものの責任を負わせようと思うとき、さらには行為者がまさにその通りに行為するがゆえに納得できる動機を受け入れることができるとき、すなわちそのような場合つねに、ある種の方法において行為者の内部で終了するような、そしてそこでは動機や意図を読みとったり解釈したりするような認識図式をもっているとき、行為を帰属理論的に定式化するための傾向が、つまりある行為をつねに受け入れるための傾向が存在するのです。しかしまた、これは困難をはらむことになります。なぜならば、それは動機のなかに生じるような問題だからです。このことは現実的な心理的要因にあるのでしょうか。あるいは、部分的には現象学の文献において、accountsと呼ばれる可能な説明なのでしょうか。なぜ、あることを行いたいのかと問われるとき、わたしはわたし自身にわかることしか言えません。そして人は通常、かかる問いに対して自分が解釈したように行動し、反対にその問いがまったくばかげたものであったとき、はじめからその問いに期待せず、その問いを拒絶するように行動します。わたしが店である物を買ったとき、なぜそれを買うのかと問われるならば、わたしはつぎのように言うでしょう。「わたしはそれがほしいと思ったからです」と。それで終わりです。これが説明です。

ここで行為と行動の区別に戻ることができ、動機に責任を負わせてきたのかどうか、ネアンデルタール人の場合すでにそのような状況であったかどうか、あるいは古代ギリシャ人や民族大移動の際の人びとにおいても、あるいはどこであろうとも、そうであったのかと問うことができます。人はつねに動機をもっているでしょうか。あるいは動機をもつための必然性は文化的な発展に関連しており、その結果、行為の説明に対する必要性や行為の可能性が広く影響するとき、内的責任を負わせることに対して行為そのものを同定する必要が、人びとのなかで現実的なものになると言えるのでしょうか。社会はより複雑になりました。人はあちこちで行動することができます。人は絶えず選択状況にあり、その結果、動機の必要性が生じます。そしてまずそのとき、心情、意図、動機、内的状況に合わせるような行為の構想がもたらされるのです。わたしたちは、いわばギリシャの自然法的、あるいは自然倫理的考え方にこれらの契機を負わせてはなりません――それにもかかわらずこのときどのような理由で誰かが、そのようにせざるを得ないかをまったく考慮しないならば、ギリシャ人たちが互いにどのように折り合いをつけてきたかをまさに見ることはありません。

要するに、諸個人に向けてアレンジされた行為理解の発展をある進化的な発展として、あるいはある文化的な発展として見なそうとするならば、動機にもとづいた行為の問題は、意味ある問題となることができます。しかしこのことが意味ある問題設定となるときでさえ――そして、わたしはそれを本当に、行為概念はもはや意味がないという意味ではなく、除外した方がよいような意味ある問題設定であると考えますが――、わたしたちの問題は結局は解決しません。すなわち心理学的、生物学的に徹底して考えたり、あるいはそこからさしあたりわたしたちが知っているさまざまなことを真摯に受け入れたとしても、個人と社会とを結びつけることができるような問題は解決しません。この問題を問うとき、行為理論というものに、個人と社会を結びつける機能をもつ、そのような性質があるという印象が抱かれます。行為とは、個人と社会の両方の側にとって重要である何事かであり、明らかに個人的な部分や社会的な部分のなかにあるものではなく、また切り分けることができないものです。

このようなコンテクストにおいて、少なくともわたしたちが注目せねばならない二つの点が存在します。一つは行為理論対システム理論という論争です。目下のところ、これは問題を取り違えていると思われる議論の一つです。なぜならば、システム理論はその社会学的伝統においてつねに行為理論として、行為システムの一つの理論としてとらえられていたからです。わたしはパーソンズを思い起こします。パーソンズの理論が「行為はシステムである」という定式にもとづいて表現したことを思い起こすのです。だからこそ、そのことから論争を積み上げることは困難であるように思えました。実際に、この方向で考える人びとは、この流れを、すなわちパーソンズを越えねばなりませんでした。そして、パーソンズの理論をもっとも優れた理論的企てと見なさなければならず、しかもそのとき、望んで再びマックス・ヴェーバーに戻らねばなりませんでした。しかし、このような意味のなかで、行為というものを個々の人間の心理的、生物学的なものから基礎づけたとしても、このことは行為概念の輪郭に沿った問いへの回答ではありませんし、またいかにして行為からシステムが形成されるのかという問いへの回答でもありません。

このとき社会学的な経験の異議申し立ては、行為概念にもとづいた方法論的なものからも、データ解釈を用いた理論からもなされます。人は考え方やさまざまな起こりうる事柄について問いかけます。しかしすでに、その問いかけや回答はそのつど行為です。行為する主体というものは、普通の研究のなかで直面するような経験的な資源であるというイメージが、さまざまな経験的研究をしている社会学によって流布されています。かつてレナーテ・マインツは、たびたび引用するある言葉のなかで、システム理論が下半身のない女性のように行為を抽象化したとき、システム理論なるものが存在するだろうと言っています。実際はもっとひどいのです。なぜならば、その女性には上半身もないからです。その女性にはそもそも身体がないのです。そして完全な身体というものは、そもそも社会システムの一部分ではありません。しかし、このときレナーテ・マインツは、人びとが行為するということを度外視するとき、人はいったい何について語るのだろうと問いを投げかけます。しかし、人は行為を度外視しようと思っているのではなく、一方で個人的、心的、生物的システムの側と、他方で全体社会システムの側の結合機能、あるいはこれらの蝶番の機能から行為概念を取り除こうと思っているのです。このことは、わたしたちが関わり合うことをおおよそ知っており、それをわたしたちが行うときにのみ意味をもつにすぎません。このときどのような理論がなお可能でしょうか。

わたしは、どのような展開をシステム理論が受け入れるのかについて用意ができていると考えています。まず第一に、システム理論は自己言及的なコンセプトを引き受けます。回帰性、そしてかつて一つの主体特権であったさまざまなことは、今やシステムそのものの、すなわちコミュニケーション・システムの一つのメルクマールです。その結果、自己言及のさまざまなバリエーションが存在することになりました。しかしつねに自己言及システムと名づけることができるような、システム領域のある種の類似性が存在します。第二に意味メディアの共通点があります。心的システムも社会システムも、あるいは意識の作動もコミュニケーションの作動も、アナログ的に構築されたメディアによって行われているということを徹頭徹尾受け入れられるということが、前の講義でのテーマでありました。このことは心的システムや社会システムが同一の作動を行うということを意味しません。しかし、これらは双方ともその特殊なメディアと関わっています。すなわち可能性の余剰、選択の強制、ある規定事項へのアクチュアルなしぼり込み、そして他の何かを排除する必然性に関わっているのです。このことは意識にもコミュニケーションにも通用します。そして結局、身体や意識事象がシステムの環境に属していると言うとき、システムというものは特定の対象ではなく、システムと環境の差異であり、その結果、まさしく身体も意識事象もシステムの環境に属するというテーゼとなります。このことは重要であるとか重要でないとかという判断ではなく、システムと環境が、いかにして持続的に互いに調整可能であるかという問いに対する一つの判断にすぎません。

環境における人間の位置は、しばしば仮定されるような拒絶や低評価の要因ではありません。そうではなくて、わたしたちが通常、社会に対して批判的な立場をはっきりさせるとき、環境の位置づけがおそらく人間に妥当な位置づけを与えます。いずれにせよ他の人びとがわたしの思考を考え、その一方で生物学的、あるいは化学的反応が、まったく別の事柄を意図しているわたしの身体を動かすような社会のなかよりも、社会の環境のなかのほうがわたし自身心地よさを感じます。すなわちシステムと環境の差異は、システムの環境における、一つのラディカルな個人主義を考えるための可能性を提供します。くわしく言えば、社会の一部として人間が観察され、そしてそれとともに、人間を要素にあるいは社会自身の究極の表象とするような、ヒューマニスティックなイメージをもったのでは到達することができないであろう方法のなかでするのです。社会が人間の目的に通じている、あるいは人間の条件を創り出さねばならないとわたしたちが想像するならば、わたしたちはこれらの想像によってまったく思い違いをし、まったく非現実的になってしまうと、わたしは感じます。人は政治的なイメージ、政治的な目的を表現することができ、そしてあらゆる批判的なコミュニケーションを流布させることができます。しかしまた、それはつねに社会のなかでの限られたことです。これまでのこのような努力の結果は、社会が人間的にふさわしい生活を可能にするか否かという問題に対して、必ずしも楽観的な帰結をもたらすものではありません。少なくとも人は選択の余地を理論的に残すべきなのです。

2 オートポイエーシスの二つの作動法

これは生物学的、心理学的な特性をもった生物という意味における人間を社会システムではなく、社会システムの環境に属するものであるとする、一つの理論的決定の輪郭です。システムを再生産する作動の厳密な分析を通して、この決定は証明したり、あるいは提案したりすることができます。システムとは何でしょうか。意識が行うこととは何でしょうか。細胞の中で、あるいは有機体の中で、神経システム、ホルモンシステムの中で、あるいは免疫システムの中で、実際に何が進行するのでしょうか。いかにして意識は注意というものを自由に処理するのでしょうか。いかにしてコミュニケーションは選択肢を運ぶのでしょうか。いかにしてコミュニケーションは注目されたり否定されたりするような前提をすえるのでしょうか。その他等々。作動にもとづいたシステム理論をもち、同時に時間というものを考慮に入れるならば、作動類型を厳密に定義し、言葉で表現しなければなりません。社会システムというようなシステムの類型化は、作動の様式からのみ行うことができます。それはさまざまに生じうる物理学的、化学的、生物学的、心理学的などの現象の混合物から行うのではありません。システム、作動、そして時間など、これらの理論装置をみなさんが徹底的に考えるならば、心的システムと社会システムの完全な区別が明らかになります。もちろん生命システム、心的システム、社会システムの区別もそうです。人は、人間と社会システム、あるいは人間、個人、社会というものを、一つの方法で重なり合うことのないシステムとして区分するような作動にもとづいたシステム概念を放棄するか、受け入れるかという選択肢をもっています。

このことは同時に心的、そして社会的に進行する統一体として、作動というものを定義することができるにもかかわらず、およそつねにそれ以外の何者でもない観察者というものを想定することを排除するものではありません。このようなところでは議論は困難なものとなります。なぜならば、方法論的に奇妙な結末になるからです。まずはじめに、なるほどと思える観察者というものをつねに同定することができます。したがって、誰かが話したことを聞いたと誰かが話すことを、あるいは話をし、そして誰かに何かを伝える誰かが、そこに存在するということを、わたしたちは無条件に排除できません。およそ語られるということは、同時に心理的、身体的、社会的なものです。たとえば、「彼は、かなり遠くに離れています。わたしは、彼の言葉をほとんど聞き取れず、それを理解できません。理解したいと思うならば、自分の身体とともに彼のもとへ行かねばなりません。そこへ行き、彼の言葉を聞かねばならないのです。」そのような観察者にとって、心理的なもの、身体的なもの、そして社会的なものを完全に区別することはまったく意味がありません。つまり、観察者は、どのようにして観察者にとって理にかなったものに思えるのか、あるいはどのようにして観察する世界がもっともよく秩序づけられるのかを確認することができるのです。みなさんはある範囲のなかで、わたしがこれまでに言ってきたあらゆることを撤回したり、観察者のこの怪しげな背景の前で反対のことを主張するのを目の当たりにします。なぜならば、誰が本当の観察者なのかということが目下の問題だからです。そう、誰が観察者なのでしょうか。人は理論そのものを観察者に戻すことができます。そして、人はあたかも心理的なものや社会的なものが存在するかのように観察することに特権を与える理論があると言い、その一方で、反対にこれらを分ける意味を否定する理論があると言います。このような反転によって、あるいはこのような循環によって、わたしたち自身がわたしたち固有の理論のなかに再び生じることを見出します。

わたしたちは、数ある観察者の一人としてわたしたちを見ます。それは、理論的にあらゆるものは区別されなければならないという考え方に支配された観察者として、また、みずからの理論のなかに妥当な論拠を持ち込むことができる観察者として、そして、同時にみずからが観察し、ある選好をもった一人の理論家として自身がともに関与する現実のなかに別様に創られるほかの理論がなおも存在するということを構成できる観察者として。このとき、わたしたちは、つぎのような疑問を抱きます。すなわち、わたしたちは、学問にとどまり、これを学問的に決定することができるかどうかということ、あるいは、奥底に存在する先入見か、それとも日常世界のもっともらしさかが存在するのかという疑問です。このもっともらしさは、学問に関わり行為理論的に観察するのを好むか、あるいは高度な概念的考察をせずに観察するのかを動機づけるものです。

わたしは、社会学という学問が、観察者というカテゴリーによって自身で記述するものであるということが、いくらかでも明確になることを望みます。それというのも、これらの同定方法、これらの統一体の形成方法が、ある観察者の問題であるというならば、人はつねにまず観察者とは誰なのかと問い、セカンド・オーダーの観察方法のなかで、対応するすべての領域を新たに再定式化しなければならないからです。

しかし、現在は、再び単純な観察方法に戻ってしまっています。わたしは創発という観点からもう一度その論拠を検討したいと思います。「創発」とは多くの学問のなかで浮かび上がってきたもので、部分的には方法論的な意味をもった言葉です。わたしたちにとっては社会システムの創発ということが重要となります。たとえば社会学において、人はデュルケムの見解について考えます。デュルケムは、「社会的事実が、社会的諸事実を通してのみ認識することができる」といいます(2)。これは社会的なコンテクストに限定される社会学というものを構成する一つの方法論です。たとえば社会学における物理的決定や心理的決定が、心理学、場合によっては生物学における境界変更をもたらすことはありません。このことは創発に対する論拠が産出される一つの形式です。ある二つの形式が還元主義の問題に関係します。社会的な状況を心理学的な状況に還元することができるでしょうか。関係する者に対する心理学的な調査を行うことによって、社会的に認知されるさまざまなことは説明することができるのでしょうか。そして心理学的なことが進行しているとき、そのときもしかしたらそこでは神経細胞学的なことが進行しているのかもしれません。また、そのようなことが進行しているとき、もしかしたらそこではさらに細胞科学に関することが進行しているのかもしれません。そして最終的に、究極の原子の内部世界におけるあらゆることが解き明かされなければならず、ここで物理学者の言う不確定性にいたり、そして第一歩からやり直すことになるかもしれません。あるいは再びホーリズムへ戻ります。このことは今日、観察することのできる運動です。

創発現象に関するこれらの議論では、一方の領域から他方の領域への重心の移動が重要です。これらの理論は、わたしが本当に提起したいと思っていることをほとんど問題視していないか、あるいは答えていないと思います。すなわち創発的な領域、あるいは創発的なシステムは、どのようにして、あるいは何によって、自身を際立たせるのかということについてです。予想していないようなこと、あるいは物質的、エネルギー的基盤などの創発的秩序を区分する特徴とは何なのでしょうか。創発を可能にする判断基準とは、何なのでしょうか。『ケルン社会学・社会心理学雑誌』に社会システムのオートポイエーシスについての一つの論文――著者の名はヴィル・マルテンスです――が掲載されたことは、このことにとって幸運であったとわたしは考えます。この論文は、まさにこれらの問題を取り扱いました。厳密に言えば、本質的にオートポイエーシスの概念やコミュニケーションの概念に関連づけて、この問題を取り扱ったのです。(3) わたしは、コミュニケーション理論をあらためて取り上げ、今や言語学的伝統とは別の点で、さらに必要ならば古典のなかにも見出すことができる別の点で三要素理論とわたしが表現したことを挿入しなければなりません。(4) そのつぎに、ある情報の差異――何について議論しているのか。他の世界の多くの事実を区分するなかで何が伝えられているのか――、伝達、理解が存在します。誰かが理解しなければなりません。そうでないとコミュニケーションは成立しません。そのとき誰がその観点から行うのかという問題は括弧に入れておくことになります。誰かが同意するか否かということ、それはその人の問題です。それについて、その人は新たにコミュニケーションを始めることができます。この三つの部分は、ヴィル・マルテンスの論文のなかでは、心理学的基礎づけとして、またコミュニケーションの身体的基礎づけとして定義されています。コミュニケーションとは、個人の頭のなかで検討して決められた何事かなのです。わたしはまず、そのことについてわたしが語ってきたことを、わたしが語ったことと語らなかったことを、わたしが関心をもっていることを、わたしが知らなかったことや知っていることをよく考えなければなりません。これは、わたしの頭の中での作業です。そして、わたしは伝えなければなりません。つまりわたしには、少なくとも、どこかに身体的なものがそこに存在しなければなりません。わたしの脳には、十分血液が供給されなければなりません。そして、わたしの筋肉はわたしの身体を直立させるのに十分でなければなりませんし、他にもいろいろあるでしょう。他方、理解は対応する心的、そして身体的現実をもっています。わたしは意識を失わず、あるいは苦痛をこらえ集中することができなければならないのではなく、難解な講義に集中することができなければなりません。他方で、理解とはまた、多かれ少なかれ、要求の高い一つの身体的、そして心的な能力なのです。

そのようなわけでわたしたちには、これらの三つの状況があります。このテーゼは、社会性というものがこれらの三つの要素の融合、あるいは統合のなかでのみ実現するというものです。すなわち関与する心的システムへの反応によって、情報、伝達、理解が統一体として生じるとき、そこに社会的なものが生じるのです。心的システムは、それがうまく行くために対応しなければなりません。しかし、要素が依然として心理学的、生物学的に記述され、そして記述しなければならないならば、社会的なものの統一体や創発はたんなる統合でしかありません。このような基礎づけなしには、それはうまく行きません。つまり、新しい秩序創発の理論は、明らかに新しい統一体に向けた結合的統合にもとづいているのです。わたしは、みなさんが彼の理論に騙されてしまうと思っています。このことは、さしあたりは依然として、きわめてもっともらしいものです。しかし、このとき問題が生じます。もう一度、ヴィル・マルテンスのテキストを読んでみてください。わたしは別刷りと手紙を受け取り、それらを読むことができました。しかし、わたしはこれらを読んだとき、この論文の著者に疑問をもちました。それは、何がコミュニケーションされるのかという疑問です。たとえるならば、彼がこのテキストを書いたとき、彼の頭に血液を供給するような血液の循環がなかった。ケルン雑誌の論文には、血液が流れるべきときに血液がない。編集のなかで血液が止められているのです。また意識状態というものがそこにはない。わたしは著者が何を記憶していたのか知りません。わたしは彼の脳に血液が供給されているであろうこと、彼がコンピュータの前で、姿勢を正して座るだけの十分な筋力をもっているであろうこと、彼が学問上のことや注意を引かれることに関心を寄せるであろうこと、ある出来事が彼を魅了したであろうこと、また彼がほかの人が気づいたことを記憶していたであろうことを想像できます。これらは構成されたものです――「相互浸透」については後でお話しします。この構成されたものはコミュニケーションの近辺に存在するものですが、しかしコミュニケーションのなかにそのものは存在しません。

したがって、わたしたちはその論文で何が主張されているのか、あるいはその論文が自身の主張を自己論駁していないかどうかという疑問の前に立たされます。論文は、コミュニケーションに血液や思考をもたらすでしょうか。あるいはもたらさないのでしょうか。わたしがパラドクスをお決まりのように考慮し、パラドクスに魅了されるのは、あるパラドクスがわたしに注意を喚起するからです。論文は、その著者が自身の作動を通して論駁する何事かを主張します。そこには血液はありません。そこには思考はありません。現実には、そこには文字、単語、文章やその類があるに過ぎません。しかし人は、この文字によって熟達した読み手になることができます。これがコミュニケーションです。人が実際的に、そして作動的に考えるのを、もはやわたしは見ることはできません。また他方で、人はマルテンスの試みを理論史的にのみ是認することができます。それが注目に値するのは、再度、個人と社会を結びつける試みに、個々の彼の正当性を認める試みに関わる限りにおいてです。個人は、情報、伝達、理解というこれらの要因に貢献しています。しかし、もし社会システムが存在しないならば、個人はまったく気づかれないたんなる断片となることでしょう。そして、社会システムが存在するとき、コミュニケーションの可能性に適応することやその内的状況にふさわしいように変化することが、個人に期待されてきたのです。

このようなメッセージを手にするとき、人はあらゆるものが、本来は正しいものであると言えるような態度をとることができます。すなわち、人は、心的、あるいは身体的事実の水準で、あるコミュニケーションを完全に記述することができるのです。本当に何も欠けていないということです。ただし、オートポイエーシス自身は除いて。コミュニケーションを維持することによって、コミュニケーションは何を試みるのでしょうか。そして、いかにしてコミュニケーションは絶えず先に進むことが可能になるのでしょうか。いかにして心的な作動や身体的な作動を組み込むことなしに、自身からコミュニケーションを、すなわちコミュニケーションからコミュニケーションを再生産するのでしょうか。完全な記述とは、完全な排除、心的、そして身体的な再生産、事実、状況、出来事の排除から生じるということを理論からまさに取り出すことができると、わたしは考えます。

マトゥラーナは、ここビーレフェルト大学でのある講演で、つぎのように言いました。人は、生きている細胞を完全に化学的に記述することができ、細胞のなかに見出されるあらゆることを対応する分子の化学構造の記述形式のなかで再現することができると。そして、これは細胞の状態を記述したものであると――しかし、それはオートポイエーシスの記述ではないのですが。[5] オートポイエーシスは生きている細胞においてのみ、そして生命としてのみ実現される一つの原理です。そして、このことはなるほど化学的な記述を描写したものですが、自身の再生産の自律性のなかで理解されるものではありません。これらの理論を受け入れるとき、このことは、つぎのような創発問題に向けられているということを意味しています。すなわち創発というものは、システムを構築するためにある別の水準に導くようなエネルギー的条件や物質的条件、あるいは生物学的条件や心理学的条件の完全な分離を通して生じる可能性に過ぎないという問題です。わたしたちは生じたならば、破壊的なものになるに違いない容赦ない作用との完全な隔絶、分離、排除と関わり合わねばなりません。みなさんがコミュニケーションのなかに現実の意識状態をもち込むならば、このことはきわめて困難なこと、ほとんど破壊的なことにならざるを得ません。病床にある医者が、具合はいかがですかと問うような状況を想像してみてください。そのような医者の実際の判断を経験するならば、それは何とも心許ないことでしょう。もしかしたら何も返答できないかもしれません。医者が具合はいかがですかと問うとき、彼の考えていることがおおよそわかってしまうならば、コミュニケーションは断ち切られることでしょう。あるいは別の有名な例として、トリストラム・シャンディの自伝を思い起こしてください。[6]それは彼の人生のあらゆる状況を書き留めるという状況も含めて、書き留めることを試みたものです。しかし、そのために彼はやって来ません。なぜならば彼は、記述する彼の人生の第一週目、あるいは第一月目に対して、彼の人生を追い越すように早く進むことはできないからです。ここではコミュニケーション／意識／コミュニケーション／意識という、いわば均衡のとれた連鎖はまったく重要ではありません。なぜならば生物学的、あるいは心理学的な現存在の現実に対してコミュニケーション的に弁明する試みのみが重要だからです。たとえコミュニケーションが完全に固有の手段に制限され、そして、この手段を完全に受け入れていたとしても、コミュニケーションは意識を創り出さないでしょう。コミュニケーションは、あまりにも緩慢であり、その結果、コミュニケーションを行うための個々のその試みは破壊的なものとなるでしょう。たとえ、コミュニケーションの内部で、つまり小説のなかでその試みが通用したとしても――この旅行小説トリストラム・シャンディは、それを示すために意義があります――。そうでなければ、それは想像することもできません。わたしはさまざまな別のレベルで論証をくり返すことができると思います。人は原子が分子を形成するとき、原子の内部電荷に影響があることを知っています。原子はいわば、分子へと接着させる厚い被膜をもった小球ではなく、自身の内的状態を変化させます。ある化学的な統一体に対する、あるいはある分子に対する、他の原子とのコミュニケーションという点から、このことは今やミクロ物理学的と呼ばれています。しかし、それにも関わらず——たんに幸運ともいえますが——、化学において、原子エネルギーによって入り込んだものは何もありません。すなわち、分子は、化学的な作動によって原子エネルギーを放出するための可能性をもつものではないのです。このことは完全に別のレベルのことです。そして、それは場合によっては、化学にもとづいた確たる世界は可能であり生命、意識、社会、そしてそのような何事かを可能にするものの一つに過ぎません。まさに創発概念が重要なのです。

今わたしは、さらにある発言につなげようと思います。そして、つぎの講義の時間に、まず構造的カップリング、言語の概念、そして意識と社会システムに対する別の結合概念を話題にします。今やこれらの概念の一つ、すなわち相互浸透の概念に対して機は熟しました——この概念は、ヴィル・マルテンスの論文において中心的なものであり、そしてまさに創発性を示唆したものです。

システムの作動にもとづく分離の理論にしたがうとき、重なりというものを話題にすることはできません。いつものように観察者をもち込むこと、多くのものを統合すること、異なったものを統合することはできます——そしてそれを行うとき、それは行うのです。しかし、作動的に見れば、システムは分離されます。また観察者の活動は、それに対して物理的に、化学的に、生物学的に、心理学的に、社会学的などに機能することに割り当てられてきました。このことが相互浸透の概念を解放しました。わたしはパーソンズの講義のなかのその箇所を思い起こします。パーソンズは、さまざまな部分システムを結びつけるために相互浸透の概念を利用しました。すなわち、どのように文化が社会システムのなかに入り込むのか、あるいは社会システムと相互浸透するのか、社会化に対して、どのように社会システムが個人に影響するのか、どのように個人は学習的な出来事に対して自身の身体をしたがわせるのか、ということを解明するために相互浸透の概念を利用しました。そしてパーソンズは、これらのさまざまなシステムの重なる領域を際立たせるために、そして社会システムのなかに何か文化的なものをもち込まねばならないと言うために、相互浸透の概念を利用しました。理論構想から、このことがある作動レベルで考えられたのではありません。むしろパーソンズは、これらのシステムが行為の創発に貢献するものであり、したがってみずからはもはや作動的ではないと考えました。ですから行為システムとしてこれらが分出したとき、それは依然として行為のレベルやシステム形成のレベルに過ぎず、そのときシステム形成に対するあらゆる要求を、またもやシステム構築の側で満たさねばならないものであったのです。しかし、何がほかのシステムに作用するのか、あるいはどのように文化が社会システムの一部になるのかについて言及しなければならないことの概念は、決してパーソンズのボックスの四分割では調整することはできません。それはいわば諸々のシステム関係を内面化させ、内的なサブシステムとして明らかにされなければなりません。このときシステムは、相互浸透的な諸関係によって定義されることになります。これはさまざまな理由から進行するのではありません。だからこそ、オーバーラップ、交差、さまざまなシステムの一致を一つのシステムの中で可能にするであろうことは不確かなままでした。

パーソンズは、かつてある会話のなかでルーミスという社会学者に注目していました。[7] 彼はシステムの交差モデルに取り組み、一つのシステムのようにさまざまなシステムが作用するような諸関係が存在するということにもとづいた概念的なものを展開していました。しかし、わたしはパーソンズがこのことを著作のなかで用いたとは思っていません。このことは、確かに一九五〇年から六〇年前半のシステム理論の専門用語のなかで保持されていました。しかし、わたしにはこれに共感し、理解することは困難です。また相互浸透の概念を断念しなければならないかどうか、あるいは別の利用を見出すことができるかどうかということも、わたしには問題です。わたしの提案はターミノロジーに関わるものであり、それほど具合のよいものではありません。そして、わたしはまた他の意味を付与することによって、この概念を再び利用するということで満足することはまったくありません。しかし、人が何とかして取り込まねばならないある現象、すなわち、システムがその環境世界の複雑性の働きに反応する仕方が存在するのです。

わたしたちが、血液循環やコミュニケーションにまつわるイメージを新しいものに取り替えるならば、コミュニケーションに参加するために、人間が十分安定的で、十分再生産的であるということをコミュニケーションのなかでいかに考慮してきたのかを問うことができます。わたしがみなさんと話をするとき、わたしが講義をするとき、わたしはみなさんの意識がはっきりしているということや、あるいは少なくとも脳の血行が十分であり、その結果、さまざまな補助があれば姿勢を正して座ることができるがごとく、みなさんが自分の身体をコントロールすることができるということをもはや前提にできないのでしょうか。環境はコミュニケーションに対するきわめて複雑な前提条件を保証するということを、コミュニケーションのなかでもはや前提にできないのでしょうか。それにもかかわらず排除されること、作動上関与しないことは、そこにあるかのように扱われます。心的なものと生物学的なものに対するシステムの境界は、機能するところの前提として、あるいは仮定として組み込まれるのです。このことは哲学のなかで時折姿を現す理論図式です。たとえばジャック・デリダの場合、痕跡を残す、フランス語における traces、ギリシャ語における ichnos という不在の要因が存在するという考えがありました。この痕跡は抹消されたとき、そこから確かなものは何ももたらされないです。コミュニケーションにおいて、頭の血流が十分であるかどうかということについて絶えず語られることなどありません。痕跡は抹消されます。そして、この痕跡の抹消ということが確かなものとなります。疑惑を抱くとき、人はそのことについて語るのです。そして遠い将来の前提条件のために、まさにこのことは、つねにそこに存在するということについて語る可能性を前提としています。「不在者」――デリダの用語――とは、今居合わせていないにもかかわらず、今居合わせているという表現上の明らかなパラドクスです。

デリダにとって、蓋然的なものとして受け入れ難いかもしれない操作によって、わたしがこのことをシステム理論のまったく異なった領域で翻訳するとき、相互浸透とは、不在者の考慮のような何事かではないかと言えます。排除されることとは、排除するということを通して、再び今居合わせているものとして取り扱われることです。世界とはつねに——それについて語ることができないようなもの——語ること、記述すること、印刷すること、電子的にコミュニケーションすることなどを可能にするということが前提とされています。このような前提なしに作動を開始することはできないでしょう。また、作動は輪郭すら獲得できないでしょう。目下のところ考慮されませんが、しかし、作動そのものを可能にする条件である、他の何事かが存在しないならば、作動は、これを行う、あるいは行わないために自身の選択性を利用することもできないでしょう。おそらく相互浸透を特徴づけることが問題なのでしょう。一連のテーマはそこにあるのです。そして、もしわたしたちがこの概念を受け入れないならば、わたしたちはある別の名称を見出さねばなりません。また社会学理論のなかに相互浸透として特徴づけられる類似した事態があるとき、わたしはつねに誤解を招くかもしれないこの概念を用いてきました。しかし、この問題を概念選択の独特の強要にますます陥るような、そして結局、なお独特の専門用語を容認するような理論によってきわめて典型的なものとしました。これは創り出された用語によって、すべて新たに編成されなければならないのでしょうか。あるいはこれまで、この概念の下で議論されてきたこととの関係が存在するということが、概念の選択を通して示唆されなければならないのでしょうか。わたしはそのことに対して明確な輪郭をもっていません。しかし、わたしはターミノロジー内部での不連続性を特徴づけるためにターミノロジー内部での連続性をしばしば好むのです。よろしいでしょうか。本日はこれで満足しなければなりません。

〈第12講義〉

わたしたちはすでに前回の講義およびこれまでに、ある種の理論的決定の帰結に関わってきました。みなさんは、わたしが心的システムと社会システムの間の明らかな溝を概観するのを見ることができたでしょう——いわば、一緒に語るために人間が集まるという日常のなかでもつことができるもっともらしい経験に反して。心的システムと社会システムの間を行き来するような因果関係が存在するということを指摘しようとするとき、あるいは同時に主張しなければならなかったり、それが認められるとき、このことは理論に対して大きな修正を求めることになります。それゆえにわたしたちは最初に、作動上の閉鎖と因果の開放性との概念的な区別に出合うことになります。そして作動上の閉鎖は一つの対象、一つのシステム、あるいは因果的に反応することができるものを構成します。少なくとも、閉鎖ということなしにそれは自己言及的システムとして存在することはできません。人はシステム理論におけるまったく別のものを必要とするでしょう。しかし、それで十分ではありません。わたしたちは、システムと環境、心的システムと社会システムが再び融合してしまうことを避けなければならないのです。わたしたちはオートポイエーシスのコンセプトによって理論の両立性を創り出さねばなりません。オートポイエーシスの概念と調和すべきであるような、そして直接ではなく、オートポイエーシスを経験的使用に移行することができるような、あらゆる概念を新たに徹底的に考えねばならないということが、このコンセプトが示す偉大なる挑発の一つです――わたしは何度かそこに戻ります――。

システムと環境の関係をこの理論の枠内で考察するとき、わたしが思うところ、このシステム／環境‐関係に対する形式を提案するような二つの概念が問題となります――そしておそらくそれで十分でしょう。いずれにせよわたしは、目下のところ二つのみを提案しなければなりません――。その一つが相互浸透の概念です。このことについては、前の時間にすでにある程度お話ししました。今、その要旨をもう一度述べましょう。それと同時に、みなさんは、二番目の概念、すなわち構造的カップリングの概念との関係を見出すでしょう。相互浸透と構造的カップリング双方の概念の区別が長く必然性をもつかどうかについて、わたしは十分な確信をもっているわけではありません。これらはそれぞれの理論的起源、それぞれの歴史をもっています。しかし、これらは近くに併存しています。けれども、それは目下のところ、わたしにとって問題を切り離すという目的に適ったものです。

相互浸透のもとで、一つの混合物を、一つの区分を、あるいはこの概念からまず想像されるような――わたしが指摘したターミノロジーの問題です――、あるシステムの他のシステムへの侵入を考えるべきではありません。システムの作動はそれが遂行される際、相互浸透に依存しているという事実、また環境における複雑な働きや有効範囲が保証されているという事実を考えるべきです。その場合、この働きは作動的に関与することができなく、したがって、環境前提がシステムのなかに含まれることおよび、一つの独立した作動となるということはありません。

このことは明らかに、意識のコミュニケーションへの関与と見なされます。そもそもコミュニケーションとは、ある意識が傍らに存在するとき、人が注意を向けるとき、あるいはコミュニケーション過程に注意を寄せるとき、そのかぎりにおいて機能します。このことはコミュニケーションにおいて、つねに言及されていることではありません。人はしばしば、「気をつけて!」、あるいはそのようなことを言います。すなわち、誰かある人に注意を喚起するような信号を送ります。しかし、もちろんのこと、人は「気をつけて!」という個々の発言では行動を起こすことはできません。相互浸透の主題化は一つの驚くべき事態であり、一つの例外的事態です。しかし、それはコミュニケーション状況の規則に則った行動のなかに入り込むものではありません。またコミュニケーション的信号によって、意識を意識として意識を論じるという意味において注意を喚起することもできません。しかし障害が生じたとき、何か特別なことが生じたとき――別のシステムにおける作動を飛び越えるということはないのですが――、相互浸透を記録するための、そしてそのつどシステムの作動のなかでそのことを扱うための可能性が生じます。

心的システムの側からこの事態を見るとき、このことはまったく逆のこととして考えることができます。すなわち、わたしたちが話をしようとする場合、わたしたちは話が理解されることを前提とします。しかし、そのときどの言葉を話すべきなのかをわたしたちが考えるとき、発話に関する複雑な出来事、複雑な文法構造、諸々の言葉の意味、諸々の言葉の定義不可能性などは、そもそもわたしたちには関心のないことです。誰かがある言葉を理解できなかったり、あるいは誰かがある話を理解できないと明らかにされたとき、わたしたちは社会秩序の諸機能を所与のものと見なし、個々の状況のなかでそれについてあらためて考えることができます。わたしたちが外国人と関わらねばならないとき、わたしたちの国の言葉（ドイツ語）で話しかけ、そしてその人が話を理解していないとわかったとします。そのとき英語で話すことを試みたりします。それでも会話がうまくいかないとき、フランス語で試みたりもします。そしていつか完全に中断してしまいます。けれども、意識のなかに理解が困難なことと関わるためのある種の可能性が蓄積されます。しかしまた、思考上必要とするすべてのものを決して現実化することはできないということがここにも通用します。だからこそ、そもそも言語が機能するのです。その結果、意識はまさに——逆に見れば——コミュニケーションを、そしてそのときどきの環境の所与を複合的に受け入れるのです——それは、わたしがたびたび定式化してきたことです(8)——。しかもそのとき、コミュニケーションを分類することなく、また細部にまでわたって、コミュニケーションを引き起こさせたり変更させることを求めたり、そのようにすることなくです。このことをわたしは相互浸透によって考えます。

構造的カップリングの概念はすでに申しましたように容易に推測できます。しかし、むしろそれは二つのシステムを同時に考察し、いかにこれらが互いに結びつくかを問うような、外部観察者のパースペクティヴからの定式化です。——すなわち、そもそもシステムがオートポイエティックなものであるにもかかわらず、すなわち固有の作動によって再生産され、そして作動するかさもなければ停止せざるを得ない、つまり存在することを停止せざるを得ないにもかかわらず、いかにして環境のなかで機能することが可能であるのかを問うような、ある外部観察者のパースペクティヴからの定式化です。マトゥラーナにその起源をもつ構造的カップリングという概念は、——この講義の一般理論のところで簡単に述べましたが——環境と両立可能なものとして、別の構造を構築することができないというかぎりにおいて、あるシステムの構造発展が構造的カップリングのもとに示されるという意味をもっています——環境は決定しながら介入することはないにもかかわらず——。この概念は、システムのオートポイエーシスに対するマトゥラーナの「直交的（orthogonal）」という意味のなかにあります。

生物学の例を比較的容易に見出すことができます。たとえば、鳥類は空気の流れが存在するからこそ発達しました。空気の流れが存在しなかったならば、鳥類は翼を発達させることはできなかったことでしょう。翼は鳥にとって偶然ではありません。あるいは、人は飛ぶことができないので複雑な器官を産出させえたと言うのは進化にはあてはまらないでしょう。しかも細胞化学や生命の再生産というオートポイエーシスというものは、飛ぶことに応えうるものであり、そして同時に適合しうるものですが、しかし人間は自分では飛べず、そして飛ぶための条件、すなわちつねに空気の流れを併せて持続的に産出することもできないにもかかわらずそうなのです。オートポイエーシスは一つの出来事であり、構造的カップリングはもう一つの出来事です。そして、進化は、適応というものが一つの作動指示でなければ、オートポイエティックなシステムは存在することもできないといの接続能力の継続を展開させることも、あるいはまさにこの両義性のなかで環境と存在することも、すなわち、作動という傾向にあります。オートポイエティックなシステムは、ほとんど適応しない振る舞いをしたり、あるいはまったく別の構造を展開するかもしれません。たとえば翼というものは空気に関わる現象ではなく、まったく別の何事かかもしれません。ある特定の環境に関して適切さが別様であるということは、構造的カップリング＋オートポイエーシス＋オートポイエティックな進化を通して可能となります。

マトゥラーナのこれらの考えから、ある要因を強調したいと思います。それをマトゥラーナが強調したのかどうかは知りません。しかし、少なくともわれわれが意味システムに移行するとき、すなわち意識あるいはコミュニケーション・システムに移行するとき、構造的カップリングの選択性をより強調しなければならないと、わたしには思えました。すでに述べた、あるものを包摂し、そしてあるものを排除するような構造的カップリングにおける形式が問題であるとき、わたしは選択性をスペンサー＝ブラウンの形式概念の助りを借りて表現しました。

一般的に、これらの方法論あるいは理論的志向をもつ方法は、何が意味されなかったのか、あるいは何が排除されたのかを問う傾向をもっています。そして、それはさらにいかにしてわれわれはあるものを排除するために、あるいは無視するためにそれを行うことができるのか、逆にそこからわれわれは何を手に入れたのかを問う傾向をもっています。

社会システムと心的システムの構造的カップリングの場合、社会システムは意識のみに、そう、ほかでもない意識のみに結合されるということは、ほぼ決定しつつあるテーゼです。つまり、コミュニケーションは、世界のなかで何が起こっているのか、どのようにして原子や分子が形成されるのか、どのようにして風が吹くのか、どのようにして嵐で海が波立つのか、どのようにして文字が見えるのかあるいはまたどのようにして雑音が言葉を形づくるのかというようなことにまったく影響されないということは、ほぼ決定しつつあるテーゼです。これらすべてのことが、役割を演じません。そうでなくある意識の下で調停されるに過ぎないのです。そして、意識というものは、当然のことながら知覚することができるものの一つに過ぎません。つねに人が明確にしなければならないコミュニケーションそのものは、そもそも知覚することはできません。コミュニケーションは、いわば闇のなかで、そして静寂のなかで機能します。人は、意識のなかの知覚に対する外部世界を変換するための意識をもたねばなりません。そしてその際、まず書いたり読んだりする原動力となるエネルギーを消費するという意識を決定することができます。コミュニケーションそのものは、聞くことも、見ることも、感じることもできません。コミュニケーションは知覚能力をもちません。ある人がコミュニケーションを話題にするとき、このことが各々に明確になるかどうかわたしにはわかりません。けれども、この点を捉え損なっては、心的システムと社会システムを区別する意味は明らかになりません。それから意識を知覚性能の観点から見て、非常に強く見て思考ではなく、むしろこの知覚性能を意識の主要な働きと見なすような理論決定も、特に明らかになりません。思考はあまりにも簡単に誤るので、わたしたちは意識の存在あるいは意識のオートポイエーシスを思考の上に基礎づけることができません。けれども、知覚は脳などに依存している、異常に要求の多い複雑な同時進行する装置なのです。

わたしたちが、社会システムと心的システムの明確な分離によってこの構造を思い描くとき、このことは意識に対する古典的な考え方を変更させるような効果をもっています。意識というものが、思考することができるということに異論を唱える人はいないでしょう。また、幻想を抱くことに、イマジネーションに、あるいはある方法で知覚をシミュレーションすることができるということに異論を唱えようとも思わないでしょう。また、たとえ考えることはできるにせよ、知覚を遮断すること、あるいはまた聴覚上、視覚上の現象として、言葉によってシミュレーションされた知覚を遮断することはきわめて困難なことです。みなさんも一度、思考するということを思考してみてください。その際、文字を見たり、音を聞いたりすることなしにです。思考とは、目を開いて生活を送るなかで自分では到達できないような一つの特殊な働きです。人は思考を何らかの方法で学ばなければなりません。しかし、思考の知覚依存は思考形成の細部にいたるまで存在すると推測されます。このことはみずからをもって発見しようとすることができ、自分自身において実験することができるのです。

つまり、われわれは、コミュニケーションというものが、おおよそ意識に対して影響を受けやすく、そして音響現象や文字そのものという視覚的な記号には影響を受けない構造をもっているのです。わたしは、このことを明確にするためにかなり長い時間を必要としました。わたしはまずもって騒音やコミュニケーションのような物理的な現象の間の直接的な構造的カップリングが存在するということを受け入れました。しかし、物理学はコミュニケーションに直接影響しないというとき、わたしはそれがより首尾一貫したものであると考えました。もちろん破壊的なものは除いて――みなさんは試しにあとでこのことを徹底的に考えることができるでしょう――。コミュニケーションされるあらゆるものは、システムの環境における意識というフィルターを通して行われなければなりません。コミュニケーションは、このような意味においてトータルに意識に依存しており、そして同時に完全に排除されたものです。意識とは決してコミュニケーションではありません。

わたしには、みなさんがこのもつれている理論構造をうまく扱えるのかどうかわかりません。しかしわたしは、人がひとたび自己言及システム、オートポイエティック・システムが時間的な作動から把握され、そして、たんなるネットワーク、関係構造、あるいはそのようなものだけではないならば、この理論構造は一つの帰結であると思うのです。どのような作動がどのようなシステムを産み出すのか、どのような作動がどのようなシステム境界を産み出すのかと問うとき、理論構造における選択領域は縮小します。結局、人は意識とコミュニケーションを結びつける構造的カップリングというような概念を使って結論を引き出してはいけないのかどうかという問いにいたります。

そこから得られたものを考察するとき、構造的カップリングにおけるこれらの形式の利点が認識されます。コミュニケーションに関与しているところの、物理学的、化学的、あるいは生物学的に生じているすべてのことをコミュニケーションが考慮しなければならないとしても、すべて考えることはできないでしょう。人がコミュニケーションをするテーマ領域でも同様です。環境に応じて、コミュニケーションの機能を保証しなければならないようなあらゆる前提が、コミュニケーションのなかで一つの伝達として、あるいは一つの情報として取り上げられるということを考えることはできないでしょう。自由、テーマ交替のテンポ、さらには、コミュニケーションとは固有の条件によってのみ制御されるという幻想や理解可能性から、あるいは伝達の受け入れや拒絶からのみ制御されるという幻想を考えることはできないでしょう——そして、これらのものはみな創発的なレベルで考察されます——。そもそも、これらあらゆるものが同時に物理学的、化学的、生物学的、あるいはまた厳密な意味において操作=心理学的なものを保証しなければならないとき、すなわち、そのつど受け入れたものと共に作動のなかで保証しなければならないとき、先のことは生じることでしょう。わたしたちはほとんどすべての世界に起こることとの排除に関わり、そして意識のコミュニケーションへの全面的依存を通して、これらの排除の埋め合わせに関わっています。このとき意識は意識で自分の脳に依存しており、その際、脳は脳で身体が生きているということを必要としているのです。そうです、脳は自身の身体の死とほぼ同時に死ぬからです。もし、そこで身体が再び活動を取り戻したとしても、すでに脳は死んでいることでしょう。構造的カップリングが存在しないならば、そのときどきの直交するような奇妙さ、作動という観点における完全な自律性にもとづく完全な依存という奇妙さをもった構造的カップリングの一連の構造はありえないでしょう。

これが、わたしが紹介しようとしている理論です。全面的な依存と全面的な独立が同時に成立するものとして、これらのことを当たり前のごとく定式化するとき、パラドクスと関わらねばなりません。いかにパラドクスを定式化するときであろうとも、それはどのようにして再びパラドクスから抜け出すかを知るときにのみ、意味をもつにすぎません。オートポイエーシスと構造的カップリングの概念的な区別は、統一と差異の全体性という意味のなかでシステムと環境の差異をもたらすための提案であり、同時にこれらの学問的に操作可能な形式における全面的な依存と全面的な独立の作為的な定式化をもたらすための提案なのです。

わたしは、絶えず理論構築の考察を反復するということに価値をおいています。というのも、この講義の目的は、ディシプリンとなる効果をもつ理論構築固有の厳密さ、そして固有の方法論を明確にすることにあるからです。ある概念を検証することなしに出発するならば、人は自由を失います。あるいは別の言い方をすれば、たとえばコミュニケーションは知覚することができないという事実について、当たり前のようにわたしが語るとしましょう。このとき誰かがやって来て、「しかし」ということができます。そして、それをわたしに示すことができるのです。このとき、わたしたちはたいていの場合にさまざまな概念を目の当たりにします。そして、わたしたちは再びそれについて語らねばならないことでしょう。現実をまったく考慮しない方法論などありえません。方法論は、現実として主張されるものを絶えずコントロールします。しかし、このことは掲げられた仮説の経験的確証という意味においてではありません。認識論、あるいはまた社会学における傾向が、結局は構成主義となるならば、わたしたちは注意を払い、そして理論構成の問題においてより多くの方法論的問題に遭遇し、そしてまたさらなる強制、さらなる制限（constraints）を認識しなければならないでしょう。

このことは解明しなければならない一つの補説でした。なぜならば、わたしには構造的カップリングの概念をさらに強化させるために役立つようなものに思えるからであり――ちなみに、わたしが、著書『社会システム』において取り上げたときよりも、この概念はさらに強化されました。というのもこれを著したとき、わたしには、この概念はまだ明確なものではありませんでした――、また、本質的には主観の概念に対する代替概念として提案するために役立つように思えました。コミュニケーション、あるいは行為、あるいは何かある作動を一つの担い手と見なすとき、行為が成立するためには誰かが存在しなければならないと言い、そしてそれは誰かと問うことで主体を背後に隠しもつとき理論の骨子の帰責点に過度の負担をかけます。なぜならば、このときまあなんと言いましょうか、つねにある人を問題とし、とにかくコミュニケーションをし……と言わねばなりません。そして、二人の人間、あるいはもう一人とより面倒なことになっていくのでしょうか。このことについては、コミュニケーションの章であらためて取り上げます。さて、人はそれに応じて用意され、それ相応に堅固なものでなければならず、負荷に堪えうるような、あるいはしかるべく認められなければならないような同一性というものをつねに考慮しなければなりません。同一性は強調されなければなりません。そして代替案がないかぎりにおいて、「われわれは、理論において個人というものを放棄することができない主観に固執する」のです。もっともラディカルな代替案は、統一性に代わって差異性を提示すること、そして全面的な依存と全面的な独立というパラドクスを参照するように指示することにあります。コミュニケーションは意識をもちいた意識の上でのみ進行しますが、決して意識として作動するのではありません。

このような出発点の定式化から、構造的カップリングの概念へいたります。そして、包摂／排除‐効果を構造的カップリングの概念や構造的カップリングの現象で根拠づけ、示すことができます。わたしは、コミュニケーションは意識に、いや意識にのみ反応を示し、そしてそれゆえに意識事象を通して、鋭敏さや敏感さを上昇させることができるということについて、徹底して経験的に考えます。コミュニケーションが物理現象や化学的変化に意味ある反応をしなければならないとしたならば、そもそもこのことは想像できなかったかもしれません。環境は、たんに破壊的な働きをします。わたしは、わたしの原稿の上にただインクをまき散らせばそれよいのです。それで本文は失われます。しかし、意味をもったわたしの原稿にインクをまいたり、あるいはそれに火をつけるということはきわめて非蓋然的なことです。たとえ原稿が燃えはじめ、そしてそれでもなおわたしは最後まで文章を書けるとしても、おそらくわたしはそれで火を消すことはできないでしょう。わたしがそのような状況を記述することができたとしても、わたしはそれで紙が燃えることを防ぐことはできないでしょう。環境はなるほど破壊的な影響を及ぼします。そして何らかの方法で、オートポイエーシスはまれにしか起こらないことを進化的に構成し、淘汰したりします。そして、もしそうであるならば、進化というものは妨げられることはありません。時として本を焼失すること、時として読みにくくなること、そうです、本というものがだめになる、あるいは失われるということがあります。しかし、それでもなお図書館が開いているならば、その本のところへ行き、本の助けを借り、頭の中で思考を続け、そして学問を続けられる。オートポイエーシスは、このような意味において力強いものであり、そして生きながらえる能力をもったものなのです。そして、そもそもそれゆえに、オートポイエーシスは生じるのです。しかし問題は、この包摂／排除－二分法、すなわち包摂されたものと排除されたものの二つの側面にもとづくこの形式が、一つの軽減、一つの高度の無関心、そして内部では感受性の上昇を導きます。意識にのぼった何事かが言及されたとき、コミュニケーションのなかでそれを無視することは困難です。意識についてのコミュニケーションが、意識というたんなる事実を通して保証することができないようなことを論じるとき、これらの現象に関わること、そして意識と並行して進行することを比較することはほとんど避けがたいことです。

心的システムと社会システムの構造的カップリングに対するこのきわめて形式的な考察は、いかにして構造的カップリングが実現するのかということについて何も語っていません。この概念は、意識と脳との関係、あるいは神経生理学的なシステムと有機体との関係に対して、抽象的なものであり、適用可能なものです。わたしたちの場合、何が特別なのでしょうか。心的システムと社会システムの構造的カップリング、意識とコミュニケーションの構造的カップリングのメカニズムとは何でしょうか。わたしはこう答えたいと思います。それは、言語であると。言語とは、明確に立てられた一つの理論問題へ回答です。言語は明らかにある二面性をもっています。言語は心的にも、またコミュニケーション的にも利用可能です。そして、言語は両方の作動方法——すなわち注意の使用とコミュニケーションの使用——を分離したり、分離を留めたりすることを妨げません。

心的なものと見なされるとき、言語は一つの注意を受け止める装置となります。言語は人を引きつけます。このことは簡単にテストできます。言語による音とその他の物音を区別することは比較的簡単です。それは言語をまったく理解できなくてもです。ある特定の持続的な音を区別された一連のものとして聞くとき、みなさんは言語が問題となっていることがわかるでしょう。もしかしたら、それは音楽かもしれません。しかし、みなさんがそれをまったく理解できないならば、それはむしろ本当に問題にならないでしょう。そばを通る自動車が起こす音、あるいはエレベーターのブーンという作動音のような言語と異なる音では、言われたことや考えていることを試みたり、理解するためのきっかけにはならないでしょう。その上、言語は注意を脇にそらしたり、注意を聞き入れたりします。ですから会話の最中に、人は何か別のことに関わることはできません。一つの音が存在します——それは、わたし自身では明らかにできませんが、しかしこの関係に属している一つの不思議な現象です——。それはまさに意図的で、人を引きつけ、厚かましいことです。そう、それは電話のベルです。人は本当に我慢するということができません。たとえ電話に出ないと決心したとしても、結局は電話に出てしまいます。ほかの我慢はできるのに。いったい、なぜ。言語の背後には何があるのでしょうか。わたしにはわかりません。いずれにせよ、電話音は特異なので、つい立ち上がってしまうのです。

わたしが今、まさに話そうとしている言語という現象は、人を引きつけるものとして、そして言うならば、別のものに関わることを妨げるような物音とはまったく異なった働きをします。みなさんはわたしが話すことを文書に書き留めることができます。しかし、みなさんがいま短編小説を書こうと思うとき、わたしが絶えず口をはさむならば、このことは煩わしいことでしょう。みなさんはその場から離れた方がいいかもしれません。ウィーンではこう言います。作家はカフェで書くと。彼らは、ほかの人が話をしていても、それを明らかに邪魔に感じないというのです。わたしにはこのことを想像することは困難です。これはおそらく、特殊な才能をもった人の特殊なやり方だからなのかもしれませんし、あるいは作家やジャーナリストが記事を書いたり他の人びとと会話をしたりするような、そしてまったく取り決めなどない、このカフェの特殊な雰囲気だからなのかもしれません。通常、言語は注意を必要とし、そしてそれを取り除きます。もっとも、それは知覚の区別についてであり、意味とはまったく関係ないのですが。まったくくだらない無駄話、あるいはすでに何回も聞いたことが存在します。それにもかかわらず、人は耳を傾け続けます。いずれにせよ、集中して何か別のことを行いたいと思うとき、人は気が散ります。そのことから電車の中で読んだり作業したりするのは大変なのです。つまり、小部屋のない客車の中でさえ、静かに読むことができる場所を見つけだすために、絶えず場所を移らねばならないということを大声で話すのです。

これはその一つの側面です。言語は人を引きつけ、そして意識の存在、すなわち絶えず付随している意識の共在というものを保証します。言語がコミュニケーションにおける意味の移動、あるいは意味の固定にとって欠かせないというのは逆ではないでしょうか。言語なしに理解しようと思うとき、おそらく標準化されたジェスチャーに立ち返ることになるでしょう。すなわち、わたしたちは頭を横にふる、あるいはそのようなやり方の意味のはっきりしたジェスチャーを行うことができます。そして、可能な非言語的なコミュニケーションというこのような小さなフィールドの向こう側に、知覚信号の総体が存在します。額にしわをよせ、眉をあげ、肩をすくめ、あるいは「気をつけて！」、「テーマを変えて！」などということを他者に信号で伝えるたいへん細やかな動きである知覚信号の総体が存在します。しかし、そのようなジェスチャーはコミュニケーションに困難をもたらすのですが。再び質問することで、指摘された何事かについてつねに異議を唱えることができます。言語的に固定されていないならば、そのような意味伝達は、現実に移動できるようなものではありません。このことは、みなさんが、そろそろわかるように一つの悪しき表現です。というのも、わたしは移動というメタファーを受け入れられないからです。しかし、まずもって意味の固定というものは、コミュニケーション内部で繰り返し立ち戻るには不可欠です。いずれにせよ、コミュニケーション固有のオートポイエーシスが、それだけをもって非言語的なポーズ、あるいはその類について実現可能であるということを表現するのは困難です。コミュニケーションにおける意味の回帰的処理の安定性にとって、言語は欠くことのできないもののようにわたしには思えます。そして、コミュニケーション・システムを扱おうとするとき、心的システムから出発したときにわたしが言わざるを得なかったことに比べれば、別のタイプの作動を、そしてまた別の論証のやり方をわたしが必要としているようにみなさんには見えることでしょう。

この考察の全体的効果として、共進化的という意味において、コミュニケーション・システムと意識システムが発達するということ、そして言語の発達がわたしたちが信頼する形式において、動物を特徴づける領域から、とりわけ動物が保持しているような複雑な知覚能力から意識を分化するということを受け入れ可能にするということにあります。このとき、一方で意味を志向する理解というもののなかに意識が存在し、他方で進行しているコミュニケーションが存在します。だからこそ誰も誰かを理解しないことやコミュニケーションが簡単に途絶えるような状況に至ることを恐れてはなりません。コミュニケーションは、株の値崩れが起こるかどうか、戦争やその他のことが起こるかどうかなど、つねに、今生じたことを取り込むことに対しては、オートポイエティックに安定的です。人は再びコミュニケーションすることができるということについて、つねに語ることができます。もし、人口の大部分が消えてしまったならば、残った者は起こったことを語り、そして嘆くことでしょう。高度に形式的な進化の着想であるオートポイエーシスによって、コミュニケーションは生命のごとくきわめて強靭なもののひとつになったのです。

わたしは、意味に依存したシステムのこの一貫性やコミュニケーションの再生産の持続性が、言語を通して進化的に発生したものであると考えます。しかも、そこで意識やコミュニケーションを言語使用に還元できるという主張に結びつけることなしにです。コミュニケーションとは、言語の上ではじめて成立するものかどうかという問いがあります。しかし、ひとたびコミュニケーションが生じたならば、そこには間接的コミュニケーションと名づけられた——そこにはかなり広範な研究が存在します——、表現の非言語的な可能性がもたらされます。しかし、これはまず言語なしには生じないであろう、言語に戻す操作をつねに可能にするコミュニケーション・システムにしたがって確立されるのです。同様に、意識に対してもつぎのように言えるでしょう。意識能力とは知覚能力であり、その保持であると。そして知覚を理解したり論じたりするために、動物の場合のように人間の場合も言葉は必要ないと。そこには多くの対立が存在します。色彩知覚の言語依存性そのものの問題は、マトゥラーナの研究領域の一つです(9)。しかし、今仮にそのことを見ようとしたところで、言葉で定式化できたものしか見ることができないということを、その主張によって正当化することは決してできないでしょう。

わたしはここから言語が構造的カップリングであるというコンセプトの関係のなかに生じる、その課題やその機能について、通例の言語理論に合わせて、いくつかの短いコメントをしたいと思います。このことはまず最初に、言語はシステムではないということを意味します。言語はシステムではありません。本質的には、二〇世紀の変わり目に現れたフェルディナンド・ド・ソシュールの業績である独自の言語学の創設以来、——現代の意味における言語学は、まさにつねにソシュールの言語学でありました。しかし、そこには作者や講義、書物すらない状況でした。そして、ここに見られるように、一つの確固たる専門領域が規定されました[10]——まったく異なった基礎づけから、人はソシュールにしたがい、言語はシステムであるということから出発します。しかし、それは作動に関係づけるのではなく、単純に構築されたとわたしが考えるところのシステム概念によるものです。すなわち、このシステム概念はシステムの作動がどの点に生じるのかを明確にすることなく、構造、文法、そして差異を互いに概念的に関係づけます。ソシュールは、「ラング」と「パロール」、話し言葉と言語自身を区別します。しかし、このとき何が基本的な作動なのかは不明瞭なままです。人は、コミュニケーションに関係しますが、しかし、その決定は再び心的なものと社会的なものを明確に区別することを強く求めます。それは言語学において通常行われることよりもです。

言語はシステムではないということ、これが一つ目の論点です。つぎの論点は、言語が固有の作動方法をもっていないというものです。コミュニケーションでもなく、また言語的思考でもないような言語の作動は存在しません。これは作動概念の深層部と関係があります。さらに、経験的な指示作用、そしてそれに続くそのような概念によって排除されなければならないことを問うところの正確さに関係があります。言語がもはや当然コミュニケーションではないというとき、同時にコミュニケーションにおいて話し手の存在以上に言語が必要とされているということに関わらねばなりません。発言されたことはつねに誰かに受け入れられ、そして理解されなければなりません。引き続きわたしが考えるコミュニケーション概念では、「パロール」という言葉によって、あるいは、諸々の言葉によって、行為や発話行為に注目するという目的に向けられているかぎりにおいて、この言語とコミュニケーション双方の観点を統合しようとします。

それゆえに、さらに三番目の明確な論点があります。それは構造的カップリングのパラダイムに関係づけるとき、言語使用はアクティオン（Aktion：行為）でも、ハントルング（Handlung：行為）でも、アクト（act：行為）でもありません。なぜならば、言語は理解というものを必要としているからです。そして、先へ進むために理解が必要なのです。いずれにせよわたくしが念頭におく、コミュニケーション理論と発話‐行為‐理論あるいはコミュニケーション的行為の理論との違いは、コミュニケーションという統一体のなかに理解ということを含めるか否かを問うところにあります。コミュニケーションから行為概念を考えるとき、したがって、コミュニケーションを伝達――今わたくしが行っていること――と見なすならば、理解というものを外におかねばならず、そのとき理論の中で変更する処置を掌握しなければなりません。理性的にふる舞うならば、行為すること、伝達することは理解の前提に左右されます。人は理解できないことを知っているとはいえません。あるいは、そのことに気づくとき、さらに話すことができるにもかかわらず、沈黙してしまうかもしれません。しかし、このことはまず最初に発話行為あるいはコミュニケーションから受け手が排除されるということ、そして、その受け手が規律を形成する契機として理論のなかに引き戻されるということを意味します。人が言及しなければならないであろう、この受け手あるいはむしろ理解というものは、コミュニケーションそのもののなかで共に意図されるというのではなく、予想される一つの効果です――このとき誰かについてよく考え、そしてもちろん再び主観というものにさかのぼって話を始めなければなりません――。人は理解できるように語っているのか否かを、自身で予見をもって制御します。

このコミュニケーションのコンセプトとハーバーマスのコミュニケーション的行為の理論[11]の違いをじっくりと考えるとき、人は行為として言語を把握するための、あるいは行為の統一体のなかに理解する者を加えないための、さらには対応するようにディシプリン化されたこと、合理的要素、計算や（ハーバーマスにおける規範的な）要求を行為のなかに組み込むための選択の余地をもっていると、わたしは考えます。行為は、意見表明の圧力、合理性の条件、あるいは規範的な表象になります。なぜならば理解する者とは、一人の相対している人であり、何らかの方法で考慮しなければならないからです。しかし、またコミュニケーションにおける理解とは、つねに単位行為の一部分、システムの要素単位であるという理論が構築されます。このとき、ある別のものへ、すなわち規範的なものへ向けられ、そして合理性によって負担を軽減された理論へいたります。発話行為、あるいはコミュニケーション的行為のさまざまな類型を区別するような、たとえばハーバーマスが行った、戦略的行為や本来の意味におけるコミュニケーション的行為、合意志向的行為、了解志向的行為を区別するような必要性に直面しているのではなく、一つの包括的なコミュニケーション概念をもっているようにわたしには思えます。そもそも、それを意味あるものと考えるとき、このような理論比較は初めて際立って実り豊かなものとなります。しかも、決定を下さねばならないということ、そして決定した時点で問題がつねに生じるということを明確にします。イデオロギー的な問題に関わるのでしょうか。あるいはたんに何事かを取り上げ、それがゆえにそれらを重要であると思うのでしょうか。ハーバーマスは、発話‐行為‐理論を引き合いに出します。このとき、この発話‐行為‐理論の提唱者であるサールによる了解とは決して単純なものではありません。いったい、どのようにコミュニケーションという概念は創られるのか、そしてそれはどのように言語理論と関わるのかという本質的な問いがあります。わたしが、ハーバーマスと交わした書簡において彼は、システム理論には言語学の成果が考慮されていないと非難しました。それは事実です。言語学がある特定の理論の選択や、わたしが用いないある特定の概念性から理解するならば、あらゆるものは面倒なことになります。このとき、数多くのものが月並みのものになるか、あるいはもはやまったく存在しないということになります。たとえば行為の規範的な結びつきは、別の方法で再び導入されなければなりません。しかし、それはコミュニケーションという概念を経てではありません。[12]

このことは退行行動に向けられた説明、あるいは理論の第一線を明らかにするためのものでした。言語を異種で、まったく異なったシステムの構造的カップリングのメカニズムとして理解するとき、言語はシステムではありませんし、また独自の作動方法ももちません。作動方法とはコミュニケーション、あるいは言語感覚の意識的な追体験であり、そして言語は行為でもありません――行為に関する属性が前面に出されるにもかかわらず――。誰に責任を負わせなければならないのか、あるいはまた誰に反論したらよいのかわからないとき、知らせを読み取り、誰に問うたらよいのかを知ります。すなわち、どのアドレスを利用できるのかを知ります。その際コミュニケーションのオートポイエーシスにおいて副次的な現象が重要であり、コミュニケーションの原初的、基底的、要素的統一性が重要ではないということは明らかです。したがって、言語理論における三つの通例の視点から、すなわちシステム、作動、行為からわたしたちを切り離さなければならないでしょう。

しかし、人が——理論戦術的な考察に戻って——しかるべく再定義するとき、おそらく人は別の要素を取り上げることができます。すなわちイメージというもの。それは言語が記号利用であるということとの関連において、もっとも古い概念の一つです。言語というものは記号の利用です。このことは、はるかな古典への後退です。少なくとも、ストア派の理論への後退です。このとき真っ先に、言葉と物、動詞 verbum と対象 res の区別をもって行われます。言語とは、一つのものの意識における写し取りであり、妥当な名称や妥当な記号を用いてモノについて内部で語るための一つの可能性なのです。それに加えてプラトンでは、そしてもちろん古い宗教的な伝統では、モノの妥当な名称の識別はつねに賢者としての重要な資格でした。ある種の純粋さが必要ということでした。わたしは、妥当な名称を知るために人は純粋でなければならないというプラトンの講話を思い起こします。そして、物事の名称を一般に知らせるということは、そもそも人間をまず活動させ、自立的である一方、同時に距離をおいて世界と関わるための能力を人間に与えるという、そのような創造における一つの作業でした。物事との距離を記号操作を用いて知覚可能とするために、人間は外部に存在し、そしてずる賢くか理性的であり、あるいはその双方でもあった。

そのかぎりでは、記号についての学説が言語理論の構成要素となりました。わたしの判断が正しければ、ソシュールによって、このことが変更されました。いずれにせよ、現代の記号論あるいは記号学によって変更されました——フランス語の言語慣習にしたがうときですら、今もフランス人は記号論を話題にしますが——。記号論は、形象をあらためてより複雑に表現します。そして、そのかぎりにおいて、記号および記号内容の双方は、言語の内部に存在します。言葉によって何事かを思い描くことができないならば、人は言葉というものをもたなかったことでしょう。しかし、思い描くということは外部の物事ではありません。ソシュール以来、意味するもの（シニフィアン）と意味されるもの（シニフィエ）を区別し、これらの差異が言語の作動の条件として、また現実を通して阻まれることなく、言語自身が差異を創り出すための条件として理解されるような構造主義的理論の傾向が展開しました。リンゴに対して、任意に数多くの言葉を創ることができます。種類にしたがってリンゴを区分することができます。風に対して、天候に対して、あるいは家に対して、言葉を創ることができます。法的な領域において、提訴の決まり文句に対する概念を創ることができます。その決まり文句とは、区別が必要なとき、すべてものが各々の名称をもち、区別を可能にするようなものです。それを記号の分化を通して、継ぎ足したり、補ったり、拡大することができ、さらには洗練することができます。けれどもそれは、そのようなことを通して、現実を複写したり、あるいは複製することはありません。ある特定の種類のリンゴに対する新たな言葉から、わたしたちはそのリンゴを手に入れることはできません。むしろ、別のリンゴのような味がする、あるいは異なった時期に熟しているリンゴが存在するということを発見したとき、新たな言葉を創るための契機が生じるのです。

このような言語理論の構成主義的な展開は、人は複雑な区分の構造をもっているということを、そして記号づけるということが本当は何を表しているのかを問うことを意味しています。それは言語使用のなかで、何を意味しているのかを表しています。つまり、リンゴの意味を。しかし、リンゴそのものをつかむことはできません。もしくは記号づけ、そしてそれによって記号論は言葉が用いられた際、主体が記憶したことを不明瞭なものにします。それは発話者の内的状態を指し示しています。ある特定の物事を話題にするとき、その物事のことを考えているのは当然であると思います。だからこそ、人は記号使用において、アンビヴァレントな状態となります。これが、わたしが記号論に抱く難点の一つです。それにもかかわらず、わたしは実際に精通しているというのではなく、むしろ疑念を抱いている人との距離からこのアンビヴァレントな状態に注目します。結局、みなさんは、このことをせいぜい文学作品に再注目するための刺激とみなすにすぎません。

多くは、記号の主観と客観という二重の指示作用に向いています。それに対し、分岐理論の手がかりによって再構成できるようなある別の観点が文学作品のなかにあります。アメリカの哲学者であり、今日ではおそらく記号論者に位置づけられる、チャールズ・S・パース以来ずっと、ある三局構造が存在するということは明らかです。すなわち、一方において何事かを記号づけたものがあります。そのとき記号内容にとって――そこで外部の物事について考えたことであるかどうか、あるいは外部の物事のイメージ、像、意味内容について考えたことであるかどうかはそれほど重要ではありません。すなわち、ある何事かを表した記号が「プラグマティックな」――世紀の変わり目の特殊用語――効果を誰のために、そして何のために利用するのかです。この三局構造は「プラグマティック」という、時間の哲学の様式のなかで定式化されました。それゆえに記号論や言語理論の内部にある今日の文学作品において、わたしたちは絶えずこのプラグマティックな構成要素の問題をもっています。すなわち、構造としての統語論、何事かの指し示しとしての意味論、そして何のためにそれによって何を達成するのか、誰がそれを理解するのか、誰に対してそれが規定されるのかという問いの回答としての、いわば有名な分類である語用論の問題をもちます。

思い出していただけるなら、この三局構造は、区分、形式、再参入の考察の助けをもって再定式化することができます。意味づけることと意味づけられたこととの区別は、記号の区別であると、考えることができます。このことは、ドイツ語よりもフランス語や英語において容易に定式化することができます。なぜならば、「意味するもの」という言葉は、口に出すことが難しいからです。ドイツ語は、つねにある記号は何事かを意味するという傾向、そして先の三局構造を記号と意味されたものとの二重性に還元するような傾向をもっています。しかしそれは、たとえば、「シニフィアン」、「シニフィエ」、「シーニュ」、すなわち「意味するもの」、「意味されるもの」、「記号」という三組の用語をもつとき、理論の上で整然としています。これをターミノロジー的に保持するならば、ある区別の意味づけに対する記号の概念――わたしが今意図的にいう意味づけ――を利用することができます。記号とは、「意味するもの」と「意味されるもの」の区別の統一体です。同時に、記号は記号以外の何者でもありません。記号という言葉は、ある区別の統一体に対する一つの記号です。この考察から、セカンド・オーダーの記号論に対する理念が今、生じます。本当に興味深いのですが、しかし、それは初期段階にとどまっており、そして記号論に制限されています。すなわち、学際的な接触を見出すことができません。[13] ここからセカンド・オーダーのサイバネティクスやセカンド・オーダーの観察と、このセカンド・オーダーの記号論を比較しなければならないでしょう。すなわち、観察者を観察し、記号を意味づけるのです。そして、記号を意味づけるというとき、誰かが意味するものと意味されるもののいずれかを利用するような区別を意味づけます。したがって、わたしはある区別を指し示し、そのとき盲点の理論を暗示するのです。すなわち、ある記号を利用するということは、意味するものと意味されるものとの統一体を統一体として利用することができないということです。すなわち、反省的にセカンド・オーダーの観察者は、記号の概念を意味づけるために、ある記号概念をもたねばならないでしょう。すなわち、反省的にセカンド・オーダーの観察者として作動するのです。

このときまた、再参入の図式を導入することができます――そして今、わたしはこの抽象的な議論の最先端にいます――。つまり、区別のなかにある区別の再登場を話題にでき、動詞と対象、すなわち言葉と物という古い区別が、意味するものと意味されるものの区別として言語のなかにコピーされるということを語ることができるのです。わたしたちは、外部世界との切断と関わり合っています。世界の変化に対して無関心であるソシュールと共にシステムや差異を創り出すために、そして記号論の内部や記号学の内部で、あるいは差異をともなった言語の内部で、差異を働かせるために、ただその外部世界との切断を利用します。旧いヨーロッパの理論が関わってきた原初的区別は、今や再参入の形式のなかでのみ利用されます。すなわち、そのような区別は言語自身のなかでのみ、あるいは記号論のなかでのみ作動します。これらの言語がそれぞれの点で外部世界と互換可能であり、足したり引いたりする記号のストックの内的不可避性に対応するということが想定されなければなりません。このシステムは、どのような言葉がもはや存在しないのか、必要ないのか、どのようなものが余分に存在しているのか、言語において、――わたしがこのことを社会システムに置き換えるとき、わたしが語ろうとしているコミュニケーションにおいて――どのような指示作用がある役割を遂行し、そしてどれがそうでないのかを考慮して自身を制御します。

このことが正しいと思えるとき、セカンド・オーダーのサイバネティクスや観察するシステムの理論のなかに存在しているものと同様の展開が記号論のなかにあります、すなわち再参入を行う、区別をとおして区別するという、ある区別の再進入を行う形式化への移行というものです。言葉の領域において、動詞と対象から出発するとき、動詞という記号は、意味するものと意味されるものの区別ということにおいて存在します。

今、このことのみを付け加えたいと思います。なぜならば、芸術論において記号論とシステム理論を結合するための議論に対する別方向の兆しが存在するからです。このことを現実的なものにするために、この抽象的なレベルへ戻らねばならないと考えます。このとき、おそらく統合を目的とする一つの理論構築効果があります。つねに統合された部分のなかで対応しながら改造されていくのですが。その際、社会学にとって多くの利益があるのかどうか、わたし自身なお明らかではありません。効果を明白にするために、またわたしが構造的カップリングに、そしてまさに言語に結びつけるもの、すなわち排他的なこと、あるいは排除効果と強化効果が総合されたものが確実にもっとも影響力があるものとなるためにも、多くの他の理論能力が付け加わらなければならないと、わたしは考えます。

エコロジーの分野で有効であった、あるいは今も有効であるような議論に関する何事かを伝えるとき、ご承知のように認識できるような具体的レベルの議論になります。なお、このェコロジーの分野での有効な議論とは、エコロジーについてのみ話題することができるというテーゼ、しかし、コミュニケーションのリズム、ゆっくりとした展開、コミュニケーションのシステム分化性から独立して、実情をエコロジー的に直接変更するために苦心しているというテーゼを出発点としたものです。システムは、コミュニケーションに指示を出し、そして当然のことながら失敗も体験します。この失敗とは、コミュニケーションの仕方や刺激の仕方ではなく、単純に破壊というものがシステムに影響するようなものです。みなさんがこのような考察を読みとることができるように、システムは意識に対して異常に敏感です。意識に対するあらゆる構造的カップリングが組織化されると仮定するとき、意識の知覚能力は困難な状況に陥ります。たとえば林務官としてではなく、森を通るとき、人はそこで何を見るのでしょうか。樹木の傷み具合を見たり、見なかったりするのでしょうか。そして、樹木を見て傷んでいると見なすとき、それについて語ったり、語らなかったりするのでしょうか。意識を働かすことができる状態で、単純に樹木の葉が落ちているそのとき、まさに葉が落ちているのであり、それ以上のものではありません。自動車の排気ガスの臭いがするとき、まさに自動車の排気ガスの臭いがするのであり、それ以上のものではありません。人は長い間、臭いがするのは自動車の特性であると考えてきました。そして、排気ガスが多ければ強く臭うものであると。このことは疑う余地のないものと思われ、そして密接な関係にあるととらえられるような、ある意味連関をもっていました。知覚が変更されるとき、政治的なものが社会運動を経由して社会システムに、決定の圧力をもたらします。この決定の圧力とは、コミュニケーション上で再び完了されなければならないものであり、人はその完了のために多くの困難があることを知っています。

わたしが今このような例を取り上げたのは、この区別の連続に接するとき、ありふれたことに関心を惹き起こさせるような、そしてまさに社会学的なことに関心を惹き起こさせるような現象に比較的容易に気づくことができるということを示すためです。

ここでこの講義をいったん終わろうと思います。わたしがつぎの二つの時間で予定していることは、社会システムを構成する作動に関するある特別な考察です。すなわちコミュニケーションについてです。そこでは、再びコミュニケーション概念を創り直さねばならないような、そして同時にそれがいかに妥当であるかを考察します。概念の適合《フィット》とは、わたしがここで強調する、一つのテクニックです。それは、任意に歩み寄るのでもなく、また議論されてきたものや理論的伝統について考慮することなしに歩み寄るでもありません。しかし、これらの領域のなかで、既知の選択肢を定式化できなければなりません。わたしたちは、理論設計を通して、ある社会システムを生じさせるような作動というものの定義をしなければなりません。さらに、ある作動のみが存在することができ、そしてある混合物は存在することができないという主張をしなければなりません。なぜならば、ある作動形式のみが、あるシステムのタイプを生じさせることができるからです。生命が生化学的な循環を通して定義されたように、あるいは意識が注意の集中や注意のポテンシャルを通して定義されたように、わたしたちは、わたしたちの社会学を理論前提によって再構築することができるかどうか、すなわち、作動というものが存在するにちがいないということ、そして作動のみが存在可能であるということを再構築できるかどうかが問題であると、わたしは言うべきかもしれません。わたしたちがそのように進むとき、何が考慮されるのかと問いを立てるのです。わたしは、純粋な社会的な作動として、本当にコミュニケーションのみを考慮します。なぜならば、少なくとも二つの意識システムの同時存在や共同作業の成立が定式化されるとき、コミュニケーションのみが関連づけたり影響を与えるからです。社会性とは、作動の基本的なもののなかにすでに備え付けられているものであり、行為概念によって、必要とされるときに、生じたり、生じなかったりするような効果ではありません。ここで終わりましょう。つぎの時間は、コミュニケーションについてお話しします。そこでわたしたちは、社会学における帰結によって、どの程度までなおも前進できるのか見てみることにしましょう。

注

（1） Heidegger, *Sein und Zeit*（II章注82参照), S. 45 ff.

(2) Émile Durkheim, *Die Regeln der soziologischen Methode*. Hrsg. und eingel. von René König, 4., rev. Aufl., Darmstadt：Luchterhand 1976.（宮島喬訳『社会学的方法の基準』岩波書店）参照。

(3) Wil Martens, Die Autopoiesis sozialer Systeme. In：*Kölner Zeitschrift für Soziologie und Sozialpsychologie*, 43 (1991), S. 625-646; および Niklas Luhmann, Wer kennt Wil Martens? Eine Anmerkung zum Problem der Emergenz sozialer Systeme. In：*Kölner Zeitschrift für Soziologie und Sozialpsychologie*, 44 (1992), S. 139-142. 参照。

(4) Luhmann, *Soziale Systeme*（Ⅳ章注12参照）

(5) ウムベルト・R・マトゥラーナは、ビーレフェルト大学の一九八六／八七年の冬学期のニクラス・ルーマンのゲストであった。

(6) 一七六〇―六九年に著された、ロレンス・スターンの『トリストラム・シャンディの人生と意見』（朱牟田夏雄訳『トリストラム・シャンディ　上・中・下』岩波書店）

(7) Charles P. Loomis のことであると思われる。彼の著書 *Social Systems : Essays on their Persistence and Change*. Princeton, NJ：Van Nostrand 1960.

(8) たとえば、Luhmann, *Soziale Systeme*（Ⅳ章注12参照）（佐藤勉監訳『社会システム理論　上』恒星社厚生閣）

(9) Humberto R. Maturana, G. Uribe und S. G. Frenk, *Eine biologische Theorie der relativistischen Farbkodierung in der Primatenretina*. In：ders., *Erkennen : Die Organisation und Verkörperung von Wirklichkeit*. Dt. Braunschweig：Vieweg 1982, S. 88-137 参照。

(10) Ferdinand de Saussure, *Cours de linguistique générale*. Charles Bally und Albert Sechehaye による出版。Tullio de Mauro による批判的な編集、Paris：Payot 1972（小林英夫訳『一般言語学講義』岩波書店）参照。

(11) Jürgen Habermas, *Die Theorie des kommunikativen Handelns*, 2 Bde. Frankfurt am Main：Suhrkamp 1981.（河上倫逸他訳『コミュニケイション的行為の理論　上・中・下』未來社）参照。

(12) John R. Searle, *Sprechakte : Ein sprachphilosophischer Essay*. Dt. Frankfurt am Main：Suhrkamp 1971 参照。

(13) Dean MacCannell und Juliet Flower MacCannell, *The Time of the Sign : A Semiotic Interpretation of Modern Culture*. Bloomington : Indiana UP 1982 参照。

VI

自己観察する作動としてのコミュニケーション

〈第13講義〉

みなさん、講義時間はなお二時限あります。そこで、これまでの講義に関わるもの、つまり社会システムに関わる問題を新たな仕方で扱ってみたいと思います。これは理論を放棄するということではなく、導入として理解を深める効果があると思います。本講義では、社会学の内部でシステム理論が一定の位置を占めていく過程について短く説明した後、ここ二〇〜三〇年の間のシステム理論の新たな展開に関して一般的な議論をしてきました。そのつぎに問題にしたのは、意味概念と時間概念から出発して心的システムと社会システムを比較すること、つまり意味と時間という地平をまったく異なる二つのシステム類型に関係づけることでした。今、この講義の最終部分では、社会システムに限定したいと思いますが、それは、『社会システム』というタイトルの本に結実した講義への橋渡しをするということです。ただしそれは、これまでの講義でなされた理論選択とその成果に広く依拠しています。このことは何にもまして、つぎのような中心的な点に当てはまります。すなわち、システムは完全に自分の作動によって生産され、観察によってもそのように規定されるにもかかわらず、そのことがほとんど強調されていないという点です。わたしたちは、ある作動をシステムの生産者と見なしましたが、そのような作動に関わる理論を立てなければなりません。つまり、システム理論とコミュニケーション理論の両者が同時に考慮されなければならないということです。なぜなら、すでに話しましたように、社会システムの作動がコミュニケーションだからです。

したがって、システム理論とコミュニケーション理論とは密接な関係にあります。つまり、わたしたちはまず第一に、コミュニケーションについての先入観を問わなければなりません。「コミュニケーション学」に関する講座もおかれ、「コミュニケーション」については非常に多くの領域で論じられていますが、そうしたさまざまな領域にわたる文献において、コミュニケーションがどのような概念として語られているかを探求してみなければなりません。そうすると、わたしの見るところでは、わたしたちのもつ先入観は少数派になると思われます。というのも、そうした文献を読んでみると、そこでもしばしば想定されていることですが、一般的に言ってみなさんはコミュニケーションを、一種の伝達行為として考えているのではないでしょうか。みなさん自身が一つのコミュニケーションの発信者または受信者であり、他者、パートナーは伝達されたもの、情報、インフォメーションを受け取る者である、このように定式化しようとするのではないでしょうか。つまり、コミュニケーションとは、まず最初はこちらにあり、その後あちらに行くもので、みなさんは能動的または受動的に関わるという想定です。五〇年代のサイバネティクスに関する文献でも、こうした見方が確かに前提とされていました。多くの技術的な研究も、そうした伝達という出来事が妨げられる場合とか伝達される情報量を考えるという方向に向かいました。

あまり目立ちませんが、こうした伝達モデルに対する批判があります。たとえば、マトゥラーナは、コミュニケーションや言語使用を伝達過程としてではなく、生物同士の関係をさらに調整するもの（スーパー・コーディネーション）としてとらえようとしています。(1) わたしの見るところ、そこには一般的先入観に対して二つの点で異議申し立てがあります。その第一は、いくぶん表面的なものですが、コミュニケーションにおいては何も失われていないということがわかっているはずだというものです。何かを伝達しようとする者は、頭の中にある知識を失うわけではないのです。経済取引では、支払いをすればその貨幣は残りませんし、所有権を移転すればその対象物は残りませんが、コミュニケーションとは明らかにかけ算的な出来事です。最初は一人だけが持っていたのに、ネットワークに応じて、二人以上、あるいは一〇〇とか一〇〇万の人びとがそれを知ることになるからです。なおも伝達というメタファーを使うとすれば、何も失われず、増殖するだけという、異常な伝達を考えなければなりません。

グレゴリー・ベイトソンは多くの著作や論文、講演のなかで、コミュニケーションにおいて問題なのは冗長性の産出であり、余計な知識、尋ねようとする者の視点からして余計なものだという考え方を提起しています。(2) AがBに何かを伝えると、CはAまたはBに問い合わせることができます。その何かがテレビで送られれば、みなさんはそれについて誰にでも聞くことができます。それによって知が過剰になり、知が複製されます。その結果、コミュニケーションの内容は過去の引用となり、非現実化される部分が大きくなります。昨日の知は今日はもはや関心をもたれません。冗長性の産出というのはコミュニケーションを記述する一つのあり方ですが、その作動については何も語っていません。わたしたちは、コミュニケーションの作動とどのような関係にあるのでしょうか。過剰性を生み出し、選択的な扱い、過剰と選択という効果を生み出すこの作動をどのように記述したらよいのでしょうか。伝達モデルに対する重要な批判においては、この点について何も語られていません。

伝達モデルに対するもう一つの批判は、あまり大きな広がりはありませんが、重大な意味をもつと思います。そこでの問題というのは、伝達モデルは観察者にとってではなく、参加者にとって当事者の状態がわかっていること、Aの頭の中にある特定の知が何を意味し、Bの頭の中にある知が何であるのかがわかっていることを前提としているのかどうかということです。それが同じものであると言えるためには、両者の頭の中にあるものが何であるかわかっているはずです。なぜなら、もしも両者の頭の中にあるものがまったく違っているとしたら、コミュニケーションがなされていると言うことは難しくなるからです。しかし、みなさんは、誰かが知っていることをどのようにして知ろうとするでしょうか。あるいは、たとえばバスで大学に行くといった特定の情報がすべての人の頭の中にある同じ情報だということを、どのようにして知ろうとするでしょうか。ある人はバスで行くかもしれませんが、別の人はバスで行こうとは思わないでしょう。ある人はそれをいつも忘れていて、人に聞かなければならず、自分自身に腹を立てるかもしれません。別の人にとってはそんな問題はないでしょう。システム理論におけるシステムをそのつどの具体的な状況において経験的により具体的に知ろうとすればするほど、ある種の等しさ、少なくとも類似性があると考えることが困難になります。再び観察者に戻って別の言い方をするなら、わたしたちがこの講義をこの部屋から別の部屋に移すことが重要だと見なすとしても、この講義は同一のものだとある観察者は言うことができます。わたしたちはコミュニケーションをしました。わたしたちが知っているのは、わたしたちがコミュニケーションをしたということです。みなさんが部屋を移らなければならないときにどう感じるか、そのような移動の必要はないと前回述べていたとしても、そうしたことを考えることがみなさんの心理にどのような影響を与えたか、わたしにはわかりません。わたしたちはコミュニケーションについて考えています。主体や個々人、労働組合など社会システム全体がコミュニケーションに関わるとき、それらが具体的にどうような状態にあるかを確認することにつねにコミュニケーションが向けられていなければならないとしたら、法外な困難に直面しますから、はじめからコミュニケーションを限定しておいてはなぜいけないのでしょうか。ある契約がかわされるときの署名の際、労働組合が実際にどのような状況にあるのか、何のためにそのことを知らなければならないのでしょう。そのことを心理的にも社会的にも確定しなければならないとしたら、いかなる努力と時間がかかるのでしょう。両者に固有の前提にとらわれていると、コミュニケーションは袋小路に陥ってしまうのでしょうか。だが、このようなことはまったく必要ないことです。

この二つにもう一つ付け加えるべきことがありますが、それは文字によるコミュニケーションを考えると解消されるものです。コミュニケーションにおいては伝達と理解が同時に起こっていると言えるかもしれません。つまり、わたしが何かを言い、その後しばらくして他者が理解するということではなく、音響と雑音が同時に存在することによって、わたしが話す瞬間にわたしは自分が話すのを聞いているということです。この遅れは小さなものですから、心理的には自覚されないものです。わたしは、わたしが何かを話す瞬間にわたしが話していることをみなさんが聞いていると考えます。コミュニケーションにおけるこのような同時性は、少なくともすぐに頭に浮かぶ口頭のコミュニケーションにとって、その作動のまとまりを認識する本質的な契機です。コミュニケーションは同時的なもので、見通しうる空間、コミュニケーションによって同定される空間に起こります。いつも何かを聞いている人、いつもテレビの前に座っている人は、何かが語られているその瞬間に、それが語られていることを知るとともに、そのまとまりについても考慮しています。

そもそも生きていたことすら知らないアリストテレスやホーマーのような遠い過去から伝達される場合もコミュニケーションと言えるかどうかを考えてみると、わたしたちはどのようにしてコミュニケーションのまとまりをそれほど遠い時代にまで確認しようとするのかという問題が出てきます。しかし、さしあたりはまず、そのまとまりを保証するもの、つまり空間と時間の関係を通して保証される分析的統一性の契機がコミュニケーションの重要な契機なのですが、伝達理論においてはこのことがはっきりしません。

ある理論やモデルの批判が成り立つのは、それに代わる提案をすることによってですが、その提案が伝達でないとすれば、それはいったい何なのでしょうか。今わたしが素描したいと思う考え方は『社会システム』という本でくわしく扱ったものですが、古代に根をもつある区分を利用します。それは、ストア派にすでに見られるもので、最近ではカール・ビューラーの言語理論によって三〇年代の初めに知られるようになり、その後アメリカに持ち込まれ、いくつかの言語行為においてさらに解明されたものです。(3) そこでは、さまざまに定式化される三つの区分が問題になりますが、コミュニケーションについても同じ側面が取り上げられます。いくつかの基本的な用語として、「情報」すなわち問題となるもの、「伝達」および「理解」をあげておきます。この三つについての理論的な扱い方は異なりますが、行為理論から出発すると、送り主の側で重要なものは情報なのか、表現行為なのか、それとも届けることなのかに応じて、異なる行為を区別することができます。この問題に取り組んだ研究では「言語行為」の名で呼ばれ、オースティンやサールがその代表者です。[4] しかし、これは拡張された言語学理論であって、「志向性」に関する議論など、言語学を超えた多くの事柄を扱っています。その考え方によれば、重要な行為類型は三種類に区別されます。ビューラーが語っているのは言語の機能だけであって、異なる行為についてではなく、言語は伝達の可能性を提供し、情報を確定し、伝達という作用、実践的な効果、理解をもたらすという作用を備えているはずだということです。

この問題に関する問いを、コミュニケーションとは何か、コミュニケーションにおける「単位行為」とは何か、あるシステムの基本的な統一性はどこにあるのかに分けて考えてみると、情報、伝達、理解として区別されるものを、ある一つのまとまりを構成する要素として用いることができます。これは、伝達、情報、理解からなる統一性が成立することでコミュニケーションが成り立つというテーゼを含んでいます。これは進化理論的にはありそうにないことです。言語に関するわたしたちの考察を思い起こすならば、コミュニケーションは、ともかく規則に則って成立するはずで、理解できる個々の身ぶりに限定されるはずだとするならば、言語がその前提となっていることは明らかです。さらにこのことが意味するのは、この統一性、ならびに情報と伝達と理解というその要素は分離できるものではなく、コミュニケーションが作動することによって成立する統一性の異なるアスペクトだということです。ただし、それらは基本要素、原子、あるいは現状などのように寄せ集められるものではありません。

そのことは情報の概念を考えてみれば明らかになります。その際、わたしたちはまた、マトゥラーナが「遺伝情報」について語るとき、他の生物学的情報理論を批判するために作り上げた局面にぶつかります[5]。情報をこの文脈で扱うとき、情報はいつもコミュニケーションの要素です。情報とはシステムの内部で情報として機能するもの、オートポイエーシスの内部でも動機を与えることができるように機能するもの、あるいはつぎの作動を見つけることが問題である場合にシステムにつねに属しているものとして機能するものです。そのことは、情報ということで一般に考えられていることについて考えてみると、比較的よくわかります。日常会話では「データ」とか「情報」を同じもののように語ります。その際真っ先に考えられるのは、用紙であったり、メモ、破片、小さな単位など、あちこちに移動させることのできるものです。わたしたちは情報をどこからか手に入れ、それを自分の情報に加えたり、修正したり、改ざんしたり、あるいはずっと持ち続けた後でつぎの人に手渡します。でもそれは、手から手に引き渡されるある種の商品です。こうした見方は伝達理論に当てはまります。しかし、情報が定義されるあり方をよりくわしく見てみると、人はつねにある驚きと関わり、多くの可能性からの選択と関わっていることがわかります[6]。人がある文を語るとき、語りうる多くの文からの選択がなされていますし、すでに言われたものによって限定されています。たとえば、誰が勝って誰が負けたとか、誰かが病気のために出場できないといったスポーツの情報を新聞から得るとき、人はもともとそのようなことが起こりうることを知っているあるコンテクストと関わっています。こうしたことがいつ起こるか、誰が勝って誰が負けるかを前もって知ることはできませんが、テニスプレイヤーがサッカーの試合で勝つことはありえません。このように情報の選択地平はつねに何らかの仕方で限定されていて、通常は狭く規定されているものですから、その情報を理解する前にすべての可能性に触れる必要はありません。そこで重要なのは、つねに二つの事柄です。つまり、その可能性を限定する背景と、それ以外は問題にならない、それに適合した選択です。

このことはまた意味概念についても述べたように、意味概念と情報との区別を促します。というのは、情報とは選択の際の一種の不意打ちだからです。情報が繰り返されると、残る情報はたかだか、情報が繰り返されることが必要だと誰か考えることだけです。軍隊における命令の場合、兵士は言われたことを繰り返さなければなりませんが、その際の情報とは、彼がその命令を理解したかどうか、そしてその通りに行動したかどうか、その指示にしたがったかどうかであり、それはいつでも情報でありえます。しかし、人はつねに新しい予期のコンテクストを構築し、新しい縮減を先取りしなければなりません。

これは、こうしたことがあるシステム内部でしか起こらないというテーゼの強い論拠となります。というのも、予期の地平、すなわち可能性の数、情報価値、不意打ち価値がシステムの内と外で、あるいは異なるシステム内で同じであることをあらかじめ確認しようとするのはどうしてなのかが問題だからです。扱いうる情報の断片を思い浮かべるかぎり、それを何らかの仕方で考えることができますが、選択の地平と選択という、情報概念の二重構造をくわしく見てみると、どのようにしてそうなるのかを理解するのは難しくなります。特定のシステムにとって情報とは何であるのかを知るためにシステムを観察しようとすると、そしてそれはもちろん可能なのですが、情報の地平を探し当てることができなければなりません。

たとえば、かつての社会主義的な政治‐経済システムがどのようにして経済に関する情報を生み出していたのかを観察しようとすると、生産計画にそって経済情報が生み出されていたことがわかるはずです。そこでは、しかじかの量が生産され、輸送されなければならなかったのに、それが達成できなかった、あるいはうまくいかなかったということが後にわかる、というようなあり方をしていました。そこには、情報集積装置としての計画の先取りがありました。この装置には、経済的合理性に関する情報が含まれていませんでした。そこには計画についての情報しかなく、経済に関する情報を政治がどう扱っていたのかを知ろうとすれば、政治システムを観察しなければなりません。すでに述べたことですが、経済について知るためには別の方法がありますが、それはあくまで同じ問題を別の仕方で扱う方法です。たとえば失業問題や国民総生産、外国為替などに注目すれば、これらは集められた経済データなのですが、大きな計画がこうしたデータにもとづいているとは考えられません。一つの計画のなかで、収支計算にもとづいて大規模な経済合理性を制御する枠組みと、経済から出てくる政治的に重要な情報の枠組みとが明らかに異なっています。わたしたちは、選択のコンテクストが何であるか、それを何と名づけようと、そこから出てくるデータや刺激、報告などが情報価値をもっていることを知らなければなりません。

このことをわたしたちは、情報はコミュニケーションの一つのアスペクトであるという、より抽象的なテーゼにもち込まなければなりません。情報に関して、選択地平のなかのいかなるコードが重要であり、あらかじめなされるいかなる限定が重要であるかを知ろうとすれば、それらが有効に働くシステムを観察しなければなりません。そして、そのシステムが異なれば、異なる情報があることになります。このことは作動的に閉じているというテーゼ、情報はつねにシステム内の出来事であり、システム内の作動の一アスペクトであるという意味でのオートポイエーシスに当てはまることです。

多くの議論は必要ないと思いますが、伝達についても同じことが言えます。なぜなら、伝達なしにはいかなる情報も理解も成り立たないからです。しかし、そのためには誰かが情報とのカップリングを作り出し、それが観察できるものでなければなりません。そのことについてはもうくわしく述べる必要はないと思います。なぜなら、意図しない伝達が問題になりうることを認めるかぎり、また特定の目的のためには意図が必要ですが、たいていの場合、必要でないことを認めるかぎり、誰も伝達を欠いたコミュニケーションを考えることができないからです。

そこで、つぎの要素である理解に進みましょう。ここでもあらかじめ明らかなことは、人は言われたことだけを理解することができ、理解は、コミュニケーションから離れて概念化されるようなものではないということです。もちろん解釈学的な理解概念のように、コミュニケーションのために利用されるテキストの領域から離れて世界を解釈の問題として扱おうとするならば、話は別です(7)。解釈学は、テキスト概念から出発して、それをコミュニケーションのために用いられる領域を越えて行こうとするもので、そこにはまた別の理解概念があります。少なくともそこでは、シュライエルマッハー以来、心理的な理解との緊密なカップリングが重要です。誰かの行為がなぜ行われたかを理解しようとするときには、コミュニケーションはまったく必要ありませんし、コミュニケーションに言及する必要もありません。その場合には知を用いますが、ある行動など観察したものを他者の内的地平、すなわち他者がそれによって考えたもの、またなぜそのように見て、他のようには見なかったのかに立ち戻って評価しなければなりません。

理解概念は、他の学問的コンテクストでも使われますが、コミュニケーション論を主題とするわたしたちが理解について語る場合には、それがなければコミュニケーションが成り立たず、コミュニケーションを現実化し、顕在化する契機と考えることができます。情報概念の場合にも外部状況は考慮されなかったように、ここでも問題は、理解する者の心理状態ではなく、コミュニケーションが継続するための条件です。つまり、理解と理解できないものとが区別されなければならないということです。言われたことが理解できない場合、たとえば言葉がわからない場合、コミュニケーションは続かないし、まったく基本的なところで成立しません。英語でコミュニケーションしようとしてうまくいかないとき、身ぶりを使ってコミュニケーションを試みたり、何とかして理解していないことを理解し、コミュニケーションを別の水準に移したりすることができたとしても、かなり時間がかかるものです。しかし、理解されないということは、コミュニケーション過程の内部をさかのぼって問いかけたり、説明したりする動機づけとなります。つまりは、コミュニケーション自体が再び行われることになります。誰かが小さな声で話し、彼が何か話そうとしたことは聞こえても、何を話したのかはっきりとは聞き取れなかったような場合、問い返し、修正することができます。

したがって、理解という概念は、オートポイエーシスが壊れないかぎり、誤解を含んでいます。誤解があったために、非常に長く互いにコミュニケーションを続けることがあります。すべての誤解が解かれるという必要はないし、そんなことをしようとすると、コミュニケーションはとても難しいものになるでしょう。そのような場合、つぎの行為がなされるので、たいていそのことは問題になりません。わたしが正しく理解したか、あるいは誤った理解をしたかはわかるとしても、そのようにして進むということが前提されるだけで十分なのです。逆に言えば、何かを話した人が、他の人はそれにまた別の意味を与えていることに気づくとしても、それをつねに修正することはその人にとって問題ではないのです。彼は生まれながらの教師でもないし、社会化されることで教師になるのでもなく、わたしたちはこうした誤解と折り合いをつけることでいいのだと考えます。したがって、しつこく問われるか、修正されるか、ある特定の問題についてずっとコミュニケーションがなされるかということは、システム内で決定される問題なのです。この点に関心をもつとすれば、その人は観察者としてこの点についての規則性を知っている人です。

これら三つの契機について見てきた後に問題の中心になるのは、コミュニケーションの作動の統一性がどのようにして構成されるか、および何がコミュニケーションを一つの統一的なものにするのかということです。もちろん情報、伝達、理解があればよいというのではなく、一つの総合をなすものがなければなりません。どのようにしてそうした総合が起こるのでしょうか。わたしたちは正しい理解についてそれほど高い要求はせず、伝達者が自分の内面状態を知らせる必要もなく、どのような地平から情報が選択されたかをまったく知る必要もないと言ったとすると、これらはみな実践的なものと一致しますが、どのようにして一つのまとまりができあがるか、なお明らかではありません。これが行為理論と異なるところですが、理解についてわたしたちはこういうところにいるのです。差異理論的に区別の理論にもとづいて、観察者からみた理論を構築する際には、つねに三組のものが注目されます。なぜ三つなのでしょう。わたしたちはたいてい、善／悪、大／小、一般／個別といった二分法を行い、第三のものは排除されがちです。しかし、ここでわたしたちは突然三組の区別と関わりますが、それをどう考えたらいいのでしょうか。おそらくそれは、第三のファクターが他の二つのものを区別しながら結びつけるという役割をもつからだと言えるでしょう。次元モデルで言うなら、第三の次元は他の二つの次元において生じると言ってよいでしょう。でも困惑する必要はありません。驚くべきことはただ、つのまとまりが同時に生じていること、つまり情報と伝達の区別、二重性を一つのものとして、いわばそれによってさらに進むような統一性への飛躍として、統一的なものとして扱うために、三つの契機のうち一つがそういうまとまりを生み出しているということです。

みなさんは、わたしが記号論を扱ったときによく似た問題があったことを覚えていると思います。指し示すものと指し示されるものがあるとき、この区別を統合するものは何であり、記号とは何でしょうか。ここにも三局構造がありますが、それはパース以来論じられてきたもので、プラグマティズムの方向で解明されてきました。区別理論、差異理論、観察理論の見方からすると、一つの契機が他の二つの契機を観察し、あるいはそのモデルのなかに観察者の位置をもっていることが注目されるところです。もし、理解するという立場で伝達と情報が区別されないと、そもそもコミュニケーションは成立しません。コミュニケーションは、そもそも理解するという契機において初めて情報と伝達という二重性が生まれ、理解がこの二つをコミュニケーションにするのです。複雑な言い方で申し訳ありませんが、この点での厳密さが重要だと思います。

わたしたちの問題はコミュニケーションのまとまりがどのようにして生まれるかということですが、これに対して高次の審廷から鷹揚に各要素をまとめてくれるような外部的要素によって答えることはできません。そうしたまとまりは、コミュニケーションが作動すること自体のうちで生じるものです。理解されることでまとまりが生まれるという考えは、いかに明確なことであったとしてもまた別の問題ですが、ともかくコミュニケーションを知覚することができるのは、誰かが何かを言い、この「誰か」と「何か」とが区別できることが確認されるときです。そこには、誰かが自分自身について語ること、たとえば、「わたしは今日疲れている」とか「その気がない」「喜んでやります」などと言うことも含まれています。そのとき、その人は自分自身について何かを伝えていますが、わたしたちはそれほど単純ではなく、その人が自分に関して与える情報をあっさりと受容するのではなく、彼は今何を望んでいるのか、どんな状況にあるのか、自分が何かを望んでいるということを誰かに示すのはなぜなのか、などという考えがすぐに浮かんでくるものです。こうした気遣いには、時間と能力の限界があります。こうした状況では、わたしたちは非常に曖昧な反応をします。たいていの場合はそういう状況でなく、そうした反応をしません。

つまり、情報や伝達との相違が理解において重要だということです。そうでない場合には、わたしたちはただ行動を体験しているだけです。理解において情報と伝達が結びつけられます。しかもそれは言語を超えたものです。なぜなら、誰かが自分について言葉で表現するとき、明らかなことは、彼は自分が言うことを伝達しようとしていることです。言葉によって内容が特定されるのはその後であり、言語によって明らかになるのは、彼が伝達しようとしたということです。言葉に出すということは、一人でいる場合には起こりません。少なくとも通常の場合には、一人で言葉を発することはありません。人は何かを伝えようとしますが、それはすでに自分の言ったことであり、曖昧だった点に何かを付け足すことによってなされます。もちろんその場合、嘘をつくこともあるかもしれませんが、何かを理解してもらおうとするとき、実際には自分が言ったこととは別のことを言おうとすることもできます。ここでわたしたちはまた、日常のコミュニケーションにおける曖昧さに気づくことになりますが、こうした総合が理解するときなされること、しかも理解が自分自身に関わるという仕方でなされるということに変わりはありません。もしそう言ってよければ、理解は理解が理解することを理解するのです。理解が理解するのは、それによって何かが始まることであり、たんに世界を理解することではなく、むしろコミュニケーションに参加する条件が問題なのです。これをコミュニケーション・システムの側から見れば、コミュニケーションが継続するための条件が問題なのです。みずから応答し、コミュニケーションを続けることからそれほど多くのものが得られないとしたら、人はみずからを閉ざし、自分のなかに引きこもるでしょう。その場合、コミュニケーションは、参加者を取り込むという点に関してその能力の一部を失うことになります。そのことに気づくのも理解においてです。まるでつねに脆弱なものであるかのように、人は目をこらし、耳をすまし、ともに考えようとします。もちろん状況によりますが、そうすることでつねにコミュニケーションが続く可能性が作り出されます。こうした言い方は心理学的に聞こえるかもしれませんが、考えているのはつねにコミュニケーションのレベルです。すなわち、コミュニケーションが継続しているとき、多くの理解とともにつねに多くの誤解があるということがわかります。

コミュニケーションを自己観察する作動として記述することができる理由がここにあります。みなさんは観察という概念を抽象化したことを覚えていますね。観察において問題となるのは、あるものを指示するためには一つの区別が利用されるということです。コミュニケーションにおいては、コミュニケーションが自己を記述するために利用する区別は、伝達と理解の区別です。こうした自己観察がなければ、そもそもコミュニケーションは継続されません。これが一つのメルクマールですが、わたしたちは作動と観察を区別しますから、それは多くの点でコミュニケーションに典型的なものではありません。通常の生命過程、生化学の過程において、あるいは生物の行動においても、このような仕方ではないにしても自己観察は組み込まれています。そこには多くの状態が排除されることを前提とした複雑なフィードバック装置があります。それをも観察と呼ぼうとすると、また別の観察概念をもつことになり、免疫システムや神経システムのように、つねに自己観察するものを考えることもできます。しかし、その違いは明らかであり、コミュニケーションにおいては、そうした自己観察は不可避だということです。これらの概念をそのように設定するならば、作動と観察が一つの行為であり、一連のものとして遂行されると言わざるを得なくなります。そして、何のためにそうした観察がなされるのか、どうしてそうなのか、あるいはシステムがそうした作動によって作動するとはどういうことなのか、ということが問題となります。

これに対する答えは、コミュニケーションとは何を行い、どんな作用をもたらすか、コミュニケーションの効果ないし機能とは何であるか、という問いと結びついています。ここでもまた、ある明瞭な対立状況があります。すなわち、一方には通常の理解、見方がありますが、他方にはコミュニケーションの意味とは合意の回復にあると考える立場があります。それによると、問題は誰かを説得することです。つまり、ある人の頭の中にある情報を他の人の頭に持ち込み、その同じ情報を共通の世界観、共同の行為といったものを行うための出発点としようと試みるということです。ここでは、コミュニケーションの機能とは合意の回復なのです。しかし、こうした試みの多くはうまくいかず、制御できないために、一つの規範を作って、事実において起こらない事柄についても、それは起こるべきなのだと言います。そういう人びとは、合意を目指して努力します。ハーバーマスの言葉で「コミュニケーション的行為」と呼ばれるものがそれに該当するでしょう。彼によれば、コミュニケーション的行為にはいろいろな種類のものがあるにしても、つねに合意を目指すものだとされます。(8)

オートポイエーシスという構想から出発するならば、いったん合意が形成されたとたん、何が起こるかという点について不安と懸念が生じます。その場合、コミュニケーション的行為は中止されるのではないでしょうか。ヘルムート・シェルスキーはかつて、ハーバーマスに対して、「合意の後、どうなりますか」と聞いたことがあります。ハーバーマスにとっては、あらゆる人びとのすべての問いに対して合意が得られないと考えることはとても難しいことです。背景にある合意としての生活世界にはなお非常に多くの懸隔があるために、わたしたちは安楽椅子にもたれかかって、今や合意が達成された、もはやコミュニケーションは必要なく、わたしたちは今一つになったなどと言うおそれはほとんどありません。しかし、もしも複雑性の問題やボリュームの問題が実際に手に負えないくらいに劇的なかたちで存在するとしたら、相手を強要して、合意を求める試みをコミュニケーション概念に持ち込み、他のすべてはコミュニケーションではないということの意味はどこにあるのでしょう。わたしたちはなぜ、あることが不可能だということから一つの規範を構成するのでしょうか。別の問い方をするなら、必ずしもあらゆる場合に合意が成立しうるとは限らないとしたら、どのような場合にその規範が実現されるべきかと問うのはいったい誰なのでしょうか。

このように考えるというのは、「コミュニケーション的行為」について語り、そうした行為をする者として規範の下にある者、それゆえ規範にしたがっている者、了解を求め、合意を求めてコミュニケーションをするかどうか、そして自分の行為を自分自身の責任と結びつける、そういう人を想定することです。そういう人は、自分のコミュニケーション的行為においてある規範に向き合っているのです。

これとは別の領域からつぎのように言えるとすれば、すべてが変わります。すなわち、コミュニケーションとは自立した過程であって、伝達を行為と定義することはできても、それによってコミュニケーション全体をとらえたことにはならず、必要なときに宛名を顕示する過程なのだと。何かが疑わしくなったとき、わたしたちは誰に向かったらよいのでしょう。それは、それを言った人ですね。あるいは、わたしたちが騙されて、じつはすべてが逆であり、何か重要なことが見落とされていて、リスクが過小評価され、それでも人びとがなおそう信じるほどまでに情報を操作した人の責任はどうなるのでしょう。コミュニケーションは行為によって際立たされた過程であり、諸々の行為によって生じ、そうした行為に負うところがありますが、それ自体は行為ではありません。したがって、コミュニケーションのまとまりを行為として終了させることができ、そうすることで、それが戦略的なものであるのか道具的なものであるのか、誰が誤解したのか、倫理的に正しいものなのか、あるいは定言命法に照らして正しいのかどうか、こうした点について規範的なコントロールができると考えることはできません。

こうした考え方との違いを明確にするためだけに言えば、コミュニケーション的行為、コミュニケーシコンという出来事やコミュニケーションの作動のまとまりを理解によって終了させる理論は、その後に何が起こるかについては完全に未決定なままであり、とくに、そうして理解されたことについて人びとが賛成するか反対するかについては、未決定にしています。わたしたちはいったい何のために「ノー」という言葉をもっているのでしょうか。それによって生み出されるものは、それ以外の場合には一致せず、残念ながらうまくいかないとしても、規範や理念に関しては可能となるはずの一致ではなく、一つの分岐なのです。理解するという地点に到達した後の過程においては、理解されたものをその後のコミュニケーションの前提として受け入れることも拒否することもできます。さしあたり真理などの付加的なものを除いて抽象的にとらえるならば、コミュニケーションとは、肯定と否定に対して開かれたものです。もしも、コミュニケーションそのものがすでに否定を好まず、後になってそれがレトリックであるとか説得のための技術だったことがわかったとしても、たんなるコミュニケーションとして正しいものだと見なすように強いるものだとすれば、こうした見方はよくないものでしょう。この点については また後で触れることにします。肯定か否定かという選択に開かれているということは、伝達された情報から生まれる結果は、それに賛成であれ反対であれ、その後のコミュニケーションの前提として継承されるということです。

一九五八年に出た、決定過程に注目した組織論、ジェイムス・G・マーチとハーバート・A・サイモンの古典的な組織論では、不確実性の吸収に関する一側面ないし一側面半が扱われていますが、そこで指摘されているのは、情報は加工され、結果が伝達されること、その他のものやつぎに来るものはその結果の後になって注目され、結果を生み出した原因については注目されないということです(9)。これは組織に関するものですが、それを一般化することができるかどうかはまだわかっていません。しかしこれは、ここでの議論にも広く役立つ大きな射程をもつ考え方であると思います。不確実性の吸収とは、わたしたちは普通、最初に戻って問い返すということ、伝達する人になぜそんなことを言ったのか、どこにその人の選択地平があるのか、といったことを聞く可能性がないことを意味しています。わたしたちは、すでに起こったことにいつも埋め込まれているわけではありません。時間が過ぎても、わたしたちは肯定、否定を言うことはできます。あるものがなぜ実現したのか、ある情報がテキストとなったり大声で叫ばれたのはなぜか、なぜそれが今宣言されるのか、どのようにしてある事実が報告されるのか、こうしたことを追求する代わりに、わたしたちはもはやそういうことに関わる必要はなく、わたしたちはそれを信じませんと言ったり、ある程度の説明を求めるということもできるはずです。しかし、コミュニケーションの過程自体はかなり性急なものであって、継続されることを求めます。そして、その過程自体を必ずしもみずからのなかに組み込むことはありませんから、肯定するか否定するかの選択肢はまったく抽象的なものであり、短縮されたかたちで働き、つぎの段階になってから定義されるものです。しかもそれは、今も否定を続けるか、コンフリクトを目指すか、あるいは十分に吟味することなくその後のコミュニケーションの基盤として想定するかに応じて規定される選択肢です。

ところで、わたしがかつてハーバーマスの「支配」概念を補うものとして彼に提案した、すばらしい「権威」の定義があります。この定義は、もとはカール・ヨハヒム・フリードリッヒに由来するもので、アメリカの雑誌「ノモス」の第一巻に載ったものです。それによれば、権威とは「理性を洗練する能力」であり、理由を述べる能力ですが、すでにそうした能力として作用しているものです。[10] わたしたちはどんな理由があるかをいつでも問うことができ、それを理由づけるためにさらなる理由を求めることもできますから、絶えず過去にさかのぼることは不可能であることがわかります。つまり権威とは、不確実性を吸収するもの、ある種の単純化として作用するもので、誰かがそのテーマを選び、別のテーマを選ばなかった理由を述べることができるという前提にもとづいて、コミュニケーションの継続を可能にするものです。ハーバーマスは、そうした権威なしに、つまりは圧力をかける能力をもたずに、それでもなお権威をもたないまま実際にコミュニケーションができるのか、そう問うことができます。権威や不確実性の吸収、単純化、複雑性の縮減、こうした一連の議論は、さらなるオートポイエーシスの前提として、作動が継続するという前提として、コミュニケーション理論の非常に基本的な位置に据えることができると思います。肯定か否定かという選択肢も、そこに属しています。この選択肢は、さらなるコミュニケーションの継続に関する制御機能をもっていますが、基礎にある不確実性が吸収される過程それ自体をもう一度繰り返したり、繰り返させたり、拡大するものではありません。

コミュニケーションをやり直したいと思わせるものには、誤解と拒否という二つの異なるものがあります。誤解の場合には、自分が誤解されたと感じる者がその点を明確化することで応答することができます。その場合、その人はいわばコミュニケーションの過程を維持したまま、「わたしは、それがうまく理解されていないと思います。わたしはそもそもそんなことを言いたかったのではないのです」と言うことができます。逆に、拒否された場合には、「なぜ君は拒否するの」と問い返すことで応答することができます。あるいはまた、伝達するときに否定されることを予期し、恐れている否定、ありそうなことだと感じた否定を克服するような議論を用意するかもしれません。これらはみな基礎にある分岐を少々修正したものにすぎません。そのテーゼとは、オートポイエーシス、すなわちわたしたちがいつも繰り返して行うという開放性と、コミュニケーションを一つの線にそって行わせるのではなく、コミュニケーションはつねに二つの可能性をもっていて、その接続関係は直線的ではないということとの間に一つの関係を見ているということです。この二重性を単純化するということは、コミュニケーション過程自体のもつ計り知れない複雑性を埋め合わせるのに役立ちます。

だが、もしそうなら、肯定と否定を同等に扱うことにならないかが問題になります。なぜ、否定より肯定の方が多いのでしょうか。それはそもそも現実に合っているのでしょうか。選択肢はどのようにして選ばれるのでしょうか。それはさまざまな観点でなされます。もしそう言ってよければ、コミュニケーションは伝達によってではなく理解から始まると言うことも可能です。伝達する人はいつも、自分の言うことが理解されるか、歓迎されるかどうか、受け入れられるか受け入れられないかを予期していて、伝達するときには関係者が十分社会化されていて、成果があるかどうかを見積もることができるほど十分にコミュニケーション過程に精通しているなどといった、理解のための条件が必要となります。こうした条件は、コミュニケーションにとって本質的な前提だと思います。なぜなら、もしそうでなければ必ずしも拒否されることにならない理解を生み出すということは事実上まったく考えにくいからです。また、わたしたちが出発する地点において、さまざまに異なる考え方があり、情報に関わることによってコミュニケーション過程はつねに選択的なものであり、意味を扱うことによって、同時に存在する諸々の可能性から一つの選択をしなければならないからです。この種の先行的な自己制御ができなければ、いったいどのようにしてこのようなことが保障されるでしょうか。

これはまた相互作用の基本的な状況とも関連しています。対面関係でのコミュニケーションの場合は、相対的にすぐに承認されているかどうかに気づくことができます。多くの人はそうしたことに敏感ではなく、うまくいくかどうかについて、顔つきを見ておおよその判断をしているだけですが。相互作用や、同時代人であること、いっしょに知覚しているもの、受容可能なことが言われることなども、どんなときにコンフリクトが生じるか認識するための一定のコントロールの役目を果たしています。すべてのコミュニケーションをコンフリクトに陥らせることができるということも、相互作用においてはまったく可能なことです。しかも、わたしが思うには、それも理解可能なことであり、コミュニケーションとして機能するということです。それが好ましいかどうか、そこから何が生じるか、それはまた別の問題です。しかし、コミュニケーションの地平にいるのですから、一つのことが否定されたり、一つのコンフリクトが起こることはまったく理解可能なことです。その否定が理解されないとしたら、それが好ましいことであれ好ましくない場合であれ、ある肯定についての否定であれ、ある否定についての否定であれ、否定自体が途絶えてしまいます。

ここでわたしはこの講義の結論を先取りしなければなりませんが、文字によるコミュニケーションにいたると、このような一般的な状況が破られます。そのことは注目すべきことであり、今言いましたように、すぐにその問題に戻ります。ここではただ、もう何千年も前から文字があり、最初はそうでもなかったでしょうが、ただ記録するだけではなく、コミュニケーションをするために文字を使うことにわたしたちが慣れているということを知っているだけで十分です。というのは、書いている人が一人だけでいるという状況があるからです。他の人たちといっしょにいたのに突然書き始めて、書き続け、他の人たちはあなたが自分に戻って再びコミュニケーションができる状態になることをただ座って待っている、そんな状況がありますね。書くことは読むことと同様、孤立したものです。人は、自分が書いているものとはいっしょにいても、一人きりなのです。その際、他の人は何の役割も果たしていません。こんなことを相互作用の状況でできるかどうか、それはまた別の問題です。たいていの場合、それは許されることで、ここでもみなさんは書いていることができます。しかし、そうすることはたいていの場合困難です。しかし、まず最初に興味を引かれるのは、誰もいないとき、誰も異議を申し立てず、誰も添削したりしないのに、あるテキストを作り出すことができること、そしてその逆に、自分の考えをもち、普通に読むことができ、矛盾や信じられないことを発見したりできる読者を後から獲得しうるということです。

ラブレターをもとに手紙の魅力を描いた面白い小説があります(11)。ある女性が自分への関心を示唆した手紙を持っています。彼女は怒っているのですが、返事を書いていません。すると第二の手紙が来ます。その手紙は、最初の手紙が届いたかどうかを知らせてほしいという内容です。彼女はその返事に「はい、届いています。しかし、どうぞお手紙はこれきりにしてください」と書いています。そのつぎに来た手紙には、「お返事ありがとう」と書いてありました。彼女は、手紙をすべて自分の手箱に保管し、繰り返し読んでいました。手紙を出した彼は、少なくとも、彼女がそうすることを期待していて、彼女はいつかイエスかノーの返事をしなければならない状況に立ちいたります。フランスのこの書簡体小説では、どちらの選択肢も宿命づけられています。もし彼女がイエスと言えば、彼が約束していた安定性をもたらさないのですから彼女は不幸になり、もし「ノー」と言えば、彼女はずっと過去にその機会をもっていたのですからやはり不幸になります。これは文書であるから起こることで、文書を書くように誘惑することが問題とされています。対面関係においては、やさしい様子や親しさを示すことで誘惑することができます。これは別の問題で、それは前提となっていることですが、文書によっても同様のことが起こるかどうか、それが興味ある問題です。文書による誘いによってなされる肯定／否定は、また別の様相を呈します。

文化史的に見ると、文書は自分を明確に表現する動機を与えただけではなく（この点については後ほど触れます）、否定のもつ新しい蓋然性を対抗措置によって架橋する動機づけを与えたものと言えるでしょう（あるテキストが与えられたとき、わたしはなぜそれをわたしが利用することのできる一つの情報としてとらえなければならないのでしょうか）。たとえば、詩作におけるリズムやプラトンが言うようなラプソディーの構成、歌唱の流れなどの拘束的な形式がそれに当たりますが、それによってわたしたちは口頭でのコミュニケーションの場合と同様に、リズムによって共鳴することができ、それ以上の思考を構成しなくてよくなり、ついてはすべてを手に入れるのです。それはまたアルファベットが定着した後、同じ時代に生まれた洗練されたレトリックにも通じています。言葉は、たいてい前の時代に書かれたテキストにもとづいて説得性をもつように様式化されます。つまりそれは、モティーフや表現方法などに気を使うということで、否定よりも肯定を生み出す望みが高まるということです。こうしたレトリックの伝統は、ヨーロッパの歴史においては、武器によってだけでなく言葉によってなされる、裁判所での弁論に関わる場合や反対の利害、矛盾を考慮しなければならない場合にも同じことが生れました。そこでの主要な問題は、一種の雄弁さの訓練という貴族のための教育プログラムとして強力な役割を果たしました。そこでの主要な問題は、雄弁家がこうした知を使いこなせたかどうか、欺瞞することができたのか、あるいは単純にそのよりよき知によって報酬を得たのかということです。たとえば、キケロやクインティリアヌスなどがその例です。

しかし、こうしたことは文書に対する一連の反応だけでなく、口頭でのコミュニケーションの領域でも見られることです。文字があることで否定の蓋然性が高まるとすれば、口頭でのコミュニケーションのあり方も新たに定式化されなければなりません。その新しい可能性は、わたしが「シンボル的に一般化されたコミュニケーション・メディア」と呼ぶ領域にあります。そこでシンボルというのは、動機づけを与えるために何が発言されうるかを条件づけるものです。それは、コミュニケーションにおける条件づけと動機づけとの新たなバランスを生み出します。条件づけというのは、権力をもつ者が物理的暴力を使うことができること、しかも実際に行使する可能性があることを示すことで脅かすことを意味し、それによって意に反した従属と服従が自然に生じるのではなく、権力者によって動機づけられるようになることです。また貨幣は、普通なら手に入らない何かを手に入れるために支払うことを条件づける、もう一つのメディアです。真理もまた、新しい知、すでに誰もが知っている知ではない、新たな知ないしありそうもない知を認めさせる可能性をもったメディアです。そこでは古代ギリシャにおいて宗教的な医療が経験的で自然科学的な医療によって補完されたように、革新することや慣れ親しんだ理解から離れることが問題となる場合、さしあたりはありそうにない否定を克服する方向で真理に関する議論が条件づけられる証拠や論拠がなければなりません。

重要な点は、つねに必要な直列的な制御と肯定的な共鳴の機会を増やすことが並行関係にあることを一つの理論構想によってとらえることができるということです。その理論とは、分岐の理論であり、肯定と否定を平等に分配する理論、この並行関係をつぎのコミュニケーションの基礎として用いるかどうか、積極的に用いるか消極的に用いるか定かでない場合でもコミュニケーションは成立すると考える理論、そしてこのことはいかなる行為においても繰り返されると考える理論です。新しいコミュニケーションが始まるとすぐに再び分岐点が開かれ、また「イエス」とか「ノー」と言うことができるのです。こうした状況は、それがさしあたりはありそうになかったことであっても、それを拒否することをありそうにないものにする努力がなされるはずだという意味で、一種の文化の進化プログラムであるように思います。その理論構造はこの点で歴史研究に移殖されますが、その際の問題は、その後のある時点で鋳造された貨幣によって機能することになる政治や経済がどのようにして形成されたかということです。

これが、肯定/否定の分岐への対応に関する最初の考察でした。今はただ問題として指摘するだけにとどめたいのですが、今日の状況において考慮に値すると思われるもう一つの問題は、否定を基盤として熟慮されないままの合意をすることができるかということです。それは政治的なものではなく、たとえばあらゆる婚姻問題にもつぎのような可能性があるかどうかということ、すなわち相手をその人の考えのままにまかせ、それをあらためさせることなく、自分の気持ちに正直にイエスと言わせることなく、それでもなお合意に達する可能性があるかということです。その合意とは、まさに否定をそのまま受け入れる寛容さをいわばこの合意の契機とすると同時に、それを撤回するまで中立化しておくような合意です。こうした否定は蓋然的なものにとどまるものですが、わたしたちは時に、そうした合意をするものです。あるときには君が権利を得、あるときはわたしが権利を得ます。わたしたちは正しいことについて非常に不確実性を高め、そのために人はそれをただプラグマティックなものにし、諸々の立場が撤回可能であるかぎり結局は同等なものとします。そうした事態がリスク研究の領域で生じているようです。

アロイス・ハーンはビーレフェルトでの最近の講義で、婚姻関係についての共同研究から、若い夫婦に関する報告をしています。そこでは循環的な問いが提起されます。すなわち、「この問題についてあなたの夫または妻は何を考えていると思いますか。そして、それはあなたが考えていることと同じだと思いますか[12]」と。こうした問いかけに対する答えから見えてくる合意には大きな格差があります。若いカップルには、明らかに自分たちの考えたこと、相手の考えたことを忘れたり、無視したりする傾向がありました。彼らは、この点ではもはや同調することはなく、まったく具体的なことを言います。「それでは、今日は二人で映画に行きます」とか「このことはいったんチャラにして、それから……」などと。あるいは、夫婦関係においてつねに重要なのは何かといったことについて語ったりします。

スイスのガレンは、工場や保険会社、政策や市民運動その他の抗議運動に関心をもつ人びとの統合が問題となるような危機状況における対話を研究していますが、そこでの問題は、他の人びとは違う考えをもっていることをすべての人が受け入れている場合に、一つの政策やコミュニケーションが成り立つかどうかということです[13]。そこでは予想通り、ある種の合意がなされます。こういう場合、人は未来を見ていませんが、未来が変えられるべき地点を見ています。そして、どのような前提のもとでそうした合意がなされるかを明らかにしています。これこれの前提のもとでかくかくのものが一つのシナリオを作り、いつものようにそれを表現しようとします。そのつぎの段階で合意し、その後になってから、統合の基盤はかくかくのものであったが、法律的な用語を用いて、今は「解消」されていることを思い起こすことができるのです。

したがって、かつてはそう名づけることのできた従来の文化プログラム、たとえばレトリックや説得術、立証、支配、貨幣、そして（コミュニケーション現象としての）愛さえも、その技術の限界に達しているということ、そして人びとが実際にもっている見解とは別の次元で想定されるような合意によって行為する方法を学ばなくてはならないということもありうることです。それはちょうど宗教的寛容を説いた人びとが直面した困難な時代と似ているかもしれません。

ここでさらに、口頭でのコミュニケーションと文字によるコミュニケーションについて述べたいと思います。そして今日のこの項目を終えることにします。これはわたしの普通の経験ですが、みなさんはコミュニケーションについて話すとき、いつも二人の人を考えるのではないですか。一人が何かを言い、もう一人がそれを聞いてからまた何かを言う。そして今度は最初の人がそれを聞く。これは口頭でのコミュニケーションですね。コミュニケーションという言葉の歴史についてわたしが知るかぎり、これは基本的に重要な点でした。アリストテレスがわたしとコミュニケーションをするというのは、机の上で考えられたものにすぎず、通常の会話に無条件で当てはめられるものではありません。これは近代初期についても言えることです。ガリレオの立場を考えてみると、彼は、当時問題となった印刷術によってインド人やすでに昔に死んだ人、まだ生まれていない人びととコミュニケーションすることについての驚きを表現しています。彼の驚きというのは、通常の口頭でのコミュニケーションでは人びとがそのことを忘れているということから生まれています。まだ生まれてもいない人にわたしはどのようにして語ることができるのでしょう。ダンテが言ったことをわたしはどのようにして聞くことができるのでしょうか。このような現象をカバーするコミュニケーション概念をもつようになったとき、わたしたちはこれを疑似コミュニケーションと見るか、実際のコミュニケーションではないと見るかが問題になります。ハーバーマスが彼のコミュニケーション理論においてこの点に踏み込んでいるかどうか、わたしにはわかりません。彼は、多くのテキストが読まれてきたことを本当に受け入れることができるでしょうか。しかし、誰が何を読むのでしょう。彼によれば、コミュニケーションとは本来、少なくともすべての人が同じテキストを読むことを保障しなければなりません。しかし、それは一つのセミナーにおいてもできないことですし、いわんや世界全体では無理なことです。文字によるコミュニケーションは、こうした模範的な考えのなかには出てきませんね。

しかし、文字によるコミュニケーションは、いったい何をしているのでしょうか。それは空間と時間の限界を超え、テキストが物理的に安定していて破壊されないかぎり、遠くの空間同士のコミュニケーションを可能にします。現在では電話もありますが、ご存知のようにファックスはまた文字になっています。それは人びとが、電話という呼び出し装置を拒否するからではありません。人がそこにいなくても、ファックスはすぐに空間を貫いて両者を結びつけます。印刷やその他のことを考えると、文字は空間や時間の距離を超えます。そこでの問題は、それによってコミュニケーションのまとまりが失われるのではないかということです。みなさんは、わたしがそのまとまりを理解と理解の先取りから定義したことを覚えているでしょう。伝達しようとする人は、理解されるように努力するものです。もしその人が何らかの方法を口頭の言葉の可能性のなかに求めるとすると、その可能性はコミュニケーションとともにすぐに尽きてしまいます。しかし、もしも何百年もの時間が重要になり、よく知られていない偶然的な受け入れの地平があるとしたら、理解されるという予想、受け入れられる可能性のある地平やコミュニケーションが継続する意味条件についての予想はどこでなされるのでしょうか。そこにあるのは時間的にも空間的にも運にまかせて、身知らぬ者に向けてなされるコミュニケーションです。

こうした状況を思い描く方法にはさまざまなものがありますが、その一つは、つねにより専門化されたコミュニケーションの方法です。たとえば学問には、よく知られているように、つぎのような役割りが当てられています。それは、人が何かを読んだら、自分の作り出したものを受け取る者もそれを読んでいるかのように、それを受け取る者の立場で考え、自分と異なる専門領域に向けては発信しない著者を考えるということです。このことはそれ以外の分野にも当てはまります。経済について言えば、個々の会社は自分の市場をもっていて、その市場とそこにいる人びとを知っていますが、別の市場ではまったく行動しません。経済のコミュニケーションにおける前提は、非常に専門化されています。商品生産工場から消費者のための工場への転換といった経済変革をしようとするときに直面する困難の一つがここにあります。自分たちの生産するものが受け入れられる条件、支払い準備の仕方、選択基準などについてきちんと評価することができないのです。そうしたことは個別の会社にとっては未知の領域です。

自分たちを専門化することでこうした問題はある程度修正することができますが、より重要なことは、諸々のテキストそれ自身が理解しやすいものであるべきだという点です。文字、そしてその後の印刷によってテキストの文法構造および文章の書き方にどのような影響があったかということについては多くの研究があります。そうした研究で明らかになっているのは、文章はそれ自体において、あるいは先行する文章および後に続く文章から理解できなければならず、状況に応じた何かを参照する必要がないということです。もちろん専門家向けの書物もあります。それは上の原則を修正した最初の集団ですが、そうした修正も、よく言う「索引的表現」によって貫徹されているわけではありません。アリストテレスの時間概念に、すでにその一例があります。彼のテキストでは「同時」という言葉が使われ、また「今」という言葉が一つの「to ny（今）」というように実体化されて使われています。その後、この一つの今とはいったい何なのかについて多くの思索がなされてきました。しかし、「今は、もう五時四五分だ」というときに何が考えられているかは、みんながよく知っています。状況に応じたこの種の皮肉は避けなければならず、テキストはまったく別の仕方で構成されなければなりません。それぞれの状況に即した見方をするために、自分と話している相手が何について話しているのかまったくわかっていないということに気づくというのは、学校において、あるいはあまり学校教育を受けていない人びとが体験する現象です。こうした典型的な下層の人びとの言葉や無‐文字‐文化も文章のなかに組み込まれ、「今」とか「まさに」「この道具」といった言葉が使われますが、道具ということで何が問題なのかを知らないままです。しかも、このことから、人は文字によって社会化されるのではないことがわかります。わたしは、スイスの山地農民とかわした会話を思い出します。彼らのスイスなまりのドイツ語では、それが白明であるときには動詞や名詞が省略されます。ポイントになるところが聞き取れれば、まったく不完全な文章でも彼らの間のコミュニケーションには十分なのです。彼らは夏の間、牧草地を手伝わなくてはならないために年長者になると一部学校を休みますが、そういう学校教育においてどのようにして文字文化が口頭でなされる通常の言葉に侵入してくるかを見ると、知らない人に対しても理解させなければならず、後の人びとや遠く離れたところにいる人びとに対しても同じ言葉を使うように指導される形でなされています。この問題については多くの研究文献があります。口頭による物語の伝統から生まれた中世のテキストでは、物語がすでに知られていることが前提となっていることがわかります。それを聞く人は、すでに何度も聞いたことがあるのです。みなさんが知っている武勲の歌やローランド物語[14]では、そのほとんどが同じ物語の細かい部分を脚色したものです。物語はこうした方向に延長され、そのテキストの作られ方を見ると、それを作った人たちは印刷によってそれを広めていこうとは思っていなかったことがわかります。文字によるコミュニケーションの構造はこれと異なり、この構造が定着するのに数百年かかっています。

最後に、わたしもまったく答えをもち合わせていない一つの問題があります。それは、連続性が失われたときにもコミュニケーションがあると言えるのかということです。コンピュータによる情報システムができ、わたしたちはそこからそのつど何かを引き出し、それらを自分なりにつなぎ合わせます。そこでは、ある文章が別の文章に続くのではなく、一つの情報があるだけで、そこから別の情報を示唆するスペクトルが与えられます。人はすわったまま、自分を通路にし、スクリーンに呼びかけますが、情報と伝達を区別することができないまま、それを使っています。そこでは、人はまたファースト・オーダーの観察者になっています。キーを押すと読むべきテキストが出てきます。その後それに何かをしておそらくまたその装置に戻すのでしょう。しかし、この超テキスト・システムでは、自分の名前が書き込まれることもなく、そこから非常に多くの刺激が生まれるでしょうが、多くの不確実性を陰で吸収すると同時に選択の点で大きな不確実性を生み出すことになります。今や、誰が誰とコミュニケーションしているのでしょうか。わたしたちのコミュニケーション概念はなおも有効なのでしょうか。わたしたちの社会の重要な情報加工手続きは、もはやコミュニケーションとは言えないほど、わたしたちはある種の境界線にいるのでしょうか。コミュニケーションの概念を新たに構築しなければならないのでしょうか。そうだとしても、それはいったいどのようにしてなされるのでしょうか。

　この章を終えるにあたって注意しておきたいのは、これらすべての問題が社会に依存しているということです。わたしたちの前にあるものをとらえるのにふさわしいコミュニケーション概念はどのようなものか、コンピュータ・システムや文字や印刷が存在し続けるのか。それは、時代や歴史に制約され、社会がわたしたちに何を提供するかによるのです。

注

（1）Humberto R. Maturana, *Biologie der Realität*. Dt. Frankfurt am Main : Suhrkamp 2000, S. 121 ff. und S. 361 ff.

（2）Gregory Bateson, *Ökologie des Geistes : Anthropologische, psychologische, biologische und epistemologische Perspektiven*. Dt. Frankfurt am Main : Suhrkamp 1981, S. 524 ff.

（3）Luhmann, *Soziale Systeme*（Ⅳ章注12参照）, Kap. 4,（佐藤勉監訳『社会システム理論　上』恒星社厚生閣）;und

Karl Bühler, *Sprachtheorie : Die Darstellungsfunktion der Sprache*. Berlin : Fischer 1934. を参照。

(4) John L. Austin, *Zur Theorie der Sprechakte* (*How to do things with Words*). Dt. Stuttgart : Reclam 1972; Searle, *Sprechakte*（V章注12）参照。

(5) Humberto R. Maturana, *Information-Mißverständnisse ohne Ende*. In : *Delfin* VII, 1986, S. 24-27.

(6) そうした定義については、Claude E. Shannon und Warren Weaver, *The Mathematical Theory of Communication*. Urbana, IL : Illinois UP 1963, S. 31.（長谷川淳ほか訳『コミュニケーションの数学的理論』明治図書）

(7) たとえば、Hans-Georg Gadamer, *Wahrheit und Methode : Grundzüge einer philosophischen Hermeneutik*. 2., erw. Aufl., Tübingen : Mohr 1965.

(8) Habermas, *Die Theorie des kommunikativen Handelns*.（Kapitel II, 注83）（河上倫逸他訳『コミュニケイション的行為の理論　上』未來社）

(9) 「不確実性が吸収されるのは、証拠全体から結論が導きだされた場合だが、その証拠自体に代わってそうした結論がコミュニケーションされる」。James G. March und Herbert A. Simon, *Organizations*. New York : Wiley 1958, S. 165.

(10) Carl Joachim Friedrich, Authority, Reason, and Discretion. In : ders. (Hrsg.), *Authority* (*Nomos I*), Cambridge, MA : Harvard Univ. Press 1958.

(11) Charles Jaulnay, *L'Enfer Burlesque : Le Mariage de Belphégor et les Epitaphes de M. de Molière*. Cologne 1677, Nachdruck Genf : Slatkine 1969. など。

(12) Alois Hahn, Konsensfiktionen in Kleingruppen : Dargestellt am Beispiel von jungen Ehen. In : Friedhelm Neidhardt (Hrsg.), *Gruppensoziologie : Perspektiven und Materialien Sonderheft 25 der Kölner Zeitschrift für Soziologie und Sozialpsychologie*. Opladen : Westdeutscher Verlag 1983, S. 210-232.

(13) Roswita Königswieser, Matthias Haller, Peter Maas und Heinz Jarmai (Hrsg.), *Risiko-Dialog : Zukunft ohne Harmonieformel*. Köln : Deutscher Industrieverlag 1996.

(14) ローランド物語は、武勲の歌といわれるもののなかでもっとも古いもので、中世フランスの騎士の歌。

VII

二重の偶発性《コンテインゲンツ》、構造、コンフリクト

〈第14講義〉

みなさん、この最後の時間で、いくつかの社会学的概念の再解釈を試みたいと思います。言い換えれば、むしろ変更されたパースペクティヴを用いることで、社会学の典型的なテーマにいたる道筋を入手したいと思います。その場合、わたしにとって問題となるのは、システム理論に賛同するか批判的であるかにかかわらず、六〇年代の古典的論争の理論研究の概念的側面と関わることです。このことによって、概念的正確さをより高度に求めるならば、イデオロギー批判あるいは政治理念的な議論のこの領域で何が変化したかを、おおよそ理解することができるでしょう。

まず第一の問題は、「二重の偶発性《コンティンゲンツ》」です。これは著作『社会システム』のなかで取り扱った問題であり、それは今から提示するように読み取ることができるものです。[1] おそらく歴史的に理解すべきことは、「二重の偶発性《コンティンゲンツ》」という注目すべき表現の背後に、旧くからの問題、すなわち「いかにして社会秩序は可能か」という問題の再定式化が隠されているということです。しかしながら、これは決して旧い問題ではありません。というのは、それはカントの設問技法に関わっているからです。すなわち、「何が問題か」というだけでなく、「それはいかにして可能か」という問いです。つまり、認識や美的判断あるいはまさに社会秩序といったものが存在することがそもそも可能なのかという問題なのです。カントの認識、理性的実践ならびに美的判断という三つに加えて、「いかにして社会秩序は可能か」という問題が付け加わります。

これまでの伝統のなかでは、人間の本性に関する想定をもって問題が答えられています。より正確に言うと、社会的もしくはより古い伝統についての、「政治的」な、つまり都市的な生活に向けられた人びとの性質についての想定です。人間は、そもそも他者と共に生きるということを当てにしており、このことはさまざまな帰結をもたらします。これは辛うじてそうなるというのではなく、政治的‐倫理的あるいは神から命ぜられた共生の規律によって実行されます。やがて宗教戦争の後、一六／一七世紀に、戦争や相互殺戮への欲求のなかから、人間に対する疑いが生じ、社会契約という考えを必要とするといった転機を迎えました。このことは一〇〇年と続きませんでしたが、人間は明らかに互いに傷付け合い、殺し合うことを不当に要求され、このことからつぎのような将来への見通しをもつようになりました。それは、人間が契約を結び、必要なものすべて、あるいは必要と思われることのすべてを可能とする権力者に服従するということです――これについては法王を想起できるでしょう。社会秩序の契約的構成が可能だと考えられました。このことは数多くの論理的問題と複雑化した議論を誘発しました。一八世紀以降は、再び物理的実力による秩序の制定へと移行していきます。誰かが他者を抑圧し、少しばかりの理性が同時に働くことで、しだいに文明化していくのです。

二重の偶発性《コンティンゲンツ》という考えによって、別の概念的レベルで、問題を再び採りあげられることが試みられました。パーソンズは「社会秩序のホッブス問題」について論じ[2]、つまり明らかにホッブスに関わりはしましたが、もちろんこの契約を出発の基礎として採りあげることはできませんでした。というのはパーソンズは――後にはすべての人がそうなったのですが――、契約というものは人びとがそれを守らなければならないということを導く秩序の成立を前提としており、したがって契約そのものを前もって社会的に解明することが必要であるということを、見抜いていたからです。社会秩序が、あらゆる契約に先立って存在するというデュルケムの主張の傾向は、確かにパーソンズにも当てはまります。もちろん家族法が存在するまえに家族があり、何かある教義あるいは教会の統治があるまえに宗教が存在します。しかしこのことは、いかにして社会秩序が可能か、という問題を一歩だけ前進させます。そのことにより、つぎのような問題に対する答えが見つけ出されなくてはなりません。その問題とは、絶えず複雑化し、つねに前提に富んだ諸規定を構築すべき能力をもった社会秩序が、進化的ドリフトのなかで、どのように成り立つのかというものです。二重の偶発性《コンティンゲンツ》の考えは、わたしの理解では、ハーバード大学の社会関係学科新設計画に際しての学問分野間の連携において見出されます。つまりさまざまな学問分野――文化人類学者、心理学者、社会学者、政治学者等々可能なかぎりのすべての研究者――を一つの共通の論理的枠組みのなかに配置する試みとの連関のなかに見出されるのです。二重の偶発性《コンティンゲンツ》という考えでもって、明らかに価値パースペクティヴあるいは予期構造を再び扱うことが試みられます。つまりこのことは、いかにして共通の価値、社会行動のシンボリックなコード化が成立するか、またどのようにして文化人類学者また心理学者あるいは社会学者がさまざまな視点を取り出し、そのつどさまざまに研究するということを説明します。

この考えの創案者はロバート・シルズであったようでしたが、しかしタルコット・パーソンズとエドワード・シルズによって刊行された『行為の統合理論を目ざして』における「総合的宣言」を通して知られることとなりました。(3) パーソンズは二重の偶発性《コンティンゲンツ》の考えを、彼の理論の基礎的な位置にはめ込むことはありませんでしたが、この「総合的宣言」へさまざまなかたちでさかのぼりました。というのは、その考えが社会システムの成立に適していたからであり、しかしまた、一般的行為システムそのものを説明するものではなかったからです。やがてこの考えは姿を消してしまいましたが、ときおり浮上してきました。けれども、いかにして社会秩序は可能かということを解明しようとする際、期待されるような意味も概念上の位置ももつことはありませんでした。偶発性《コンティンゲンツ》はこの理論展開のなかで、英語の「contingent on」の意味で依存として理解されていました。この依存というイメージには、用語の使用において、もはや明確になることのない神学的な伝統がありました。別様にも可能であり、したがって必然的でも不可能でもなく、むしろその間にあるものという純粋に様相理論的な概念は、世界をとにかく別様にも作ることができるそうした神への依存性として、神学上の考察のなかで改築されました。アングロサクソンの伝統には「コンティンジェンシー」についての二つの意味構成があります。一つは日常用語での、「あるものに依存する」という「コンティンジェンシー」であり、もう一つはほかにも可能であるという意味での、したがって不可能性と必然性との否定としての「コンティンジェンシー」です。これについてすでに簡単に述べておきました。

社会的な理論を二重の偶発性《コンティンゲンツ》の上に基礎づけるというこの最初の試みには、つぎのようなモデルがあります。それは、他者と自我が――これはそれぞれ個人あるいは集団ということですが――、相対峙しているモデルであり、しかも各々は自身の要求と実行可能性をもっている、というものです。ある者は他者の実行の仕方に依存し、そして他者はこのある者の実行の仕方に依存している。それぞれはこの実行を受け入れ、あるいはまたそれを拒否する。それで予期と実行の補完性が作り出される、そうした針路がどのように獲得されるかということが問題となるのであり、いわば単純な展開が問題になるのではありません。

このモデルは、さらにコンフリクトに移行されます。つまり一隻の軍艦と一隻の商船が島にやってくるというイメージです。この島はそれらの間にあり、しかも戦艦は商船をとらえようとする。商船が島の北側に回り込めば、戦艦もまたそうしなければならない。そうすれば商船はたくみに別の方向へ航行する。確かに彼らは島の周囲に位置しており、そこでパーソンズのつぎのような答えが現れることとなります。すなわち「共有しているシンボリックなシステム」あるいはある共通の価値志向の存在です。しかし、コンフリクトが問題であるならば、それは明らかに有効には働きません。というのは、同一の価値に対し、肯定／否定の立場、つまり直進するかあるいは拿捕されるかという立場があるということだからです。

コンフリクト理論のこの転換は、パーソンズがデュルケム社会学の様式において共通の価値志向の方向で打ち出した、抽象的な解決メカニズムを必要としています。パーソンズの提案は、本講義におけるパーソンズの箇所を思い出していただければおわかりのように、つぎに述べることと連関しています。すなわちパーソンズは、文化と社会システムを区別しており、文化はヒエラルヒーの上で上位におかれ、文化的な規定がなければ、あるいは価値や規範の共通の認識を欠いては――このことはっきりとは区別されていません――、社会システムは不可能である、という前提から出発しているということです。言語も、この価値もしくは規範に含まれます。というのは言語は、人が理解されることを望んだ場合、どのように話すことができ、またどうしたら間違って話すかもしれないか、ということの規範的なコード化だからです。言語、文化、価値、規範は、この思考モデルのなかでぴったりとくっついて存在し、下位の部分システム、つまり社会システムに対し、二重の偶発性《コンティンゲンツ》を調整する機能を有しています。

もし人びとがこのことを了承するのであれば、法やモラルあるいは言語のなかに、価値コンセンサスや共通の規範的な基礎の片鱗さえも存在しない社会というものを経験的に見つけ出すことは、なおさらできないと言ってよいでしょう。にもかかわらず、このことから、どのようにして二重の偶発性《コンティンゲンツ》という問題を日常的に用いることが可能となる調整にいたるかは、はっきりと理解されているわけではありません。そもそも人びとが共通の価値をもった場合、ときとしてそれだけいっそう激しく争うこととなります。わたしたちの社会の、統治能力の異議を申し立てる社会主義的およびキリスト教民主主義的な二大政党に目を向け、価値のリストを見通すならば、場合によっては価値の序列に、ほとんど区別を確認することはできません。ある人はまず安全をあげ、つぎに自由を、そしてほかの人はこのことを逆の順で言います。市内の速度制限を守った場合、運転する人が通り過ぎる際に知覚できるポスターのメッセージは、せいぜい三つの価値まででしょう。まったく同じ価値であっても、あらゆる問題において、さまざまに争われます。したがって、いかにして一つの価値プログラムから、二重の偶発性《コンティンゲンツ》の状況の相互作用的ないしは操作可能な調整に立ちいたるかという問題が立てられます。この問いに答えを与えるならば、共通の価値あるいは共通の争うべからざる観点の成立というものは、何はともあれ副次的なものとなるということが理解されるでしょう。まずもってどのような価値をもつかということは、まったくわかりません。しかし、作動の上である一定の間、二重の偶発性《コンティンゲンツ》の問題を解決できるならば、つまり相補的な予期を形成し、適切な行為と行為帰結をもたらすことができるならば、現れ出てきたコンセンサスを、おそらくは定式化することもできるでしょう。

　このような考察は、純粋な時間性、時間的な非対称性、決定的観点というものが存在するかどうか、という問題にいたります。まず、ある人が行為し、それによって他者に――コミュニケーションの遂行を想起してください――イエスあるいはノーを述べ、受容もしくは拒否の選択をさせるデータを提示します。その人は気分に応じて何かあることを任意に行うのではなく、すでにどんな具合に状況が始まったのかということに則らなくてはなりません。その場合、その人は状況において自己主張し、イエス／ノーをもってやっていくことができます。しかし、何かあることを別様には実行できません。このことが正しければ、どのように社会秩序が可能なのかという問題の前提もしくは答えとして、時間性、つまり時間的構造を価値コンセンサスの場所へおくことになるでしょう。社会秩序というものは、誰かが特典を設け、一つの活動が起こり、ある提案をするか、あるいは代理表象し、それをもって他者にある反応を強制させるようにする場合に、成立します。彼らはそれを引き受けなければならないか、あるいは引き受けないかです。他者は説明の過程を開始しますが、つねに、すでにそこにあり、すでに設定されていることとの関係のなかでです。つまり非対称性です。このモデルにおいてわたしたちの眼前にある非対称性は、まずもって時間的なものであり、階層的なものではありません。理由を説明し、理解し、相互に争うことによって細部をなお変更することができるような、すべての点で完全である価値の上位のレベルがあるのではなく、したがって事象上の階層的モデルにではなく、その代わりに、何よりも時間的秩序が問題なのです。二重の偶発性《コンティンゲンツ》という状況のなかで、どのようにすれば、つぎのような連続にいたることができるのでしょうか。すなわち、漏斗のように働く連続にいたることが、あるいは、システムをコンフリクトの場面に向かわせる――これはわたしが立ち戻ろうとしているテーマです――、または共同作業の方向に、つまり人びとが将来ともに出発し共同の歴史を構築する一定の観点を確立することに向かわせる連続にいたることができるのでしょうか。人びとがデュルケム－パーソンズ－パラダイムを去り、つぎのような理論に到達するならば、このことはわたしが思うに転換点です。すなわち、いかにして接続可能な諸作動にいたるのか、あるいはいかにしてシステムを形成し、それでもって境界を引き、システムをそれに所属しないものから区別する能力をもつ作動にいたるかという問題を集中的に注視する理論です。

ここには、自己言及性をもって、循環性をもって始まるモデルがその基礎にあります。なぜなら、二重の偶発性《コンティンゲンツ》は循環的であるからです。つまり「君がわたしが望むことをするならば、わたしは君が望むことを行う」ということです。しかし、誰がこの循環の切れ目をインプットするのか、誰がこの非対称性を作り出すのか、答えは時間であり、あるいはまず最初に行為する人、もっとも早く権力を握る人です。それでもって無条件にすべて他人がその人にしたがうということにはなりませんが、その人は論点、テーマ、観点を定義し、それらについてはさらにイエスあるいはノーで問題にし、このことによってある一定の仕方で、それと接続して形成できるシステムの論調とタイプとを確定します。

考えられるモデルは、まず二重の偶発性《コンティンゲンツ》が存在し、つぎにシステムが成立するというように形成される、というものです。社会契約の理論は、しばしばつぎのように読み取られ、かつまた批判されます。それは、あたかも、まずはじめに粗野な人間が存在し、すべてが武装し、他者が眠っている間に打ち殺し、その後しばらくして、ちょうど人に自然の装置が示唆されるようなかたちで以上のことは良くないということが了解され、やがて契約が現れることになるという理解のされ方です。そして、まず最初に二重の偶発性《コンティンゲンツ》の問題が立ち現れ、それからつぎに一体何がおき、何が問題となり、あるいはどうなるのか、という考えに応じて誰かが語るようになる、と言うことができるでしょう。このことは言うまでもなく、どちらの場合でも幻想的です。おそらく文明化された社会から秩序づけられた社会を区別することがそれほどはっきりとはできないにせよ、誰もトマス・ホッブスの意味での自然状態を歴史的に確定することはできませんでした。二重の偶発性《コンティンゲンツ》を問うことは、それ以前‐その以後‐というモデルの問題ではありません。それは、社会秩序が問題にされ、さらに問題にされようとするときはつねに、すべての前提を解消し、いかに二重の偶発性《コンティンゲンツ》と関わり合うのかという問いに最終的につきあたる、という問題を設定することでもあります。それゆえ、それぞれの社会状況が、完全な不活性化にいたるこの循環にいかにして入り込まないかが問われます。なぜならば、最初の予期者が好み、満たそうとする予期を形成するために、他者がどんな予期を形成しなければならないかは、誰にもわからないからです。

モデルは、社会秩序の可能性の条件を再構築するモデルであって、歴史的モデルとは考えられません。このことは、いかにして認識や理性的行為もしくは美的判断が可能かというカントの問題提起にも当てはまるでしょう。そこでは、まずはじめに人間がまったく何ももつことなく、そこに存在し、ついでいつかあるときに、先験的啓発が生じ、そして人間は理性的になったなどということは言えないのではないでしょうか。むしろここでの問題は、納得する以前の、了解する以前の、よく知られ、受け入れられた諸前提の解決が絶えず進むならば、人はどこへ向かうのかというものです。このタイプの問いは、近代社会への移行の状況と緊密に連関しています。そこではたとえば、もはや社会のヒエラルヒー的な秩序が受け入れられず、またある人びとが生まれながらにして、また出生を通して他者よりもよりよいなどということは受諾されません。しかしヒエラルヒーが衰退すれば、どのようにして社会秩序が可能となるかという問題が現れます。近代の領域国家に、もはや成層的構造や宗教における保全が存在せず、そのほかに何もないならば、いかにして社会秩序が可能かという問題に逢着するのです。

知識社会学的分析のなかでは、一定の不確かさの状態あるいは移行状態を克服し、そのことに対する考えを提供するために、問題設定のすべてが考察されるということがわかります。おそらく、二重の偶発性《コンティンゲンツ》の理論が社会のなかで成立し、一定の自然定数、一定の絶対性やあるいは社会秩序のなかにアプリオリを引き合いに出すということを当てにせず、むしろわたしたちが今日「ポストモダン」と呼ぶものを実行していることは、偶然ではないでしょう。それは、誰かがよりによってなぜこの状況を利用するのかということを問題にしえない、いかなる状況をも受け入れることはないということです。どんな場合にも、誰かがどのようにその理由を基礎づけるのか、ということを問えなくてはなりません。どこかで最終的にすべてを同意しなければならない、ある地点を入手するということを当てにすることはできないのです。

このことはまたつぎのことを意味しています。すなわち、二重の偶発性《コンティンゲンツ》という考えでは、根源の隠喩法、根源というものへのいかなる訴求も拒絶されているということです。また、このモデルは進化理論と互換性があり、その理論ははじまりに方位づけを与えるという状態にはなく、また与えようともしません。進化はいわばみずからを生み出します。この講義で進化理論に立ち入る機会はありませんが、その考えはつぎのようなものです。すなわち、変異と選択との間に何らかの分離を実現させることであり、またそのことで構造構築と構造変化が導かれるということです。進化はそれ自身、秩序を構築するように働きます。このことは元のスープから、つまり生活の成り立ち、あるいは言語の成立、社会秩序の生成の基本的条件からは、説明できません。わたしたちが二重の偶発性《コンティンゲンツ》という考えを、機能分析の問題設定の表象あるいは準拠問題の発見とみなすならば、すべてがどのように成り立ち、あるいは何処に最初の歴史的根本原因が存するのか、という問題の社会的展開を記述するということとつながる、進化理論や他の研究との類似を見ることができます。もちろんこの問題は、繰り返し導入することができますが、それをもって一つのはじまりとされることはありません。中世後期において、中国との関係で、ヨーロッパの特別な展開に対する理由がどこに成立するのかということを問題にすることができ、さらに地理学的な多様化といった要因や何かしらの要因を指し示すことができるのです。しかしこのことは、いつもその前にある歴史を前提している回答であり、したがって社会をすでに存在し秩序づけられたものとしてイメージできる回答であり、またその問い自体、つぎのことを問題にしているに過ぎません。すなわち、たとえばこの場合、技術的に高度に発展し、きわめて豊かで非常に多くの人口を有し、うまく秩序づけられた中国の社会が、なぜ近代への移行を見出せなかったのかという問題です。

目下このことは、二重の偶発性《コンティンゲンツ》という考えに到達すると、わたしは考えます。研究のすべては、一方で、この考えそのものを理論と互換性をもつようにさせるため、またその考えを相対的に見放された部分のように、つまりわたしの考えるところのパーソンズの理論における不運な出来事と同様な途をたどらせないため、この考えに投入されなければならないということを、みなさんは理解されることでしょう。また他方で、この考えそのものを、たとえば進化理論あるいはカント的な問題設定技術のような別の他の連関から、わたしたちに馴染みのあるコンテクストのなかにうまくもち込むことができるということがわかるでしょう。

つぎの例は構造概念です。「構造概念」と言ったとき、みなさんが頭に浮かんだことを考察するならば、それはおそらく持続性と不変性に関する最低限の考えが問題となることでしょう。このことは関係概念と連関するシステム、あるいは他の諸連関を示すことに慣れている伝統と関わっています。さまざまな要素があり、関係があり、そしてその関係は、一定の仕方で時間上は不変です。関係はもちろん変化はしますが、一回限りの出来事が問題なのではなく、AとBというかたちでの結びつきが問題であるときにのみ、関係について論じることができます。伝統のなかで、関係は存在論的に低い一定の価値を与えられています。というのは、まず初めにそこに関係するモノ（Relata）があり、要素あるいは心あるいは何かがそこにあり、そしてつぎにある一定の仕方で、副次的に諸関係があるからです。

一方では関係概念に対する構造概念のこの結びつきが存在し、そのことをもって持続性の観点が存在します。

構造主義の新しい展開のなかで、特にクロード・レヴィ＝ストロースや五〇年代と六〇年代のある一定の時期のフランスの研究者、さらにパーソンズにおいて、また他方で、認知的あるいは分析的要素を加えることができます。[4] 学問、社会諸関係、社会的ネットワーク、社会集団、社会システム等々への参与者であれ、誰が認識しようとも、構造は確かに認識の条件です。取り扱われることについて人びとは知ることができなければならず、タイプを同定できなければならず、大学のなかであろうと、酒場、鉄道あるいはどこであろうと、人びとはどこにいるかを知ることができなければなりません。すべてが相互に結びつけられ、この構造の範型が認識と方向づけとの関係で一定の約束を取り付けられなければ、この理解にしたがって機能分化する構造と関係をもつことはできないでしょう。ウィリアム・ブレイクの提案にしたがい、声楽の指揮を改善するために酒場を教会の中に移動するとするならば、[5] ある種の方向づけは疑わしいものとなるでしょう。したがって、人びとはどこでどのように行動するかを知るために、そもそも諸構造を広げなければなりません。このことは、わたしの見るところでは、ある一定の理論パラダイムとして、つまり関係性、諸関係の相対的持続性および認知の条件のすべてとして、今日、構造主義の名称のもとに成立する利点です。

この議論には確かに、わたしが取り上げようとする二つの一定の進歩と展開があります。その一つは構造と予期との並列です。このことは、今や特に心的システムあるいは社会システムに関係し、したがって構造概念の普遍的な全体に関係するものではありません。この概念の成立は——すでに指摘したことを繰り返すのですが——人びとがインプット／アウトプットのモデルをもち、環境の資源に差し向けられ、したがって環境に対するある一定の成果を達成し、一定の廃棄物を区分し、その間に一つひとつ環境と調和しないプログラムを探しまわさせるという生きたシステムが考えられるということに関係しています。だから、明らかにシステムの内部には一つの構造があり、それは環境の差異の純粋な模写ではなく、むしろ一般化を示しています。わたしたちが果物を買おうとしていますが、どれにするかはまだ決めていません。そこでわたしたちは目の前にあるものを見ます。一つはすでに腐っており、別のものは値段が高すぎ、そしてさらに別のものは今日欲しいビタミンも含まれてなく、バイオ果実でもないなど。人びとには、具体的に目にするものからあるものを区別し、買おうとする動機、もしくは買おうとしない動機の形成を可能にする基準があります。知覚的に心的システムに影響を与えるこの諸区別から切り離された内面的な処理は、おおざっぱに言えば、三〇年代に予期の概念について形式化され、そこからパーソンズの理論のなかにも、補助的な予期の表象が入り込んできました。

その際問題は、未来のある種の特権化です。予期は過去ではなく、未来に関係します。形式的に見れば、わたしたちがゼミナールで何度も議論した、構造概念を未来に関係させる理由を理解することの困難さは、ここから生じます。おそらくその理由は、システムの過去はともかく処理され、あるいは事実と記憶を形式のなかで一定のかたちで精算され、それゆえ弾力性あるいは総合化が、ただ将来の行動の仕方を確立するためにだけ必要とされる、そうしたシステムから出発するからです。これは絶えず留意されなければならない点です。つまり構造を予期と結びつけるのなら、理論全体のなかで、非常に強力に未来パースペクティヴが優先されます。パーソンズの四つのパラダイムへの導入を思い出していただければ、それはまさにこのことと同様です。そこにはまた未来志向であった道具的な側面と、消費的側面あるいは現在志向であった諸需要を充足させる有効性の側面がありました。過去性はそもそもシステムそれ自身であったか、あるいはそれ以外の何かでした。このことは予期概念と連関しています。人によってはそう思わないかもしれませんが、それについて考えることは有益なことです。しかし予期概念から離れた抽象化は、まったく簡単なものではありません。いずれにせよ、このことについてわたしを満足させる解決に出会ったことはありません。

そのうえさらに、たんに予期に関してのみ定義された、いわゆる構造の主観性からこのテーマを切り離さなければなりません。このことはわたしたちがヨハネス・ベルガーとの議論のなかで、しばしば耳にした異論です(6)。なおマルクスを志向する予期の範型によれば、構造は何か客観的なものであり、主観的なものではありません。

生産諸関係等々は客観的なものです。誰かがそれを自己の予期の一部として形作るかどうかは、それとは無関係です。人びとが生産的諸関係一般を見、また認知するかどうか、マルクスあるいは他の理論家がそうするように、それらをそのように評価するかどうかは、二次的な問題です。しかしながらこの予期構造概念の成立史には、環境を通じたその決定からシステムを切り離すことに意味があります。その場合「主観的」とは、たんに「システム相関的」と呼ばれるでしょうし、このことは、この視点をラディカルにするならば、システム理論にとって避けて通ることはできません。システムによって、それ自体の秩序あるいは環境の秩序として、それゆえまたさらにシステム相関的に、調達・構成されないような秩序は存在しません。このことはつまりわたし自身が未来のバイアスを問題としてとらえるということを意味しています。しかし、それをどのように精査するかは、わたしにはわかりません。これに反しわたしはシステム相関性を、システム理論のアプローチのなかで本質的なものと考えています。

このことは構造主義あるいは構造概念の形式化のなかで、ほかならぬ一つの進展でした。別の展開は、パーソンズの六〇年代初期から論文、あるいは講義のなかでのパーソンズの小さいですが重要な論評へ立ち戻ることになります。[7] おそらくまた、わたしが今思い出せない箇所で、それらが見つけ出されるかもしれません。そこでは区別が問題です。パーソンズはつぎのように述べています。すなわち、二つの異なった区別を区別しなければならない。その一つは構造と過程の区別である。つまり、システムには構造があり、またこのシステムには過程がある、ということです。このことは過程の構造と構造の過程とが区別できるということを含意しています。きわめて長い期間のパースペクティヴで、一つの過程のような構造変化を、いわば一つの進化過程のように見ることができます。両者の場合とも、つまり過程の構造について語る場合も、また構造変動の過程について語る際も、区別が利用されなければなりません。この区別がなければ、かかる言表に到達することはできないというのです。このいうのはこの言表は、構造と過程とを抽象的に区別することができるということに依拠しているからです。この区別は、構造主義が変化やそうしたものについて語ることができないという批判に対して向けられています。パーソンズは、このことが十分可能であると考えていました。確かに構造と過程との区別は、過程上の変化なし構造の対象として、構造について語るのか、あるいは過程について語るのかという問題から切り離されなくてはならないということでしょう。

そのことについて区別するということは、つぎに、安定性と変動とを区別すること——すなわち変化の問題——です。構造概念を、あたかも何かが変化しないものと主張されるかのように構築するということは、意味がありません。つまり構造の変化を欠いた安定性は、最初にある区別とは反対の、ある別の区別です。構造が変化することなく利用されるかどうか、されるとしたら、どのくらいの期間にわたって利用されるかについて考え、かつ研究することができます。また他方、構造変動の推移、諸構造の変化を調べることができます。またつぎに、わたしたちがいわばコンピュータの発達で、国際的な金融の仕組みのなかで、あるいは公共の意見の主題的構造のなかでも、動態について考えることができる場合には、一つの比較的短期間の変化を問題にすることができます。この区別を借りて、すばやくまた緩慢な構造変化の過程を調べることができるのです。構造変化が過程の要因であるかどうかは、再び最初の区別のコンテクストにおける問題です。人びとは、一つの構造の変化か、したがっていわば体制の変化を確定できます。しかも一連の構造変化を通して、歴史的に算出された過程を、無条件に同定はできなくても、確定することはできます。以前と以後との関係での変化を見ることはできるのですが、必然的に一つの過程に関係した変化を見るということはありえません。

五〇年代の終わり、六〇年代のはじまりの状況下でパーソンズにとって重要だったのは、区別の道具立てにおける優れた精確さでもって、構造主義を本来保守的であるとする批判を打ち負かすことでした。パーソンズにとって絶えず問題であったことは、構造がみずから変化するかどうか、また変わるとすれば、どのような連関のなかで、さらに何によってということであり、またさらに構造と過程とを区分することも問題でした。構造主義に対し、過程にとって敵対的な、あるいは過程を無視するような理論が存在するとして非難することはできません。このことは社会学そのもののなかでの変遷に関係しています。そこではエスノロジー、人間学、文化人類学などにおいて見られるように、学問的な流行があり、時間というものに関して何ら顧慮しない構造主義の傾向を、過程上の傾向でもって置き換えなければならないという流行がありました。それらは、あたかもほかのものよりさらによく、あるいはいっそう正しいかのようでした。二〇年代の終わりには、過程というテーマは、ホワイトヘッド(8)との関連のもとに、またほかの哲学的背景「in」とともに、さらには会議のテーマも「過程」という見出しで、世に送り出されました。そして社会変動が問題となりました。構造はないがしろにされ、そしてこの事態は再び五〇年代に変貌しました。けれどもここで、区別の区別とは、何も選択肢を有しないということ、さらにどのように構造と過程の区別を処理するのか、あるいはどのように連続性と非連続性、または安定性と可変性とを区別するのかということ、およびこれを互いに混同しないということ、という意味をもっています。

書物あるいは論文として提示されているものを扱うかぎり、この議論はまさしく複雑化しており、また「社会に適合的に」/「社会に対抗して」あるいは「保守的」/「批判的」という図式による単純な分類がもはや許されない、ということがわかります。しかし、わたしの心に浮かぶことは、厳密に作動するシステム理論の構想、したがってわたしが講義の最初の主要部分で述べた構想をもって、議論の基礎資料をもう一度変換させることです。みなさんが思い出されることは、システムというものが、つねに作動から成り立ち、システムがどのようにして新しい作動を現実化できるのか、そのかぎりで、成立するということでしょう。システムはいつもただそのつどの現実的な作動の現在性のなかでのみ、したがって複雑化されたときにのみ、また心的システムの場合は、ただ注意が活性化されたときのみ、成立するのです。

わたしたちのテーマにとっては、構造が利用される場合、構造もまたともかく現実的である、ということです。そこには、地平——いわば理念的世界が、あるいは進行する出来事の存在に資する不変的なもの、自己自身から立ち現れた安定性を有する地平――は、もはやありえません。作動のみが現実性として存在します。そしてつぎに現れる問題は、ある作動がどのようにほかの作動に続いて現れるのかということであり、そこには構造に関係する機能があります。ある作動がどのようにして、つぎの適切な作動を見出すのでしょうか。あるいはどのようにして作動自体が、与えられた出発の位置において自己自身を作り出すのかということです。ある作動が過去のものとなり、それゆえもはや現実的でない場合、別の作動はまだ現実でなく、それは未来です。その場合、構造の現実性はそれが長い時間存在する実在のモードということではありません。むしろ構造の現実性は、それが時間となるということ、利用されるということのなかにあります。構造が利用されるとき、それは存在するのです。このことは、まずもってシステム理論が構造と機能へと分割されるということから取り出される結果です。構造と過程とがあるのではなく、システムは、システム自身が現実化される、そうした作動のタイプによって形成されます。そして構造において発生させられ、必要となり、想起され、再び利用されたり、あるいはされなかったりする事柄は、この当該のシステムにおける諸作動の呼び出しと呼び戻しに左右されます。システムというものが二つの構成要素成分のタイプ、つまり一方で出来事と過程、他方では構造から同時に組み立てられると考えるならば、システムの統一性についてのより明確なイメージをもち、そのつどの作動に関係し――わたしたちの場合はコミュニケーションですが――、人びとが抱くような困難はありません。

したがって、構造は作動の回帰的ネットワーク化のシステムにおいて利用されるコピーであると言えるでしょう。作動は、過去をさかのぼって把握し未来を前もって把握します。進行している確かな状況のなかで、目下それに適合していること、選択的な記憶および達成したいもの、あるいは生起する出来事に対応するイメージをもっています。

このことは、わたしたちがつぎのような問題を抱えているということを意味しています。すなわち、どのように回帰、反復、つまり先取りと後取りとが、ある個々の作動の同一性の構成的要素として処理されるのか、という問題です。前もって進行し、そして終了する事柄と連関する事前の方向づけに関係しなければ、どのようにして一つの命題、指令、依頼、言表、一定の状況下での確定にいたるのでしょうか。その場合、構造はそのつどのシステムにおける回帰的な方向づけの恒常的な活動の一括コピーです――つまり、一瞬ごとに流動しさらに進むこと、過程を進めること、システムのさらなる作動に情報と方向指示を提供することに役立つものです。

このことはさまざまな結果を招くことになります。一つには、どのようにして同じ構造の再使用にいたるのか、という問題です。わたしたちは自分の過去や未来をそのつど新しく発見するのか、あるいはわたしたちは記憶のようなものをもつのだろうか、つまり同一の構造の作動目的のために続けて利用するのだろうか、ということです。わたしたちはこの問題の設定から、社会の驚きを考えます。書物が考案され、すでに考えられたことを直ちに繰り返し読むことができたとき、つまり消えることがなかったというときに、この驚きが生じます。書物はシステムの忘却のチャンスに対する一種の制約であり、他方で通常の記憶というものは、想起のなかにも同様忘却のなかにも同じく存在します。わたしたちが忘れることができない場合、その場合わたしたちはそれぞれの状況のなかで、いったいどうしたらよいでしょうか。作動的に見れば、社会は忘却能力の放棄であるのかどうか、このコンテクストのなかで書物とは何を意味するのか、という問題が立てられます。すべてが記憶され、忘れることができないコンピュータの場合は、さらに劇的です。人びとは、三週間も前から尋ねることのできない事柄を消去する何かある能力をもたなければならないのでしょうか。また、どのようにして記憶をコンピュータのなかで処理するのでしょうか。このことは滞りなくシステムのなかで処理されます。特に貨幣システムの場合がそうです。たとえば、支払いを想定した場合、どこから貨幣が来るか、誰が金をわたしに与える人に金を与えたのかということは問題になりません。また同様にわたしが支払うとき、どのようにして金を手に入れたのかという情報を与えることもありません。盗んだ金ですら、手からするりと滑り落ちます。これは法的に見ればそもそも問題です。というのは盗まれた財産はきっと追跡されるでしょうし、また盗んだ財産を売却する人は、このことで責任をとらなければなりませんが、盗んだ金が追跡されることはありません。貨幣はこの意味で何ら記憶をもちません。幸いなことに、と言っていいのではないでしょうか。というのは、そうでなければ貨幣がどこから来たか、貨幣を最後に渡した人はどこからそれを入手したかを調べるために、貨幣をともなう作動にはすべてとんでもない調査が要求されることでしょう。不動産登記簿のシステムには、ある似たような考察があります。英国の法律には不動産登記簿はありません。それゆえ人びとはしばしば数百年もさかのぼらなければなりません。それでもって目下のところ自称所有者であり、売却しようとしている人が、本当であるかどうかを確かめるのです。

記憶はどうなるのでしょうか。つぎのように考えることができるでしょう。つまり記憶はわたしたちがコンピュータで情報を確保する程度に応じて、劇的に大きさの問題となりうるが、技術や事柄そのものの理解とは関係がないと。

この作動に連関する構造概念の利点の一つは、こうした作動により必然的に、想起と忘却とが同じ価値をもつということであり、続いて文化的考案、つまりまさに書物と、そして言うまでもなく印刷によって、この同値性が中断されるということです。このことは、つぎの場合そのことを知ることになるのではないでしょうか。つまり、論文を書き、一冊の学問的書物のなかで、顧慮しなければならなかった事柄がまだ残っているという感情をもつときです。また、みなさんがいくらでも読みまた探すことができるけれども、しかしまだ学問上の記憶のなかに蓄積されたすべてを利用するということが決してないという場合です。もちろんそこには、それからこっそりと抜け出す可能性もあります。学問は、実際には記憶を利用することの不可能性と関わり合う形式を開発しました。たとえば、古い理論を引用することを無意味とする、そうした旧態化の問題です。かつてわたしがある論評なかで、一七世紀の一人の著者とハーバーマスとを一緒にして同じ命題の出典として引用したとき、このことが決定的な無礼として記されたことがあります。一七世紀ということを忘れてはならない。それは別の時代なのであると。

しかし、問題は提起されなければなりません。そこで初めて、それ自体効用を有している複雑な作動がそうした考案品により、どのような負荷にさらされるのかわかるのです。そうでなければそのようなものはありえません。

そこから第二の問題が区別されます。回帰性がどのように成り立つのかを、さらに正確に知らなければならない、ということです。過去の状況をまとめて具体的に再活性化し、そしてさらに未来の状況を知ることがなければ、あることを記憶から引き出し、過ぎ去ったものを重要なことと見なし、何かある未来に向かうことが、いかにして可能でしょうか。そこでは何かある選択事象が生じなければならないのでしょうか。わたしたちが過去から必要とするもの、たとえば——当該の作品全体のボリュームを考慮することなく——誰かを、またそして何かについて、学問において引用するもの、あるいは日々の状況のなかで前提できる事柄を同一化するために、わたしたちはそもそも同一性を保持しなければならないのでしょうか。たとえば、誰かにこの手紙をポストにもって行ってくれと頼むとき、ポスト？　手紙？　そしてどのようにして？　これはつぎのことにかかっています。すなわち、何が手紙に書かれているのか、郵便局はいつ開くのか、切手は正しく貼られているのか等々と。人は意味の構想をもって、限りない指示と結果のなかに漂流するでしょうが。しかし、過去と未来を結びあわせるために、具体的な目的や、また作動を充実する不変なるものや意味要素が、何とかして高度選択的に引き出されているのです。

スペンサー＝ブラウンは、まったく別の目的をもって定式化を行っているのですが、その定式化とのつながりで、わたしはこのことを凝縮と名づけようと思います。[9] すなわち、意味コンテクストが何らかの方法で再び刺激されることで凝縮され、マーク可能な印をつけられた形式になるということです。これは、これまで考え出されたものや、以前に利用されたことにとってもっともだと思わせるもの、ほとんどすべてを省略することで行われます。ところで、スペンサー＝ブラウンには、さらにつぎのような興味ある構想があります。それは、またもや別の目的をもっているのですが、わたしを刺激するものです。したがってわたしはここで、そのことを述べたいと思います。その構想は、第二の作動があるというものです。それは、確認すること、および証明することです[10]。すなわち、わたしたちは何かを再び利用する場合、それを別の状況に適応させなければなりません。手紙をポストにもって行く。誰かに手紙をポストにもって行くことを頼む。手紙を信頼する人に預ける、その人をよくは知らず、手紙がそのポケットにあるかどうかもわからない場合、――フランス人がしばしば語る「留置郵便(poste restante)」のように、――手紙が数カ月後に発見されさえすれば、その時でも手紙は直ちにポストに投函されます。いつも新しく、事例に応じたさまざまな状況において、一種の証明のようなものがあるのです。

今や問題は、この凝縮と確信が一つの概念に還元されうるかどうか、あるいは構造と同一性と再使用可能性を作り出す際に、何ら統一的形式が得られない特殊化と一般化、縮小と拡大という二分的過程が存在するのかどうか、ということとなります。わたしはあるまとまった定式が思いつくまで――このことはもちろんすばらしい単純化ですが――凝縮と確信との複雑な緊張関係を研究したいと思います。というのは反復使用の連続による構造が、ある定義できないものを手に入れるということが推定されるからです。何のために使用されるのかという感情は、実際には明白かつ明確に固定されないまま、「このようにする」という忠告の形式で、誰かが他者に対してまた同様に委ねます。言い換えれば、使用経験が忠告の形式のなかにもち込まれるならば、当該の人が使用する言葉に還元され、その場合使用する文脈はまったく取るに足らない同一性を受け入れるということに帰着するのです。

このように忠告が機能しないということが了解されるならば、経験を引き合いに出すということは、確かに大きな意味をもつと評価できます。人びとは社会関係のなかで、これはできる、これはできないというみずからの経験を拠り所とする要求を絶えず携えています。そのことに対し釈明する、つまり確信する手段を手にすることもありません。この釈明やそうした手段は、その人がみずからの経験をもって接する人を納得させることが可能となるのですが。このことは年代間の関係でははっきりしています。当時、内閣の見習いだったわたしにとって、経験を積んだ小心者たちが、その経験でもって当たり前に行動することは、いつも驚きでした(11)。わたしは州議会の委員会での最初の登院を思い出します。わたしは十分に準備し、考え抜いたことをすべて述べました。そうすると、偶然に居合わせた大臣がわたしの方にやって来て、わたしの肩をたたき、つぎのように言いました。「少し勉強したらどうでしょうか。あなたは壮大な『ドン・カルロ』に対して準備していますが、ここではコメディ『チャーリィの叔母』が演じられているのですよ」と。だからそういう感覚をもたなければならないというのです。世代間の関係には、誰かが進んで経験を引き合いに出し、それに権威を与えるという問題があります。その際、ハーバーマスの言う理性的根拠に依拠するということはありません。そのような人に、このことは期待できないのです。その背後には権威があり、人びとはこのことを何とか受け入れます。わたしは、それはつぎのような構造概念で定式化されると考えています。すなわち、特殊化と一般化との混ざり合った要求から、つねに、一方ではコンテクストにとらわれないということ、同一性から抜け出ること、他方では再使用においてコンテクストに適合させること、コンテクストに依存していること、コンテクストを保証することによって組み立てられていることです。

最後に、観察のコンテクストについて、簡単にお話しします。構造主義について、特にレヴィ＝ストロースにおいて、構造はつねに認知道具でもあるということは述べたと思います。どのような状況で、どんなシステムのなかで行動するのかを知ろうと思えば、それは問題となっている構造のことです。観察は作動であること、したがって、日常の流動的な現実性の背後に、あるいは行為や作動の背後に、恒常的であり、また理解するために認識されなければならない、そうした何かがあることを、決して表明するようにはさせないということを理解するならば、わたしは、以上のことを作動理論のなかにうまく取り入れることができます。わたしたちは、観察者そのものが構造を構成すると言います。観察する瞬間に、観察者は対象を同一化するための基準を与えるものとして、一定の事物、一定の区別、同一性を正視するのです。そうすることで人びとは、観察者を、一方ではみずから作動するシステムとして見ることができます。どんな重要な過去がどのような観点で、いかなる未来にとって有意義であるかを見つけだすことが問題であるならば、システムはそれが作動する瞬間に、みずから絶えず縮減された方法でも観察します。システム自身は作動において、また再度使用可能な一定の意味特典に固定することのなかで、システムの構造を知るのです。他方、つぎのように言うこともできるでしょう。人びとは、外部の観察者と関係しており、構造についての視点のもとではシステムに同一化されるが、その構造はシステムそのものにとってはまったく見ることができず、あるいは普通は活性化されえないと。というのは、このことは問題の解明に、一種のきわめて複合化した構成された仕掛けを要求するだろうからです。

わたしたちが構造にもとづいて観察者の作動を考えるならば、わたしが観察とセカンド・オーダーの観察の章で略記した現象に出会います。わたしたちはある完全な観察相関的な考えをもつことになるのですが、その考えは観察されたシステムが、自己自身をも観察するということなのであり、別に実害をもつことにはなりません。みずからの構造を展開し、みずからの構造を形成するシステムの観察者は、システムそのものがどのように観察するかを知ることがなければ、システムを理解することはありません。観察者は、その背後に別の構造を見ることができ、隠れた構造を要請し、また認識できますが、潜在性はみずからシステムの構造観察モードに関係し、そのうえでこのシステムが観察されます。したがって認知的視座、構造概念の観察者相関性は失われることはありませんが、誰が本当に構築物を構成する観察者であるのか、ということを決定しなければならない程度に応じて、いっそう複雑になるのであり、また構造が構成されることなく、ある作動から別の作動へ移行することはないということがわかる程度に応じ、よりいっそう複雑になるのです。

最後の問題はコンフリクトです。ここにはまたイデオロギーの対立、五〇年代、六〇年代の理論対立が興味を引きます。それゆえに問題にしたいと思います。ダーレンドルフはパーソンズを攻撃しましたが、そのなかに彼の特徴が示されています。(12) テキスト上は十分な根拠が与えられていたのでしょうが、パーソンズ理論におけるコンセンサスの過大評価とコンフリクトの過小評価を読み取った人たちは、彼の後を追いました。しかし、コンセンサス対コンフリクトあるいは協働対競争といった図式の上で——これは二〇年代のシカゴ学派の一つの古い主題選択ですが——そもそも理論を考えることができるのか、ということです。その理論は、ある側面を選ぶか、他の側面を選ぶかということであり、したがってわたしたちの社会は本質的にコンフリクトの社会、つまり階級社会であるということに、その基盤をおいているといえます。あるいは逆に強調するならば、コンセンサスは社会の必要条件（sine qua non）であり、コンセンサスがなければ、何かあることについて何も成立しないということです。明らかに両者とも正しいのです。コミュニケーション概念についての考察——そこでは人びとがすべてのコミュニケーションがイエスないしノーの間の分肢を生み出すことが問題となっているのですが——、作動そのもののなかで、コンフリクトやコンセンサスが、つねに別の選択肢として、両数《デュアル》として再生産されることが直ちに理解されます。さらにこのことは社会を、優れてコンセンサスから、あるいは優れてコンフリクトから記述することを理論に指定するならば、わたしたちは理論に対し、いつも一面性を課することになるということを意味しています。

ここでもまた理論展開における適合現象が問題となります。つねにコンセンサスとコンフリクト、協働と競争との二つが現れるという問題は、何かと念入りに理論のなかで考慮されなければなりません。理論を評価する可能性の一つは、この問題がどのように解決されるかを見る試みから生じます。マックス・ヴェーバーにおいて、このことは本質的に価値関係、すなわち価値の多元性に関わることであり、またたとえば宗教、愛、経済あるいは政治のような一定の価値アプリオリを事前に設定する生活秩序が存在するという考えに関わることです。そしてそれで方向を定め、それゆえいわば政治上の国是を、たとえば愛よりも重要と考えるかどうかを、王族を彼の愛情によってではなく世継ぎと王家の観点のごときものによって結婚させるかどうかを決定しなければならないとき、個々のコンフリクトへと移行します[13]。

ロバート・マートンは、構造が社会システムのなかで、特に社会のなかで価値矛盾を処理するに違いないということを承認することで、以上の問題を取り上げました[14]。わたしはつぎのように言いたいと思います。すなわち、潜在的な構造があり、パラドクスあるいはアンチノミー――それはマートンがアノミーというところのものです――を達成すると。たとえば各人が金を儲け、社会の頂点に上り、たとえ一気にではないとしても、大統領になることができるかもしれません。そういう期待の上に社会は成り立っています。この期待はきわめて非現実的であるがゆえに、それが生活スタイル、勇気、動機に対する提供物として提示されるならば、つねに裏切られます。その場合問題は、価値を布告し、つねに裏切る社会がいかにパラダイムと構造を取り扱うかということです。このことは、コンフリクトの問題、あるいは構造上の矛盾の問題を、社会学的研究に結びつけることを主題化する試みです。マートンはこれについてつぎのような重大な考察を与えました。それは、そのことに反応する、さまざまな可能性が明らかにあり、またこの可能性のいずれかをどう選択するかは、さらなる社会学的説明を必要とするというものです。

このことは今や、コンフリクト／コンセンサスの二元論が、粗っぽい選択肢にとどまるのではなく、社会学理論のなかで、習熟させられていく試みであるということにとっての実例です。そしてまた、わたしはすべてがうまくいき、何も撤回されるものはないと思いますが、このシステム理論を用いて――そして確かにまさしくコンフリクトこそシステムであるという言表をもって――、さらに一歩進むことができるでしょう。コンフリクトはシステムである、というのは、誰かを敵と見なし、それ相応に攻撃的あるいは防御的もしくは保全的にふる舞う場合、人びとはその他者に対し、ある限定された変異の帯域のなかで関与するからです。つまり、その人はもはや任意には行動しえず、可能な場合はもちろん席を外すことができ、肩をすくめて、つぎのように言うことができます。つまり、わたしには興味がないと。しかし、立ち去ることができない典型的な社会状況のなかで、イメージは、一つのコンフリクトが現れ出るか、あるいはまた、ただたんなる片意地な否定が意味提供への答えとして、システムを生み出す動機、すなわち接続可能性を組織化する動機が出されるというものです。たとえば、人びとが提携し、資源を探し、他者を害することのすべてが自己を利し、自己を利することのすべてが他者を害するという考えに立ちいたります。友人／敵－関係が成立し、それとともに現実の状況に対する極端な単純化が形づくられます。これもまた一つの古いテーマです。わたしの知るかぎり、最初のローマ人としてキケロはつぎの問題を取り扱いました。すなわち、わたしの友の敵はまたわたしの敵であるに違いないかどうか、あるいはわたしはわたしの友を手許に留めおくことができるかどうか、だがその友の敵と共に、また友でありうるかどうか、言い換えれば、邸宅があり、パトロンと庇護者の関係をもつ、育ちの良い貴族社会の構造のなかでは、コンフリクトはきわめて部分的であるかどうか、つまり、自分自身の友人によって不和にされた誰かを招くという可能性[15]がないかどうか、という問題を取り上げています。そこでは社会的な提携においても、また同様にもろもろのテーマにおいても、コンフリクトの組織化された力を目にするのです。誰かがある一定の点でわたしと矛盾する場合、わたしは意見を一般化しつぎのように推測します。すなわち、彼は別の問題でも異議を唱えると。道徳的パースペクティヴはこの観点でコンフリクトの一般化に役立ちます。というのは、誰かがすでに害されているならば、その人はもちろんすべての関係においてそうであり、まさにわたしに降りかかった要素においてだけではありません。もし道徳の観点から論議するなら、いつもわたしはコンフリクトを一般化する傾向をもつことになります。したがって、この定式はつぎのようになります。すなわち、コンフリクトは優れてシステム形成的原理であり、システム理論はコンフリクトについても同様、協働についてもうまく論議することができる、というものです。コンフリクトはシステム理論のなかで非可視化されるであろうなどというのは無意味です。まさにコンフリクトこそ高度に統合されたシステムなのです。

またこのことは統合概念の新しい考え方を導き出します。普通、社会学者は、統合において、いつも摩擦がなく快適な、あるいは調和のとれたものを考えています。すべてがうまく統合されるならば、協働が確実となる未来があり、人びとが相互に折り合いをつけ、平和が保たれる等々です。しかし、そもそも統合とは何でしょうか。この概念をまたより形式的に定義し、──どのように表現されようと、システムが受け入れることができる選択、状態、質は減少される程度に応じて統合されるのですが──統合が構成要素の自由度の制限であるというならば、コンフリクトが強力に統合されることは明らかです。というのは、反対者として、敵対者はコンフリクトのなかで、はるかに限られた動き方およびはるかに少ない可能性しかもたないからです。つまり、人びとは注意深くなり、どのように自分の武器を磨き、他人の武器をなまくらにさせるか、どのようにして防御し、予防し、攻撃するのかよく考えるに違いありません。選択の可能性がまずもって狭まります。そしてコンフリクトのなかで状況制御を保持しうるか、あるいは最終的に勝利を手にするために、新しいテーマ、新しい武器、新しい友人、同盟者を探すことを通じて、つねに広げられるのです。コンフリクト理論は、社会システムを強力に統合する理論であり、もろもろの可能性を再度獲得する追加の資源、それをコンフリクトのなかで取り込む、そうした成り行きをもつ理論でなければなりません。このことがそのように組み立てられるならば──もう講義の時間がありませんが──システム理論の方法でもって作業される、わたしにとって興味深いコンフリクト理論に到達することとなります。このことにより、つぎの分析は、コンフリクトがどのように形成され、否定の問題およびコミュニケーションにおける拒否の問題が、すぐさまコンフリクトへと移行することをどのように妨げられるか、ということに関わってくるでしょう。というのは、「ノー」という答えはすべて、ともかくもまず「なぜそのように言うのか」という問いを抱かせるからです。人はなぜそのことを拒否するのかということをただ問われても、気分を害し、さらにますます気を悪くしていきます。「ノー」からコンフリクトが成立する傾向はきわめて強く、問題は普通このことをいかにして防ぐのかということです。わたしが何も買わずに店から出ても、なぜコンフリクトは生まれないのでしょうか。

このことはコンフリクト理論の一つの可能性です。これはコンフリクトの蓋然性が大きくならないように、どうすればわたしたちの社会というシステムを秩序づければよいのか、という問題に足を踏み入れています。ここには、極端にコンフリクトを嫌悪する古代社会に関しての優れた研究があります。わたしが考えているのは、後期古代社会ではなく、前期部族社会あるいは家訓の上に築き上げ、家父長制が相互にコンフリクトを解決させる、そのような社会です。つまり、この社会には、口やかましい女性の問題があります。それは男性が望まないコンフリクトをはじめ、さまざまな理由から無視できないものです。[16] またこのことは非常に古くからあるトピックです。わたしはつぎのように想定します。すなわち、女性が口やかましいというイメージは、この状況から人間学的な知恵として現れ、本来は男性によるコンフリクト管理の困難さに関係しているということです。このことはどんなに純粋に思弁的に考えられようと、一つの研究に値します。一つの広い空間に男女が寝ており、しかも他人もまた寝ているというバルカン半島の大家族からの二〜三の研究があります。彼らは毛布の下でヒソヒソ話をしてもかまわいませんが、その場合女性は助けを求めることは許されず、あるいは側に寝ている他人についての悪い情報を世間に知らせてはなりません。[17]

コンフリクトの制御は社会構造の一つの事柄です。このことは通常、つぎのように見られています。すなわち、あたかもコンフリクトの破壊的な効果に関するものであるかのように、身体を壊し、事物を破壊し、家に放火し、逆らうものを根こそぎにし、人間を絶滅する可能性が問題だと見られているのです。しかし、そこには説明のなかでの、つぎのような中間的な歩みが抜け落ちています。すなわち、なぜそれはそもそもそれほど広範に現れるのか、コンフリクトはなぜそれほど強力になり、もはやみずからをとどめることができないのかという問題です。それにはシステム理論が必要となります。少なくもつぎのように発言することで、システム理論を投入することができます。すなわち、たとえ引き続きそれが人間と他の資源をもつ環境のなかで何を引き起こそうと、コンフリクトは超集約的であり、それゆえ新しい資源の補給に頼り、したがって膨張的であり、つねに増殖していき、また危険であるということです。

コンフリクトを飼い慣らす装置として法を考えるということが、この連関に属します。わたしは『社会システム』という本のなかで、免疫システムについて論じました。すなわち、法を触発して直ちにコンフリクトに向けるというものです[18]。ある所有者がいて、そこに誰かがやってきて、その物品を所有したいと思うとき、拒否することができ、またこの要求は退けられなくてはなりません。必要とあれば、裁判所がこのことを確認します。これはつまり、否定を表明する可能性が法構造により先鋭化され、また通常このことはコンフリクトの発生を妨げます。逆にコンフリクトが生じた場合、法は平和的な決定へと導くことができます。わたしの小著『手続きを通しての正統化』は、コンフリクトがどのように吸収されるのか、誰かが手続きに関与することで、どのようにして彼の見解を伝え、どのような結果で終わるのかを知ることはないが、手続きそのものを承認する、そのような調整がともに作用するかを示すことに意味がありました。その場合、手続きが終了するならば、その手続きはすでにシステムのなかにあり、彼が決定を受け入れるだろうということを、すでにあらかじめ受け入れているということです[19]。その際、彼はすでに関与者として、みずからを隔離しています。このことはまた解決すべき社会の問題として、コンフリクト吸収という考えから理解され、またもちろんつぎのような不可避性からも見てとれます。すなわち、政治からのコンフリクトの取り外し、あるいは調停委員会ないし無害を見せかけるものを通してのコンフリクトの軽減、もしくはいかに些細なことであろうと、絶えず争い、それでもその後、折り合いをつける慣習を通して、という不可避性です。

そろそろ講義を終わりにしなければなりません。おそらく問題はつぎの点でしょう。このコンフリクトの問題は、今や新しい議論となって、つぎのような概念性との連関の内にあります。つまりタイトなカップリングとルースなカップリングとの間の決定です。社会的過程がタイトにカップリングされれば、コンフリクトは転送されます。それがルースに連結されれば、それだけより独立します。家庭が政治的秩序のなかに組み入れられ、また経済的に意義をもつようになれば、家庭のコンフリクトはそれだけ広範な結果を招くことになります。このことをわたしたちは家族経営の研究から、つまり父親と息子はもはや折り合わない、そのような中規模経営についての研究から知ることができます。一例をあげれば、このことが労働者にとって、また経営が主たる雇い主に依っている現場にとって、どのような帰結があるのかということはわかっています。すべて古いシステム理論の想定とは逆に、安定性はまさに連関の破綻に、ルースなカップリングに、さらなる遂行が行われることにもとづくというテーゼは、コンフリクトおよびその可能性というものが、どこにでもあるというテーゼ、および社会がコンフリクトを制御するさまざまな種類の可能性に依存しているというテーゼと互換性をもつことなのです。

わたしは、この例が、ここからどのようにしてもう一度、社会学の論争を概念的に解明し、まさに経験的なものに手渡すことができる理論、ないしは仮定に到達し、示すことを望んでいます。この講義は、経験的にテスト可能な諸仮説の集まりを生み出し、さらにそれらをその分野の職人に手渡し、すべてを検証し、検証が確かに耐えられるかどうかを見抜くために、この検証を反復するということがそれほど意図されているわけではありません。わたしが目論んでいるのは、このレベルにもち込むことができ、それ自身の洞察ないし理論装置をもつことのできる理念を与えることです。わたしは「入門」ということで、理解しやすい大衆化したもの、初心者に適切なものを、それほど意図しているわけではありません。わたしがこの講義を選んだとき、少なくともそのことについては考えていませんでした。わたしの試みは、概念的な道具を導入することなのであって、したがって、どこかの書物にある何かの事柄を命名するのではなく、そこでそれについて何も述べず、むしろ可能性に応じた概念をその使用コンテクストおよび意味内容のなかで示すことにあります。この講義はきわめて抽象的ではありますが、講義そのもののなかで生み出された説明にもとづいて、この講義をたどることは可能であるに違いないと考えてきました。このことが少しでも成功することを望んでいます。いずれにせよわたしたちの前にあり、また仕上がっていない社会理論に関するこの考えがわたしにとって重要なのであり、それは言うなればある方法論あるいはある入念さが概念および理論の問題に関わっていること、方法論はただ経験上のデータのつまみ食いと関係するだけではなく、必ずやもろもろの決定をも理論上の配置関係のなかで、その結論とともに明確にすることができるのです。

その場合、確かに外部からつぎのように理論が働きます——まさにシステム理論と関係して、わたしはいつもの共鳴を入手するのですが。それは、あたかも人びとがあちらへ、あるいは外にいなければならなかったのか、そしてつぎに賢くも外にとどまるかのようにです。というのは、まず一度そのなかに入るのならば、出口を再び見つけることはできないでしょうし、また全体の事物を内側からバラバラに崩すことができるような手段も存在しないでしょう。システム理論は要塞のように働くということでしょう。それは自己防衛に向かい、またその点で、おそらく多かれ少なかれ、成果が豊かなものになります。徹底して構成された理論が超《スーパー》規範を備えることがないというのは、確かに正しいといえます。理論全体を机の上から入手するには、超《スーパー》規範を拒否する必要があります。徹底して構成された理論は、複雑に編み上げられた工作物であり、芸術作品とも言えます。自分自身に関わり合うこと、それからつぎにもう一度、このことをどのように再び相対化するか、あるいはそれからどのように免れるかを知ることは困難です。このことは多くの人びとがへーゲルとともに行った経験です。人びとは、そらんじてへーゲルのように語り、弁証法という言葉以外の何ものでもないほどに、論証の仕方と理論の展開形式を操ります。対抗する措置として考えられることは、決定をできるだけ透明化し、したがって人びとがあの概念ではなく、この概念に対する決定に結びつくどのような選択をもつのか、ということを、絶えずあらゆる場所で示すことです。人はその場から去ることもできます。またそこでは、ある決定を見直すとき、何を変えなければならないかを判断するために、ほかのものを選ぶ自由をもっています。

今日のこの時間は、このことをまさに社会学の素材において明確にしたという点においても役立つはずです。すなわち、コンフリクトが高度に統合されたものと見なされるならば、社会学的文献のなかで一般的に示されるよりいっそうはっきりと統合概念を把握しなければならない、ということを示すのに役立つのです。また、ほかの人たちが参加する場合、その人たちがその統合概念で作業しなければならないという効果があります。したがって本質的に何ら排除効果が意図されているのではなく、そこにあるのはむしろ構築意識、決定意識さらに理論対比であり、一方では社会学あるいは社会科学の範囲での分野別の理論伝統との対比であり、またそれ以上に旧いヨーロッパの思考方法との対比、存在論的 - 形而上学的伝統の思考方法に対する、またそれに固有のヒューマニズムの思考方法に対する理論対比です。簡潔に述べることが許されるならば、ヒューマニズムは、伝統のなかで人間に向けられたたんなる存在論です。ここで、人間についてのこのコンテクストで語るならば、わたしたちは、完全な唯一性において、また経験的に比較不可能性のなかで、明らかに不透明な自己自身組織化する個体というものを備えており、また抽象概念として、「人間」として、何らかの方法で社会の規範的構造のなかに組み入れられたもの以外の何ものでもありません。また、この概念研究の意味には、そのように論証する場合、人びとがこのヨーロッパの伝統との断絶を追体験できるかどうか、また人がどこに向かうかを見て、この断絶を必要とするかどうか、またその責任を負うことができるかどうか、という問題の前にいたるということにもあります。これが、わたしが試みようとしたことであり、この講義によって伝えたかったわずかばかりのことなのです。辛抱強くご静聴いただいたことを感謝いたします。

注

（1） Niklas Luhmann, *Soziale Systeme*, Kapitel 3（佐藤勉監訳『社会システム理論　上』恒星社厚生閣）参照。

（2） したがって、たとえば、Talcott Parsons, *The Structure of Social Action : A Study in Social Theory with Special Reference to a Group of Recent European Writers*. New York : Free Press 1937, S. 89.（稲上毅他訳『社会的行為の構造　1 - 5』木鐸社）

（3） Talcott Parsons, Edward A. Shils, Gordon W. Allport, Clyde Kluckhohn, Henry A. Murray, Robert R. Sears, Richard C. Sheldon, Samuel A. Stouffer und Edward C. Tolman, *Some Fundamental Categories of the Theory of Action : A General Statement*. In : Talcott Parsons und Edward A. Shils（Hrsg.）. *Toward a General Theory of Action*. Cambridge, MA : Harvard UP 1951（永井道雄他訳『行為の総合理論をめざして』日本評論社〔部分訳〕）, S. 3-29. ここではS. 16を見よ。

（4） たとえばClaude Lévi-Strauss, *Der Strukturbegriff in der Ethnologie*. In : ders., *Strukturale Anthropologie* I. Dt. Frankfurt am Main, Suhrkamp 1978, S. 299-346. 参照。

（5） 選集*Songs of Experience*における詩*The Little Vagabound*

（6） Johannes Berger, *Autopoiesis : Wie "systemisch" ist die Theorie sozialer Systeme ?* In : Hans Haferkamp und Michael Schmid（Hrsg.）, *Sinn, Kommunikation und soziale Differenzierung : Beiträge zu Luhmanns Theorie sozialer Systeme*. Frankfurt am Main : Suhrkamp 1987, S. 129-152. を見よ。

（7） Talcott Parsons, *Some Considerations on the Theory of Social Change*. In : *Rural Sociologu* 26（1961）, S. 219-239. 参照。

（8） Alfred North Whitehead, *Process and Reality, an Essay in Cosmology*. Cambridge : Cambridge UP 1929, Neuausgabe New York : Free Press 1979.（山本誠作訳『過程と実在　上・下』松籟社）参照。

（9） George Spencer Brown, *Gesetze der Form*. Dt. Lübeck : Bohmeier 1997（大澤真幸・宮台真司訳『形式の法則』朝日出版社）, S. 4.

（10） *Ebd*., S. 10.

（11） ルーマンのこの活動の示唆は，ニーダーザクセン文化省担当官としてのものである。

（12） たとえばRalf Dahrendorf, *Soziale Klassen und Klassenkonflikt in der industriellen Gesellschaft*. Stuttgart : Enke 1957.（富永健一訳『産業社会における階級および階級闘争』ダイヤモンド社）を見よ。

（13） たとえばMax Weber, *Die "Objektivität" sozialwissenschaftlicher Erkenntnis*. In : ders., *Soziologie, universalges-*

chichtliche Analysen, Politik. 5., überarb. Aufl., Stuttgart：Kröner 1973, S. 186-262. 参照。

(14) Robert Merton, *Social Theory and Social Structure*. New York：Free Press 1949, 2., rev. Aufl. 1968.（森東吾他訳『社会理論と社会構造』みすず書房）参照。

(15) Cicero, *Laelius : Über die Freundschaft*. Stuttgart：Reclam 1995. 参照。

(16) 以下の文献を見よ。Niklas Luhmann, *Die Gesellschaft der Gesellschaft*. Frankfurt am Main：Suhrkamp 1997, S. 466 f.

(17) Asen Abalikai, Quarrels in a Balkan Village. In：*American Anthropologist* 67（1965）, S. 1456-1469. を見よ。

(18) Niklas Luhmann, *Soziale Systeme*, Kap. 9（佐藤勉監訳『社会システム理論　下』恒星社厚生閣）ここでは特に S. 504 ff. そして S. 509 ff. 参照。

(19) Niklas Luhmann, *Legitimation durch Verfahren*. 2. Aufl., Frankfurt am Main：Suhrkamp 1989（今井弘道訳『手続きを通しての正統化』風行社）参照。

監訳者あとがき

本訳書は、Dirk Baecker (Hrsg.) Niklas Luhmann, *Einführung in die Systemtheorie*, Carl-Auer-Systeme Verlag, Heidelberg, 2002 の全訳である。編者ディルク・ベッカーによる「編者まえがき」にあるように、本書は、ルーマンがビーレフェルト大学で行った講義を収めたものである。講義は、録音され、まずカセットテープのセットとして世に出された。おおよそ一〇年の歳月を経て、このように単行本として出版された次第である。

本書成立の背景、また本書のもつ意味については、「編者まえがき」にあるので、ここで繰り返す必要はないであろう。しかし、翻訳と刊行に携わった者として付け加えるとすれば、それは以下のことではないだろうか。まず、本書は何よりもルーマンの講義そのものである。このことは、「生きたルーマン」に触れる機会を提供する。それはルーマンの口調や、そこから想像される人となりを感じ取ることにとどまるものではない。くわえて、ルーマンの実際の語り口は、完成した体系のように見える理論の形成過程に迫るきっかけを、わたしたちに与えてくれるのである。

ルーマン理論の革新性、その斬新さは往々にして指摘されるが、本書では、そのように評価されるルーマン理論が、突如現れ出た「難攻不落の要塞」(1)のごとく提示されるのではなく、それがそのようにして表出される理由とプロセスとが示されながら、展開されている。このことから、わたしたちは本書を通じて、「語るルーマン」を観察することができる。自身の観察を表出するルーマンを観察するのである。ルーマンは、みずからの講義を観察する聴衆を意識しながら、みずからもまた聴衆を観察し、ときに聴衆に語りかけている。本書の読者は、読者自身があたかもその場の聴衆として、ルーマンに観察されているかのような疑似体験を経るだろう。そしてそれ以上に、かかる講義者と聴衆との間で展開される講義を、読者として観察できるであろう。

　作品は、それが学問におけるものであれ、文学や芸術におけるものであれ、それをただ外部から眺めているだけでは、その本質に触れることはできない。表出されたものの背後に入り込み、表された世界の内部で主体としてふる舞うことにより、それは内在化される。おそらく本書で展開された議論を読み進むなかで、読者は、システム理論の展開に参与する当事者であるかのように、ルーマンが行う理論の展開を共体験できるのではないだろうか。つまり、本書によって示されたシステム理論への「入門《アインフュールンク》」は、システム理論への「導き入れ《アインフュールンク》」なのである。

　なお翻訳にあたっては、左記の翻訳者リストにあるように分担して行い、監訳者においてまとめた。「講義」ということで、若干言葉をおぎなって訳出した部分、文脈にそって用語を訳し分けた部分もある。今回も出版は、新泉社の石垣雅設氏と竹内将彦氏にお世話になった。感謝したい。

二〇〇七年二月

訳者を代表して

土方　透

注

（1）『シチリア・ジャーナル』（"Giornale di Sicilia"）で、ルーマンとインタビューを行ったデリア・バッリネッロは、そのインタビューを「孤島にそびえ立つニクラス・ルーマンの壮大で、難攻不落の『理念の要塞』に向かってゴムボートを漕ぐようなもの」と表している。（『ルーマン、学問と自身を語る』土方透／松戸行雄共編訳、新泉社、七〇頁）

訳者分担

Ⅰ章、Ⅱ章1	徳安　彰	（とくやす・あきら）	法政大学教授
Ⅱ章2〜4	毛利康俊	（もうり・やすとし）	西南学院大学教授
Ⅱ章5〜7	庄司　信	（しょうじ・まこと）	ノースアジア大学准教授
Ⅱ章8〜9、Ⅲ章	吉岡剛彦	（よしおか・たけひこ）	佐賀大学准教授
Ⅳ章、Ⅵ章	青山治城	（あおやま・はるき）	神田外語大学教授
Ⅴ章	圓岡偉男	（つぶらおか・ひでお）	東京情報大学准教授
Ⅶ章、監訳	土方　透	（ひじかた・とおる）	聖学院大学教授

ハ　行

パラドクス（Paradox）　95
光（Licht）　283
非対称性（Asymmetrie）　397
ヒューマニズム（Humanismus）　422
フィードバック（Feedback）　59
不確実性の吸収（Unsicherheitsabsorption）　376
複雑性（Komplexität）　147, 191, 200, 208, 294 f
文化（Kultur）　381 f
文書／書物（Schrift）　380, 384, 408
閉鎖性、作動上の（Geschlossenheit, operative）　110
変化（Änderung）　405
法（Recht）　419

マ　行

メディアと形式（Medium und Form）　283, 286
盲点（blinder Fleck）　163, 178, 180

ヤ　行

役割（Rolle）　312
予期（Erwartung）　113, 402

ラ　行

リーダー（Führer）　187
理解（Verstehen）　368, 370, 378
リスク（Risiko）　220, 383
理論装置（Theoriearchitektur）　420
レトリック（Rhetorik）　381

サ　行

タ　行

ナ　行

事項索引

（原著による）

ア　行

安定性（Stabilität）　285
意識（Bewusstsein）　90 f, 135, 335, 343
一般化（Generalisierung）　193
意味（Sinn）　94, 103, 281, 286, 289, 294
意味がないこと（Sinnlosigkeit）　304
因果関係（Kausalität）　102 f, 133
運動（Bewegung）　280
オートポイエーシス（Autopoiesis）　83, 111, 119 ff, 125

カ　行

回帰性（Rekursivität）　407, 410
解釈学（Hermeneutik）　293, 295, 368
階層理論（Stufentheorie）　194
解放（Emanzipation）　310
科学（Wissenschaft）　68
攪乱（Störung）　138
神（Gott）　171
観察（Beobachten）　158
観察［セカンド・オーダーの］（Beobachten, zweiter Ordnung）　174, 180
観察者（Beobachter）　64 ff, 67, 95 ff, 154, 158, 244 f, 251, 321, 412
記憶（Gedächtnis）　112, 409
機械、トリビアル 対 非トリビアル（Maschine, trivial vs. nichttrivial）　106
危機（Krise）　194
技術（Technik）　293
共鳴／共振（Resonanz）　138
均衡（Gleichgewicht）　47, 138
偶発性（Kontingenz）　394
クロス表（Kreuztabelle）　25
計画／プランニング（Planung）　187, 209, 264
計画経済（Planwirtschaft）　367
経済（Wirtschaft）
　―市場経済的（marktwirtschaftliche）　144
　―社会主義的（sozialistische）　144
形式（Form）　80
言語／言葉（Sprache）　135, 148, 284, 342, 345
現在（Gegenwart）　261 f
現実性と可能性（Aktualität und Potenzialität）　290
行為（Handlung）　21 f, 31, 85, 312
行為はシステムである（Action is System）　21
合意（Verständigung）　383
構造（Struktur）　113, 401, 406 f, 412
構造機能主義（Strukturfunktionalismus）　14, 20
構造的カップリング（strukturelle Kopplung）　130, 334, 340
肯定／否定-選択（Ja/Nein-Option）　376
合理性（Rationalität）　191, 213, 220, 313
個人と社会（Individuum und Gesellschaft）　308, 312
個性（Individualität）　152

著者紹介

ニクラス・ルーマン（Niklas Luhmann，1927-1998 年）

20 世紀を代表する社会学者の一人。もっとも重要な功績は、新たなシステム理論を社会学理論に結びつけ、一つの社会理論を発展させたことにある。フライブルク大学で法律を学んだ後、ニーダーザクセン州の行政官として勤務。タルコット・パーソンズの社会学に徹底的に取り組むためハーバード大学へ留学。その後、ミュンスター大学で博士号、教授資格を1年で取得。1969 年、新設されたビーレフェルト大学に教授として就任。1993 年に定年退官。

編　者

ディルク・ベッカー（Dirk Baecker）

ヴィッテン／ヘアデッケ大学社会学講座担当教授
編「アルキメデスと私たち」(『ルーマン、学問と自身を語る』土方透／松戸行雄共編訳、新泉社)

システム理論入門——ニクラス・ルーマン講義録［1］

2007 年 4 月 30 日　第 1 版第 1 刷発行

著　者＝ニクラス・ルーマン
編　者＝ディルク・ベッカー
監訳者＝土方　透
発　行＝株式会社 新 泉 社
東京都文京区本郷 2-5-12
振替・00170-4-160936 番　TEL 03(3815)1662／FAX 03(3815)1422
印刷／三秀舎　製本／榎本製本

ISBN978-4-7877-0703-1　C1036

ルーマン、学問と自身を語る

ニクラス・ルーマン著／土方 透、松戸行雄編訳　２５００円＋税

公式組織の機能とその派生的問題

ニクラス・ルーマン著

上巻　沢谷 豊、関口光春、長谷川幸一訳　３０００円＋税

下巻　沢谷 豊、長谷川幸一訳　４２００円＋税

ルーマン 社会システム理論

ゲオルク・クニール、アルミン・ナセヒ著／舘野受男、池田貞夫、野﨑和義訳　２５００円＋税

リスク ●制御のパラドクス

土方 透、アルミン・ナセヒ編著　３５００円＋税

宗教システム／政治システム ●正統性のパラドクス

土方 透編著　３２００円＋税

ブルデューとルーマン ●理論比較の試み

アルミン・ナセヒ、ゲルト・ノルマン編／森川剛光訳　３５００円＋税

ルーマン・システム理論 何が問題なのか ●システム理性批判

ギュンター・シュルテ著／青山治城訳　４２００円＋税